中华现代学术名著丛书

中国史学通论

朱希祖 著
周文玖 选编

商務印書館
创于1897 The Commercial Press

2015年·北京

图书在版编目(CIP)数据

中国史学通论/朱希祖著.—北京:商务印书馆,2015
(中华现代学术名著丛书)
ISBN 978-7-100-09999-8

Ⅰ.①中… Ⅱ.①朱… Ⅲ.①史学史—中国 Ⅳ.①K092

中国版本图书馆CIP数据核字(2013)第117704号

中华现代学术名著丛书
中国史学通论
朱希祖 著
周文玖 选编

商 务 印 书 馆 出 版
(北京王府井大街36号 邮政编码 100710)
商 务 印 书 馆 发 行
北 京 冠 中 印 刷 厂 印 刷
ISBN 978-7-100-09999-8

2015年7月第1版 开本880×1240 1/32
2015年7月北京第1次印刷 印张17⅝ 插页1
定价:50.00元

朱希祖

(1879—1944)

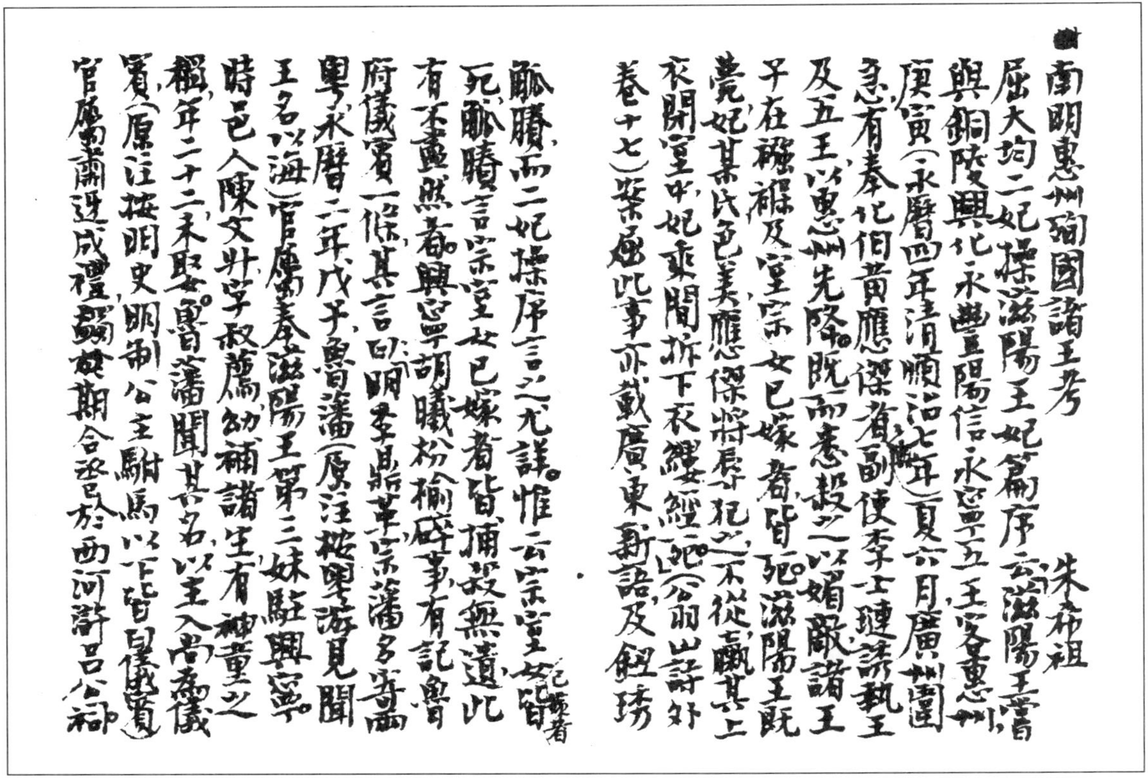

作者手迹

出版说明

百年前，张之洞尝劝学曰："世运之明晦，人才之盛衰，其表在政，其里在学。"是时，国势颓危，列强环伺，传统频遭质疑，西学新知亟亟而入。一时间，中西学并立，文史哲分家，经济、政治、社会等新学科勃兴，令国人乱花迷眼。然而，淆乱之中，自有元气淋漓之象。中华现代学术之转型正是完成于这一混沌时期，于切磋琢磨、交锋碰撞中不断前行，涌现了一大批学术名家与经典之作。而学术与思想之新变，亦带动了社会各领域的全面转型，为中华复兴奠定了坚实基础。

时至今日，中华现代学术已走过百余年，其间百家林立、论辩蜂起，沉浮消长瞬息万变，情势之复杂自不待言。温故而知新，述往事而思来者。"中华现代学术名著丛书"之编纂，其意正在于此，冀辨章学术，考镜源流，收纳各学科学派名家名作，以展现中华传统文化之新变，探求中华现代学术之根基。

"中华现代学术名著丛书"收录上自晚清下至20世纪80年代末中国大陆及港澳台地区、海外华人学者的原创学术名著(包括外文著作)，以人文社会科学为主体兼及其他，涵盖文学、历史、哲学、政治、经济、法律和社会学等众多学科。

出版“中华现代学术名著丛书”，为本馆一大夙愿。自 1897 年始创起，本馆以“昌明教育，开启民智”为己任，有幸首刊了中华现代学术史上诸多开山之著、扛鼎之作；于中华现代学术之建立与变迁而言，既为参与者，也是见证者。作为对前人出版成绩与文化理念的承续，本馆倾力谋划，经学界通人擘画，并得国家出版基金支持，终以此丛书呈现于读者面前。唯望无论多少年，皆能傲立于书架，并希冀其能与“汉译世界学术名著丛书”共相辉映。如此宏愿，难免汲深绠短之忧，诚盼专家学者和广大读者共襄助之。

商务印书馆编辑部

2010 年 12 月

凡　　例

一、“中华现代学术名著丛书”收录晚清以迄20世纪80年代末，为中华学人所著，成就斐然、泽被学林之学术著作。入选著作以名著为主，酌量选录名篇合集。

二、入选著作内容、编次一仍其旧，唯各书卷首冠以作者照片、手迹等。卷末附作者学术年表和题解文章，诚邀专家学者撰写而成，意在介绍作者学术成就，著作成书背景、学术价值及版本流变等情况。

三、入选著作率以原刊或作者修订、校阅本为底本，参校他本，正其讹误。前人引书，时有省略更改，倘不失原意，则不以原书文字改动引文；如确需校改，则出脚注说明版本依据，以“编者注”或“校者注”形式说明。

四、作者自有其文字风格，各时代均有其语言习惯，故不按现行用法、写法及表现手法改动原文；原书专名（人名、地名、术语）及译名与今不统一者，亦不作改动。如确系作者笔误、排印舛误、数据计算与外文拼写错误等，则予径改。

五、原书为直（横）排繁体者，除个别特殊情况，均改作横排简体。其中原书无标点或仅有简单断句者，一律改为新式标点,专名号从略。

六、除特殊情况外,原书篇后注移作脚注,双行夹注改为单行夹注。文献著录则从其原貌,稍加统一。

七、原书因年代久远而字迹模糊或纸页残缺者,据所缺字数用“□”表示;字数难以确定者,则用“(下缺)”表示。

目　录

中国史学通论

附录

补编

中国史学通论

自　　序

《中国史学通论》，原名《中国史学概论》，盖叙述中国各种史体发展之大概，而略论其利弊者也，故谓之通论亦可。此书本为国立北京大学史学系讲稿，编于民国八九年间，既为急就之章，故无精深之见，虽皆自出心裁，不染抄胥陋习（抄胥有二，一就中国名著颠倒抄袭；一就外国名著片段抄译，乾没其名，据为己有者），然讲义之作，究不足以言著述，故置之箧衍，已二十余年，等于覆瓿矣。近因女婿罗君香林向在清华大学曾听讲此书，请以付梓，以便温故而知新。且谓此书驳正《史通》数十条，均为精深之论。而尤以区分书记官之史与历史官之史，性质不同，破数千年历史官起于黄帝之旧说，为前人所未发见。又以科学方法治史，视人类之发展，与动植物之发展相同，科学家不以低等动物与高等动植物有所轩轾，有所爱恶，虽单细胞动植物，亦以全力研究之，治史若以所爱者轩之，所恶者轾之，全以爱恶用事，而无名正之心，则讳饰与蔑弃多矣，世界安有真史哉！此书《国别史》篇，论史家因正统偏霸之成见，而蔑弃国内外之史材多矣，此亦足破千古之谬见，盖史学家应高自位置，不为政治家之仆隶，方足以称史职。他如今后之史学，不应专重国史，而须提倡民史，盖国史决不能发露真情也。凡此诸端，已足矫正旧史钜弊，可以丕变史风。况此书文简意富，珍义如珠玉，络绎不绝哉。余以香林之言，不无所见，允其付梓，然此书误谬脱略之处尚多,终非完书,拟稍稽时日,略加修改。香林曰,世界无完书,以孔子之史学,今日议其非者多矣,以康德之哲学,今日议其非者亦多矣,然终有不可磨灭者在,不如仍原书之具,以表曩日之造诣如此。余曰善,因铨次其言而为之序。并以旧作《太史公解》及《汉十二世著纪考》二篇为附录。以其与此书有关,可以补其义之不足也。

中华民国三十一年十一月十五日

朱希祖作于重庆歌乐山寓庐

中国史学之起源

一　史字之本谊

欲明中国史学之起源，须先明史字之本谊。《说文解字》云："史，记事者也。从又持中，中正也。"其字古文、篆文并作叓。案记事者，即后世之书记官，此为本谊；历史官之史，乃引申谊。盖又，为古右字，篆文作彐，象右手形。中，为册字。右手持册，正为书记官之职。盖古文册作𠕋，篆文作冊，省作𠕋，后世误认为中正之中，其实中正为无形之物德，非可手持，许君之说非是。中为简册，戴侗《六书故》、吴大澂《说文古籀补》，已有此说，然其说尚非密。江永《周礼疑义举要》，吾师章太炎先生《文始》，引证更确实。江氏云："凡官府簿书谓之中，故诸官言治中、受中，小司寇断庶民狱讼之中，皆谓簿书，犹今之案卷也。此中字之本义，故掌文书者谓之史。其字从又从中，又者，右手以持簿书也。吏字事字，皆有中字。天有司中星，后世有治中官，皆取此义。"章先生云："用从卜中，中字作𠕋，乃纯象冊形。古文用作甪，则中可作𠕋，用二编，此三编也。其作中者，非初文，而为后出之字。中本册之类，故《春官・天府》，'凡官府、乡州及都鄙之治中，受而藏之'。郑司农云，

‘治中，谓其治职簿书之要’，《秋官·小司寇》，‘以三刺断庶民狱讼之中，岁终则令群士计狱弊讼，登中于天府’。《礼记·礼器》曰：‘因名山升中于天。’升中，即登中，谓献民数政要之籍也。尧曰：‘咨尔舜，天之历数在尔躬，允执其中。’谓握图籍也。《春秋国语》曰：‘余右执殇宫，左执鬼中。’韦解以中为录籍。汉官亦有治中，犹主簿耳。史字从中，谓记簿书也；自大史、内史以至府史，皆史也。”

观上列诸证，则以右手持册之记事者，即记事之书记官更明矣（海宁王国维作《释史》一篇，取日本饭岛忠夫说，以中为《周官》大史职所云“饰中舍筭”之中，为盛筭之器。案此为周制，初制字时，未有此器，故不从其说。史之本职仅为记事，历数属史，皆为后起，此从其朔）。

二 有文字而后有记载之史

《说文》序云：“黄帝之史仓颉，初造书契。”寻许君此说，出于《世本》。《世本》今亡，《广韵》九鱼“沮”下引《世本》云：“沮诵、仓颉作书，并黄帝时史官。”仓颉作书，古书有传述者多，可无疑义，如《荀子·解蔽篇》云：“好书者众矣，而仓颉独传者，壹也。”《韩非子·五蠹篇》云：“古者仓颉之作书也，自环者谓之私，背私谓之公。公私之相背也，乃仓颉固以知之矣（私当作厶，私为假字）。”《吕氏春秋·君守篇》云“仓颉造书”，惟称仓颉为黄帝史官，异说纷歧，足滋疑难。兹博采众说，折中一是，亦研究史学发生之一要义也。

仓颉时代，说者不同。《尚书序》孔颖达《正义》曰：“《世本》云：‘仓颉作书。’司马迁、班固、韦诞、宋忠、傅玄皆云，‘仓颉，黄帝之史官也’。(一)崔瑗、曹植、蔡邕、索靖皆直云,‘古之王也’。(二)徐整云,‘在神农、黄帝之间’。(三)谯周云,‘在炎帝之世’。(四)卫氏云,‘当在庖牺、苍帝之世’。(五)慎到云,‘在庖牺之前’。(六)张揖云,‘仓颉为帝王,生于禅通之纪’。(七)”案张揖之说,出于《广雅》。《广雅》云:“自开辟至获麟,二百六十七万岁。分为十纪,则大率一纪二十七万六千年。十纪者,九头一,五龙二,摄提三,合额四,连通五,序命六,循飞七,因提八,禅通九,流讫十。”据《广雅》所说,则仓颉之生,在获麟前二十七万六千年余。其说怪诞,出于纬书,不足措信。崔瑗等说,但云古之王而不言时代,亦不足辨。卫氏言在庖牺、苍帝之世,则在庖牺后。慎到著《慎子》,云在庖牺前。他若徐整、谯周之说,与司马迁等说,不相舛牾,盖一则言其生在黄帝以前,一则言其官在黄帝之世也。

综上七说,惟慎到、司马迁等说,有辨论之价值。司马迁等说与许慎说同出于《世本》。《世本》与《慎子》皆出于战国时,其说均古。二说孰是,则又须考定造字之年代以断定之矣。

《易·系辞》云:“上古结绳而治,后世圣人易之以书契。”《说文》序云:“古者庖牺氏之王天下也,仰则观象于天,俯则观法于地,视鸟兽之文,与地之宜,近取诸身,远取诸物。于是始作易八卦,以垂宪象。及神农氏结绳为治而统其事,庶业其繁,饰伪萌生。黄帝之史仓颉见鸟兽蹄迒之迹,知分理之可相别异也,初造书契,百工以乂,万品以察。”许君断定庖牺至神农时,皆为结绳而治,庖牺作八卦,垂宪象,始刻画卦文,为造字之先导;至黄帝时,乃造书契,尽刻画之能事,次序井然,合乎进化之理。司马迁作《史记》,本纪起于黄帝,而其《货殖传》又云:“夫神农以前,吾不知已。”盖亦以有文字而后有史,故起黄帝;神农以前为结绳之世,故谓不可知。寻司马迁、许慎之说，皆本于《庄子》。《庄子·胠箧篇》云："昔者容成氏、大庭氏、伯皇氏、中央氏、栗陆氏、骊畜氏、轩辕氏（案黄帝亦称轩辕氏，此轩辕氏在黄帝前）、赫胥氏、祝融氏、伏牺氏、神农氏，当是时也，民结绳而用之。"结绳为记事之发端，亦为史之权舆，惜其法式今已不传。然观外国记载，谓中国以外诸民族亦往往行之。往昔西藏及贵州之苗族，亦有结绳之事，而琉球近时，尚存其制，海南土人，犹有用之者。当西班牙之侵入秘鲁也，其国有通行之克泼斯 Quippus 者，为一种最发达之结绳法。德国人对于结绳一事，考察详明，著有专书，结绳法式，皆有图说。吾国古法，亦可由此推测。此法行于简单社会，固可济用，至于庶业繁盛，则饰伪萌生，非有文字，固不足以济其穷。神农以前，既为结绳之世，则始造文字，必在黄帝时无疑。苟在黄帝之时，则仓颉为帝王之说，不攻自破。（仓颉为帝王，盖由史皇而附会。《淮南子·本经训》云："仓颉作书。"《修务训》云："史皇产而能书。"高诱注云："史皇，仓颉。生而见鸟迹，知著书，故曰史皇，或曰颉皇。"）慎到谓"仓颉在庖牺前"，伪《古文尚书》序谓"伏牺造书契，以代结绳之政"，其说皆非。《尚书正义》所引七说，惟第一说为足存矣。

三　再论书记官之史

上言文字起于黄帝，则黄帝以前，既为结绳之世，文字未生，仓颉何由得为黄帝史官？曰：结绳以记事，则结绳之记事者，亦得追称为史官。惟此史官，为书记官，非历史官。必须严为分别，不可混淆。或谓《说文》序云："仓颉之初作书，盖依类象形，故谓之文，其后形声相益,即谓之字。”其后云者,似指仓颉之后。史字从又从中,为相益之字,仓颉时似未有史字,何得称为史官?曰:伏牺既能画卦,即能重卦(王弼说),仓颉既能造文,即能重文。韩非子云:“仓颉造字,背厶为公。”公从八(八有背谊)从厶(私之本字),安见仓颉时无史字乎?假使未造史字,后世亦得追称。

书记官称史,不尽上古如此。《周官·太宰》:“府,六人;史,十有二人;胥,十有二人;徒,百有十二人。”注曰:“史,掌书者。”其他各职皆有府史、胥徒。《太宰》又有“女史八人”。注曰:“女史,女奴晓书者。”《宰夫》“史,掌官书以赞治”。注曰:“赞治,若今起文书草也。”周官之五史(大史、小史、内史、外史、御史),大氐皆为掌管册籍起文书草之人,无为历史官者,惟五史如后世之秘书及秘书长,为高等之书记(说详后);府史之史,则为下级书记耳。《说文》序云,汉兴,《尉律》:“学僮十七以上,讽籀书九千字,乃得为史,郡移大史并课,最者以为尚书史。书或不正,辄举劾之。今虽有《尉律》,不课。”《汉书·百官公卿表》县令长有佐史;丞相、太尉、御史大夫等官,皆有长史。《续汉书·百官志》,自三公以下至郡国县道,各有掾史(分掾属与令史。令史各典曹文书。郡国县道,又有书佐);三公亦有长史,又有记室令史。案:佐史、掾史之史,皆书记官,即《尉律》所课者;长史,即后世之秘书长;记室令史,则秘书也。

历史之作,必起于图书荟萃之地。古者图书荟萃之区,必首推太史,《吕氏春秋·先识篇》云:“夏太史终古,载其图法奔商,商内史(案:疑太史之误)向挚,载其图法奔周,晋太史屠黍,亦以其图法归周。”《周官》太史掌建邦之六典,其属小史掌邦国之志。《左》昭二年传,晋韩宣子来聘,观书于太史氏,见《易》、《象》与《鲁春秋》。司马迁自叙:“汉兴,百年之间,天下遗文古事,靡不毕集太史公。”故历史之记载，必萌芽于太史。然其初之所作，仅记述一时一代之政典礼仪，与夫辨世系及昭穆而已。如《尚书》、《仪礼》、《周官》、谱牒等皆是。凡此记载，正名定分，仅足称为史料，未足僭名历史；盖因果之关系，时间之观念，为历史最粗浅之条件，且尚未明也。

历史之法，必为治历明时者所创。《周官》：“太史，正岁年以序事，颁之于官府及都鄙。”《续汉书·百官志》：“太史令，掌天时星历。凡岁将终，奏新年历。”西周以前，未有编年之史，至西周之末，始有《春秋》（说详后）。《春秋》之作必起于太史，观鲁之《春秋》藏在太史，即可知之。盖惟太史能以时间之观念，发明事实之因果，于是乎有编年之史，足以副历史之名。至孔子修《春秋》，鲁太史左丘明即为《春秋传》；厥后司马迁为汉太史，亦成《史记》。惟历史之作，尚为为太史者私人所发明，未必为太史之专职。观夫汉之太史，至后汉时尚专掌星历，奏时节禁忌，记瑞应灾异而已（《史通·史官篇》云，司马迁既殁，后之续《史记》者，若褚先生、刘向、冯商、扬雄之徒，并以别职，来知史务。于是太史之署，非复记言之司，故张衡、单飏、王立、高堂隆等，其当官见称，唯知占候而已）。而著作历史者，反在兰台、东观。班固为兰台令史撰《汉书》；李尤召诣东观拜兰台令史，撰《汉记》。夫兰台、东观，为图籍秘书之所；令史掌奏及印工文书，盖后汉之时，尚无历史官专职也。至魏太和中，始置著作郎，隶中书。晋元康初，改隶秘书，专掌史任。梁、陈二代，又置撰史学士。历史官之有专职，盖始乎此。由此观之，西周以前，无成家之历史，魏晋以前，无历史之专官，可断言也（《史通·史官篇》云：“史官之作，肇自黄帝，备于周室。”此误书记官为历史官矣）。《汉书·艺文志》云：“道家者流，出于史官，历记成败存亡祸福古今之道，然后知秉要执本。”案：道家伊尹、太公、管仲皆非史官，惟老子为柱下史，或云为守藏室史。柱下为藏书之地，老子实犹今图书馆长，或图书馆书记耳，未尝作历史官也。后世误以道家者流出于历史官，于是学术源流因而滑乱。此余所以斤斤致辨于书记官与历史官之分别也。

四　未有文字以前之记载

或谓仓颉造字，在庖牺前，慎到之说，未可厚非。盖《周官》外史掌三皇五帝之书，三皇中有庖牺，庖牺既有书，则造字者必在庖牺前可知。况庖牺有《驾辨》之曲（《楚辞·大招篇》及王逸注），有《网罟》之歌（《隋书·音乐志》，又见夏侯玄《辨乐论》），而十言之教，至今尚存（《左》定四年传正义引《易》）。他若《葛天》之歌八阕（《吕氏春秋·古乐篇》引），《神农》之书，数十篇（《汉书·艺文志》农家，有《神农》二十篇；兵阴阳家，有《神农兵法》一篇；五行家，有《神农大幽五行》二十七卷；杂占家，有《神农教田相土耕种》十四卷；经方家有《神农黄帝食禁》七卷；神仙家，有《神农杂子技道》二十三卷；《本草》一经，虽不见于《艺文》，而《汉书·平帝纪》、《楼护传》，亦尝称道）。事证如此，何以言黄帝以前无文字乎？

曰，黄帝以前书籍，或出追记，或出伪托，贾公彦《周官·外史疏》引《孝经纬》云“三皇无书”，申之云“此云三皇之书者，以有文字之后，仰录三皇时事”，此所谓追记也。汉魏以后追记邃古之事，其书弥多（如徐整《三五历》言盘古之事，项峻《始学篇》言天皇、地皇、人皇等事，皆汉以前书所未道），皆属此类。《汉书·艺文志》农家《神农》二十篇，原注云："六国时诸子疾时怠于农事，托之神农。"《艺文志》所载黄帝时书，且多依托，何论邃古？《淮南子》云："世俗尊古而贱今，特托黄、农以为重。"此皆所谓伪托也。黄帝以前之书，皆可以此二例观之（严格言之，尧舜以前之书，皆可以此二例观之。盖初造书契，施于实用，未必即有著作记载等事，足资流传也）。

或又谓《管子·封禅篇》云："管仲曰，古者封泰山禅梁父者，七十二家，而夷吾所记者，十有二焉。"所谓十二家者，无怀、虙羲、神农、炎帝、黄帝、颛顼、帝喾、尧、舜、禹、汤、周成王。而许慎《说文》云："黄帝之史仓颉始造书契，以迄五帝三王之世，改易殊体，封于泰山者七十有二代，靡有同焉。"由此观之，七十二代之中，已有无怀、虙羲（即庖牺，虙或作宓作伏，皆声转）。许君云："七十二代之字体，靡有同焉。"则慎到谓仓颉造字在庖牺前，更信而有征矣。《左》昭十二年传云："楚左史倚相能读三坟五典八索九丘。"章太炎先生谓："封于泰山者，无怀、虙羲、神农谓之三坟，炎帝、黄帝、颛顼、帝喾、尧、舜、禹、汤、周成王，谓之九丘。盖刻石记功，托体泰岳，故名坟丘也。五典为五帝之典；八索为三皇五帝之书。典书体例，盖不相同，然同为简编，故名典索也。"然则刻石有三坟之文，简编有三皇之书，贞信可稽，何云黄帝以前之书皆出追记伪托乎？曰：《管子·封禅篇》其书早亡，今本《管子》有《封禅篇》，乃唐房玄龄注《管子》时，采司马迁《封禅书》所载管子之言以补之者。观篇中所云，盖秦始、汉武时假托管仲之言以谏行封禅者所为，未必出于管子。即使出于管子，《管子》一书，亦系后人伪托。即非伪托，《封禅篇》言，"管仲睹桓公不可穷以辞，因设之以事，曰古之封禅"

云云。则前说之七十二家、十二家,后说之五物、十五物,皆系假设之辞以欺抵桓公者,《封禅篇》之不足信一矣(《梁书·许懋传》懋建议驳行封禅,以封禅为纬书之曲说,与此篇相发明,可参考焉)。《封禅篇》言"封禅者七十二家,夷吾所记十有二"。此盖假设之辞,或系传闻之语,未尝见七十二代之字迹详其异同也。许君《说文》序所言,全与《管子》不相合(《管子》仅言自己所记,未尝言及刻石字体,《管子》所云七十二家,上起无怀,许君所云七十二代,上起黄帝,此或许君一时误记,或别有所据),不得并为一谈,二矣。《尚书》孔序《正义》引《韩诗外传》云:"古者封泰山禅梁父者,万余人,仲尼观焉,不能尽识。"《史记·封禅书》正义引《韩诗外传》云:"孔子升泰山,观易姓而王,可得而数者七十余人,不得而数者万余人(今本《韩诗外传》已逸此文)。"此盖传闻之语,韩婴为《外传》则系之孔子;司马迁作《封禅书》,则系之管仲。此皆古有其语,后人追记。而传闻异辞,真相尽失,三矣。三说既明,则三坟五典八索九丘诸解,如《尚书·伪孔传序》,及贾逵(见《左》昭十二年传正义)、郑玄(见《周官·外史》注),下至章先生之所主张,其是非皆不足辨矣。(《周官·都宗人》注云:"九皇六十四民。"疏云:"按《史记》伏牺以前,九皇六十四民,并是上古无名号之君。"《小宗伯》疏又引《史记》云:"九皇氏没,六十四民兴;六十四民没,三皇兴。"《通鉴外纪》引《史记》作"六十四氏"。案:司马迁《史记》起黄帝,此所引《史记》不知何据?司马迁谓:"神农以前,吾不知已。"此等洪荒传说,不必信据。或者不察,竟谓六十四氏合之三皇五帝,正合《管子》七十二家之数,管子自言夷吾所记十有二,或者之言,竟可以补管子之遗忘乎?如此附会,世界史事,正不难牵连饰说矣。)

五　再论追记伪托之史

《尚书纬》云:“孔子得黄帝玄孙帝魁之书,迄于秦穆公,凡三千二百四十篇,断远取近,定可以为世法者,百二十篇,以百二篇为《尚书》,十八篇为《中侯》。”(《尚书·序·正义》引郑氏《书论》所引)准此,则孔子所见帝魁以来之书,尚有三千一百二十篇,此孔子删书之说所由来也。自来言孔子删《诗》、《书》者,其说皆不足信(删《诗》之说,出司马迁《史记》,驳语见下)。《大戴记》宰予问五帝德,孔子曰:“黄帝尚矣,先生难言。”故孔子辑书,肇自尧、舜,黄帝、颛顼、帝喾之书,孔子时已不得见,非删之也(孔子不见黄帝、颛顼、帝喾之书,而《五帝德篇》述其德;犹孟子不见周初典籍,而述周班爵禄之制,盖皆得诸传闻耳)。杨朱曰:“太古之事灭矣,孰志之哉。三皇之事,若存若亡;五帝之事,若觉若梦。”(《列子·杨朱篇》)盖言无书足征也。孔子辑书百篇,而《尚书纬》言《尚书》百二篇。寻《尚书》百二篇,系汉张霸所伪造(见《汉书·儒林传》)。此《尚书纬》盖出于汉代,可断言也。

纬、候、图、谶之书,多托之孔子。其中叙述古事,神奇怪诞,颇动听闻,诂经述史之士,或多采撷,以乱其真,故其源流不可不辨也。《隋书·经籍志》云:“说者又云,孔子既叙六经,以明天人之道,知后世不能稽同其意,故别立纬及谶以遗来世。其书出于前汉,有《河图》九篇、《洛书》六篇,云自黄帝至周文王所受本文;又别有三十篇,云自初起至于孔子,九圣之所增演,以广其意;又有《七经纬》三十六篇,并云孔子所作;并前合为八十一篇。”《文心雕龙·正纬篇》云,“八十一篇,皆托之孔子,通儒讨覈,谓起哀平”(案:汉张衡上疏云,“成哀之后,乃始闻之”。荀悦《申鉴》谓“起于中兴之前”)。徐养源著《纬候不起于哀平辨》则谓:“纬书当起于西京之季,而图谶则自古有之。《史记·赵世家》‘扁鹊言秦穆公寤而述上帝之言,公孙支书而藏之,秦谶于是出矣’。《秦本纪》‘燕人卢生使入海还,以鬼神事,因奏录图书’。盖图谶之名,实昉于此。要之图谶乃术士之言,与经义初不相涉;至后人造作纬书,则因图谶而牵合于经义。”刘、徐二说,后说较是。盖图谶纬候,其体迥殊;约而言之,惟谶、纬二类而已。谶自别行,如《孔老谶》、《老子河洛谶》、《尹公谶》、《刘向谶》、《杂谶》(见《隋书·经籍志》)等皆是。信者较寡。纬者所以配经,故自六经《论语》、《孝经》而外,无复别出;《河图》、《洛书》等纬,皆属于《易》。《汉书·李寻传》已有五经六纬之文,说者又以庄子所说十二经以当六经六纬(《庄子·天道篇》云:“孔子西藏书于周室,繙十二经以说老聃。”案:此所云十二经,殆指春秋十二公之经耳),故儒者多信之。自宋大明中,始禁图谶;梁天监中,又重其制;隋高祖受禅,禁之愈切;炀帝即位,乃发使四出,搜天下书籍与谶纬相涉者,皆焚之,自是谶多亡。而纬则以儒者传述,不能尽灭。《隋书·经籍志》成于唐,所载仅有纬书,而谶则仅云梁有而已。今世所传《古微书》及七纬诸书,皆纬书之仅存者。盖自后汉以来,沛献集纬以通经,曹褒撰谶以定礼;魏晋儒者,又据以撰史。于是司马贞之补《三皇本纪》,马骕之撰《绎史》,皆纷纷据纬以相传述;延及海外,则又据《春秋纬》十纪之说(见上),以附会巴比伦历史,谓为汉种西来之证,谬种流传,盖非一日。夫此伪托之书,神话之籍,其不足以当信史,稍有识者当能辨之矣。

六　论历史之萌芽上

上数章论书记官之史与历史官之史性质不同，与夫一事之记述，一时之典章，皆为史材，而非历史；且辨明未有文字以前及既有文字以后一切追记伪托之作，以清史学之源，言之颇极详尽。惟言成家之史起《春秋》，历史之官起于魏晋，此盖犹有疑义。《周官》"小史，掌邦国之志"。郑司农云："志，记也。《春秋传》所谓周《志》，《国语》所谓郑《书》之属。""外史，掌四方之志。"郑玄云："志，记也。谓若鲁之《春秋》，晋之《乘》，楚之《梼杌》。"鲁《春秋》、晋《乘》、楚《梼杌》、周《志》、郑《书》，既已可称为历史，则小史、外史，得非为历史官乎？曰《周官》五史，皆为后世秘书长之属，非为历史官，前既言之矣。二郑之注《周官》，皆以春秋战国时之史乘解释西周初年之制度，所谓以后证前，不足为训。且所谓掌者，职司收藏，非著作之谓。寻《周官》原文："小史，掌邦国之志，奠系世、辨昭穆。"所谓邦国之志，即志所奠之系世，所辨之昭穆，即邦国之谱牒类也。若依先郑所注，指为周《志》、郑《书》之属，则与外史所掌四方之志，注称为鲁《春秋》、晋《乘》、楚《梼杌》有何区别？又："外史掌书外令，掌四方之志，掌三皇五帝之书。"此所谓志与书，皆记也，即记所书之号令。《汉书·艺文志》云："书者，古之号令。"三皇五帝之书，如伏羲之教（见《左》定四年传正义），神农之教（见《汉书·食货志》），神农之禁（见《群书治要·六韬·虎韬篇》），黄帝、颛顼、帝喾、尧、舜之政语（见贾谊《新书·修政语》），庶几近之。四方之志，即班于四方之政令。若方志之书，在《周官》

为诵训(掌道方志)、训方(诵四方之传道)所掌,《汉书·艺文志》入于小说家者是也。后郑所释皆非。总之小史、外史所掌,皆系谱牒、政令之属,可称史材,未成历史,断非鲁《春秋》等所可比拟也。

德国历史家郎泊雷希脱 Lamprecht 著《近代历史学》,以为"历史之发端,有两元之倾向,皆由个人之记忆,而对于祖先尤为关切。两元者何?即所谓自然主义与理想主义是也。取自然主义形式者,最初为谱系;取理想主义形式者,最初为英雄诗"。推究吾国历史之发端,亦不外此例。然则小史所掌奠系世、辨昭穆之谱牒,及春秋以前颂美祖先之诗,皆吾国历史之萌芽也。

《史记·三代世表》:"太史公曰,五帝、三代之记,尚矣。自殷以前诸侯不可得而谱,周以来乃颇可著。"又曰:"余读牒,记黄帝以来皆有年数。稽其历谱牒终始五德之传,古文咸不同,乖异。"《十二诸侯年表》:"太史公读《春秋历谱牒》。"又曰:"谱牒独记世谥,其辞略。欲一观诸要,难。"由此观之,谱牒文体,略而不详。司马迁之所见,今虽不传,然桓谭、刘杳均云:"《史记·三代世表》,旁行邪上,并仿《周谱》。"《大戴记》所载之帝系,《汉书·艺文志》所称之《世本》,皆谱牒之遗式也。司马迁云:"历人取其年月,谱牒独记世谥。"(见《十二诸侯年表》序)然则谱牒所重,在记世系名谥,《三代世表》,即其例也;年月异同之争,独在于历人,观《汉书·律历志》可知。《汉书·艺文志》有《黄帝五家历》三十三卷,《颛顼历》二十一卷,《颛顼五星历》十四卷,《夏殷周鲁历》十四卷,此所谓历也;《汉元殷周牒历》十七卷,此所谓牒也;《帝王诸侯世谱》二卷、《古来帝王年谱》五卷,此所谓谱也。此等书籍,未必即为司马迁所读之历谱牒,然其性质,亦不外是。盖古人记载,所重世谥,而因果之关系未明,时间之观念亦浅,记载年月之法,独疏略而不详,故春秋以前，年代不明。虽历人亦多争执异同，此谱系之所以不能称为历史也。

孟子曰："王者之迹息而《诗》亡，《诗》亡然后《春秋》作。"明《诗》所以载王者之迹也。春秋以前，英武之事，大氐皆播之歌诗。虞夏之诗，尚矣，不可得而见。《诗》之《雅》《颂》，独载商、周。如《商颂》之《长发》（有伐韦、伐顾、伐昆吾、伐桀之事），《殷武》（有伐荆楚，即《易》所谓高宗伐鬼方）。《大雅》之《生民》（述后稷家有邰）、《公刘》（述自邰迁邠事）、《绵》（述自邠迁岐事，且载昆夷駾喙、虞芮质成事）、《皇矣》（述太皇王季事，中有伐密、伐崇及侵阮徂共事）、《大明》（述大任、大姒事，且载尚父助武王伐纣牧野事）、《文王有声》（述文王迁丰、武王迁镐事），《小雅》之《采薇》、《出车》、《杕杜》（述文王北伐猃狁，《采薇》以遣将帅，《出车》以劳还，《杕杜》以勤归）、《六月》（宣王北伐。述吉甫伐猃狁）、《采芑》（宣王南征。述方叔伐蛮荆），《大雅》之《崧高》（述申伯式南邦）、《烝民》（述仲山甫式百辟）、《韩弈》（述韩侯伯北国）、《江汉》（述召虎平淮夷）、《常武》（述南仲整六师，惠南国。程伯休父陈师旅，省徐土），此皆欧人所谓英雄诗，本于个人记忆，而于祖先尤为关切者也。

七　历史之萌芽下

郎泊雷希脱又云："谱系进而为年代记（吾国称为编年史）；英雄诗进而为纪传。"此两元之进化。其说固是；然以吾国史迹观之，则四者发生之次叙，诗最先，纪传次之，谱系又次之，年代纪最后。

兹分述之（吾国谱系，虽至周代始发达；然周以前粗疏脱略之谱系式记载，亦必有之，故与两元进化说仍不相戾）。

《虞书》曰："诗言志，歌永言，声依永，律和声。"故有言志之诗，而后有永言之歌（歌者，歌其诗也，此为徒歌）；有永言之歌，而后有依永之声；有依永之声，而后有和声之律；有和声之律，而后有乐器之作，以与徒歌相和。自伏羲作瑟，女娲作笙簧，已有乐歌，所歌者即谓之诗。其诗如后世之歌谣，播于口耳，不著篇章，故易湮灭失传。然则诗歌先文字而有，郑玄谓"诗之兴焉，谅不于上皇之世"（见《诗谱》序），其说非矣。诗虽起于皇古，然商周以前，其诗已不传，而司马迁谓"古者《诗》三千余篇，及至孔子，去其重，取可施于礼义，上采契、后稷，中述殷、周之盛，至幽、厉之缺，三百五篇。"（见《孔子世家》）此孔子删《诗》之说所由本也。然观《左氏春秋传》鲁襄公二十九年，吴公子季札聘鲁，请观周乐，所歌之诗，不越十五《国风》、二《雅》、三《颂》，孔子之生，在襄公二十二年，当季札观乐，才七八岁耳。哀公十一年，孔子自卫反鲁，然后乐正，《雅》、《颂》各得其所。明周乐在鲁，只有此数，非为孔子所删定。所谓得所者，盖编定其篇第，传述其事义云耳。其时六代之乐，及夏之《九歌》、《九辨》，盖已亡佚，即商之名颂十二，犹亡其七，他可知也。然则扬武功、述祖德，若《雅》、《颂》之诗，必起自古初（《吕氏春秋·古乐篇》，所引古歌之名，虽系传述，亦足为征）。特至孔子时，已湮灭不传耳。

纪传之名，始于《禹本纪》（见《史记·大宛列传》），及《伯夷叔齐传》（见《史记·伯夷列传》，或谓《世本》有《魏文侯斯传》亦在《史记》前。《尚书传》、《春秋传》不在此例）。推而上之，《尧典》、《皋陶谟》，虽无纪传之名，已有纪传之实。《尧典》一篇，首尾百五十载（尧在位七十载。舜征用三十载，在位五十载），与纪载一时之事迥殊，实为本纪之权舆，若以司马迁之本纪相较，则《尧典》所缺，惟年月之不明耳。此史学上时间之观念尚未明也。《皋陶谟》但以“粤若稽古皋陶”发端，中间杂载皋陶、禹在帝舜前相陈之昌言，而又叙述帝舜与禹、皋陶、夔之语，而殿以帝与皋陶相和之歌，盖重在皋陶，故曰《皋陶谟》，纯为叙纪之体，与《尚书》中诰、誓、命之文迥别，实为列传之权舆，与《史记》屈原、贾谊、司马相如等列传不载事功惟载言语文章者相契，所不同者，惟不书皋陶为何地人耳，此史学上空间之观念尚未明也。司马迁之纪传，在年代记发生之后，史学已达进步之时，《尧典》、《皋陶谟》乃继英雄诗而起，史学尚属幼稚，故仅述局部，不能睹其全体，与诗之叙述相似，试观《尧典》自“钦明文思安安”，至“黎民于变时雍”，以四十八字，概括尧之生平，似商周之雅颂，似后世之铭赞，《皋陶谟》篇末，竟以歌诗作结，盖未脱英雄诗之习也。《尧典》、《皋陶谟》等书，今文家谓为孔子所作。此盖臆说之辞，不足措信。《左》文十八年传，季文子已引《虞书》“慎徽五典”等文（今见《尧典》），《左》僖二十七年传，晋赵衰称郤縠说礼、乐而敦《诗》、《书》；又引《夏书》“赋纳以言”等文（今见《皋陶谟》，他若《左》文七年传郤缺引《夏书》，《左》庄八年传庄公引《夏书》，《左》昭十四年传叔向引《夏书》，《周语》内史过引《夏书》，《周语》单穆公引《夏书》，诸如此类，或见今《书》，或为逸文，不胜枚举）。则孔子以前，已有人引《虞》、《夏书》矣。《左》哀十八年传孔子两引《夏书》，则孔子亦引《夏书》矣。谓为孔子作，夫岂其然？然如段玉裁说，以《尧典》为夏史所作，据《尧典》“舜陟方乃死”为证；孙星衍说以《皋陶谟》为虞史伯夷所述，据司马迁说《皋陶谟》，及《大戴记·诰志篇》虞史伯夷释“幽明”为证；

则又不明虞夏之时，无历史官，且虞夏史去尧、皋陶尚近，何以篇首皆云“粤若稽古”？以意揆之，则《典》《谟》之作，殆出于夏商之际或西周以前乎？（英雄诗进而为纪传，《尧典》、《皋陶谟》前英雄诗必已发达无疑。然纪传既兴而英雄诗仍未绝，如汉以后郊庙歌诗是也，此犹年代记既兴而谱系仍未绝，如汉以后所出谱牒是也。）

谱系起于何代，不可得而考，迹其初起，不过如小史所掌奠系世、辨昭穆而已：年代事迹，必不详也。司马迁谓“谱牒独记世谥，其辞略”。又谓“自殷以前诸侯，不可得而谱，周以来乃颇可著”。则谱系殆兴于周乎？唐虞传贤，夏初传子，其谱时系有无，盖不可考。有殷一代，兄终弟及者多，至于周代，主于立嫡，始严大宗小宗之辨，故奠世系、辨昭穆，其要事也。此证一也。《史记·三代世表》，出于《世本》，法效《周谱》，然云从黄帝至夏桀二十世，从禹至桀十七世；从黄帝至殷汤十七世，从黄帝至纣四十六世，从汤至纣二十九世；从黄帝至周武王十九世。寻《世表》云：“黄帝生昌意，昌意生颛顼，颛顼生鲧。”《汉书·律历志》则云“颛顼五代而生鲧”。《世表》从夏禹至桀十七王，中有传弟者四，至桀实十二世（依《世表》例，末王不数，下仿此），则黄帝至桀实十六世。若依《汉志》，须加三世，则十九世也，一疑矣。《世表》云，“帝小甲，太庚弟”。《殷本纪》则云，“小甲，太庚子”。索隐引《世本》同。《世表》，从黄帝至殷汤十七世，从汤至纣二十九王，中有传弟者十四，至纣实十五世，则黄帝至纣实三十二世；若依《世本》及《殷本纪》，须加一世，则三十三世也，二疑矣。据《世表》黄帝至汤十七世，黄帝至纣三十二世，而黄帝至周武王仅十九世；武王与纣并世，何殷周世系相差如是其远乎？三疑矣。由此观之，周以前谱系，皆由周人追录，知则录之，不知则阙；自周以下，不特王室世系，井然不紊，即诸侯之谱，亦详载而靡遗。此二证也。周代掌谱系之官，在王室则有小史，在诸侯则如楚之三闾大夫；周以前未闻有此官制。此三证也。《史通·表历篇》云，“谱之建名，起于周代”。盖亦同于斯意也。（梁玉绳《史记志疑》据《礼·祭法》疏引《春秋命历序》云，“黄帝传十世，少昊传八世，颛顼传二十世，帝喾传十世”，以疑《史记·三代世表》。纬书之不足信，已如上论，然汉王符《潜夫论·五德志》谓“喾为伏羲后，尧为神农后，舜为黄帝后，禹为少昊后，汤为颛顼后，皆不同祖”。而蜀秦宓亦辨五帝非一族，亦足见周以前谱系皆系追述，不足信据。）

春秋以前，无编年之史。观乎《尚书》之文，年月阔略，称王称公，非序莫辨，《甘誓》一篇，禹、启、太康，说者非一，莫能证明，《太誓》上系纪元于文王，《金縢》直书“克商二年”，随文泛说，不以一王践祚为统，此年不系于时王也。《康诰》首书“惟三月哉生魄”，《召诰》首书“惟二月既望”，知有月日而不知事在何年，此月不系于年也。《召诰》“予惟乙卯，朝至于洛师，戊辰，王在新邑”，知有日时，而不知事在何日，此日不系于月也。史法草苴，明成周故无《春秋》以日系月、以月系时、以时系年之术也（周初不特系年于事，即记日亦系于事。如《召诰》“惟太保先周公相宅，越若来，三月，惟丙午朏，越三日戊甲，太保朝至于洛卜宅”，以下“越三日”、“越五日”、“若翼日”、“越三日”、“越翼日”、“越七日”等句，皆不以日系月而系于事。《顾命》“惟四月哉生魄，王不怿，甲子，王乃洮颒水。越翼日乙丑，王崩”。四月不载月朔之日子，则甲子乙丑，亦不知在四月何日，则亦以日系事而已）。或谓春秋以前，既无编年之史，何以司马迁谓“余读牒，记黄帝以来，皆有年数”乎？曰，黄帝至周世数，且传闻互异，遑论年数，《汉书·律历志》云，“太史令张寿王及待诏李信，治《黄帝调历》，言黄帝至元凤三年，六千余岁。丞相属宝、长安单安国、安陵栢育治《终始》，言黄帝以来，三千六百二十九岁。”李轨注《法言》云，“世有黄帝之书，论终始之运，当孝文之时，三千五百岁，天地一周也。”（见《重黎篇》）司马迁所以谓“稽其历谱牒，终始五德之传，古文咸不同，乖异”也。《史记》自共和以前立世表，共和以后始立年表，盖亦以共和之后乃始有编年之史也。或谓晋代汲县发魏襄王冢，得《纪年》，托始黄帝，至春秋以前，皆有年数可稽。此书前人定为战国时魏人所记，而《汉书·律历志》载刘歆《三统历》，唐虞夏商，皆有总年，自周初至共和乃用鲁历，时周历已亡，则共和以前自有年代可稽，何以谓编年史始于《春秋》乎？曰，《竹书纪年》盖晋束皙等所伪造，本不足信；今本《竹书纪年》，又系宋以后人所伪造，伪中之伪，更不足信。刘歆《三统历》由于推测，与张寿王、单安国等，盖无以异，亦不能据为确证。《纪年》云，“夏总年四百七十一年”，《三统历》则云“四百三十二岁”。《纪年》云，“商总年四百九十六年”，《三统历》则云“六百二十九岁”。《纪年》云“自武王灭殷至幽王二百八十一年”（《史记·周本纪》集解引《汲冢纪年》云，“自武王灭殷以至幽王凡二百五十七年”，此足证今本《竹书纪年》，非晋代原本明甚），《三统历》则云“伯禽至春秋三百八十六年”。二家之说相歧既如彼。刘歆据《鲁历》春秋以前至伯禽初封三百八十六年，而《史记·鲁世家》自伯禽初封至惠公末，得三百二十一年（《史记·封禅书》云，“武王克殷二年，天下未宁而崩”。《三统历》“成王元年，命伯禽侯于鲁”。《鲁世家》“孝公二十五年，犬戎杀幽王”。据此，以鲁世家推算，武王灭殷至幽王末凡二百七十五年。《三统历》云，武王克商后七岁崩。据《三统历》推算武王灭殷，至孝公二十五年幽王被杀，凡三百四十五年。

与《纪年》说均异），鲁历与《鲁世家》相异又如此。足见春秋以前，无编年之史，各家所记之年，皆由推算而得，非真出于信史也。然则编年之史始于《春秋》，有说乎？曰《春秋》之作，盖在共和宣王之世，故司马迁年表始共和，墨子引诸国《春秋》，亦上逮宣王而止（《墨子·明鬼篇》引《周春秋》言宣王、杜伯事，又引《燕春秋》、《宋春秋》、《齐春秋》，皆言春秋时事。《左》昭二年传有《鲁春秋》，其后孔子修《春秋》，盖即据此。《晋语》羊舌肸习于《春秋》，《楚语》庄王使士亹傅太子，申叔时告之曰，教之《春秋》。孟子谓晋之《乘》、楚之《梼杌》、鲁之《春秋》，一也。盖当时编年纪事之书，别言之，则曰《乘》、曰《梼杌》，统言之，则皆名曰《春秋》。《史通·六家篇》、《隋书·李德林传》并引墨子云，"吾见百国《春秋》"。盖当时各国皆有编年之记载。故自共和以后，各国诸侯始有年数可稽也。总之《春秋》之名，共和以前，未闻有此，而《史通》云"《汲冢璅语》记太丁时事，目为《夏殷春秋》"，此又足征其伪矣）。孔子修《春秋》，托始鲁隐，以事系日，以日系月，以月系时（时者，春夏秋冬也。当时有周正、夏正之不同，故时颇重。《春秋》之名盖即约举四时之春秋也），以时系年。自是厥后，时间之观念明，因果之关系著，历史最要之条件，于是乎始立矣。

中国史学之派别

史学上有两大派别焉：一曰记述主义，一曰推理主义。而此两大主义必俟时间（年代）、空间（地方）之观念明确，然后能发达进步。吾国自周共和以后，始有《春秋》，既以年代相次，又以地方区别。然吾人今日所见，惟有孔子所修之《春秋》，其未修之各国《春秋》，如《鲁春秋》、《燕春秋》等皆已亡灭，其体例若何，不可论列；故其主义若何，亦不可悬断，然大概不外乎记述主义而已。——前章言史学之发端，有两元之倾向，即自然主义与理想主义是也。自然主义发端为谱系，其进步为年代记；理想主义发端为英雄诗，其进步为纪传。此两主义皆包于记述主义之中。理想主义渐次进步，即为推理主义——自孔子修《春秋》，一再相传，于是记述主义与推理主义两派始并立。记述主义为《左氏春秋传》，推理主义为《公羊春秋传》、《谷梁春秋传》。其后记述主义，大形发展，而推理主义，则自汉以后，渐次衰微焉，盖记述与推理两主义，其发展之难易，各不相同。记述主义所凭借，于史料精确别择之外，有言语学（吾国之文字学）、古文书学、年代学、历史地理学、谱系学、考古学等为之补助，而又有政治学术之常识，即足以胜任。推理主义，则于记述主义所凭借，固须全具；又必有哲学、社会学等为之基础，于物心两界及宇宙全体，透彻憭悟，乃能成立而发展。吾国既无有系统之哲学，又无求实证之社会学，故推理主义不能发达，而记述主义，则累世扩张，颇有进步之可言。此章所述，仅属记述一派，且仅属此派外形发展而已。至于记述、推理两派之方法，与其利病得失，则当别为篇以论之矣。

吾国记述主义之史学，自春秋以迄今兹，自形式上言之，则当类别如下：

一、以时区别者，谓之时代史，吾国谓之编年史，分为二类：

甲、综合的　如《资治通鉴》《续资治通鉴》

乙、单独的　如《春秋》《左氏春秋传》《汉纪》

二、以地区别者，谓之地方史，吾国谓之国别史，分为二类：

甲、综合的　如《十六国春秋》《三国志》《九国志》

乙、单独的　如《越绝书》《华阳国志》

三、以人区别者，吾国谓之传记，分为二类：

甲、综合的　如《列女传》《高士传》

乙、单独的　如《东方朔别传》《诸葛武侯传》

四、以事区别者，大别之为政治史与文化史，其类例滋多，分举如下：

政治史

甲、综合的　如《通典》《五礼通考》

乙、单独的

法制　如《唐六典》《宋百官春秋》（亡）《选举志》（亡）

经济　如《元和国计簿》（亡）《大和国计》（亡）《康济录》

法律　如《条钞晋宋齐梁律》（亡）《庆元条法事类》

军事　如《历代兵制》《马政纪》

社党　如《元祐党人传》《社事始末》《东林列传》

外交　如《三朝北盟汇编》《国朝柔远记》

文化史

甲、综合的　如《别录》《七略》《七录》《子略》

乙、单独的

学术　如《宋元学案》《汉学师承记》《畴人传》

宗教　如《神仙传》《高僧传》《开元释教录》

文学　如《文士传》(亡)《诗评》《乐府杂录》《录鬼簿》

艺术　如《历代名画记》《画征录》《印人传》

农业　如《齐民要术》《桂海虞衡志》《闽中海错疏》

工业　如《陶说》《景德镇陶录》《刀剑录》《砚史》

商业　如《通商集》(亡)《广南市舶录》(亡)

风俗　如《桂林风土记》《岳阳风土记》

五、混合各体者,吾国谓之正史,如本纪、年表之区别以时,世家之区别以地,列传之区别以人,书、志、汇传之区别以事,亦分为二类:

甲、综合的(旧称通史)　如《史记》《通志》

乙、单独的(旧称断代史)　如《汉书》《明史》

六、以事之本末区别者,亦分为二类:

甲、综合的　如《通鉴纪事本末》

乙、单独的　如《三藩纪事本末》《西夏纪事本末》

上述六例之外,如起居注、实录等作,仅足以供史材;如通考、会要等书，仅足以当策案，皆不足与于史学之林。而此六类之史，皆由简单而趋于复杂，又由混合而趋于分析。如先有《春秋》（以时代分）、《国语》（以地方分）、纪传（如《禹本纪》、《伯夷叔齐传》，皆先《史记》。以人分）、书（如《洪范》、《吕刑》，亦开《史记》八书之体。以事分），而后有《史记》、《汉书》，此由简单而趋于复杂者也。先有《史记》、《汉书》之书、志、汇传，而后有各种分析之政治史及文化史，此由混合而趋于分析者也。兹略述各种发展之次叙，与夫史学之对象与目的，然局于时限，亦不能详也。

一 编年史

西周之时，记载事实，时间之观念未明，故无编年之史。自共和以后，始有《春秋》，然各国史记，皆藏周室（见《史记·六国表》）。秦既得意，烧之尤甚。盖当时国典，自史氏外，齐民不得上窥此秘籍也。迨孔子修《春秋》，于是史记始布民间，编年贻于后世，不与周室俱亡，此则孔子之功足以垂诸不朽者也。

今之言史学者，有区为历史文学、历史哲学、历史科学三阶级者。孔子之《春秋》，无哲学、科学之观想，而文学则颇有可言，盖孔子之《春秋》本由《诗》出也。孟子曰："王者之迹息而《诗》亡，《诗》亡然后《春秋》作。"《诗》主美刺，而意在言外；《春秋》主褒贬，若就一辞一句观，而不比例以相考较，亦不能得其言外之意也。由此言之，《春秋》由《诗》出，彰彰明甚，谓为历史文学，谁曰不宜。

《春秋》既为历史文学，故欲推其言外之意，遂至人人异见，人人异辞。左氏之五十凡，公羊氏之三科九旨，各张类例，以说《春秋》，皆言之有故，持之成理。前贤谓"《诗》无达诂"，吾谓《春秋》亦然，盖文学之性质本如是也。司马迁谓，"《春秋》文成数万，其指数千"。然其所指，皆在言外，亦仁者见仁、知者见知而已。唐韩愈诗云："《春秋》三传束高阁，独抱遗经究终始。"苟能见其终始，虽三传束阁，蔑弃师法，亦何尝不可各寻其端绪，以自成一家之言？故历史而以文学出之，令人迷乱，不知所谓，不可不谓为幼稚之史学也。而犹曰"吾欲载之空言，不如见之于行事之深切著明也。"（见《太史公自序》引孔子语）吾未敢信也。

《春秋》之微言大义，虽如《公羊》所设之三世，由据乱而升平，由升平而太平，颇有合于进化之哲理，他若《谷梁》之所传道，亦多有合乎哲理之言。然既非孔子所明言，则亦等于各人所创获，惟左丘明恐人人各自以其意，以测孔子之言，异其端，失其真，故论本事而作传，使人因实事而观言，不因空言而求意，以与实事相背谬。于是记述之史学出，编年之文法定，所谓"载之空言，不如见之于行事之深切著明也"，惟左丘明始能实践此言矣。

孔子之《春秋》，杜预所谓"言高则旨远，辞约则义微"。非疏明其事之本末，不足以明其真相，憭其义旨。故左丘明之作传，或先经以始事，或后经以终义（杜预说），言见经文，而事详传内，或传无而经有，或经阙而传存（刘知几说）。既以五十凡释经，又有"书"、"不书"、"先书"、"故书"、"不言"、"不称"、"书曰"七类，以曲畅其义，使学者原始要终，寻其枝叶，究其所穷，优而柔之，使自求之，餍而饫之，使自趋之（杜预说）。盖传之本字作专，为六寸簿，意在解经，惟因经之言，而因著其事，使兴亡之原委，经国之谋谟，风教之盛衰，政事之得失，彰往察来，巨细毕陈，此后世作史者所以奉为模楷也。

《史通·二体篇》论《春秋》之得失，以为“系日月而为次，列岁时以相续，中国外夷，同年共世，莫不备载其事，形于目前，理尽一言，语无重出，此其所以为长也。至于贤士贞女、高才俊德，事当冲要者，必盱衡而备言，迹在沉冥者，不枉道而详说，如绛县之老，杞梁之妻，或以酬晋卿而获记，或以对齐君而见录，其有贤如柳惠，仁若颜回，终不得彰其名氏，显其言行。故论其细也，则纤芥无遗，语其粗也，则丘山是弃，此其所以为短也”。案：刘氏论《春秋》之短长，其言颇谛。盖编年史之所长，即在明时间之观念，叙事实之终始，使人寻其因果，以明事理。至其史学之对象，弊在局于政治，未睹社会之全体，此史学初兴之际，所不能免之弊也。

有孔子之《春秋经》，而后有左氏之《春秋传》，传以释经，尚非纯为史体，至汉荀悦作《汉纪》，始有独立之编年史，自是每代各有斯作，起自后汉，迄于有明，或谓之春秋（如孙盛《魏氏春秋》、《晋阳秋》等），或谓之纪（如袁宏《后汉纪》、干宝《晋纪》等），或谓之略（如裴子野《宋略》等），或谓之典（如何之元《梁典》等），或谓之志（如王劭《齐志》等），名虽各异，皆依《汉纪》以为准的。至宋司马光撰《资治通鉴》，则为编年之通史，以与《汉纪》等之断代编年史相别。若纯学孔子之经者，则惟伪托之王通《元经》，纯学左氏之传者，则惟伪托之薛收《元经传》。兼学孔子之经与左氏之传者，则有朱熹之《通鉴纲目》。其中荀悦、司马光，尚有创作之才，其他则陈陈相因，谨守成规而不敢越，在史学上无进步之可言。至詈王通之拟经，以为淫名僭号，罪甚扬雄，则拟者与詈者，皆拘执不通者也。

二　国别史

今世之言历史哲学者，类以普遍史为归。然亦不废国别史，以非有国别史，则普遍史亦无所取材焉。吾国当一统之世，帝王在上，虽诸国分封，各自为政，然史体所尊，在一正朔。故孔子之时，虽有百国《春秋》，而孔子所修之《春秋》，必以周正为归也。左丘明既为《春秋内传》，又稽其逸文，纂其别说，分周、鲁、齐、晋、郑、楚、吴、越八国事，起自周穆王，终于鲁悼公，别为《春秋外传国语》，合为二十一篇（刘知几说。案：谓左丘明撰《国语》，说本《史记》、《汉书》），盖《春秋》以时间观其通，《国语》以空间观其别也。

上言《春秋》为历史文学，《国语》亦然。盖春秋之时，虽有百国《春秋》，然国自为史，未闻聚国别之史而荟萃为一书也。曰《诗》，有十五《国风》，于是《国语》因之而出。余尝为《中国古代文学史》，论《国语》之源流，以为"刘知几作《史通》，胪陈六家之史，明其条贯，著其源流，则以《左传》为编年之祖，《国语》为国别之宗，分析史法，可谓精矣。若夫剖析而言，《左传》多叙记之文，原始要终，巨细毕见；至其记载言论，大抵甄综典礼，折冲樽俎，间以策命之文多为事而发，故名篇巨制，十之三四而已。《国语》则多论议之文，其所记注事端，大部为语而发，简而不繁，其重在语，犹《论语》也，分国而载，故称《国语》。其书上追《国风》，下开《国策》，欲观全周列国之文章，此三书为其渊薮矣"。观此则《国语》为历史文学，殆非附会之言乎。

章学诚《文史通义·方志立三书议》云："凡欲经纪一方之文

献，必立三家之学，始可以通古人之遗意：仿纪传正史之体而作志，仿律令典礼之体而作掌故，仿《文选》、《文苑》之体而作文征。纪传正史，《春秋》之流别也；掌故典要，官礼之流别也；文征诸选，风《诗》之流别也。马《史》班《书》已来，已演《春秋》之绪矣：刘氏《政典》、杜氏《通典》，始演官礼之绪焉；吕氏《文鉴》、苏氏《文类》，始演风《诗》之绪焉。”（又谓《文鉴》始有意于政治，《文类》乃有意于故事，与《文选》、《文苑》意在文藻，不征事实者异）。章氏谓吕祖谦之《宋文鉴》，苏天爵之《元文类》，始演风《诗》之绪，余谓不然。《文鉴》、《文类》断代为之，实仿虞、夏、商、周之书，为《尚书》之支流，与孔衍之《汉尚书》、《魏尚书》，王劭之《隋书》，同类并观可矣。孔、王之书，今虽不传，《史通》谓“王劭《隋书》，虽欲祖述商周，宪章虞夏，观其所述，乃似《孔子家语》、临川《世说》”。斯其征也。若《国语》、《战国策》国别为之，始可谓为演风《诗》之绪矣。

《国语》而后，则有《战国策》，其体例甚相似。孔衍之《春秋后语》，亦其流也，若司马彪之《九州春秋》，州为一篇，实为后世地方统志之权舆，惟其书亡佚，十存一二，无由论议，后世史家，体例淆乱，名实纠纷，刘知几《史通》云：“自魏都许洛，三方鼎峙，晋宅江淮，四海幅裂，其君虽号同王者，而地实诸侯，所在史官，记其国事，为纪传者，则规模班、马，创编年者，则议拟荀、袁，于是《史》、《汉》之体大行，而《国语》之风替矣。”观夫陈寿《三国志》、路振《九国志》，名为国别，实则纪传；萧方等《三十国春秋》、崔鸿《十六国春秋》，其书亡佚，无由置论（萧氏《春秋》近有辑本，崔氏《春秋》，宋时已散佚，今所存者，有二本，皆为后人辑录拟作）。吴任臣《十国春秋》，体为国别，论名则编年，故名《春秋》，观其所载，则仍为纪传，附以考表，且其中或为本纪，或为世家及传，隐然有正统偏霸之别，淆乱纠纷，盖莫甚于此者矣。

有史以来，惟今日之世界，足以当普遍史之目，其余诸国之史，荟萃以观，皆国别史也。若统一大地，则自古至今，实未尝有，正统偏霸之分，皆小智自私，坐井观天之语耳。中国以赤县神州之内，自视为天下尽此，而又以国土为帝王之私产，于是正统偏霸之说出焉。其实魏、蜀、吴三国相等耳，帝魏帝蜀奚争焉？吴、南唐、前蜀、后蜀、南汉、楚、吴越、闽、荆南、北汉十国与夫梁、唐、晋、汉、周五国相等耳，帝五代帝南唐奚争焉？（《五代史》帝梁、唐、晋、汉、周，《续唐书》帝南唐。）惟明夫国别之义，则此等自大之私见捐，而平等观察之公心出矣。

明夫国别之义，则晋与十六国皆国耳，作史者不必重晋而轻十六国，置之载记之列，而十六国之史亡。五代与十国皆国耳，不必重五代而轻十国，置之世家之列，而十国之史微。观夫东晋、宋、齐、梁、陈与夫北魏、北齐、北周等史，并驾齐驱，则其成效之彰明较著者也。

有国别史之实而无其名者，其惟《明一统志》、《清一统志》乎。司马彪之《九州春秋》以州为纲，《一统志》则汇集各省书而作，以省为纲，故其实皆同，所不同者，惟一统与割据耳，要其史法则相类焉。

三　传记

上言以人区别者，谓之传记。盖传记初无区别，如《陈留耆旧传》（魏苏林撰）、《襄阳耆旧记》（晋习凿齿撰）、《列女传》（汉刘向撰)、《女记》(晋杜预撰)、《裴氏家传》(宋裴松之撰)、《虞氏家记》(虞览撰)、《王君内传》(华存撰)、《刘君内记》(王珍撰)、《东方朔传》、《毌丘俭记》(以上诸书均见《隋书·经籍志》),至于后世,始以录人物者谓之传,叙事迹谓之记,分疆划职,似有不能相通者矣。

原夫传记之始,多由传述师说,记载经义而起,如《易》、《诗》、《书》、《春秋》皆有传,《礼》、《乐》皆有记。传之本字为专,为六寸簿。古者书用简册,长二尺四寸者为经。六寸之簿,便于札记,师弟之间,口相授受,记之于簿,以备遗忘,故或谓之传,或谓之记,或兼称传记。《易》、《诗》、《书》、《春秋》固有传,亦有记,如《诗》有《齐杂记》,《春秋》有《公羊颜氏记》,《礼》、《乐》固有记,亦有传,如《礼》有《丧服传》、《周官传》是也(上引各书,皆见《汉书·艺文志》)。兼称传记者,则有刘向《五行传记》、许商《五行传记》(见《汉书·艺文志·尚书下》)、钟离岫《会稽后贤传记》(见《隋书·经籍志》)是也。著传记之作,或记故训,或记故事,如《诗毛氏传》,则主记故训,《春秋左氏传》,则主记故事,《韩诗内传》,则主记故训,《韩诗外传》则主记故事,然则传记之范围,本甚广泛,不以人与事限也。

司马迁作《史记》(《史记》本名《太史公》,见《汉书·艺文志》。然《六国年表》及《太史公自序》已有《史记》之名矣)。其后有《东观汉记》,薛莹《后汉记》。记或作纪,如环济《吴纪》、刘陟《齐纪》;纪又作志(记、志、识、誌同谊),如陈寿《三国志》、卢宗道《魏志》,则记亦为史之大名,而传则专属于人,而为记之附庸,此为传记之一变。自班固作《汉书》,志以记事,传以记人,实开后世记以记事、传以记人之端。然六代之时,则固未尝分别也,如《鲁国先贤传》、《襄阳耆旧记》、《武昌先贤志》(皆见《隋志》),则传、记、志又何异乎？自唐以后，始渐以传专属人，记专属事，此又传记之又一变矣。兹所论者，则惟以人为单位之传记，其他固别有专属也。

以人为单位之传记，其最古者，如《禹本纪》、《伯夷叔齐传》（已见上引）、《高祖传》、《孝文传》（见《汉志》），其书皆亡，不可得而论，其后传为正史之一体，当别专论。至于单行之传，汉时则有《列女传》，魏晋南北朝之际，《列女传》之作，实繁有徒（如项原、皇甫谧、綦母邃、杜预等各有撰述）。他若《童子传》（王瑱之撰）、《幼童传》（刘昭撰），亦属此类。而其最盛行之传，更有三种，一曰别传，二曰家传，三曰地方先贤耆旧传。（又有杂传一类，如《梁书·任昉传》云，昉撰《杂传》二百四十七卷，《隋书·经籍志》有贺纵《杂传》四十卷，陆澄《杂传》十九卷，其他无名氏所撰《杂传》见于隋、唐《志》者尚多，今皆亡佚，不具论。）

别传之作，大都书其逸事，纪其异闻，以别于史传。《隋书·经籍志》：《东方朔传》八卷（当作《东方朔别传》），此为别传之始。《汉书·东方朔传》曰："凡刘向所录朔书，俱是矣，世所传他事，皆非也。"颜师古注云："谓如朔别传，皆非实事。"今按《艺文类聚》诸书，引朔别传，类皆奇言谑语。故班固《东方朔传赞》亦谓"朔之诙谐，逢占射覆，其事浮浅，行于众庶，儿童牧竖，莫不眩耀，而后世好事者，因取奇言怪语，附著之朔"。《隋志》又有《管辂传》三卷，管辰撰（当作《管辂别传》）。《三国志·管辂传》注"弟辰撰辂别传"。所引诸事，亦皆奇诞。盖魏晋南北朝之时，别传至多，章宗源《隋书经籍志考证》，引唐宋类书及史注所载别传，凡一百八十四家，皆不见于《隋志》，窃谓别传之作，实为小说之流，班固所谓"小说家者流，盖出于街谈巷语、道听途说者之所造"。《汉书·艺文志》小说家有《伊尹说》、《鬻子说》、《师旷》、《务成子》、《天乙》、《黄帝说》,盖为别传之宗。别传之外,又有所谓内传、外传者,如《汉武内传》、《邺侯外传》等亦其流也(《太平广记》等书所引唐宋以来内传、外传甚多)。下至今坊间所行之《西太后传》、《袁世凯传》亦属此类。若论其弊,则宏奖怪乱,增益诬谤;然在史讳饰家传谀佞之世,则此等小说、野史之属亦时有述其真相者,作史者所不能废也。

家传之作源出于谱牒。《杨氏家谱》(见《隋书·经籍志》,又有《京兆韦氏谱》、《北地傅氏谱》、《谢氏谱》、《苏氏谱》等),《扬雄家牒》(《艺文类聚·礼部》、《太平御览·礼仪部》,均引之),此为家史之总体。谱牒之中,有状、有记、有碑、有传,故家传者,谱牒之一体也。三国之时,有《王朗王肃家传》,其后家传之作,见于隋、唐《志》者,不可胜数,唐宋以来,为古文者,如韩愈、欧阳修辈,类以为人作碑传,致来谀墓之讥。盖家传之作,例必请名人为之,金帛之赠,名曰润笔,公行贿赂,请作佳传,有褒无讥,以诬来世。故自家传盛行,而国无信史。盖后世修史,往往据家乘以立传也。黄宗羲为《明史案》,隐括以三例,"国史取详年月,野史取当是非,家史备官爵世系而已"。足以见家传之价值,仅等于国史之起居注与实录而已。盖此等记载,例皆讳饰而不敢记实者也。

地方先贤耆旧传,其源亦出于小说。《汉书·艺文志》小说家,有《周纪》、《周说》之属,道于诵训之职,采于黄车之使,方志郡书,即由此出。自汉赵岐撰《三辅决录》,圈称作《陈留耆旧传》,魏晋以来,此风遂盛。魏有周斐《汝南先贤传》、苏林《陈留广耆旧传》,吴有陆凯《吴先贤传》,晋有陈寿《益部耆旧传》、范瑗《交州先贤传》,其例不胜枚举。今所存者,惟有晋习凿齿《襄阳耆旧记》、明欧大任《百越先贤志》等数种而已。盖自宋明以后，地方之志繁兴，耆旧先贤传记，皆孕包于志内，故其作遂衰。原其始作之意，不过妙选英贤，为地方之表率，作后学之楷模而已。及其弊也，标榜之习，伪饰之风，亦所不免；而地方之弊俗戾风，亦不敢有所纪载，以获罪于乡里，盖与家传同其弊也。然后世征考文献，欲以窥其地方文野之度，社会得失之林，则亦足以见其一斑，与正史同其价值焉。

四　政治史与文化史

凡百学术，皆由混合而趋于分析，前既言之矣；政治史与文化史亦不外此例。自班固创十志，博稽历代政典；刘向作《别录》，网罗累世学术，于是分门别类，各有专著。虽学术之科条未清，进化之轨迹不显，仅胪陈事实，详为记载，然苟以科学之律，精为分析，善为部勒，则自可成为良史，然则其创始之功，储材之绩，亦不可没也。此篇事类较多，文亦稍繁，故分为甲乙二章。

甲、政治史

自《禹贡》详地方之制，陈赋税之要，《吕刑》言刑法，《周官》详职官，似已为政治史之权舆。然此诸作，仅为一代之法规，未尝详溯渊源，实未足以言史也。司马迁八书，已亡其三（礼、乐、律三书），其所存者，惟《封禅书》略言因革，余皆不详。惟班固十志，每言大政大法，必追述古始以讫于当时，故《汉书》虽属断代，而十志则实为政治之通史也。降及唐代，杜佑作《通典》，颇有条贯，观其序云："所纂《通典》，实采群言，征诸人事，将施有政。夫理道之先，在乎行教化；教化之本，在乎足衣食。……夫行教化在乎设职官，设职官在乎审官才，审官才在乎精选举。制礼以端其俗，立乐以和其心。此先哲王致治之大方也。故设职官，然后兴礼乐焉；教化堕，然后用刑罚焉；列州郡，俾分领焉；置边防，遏戎狄焉；是以食货为之首，选举次之，职官又次之，礼又次之，乐又次之，刑又次之，州郡又次之，边防末之，或览之者庶知篇第之旨也。”其书网罗宏博，评议精简；虽其铺陈政制，不能详其创造之因，与其施行之果，未免有取貌遗神之憾；然其整理之精，规画之宏，亦有足多者。至于清代，逐秉其遗规，有《续通典》、《清通典》之作，已不能及其简要。若夫马端临之《文献通考》、秦蕙田之《五礼通考》，虽亦为政治之通史，然或近策案，或等类书，其条贯不及《通典》远矣。

法制之史，其完备者鲜，《百官春秋》、《选举志》等书散佚已久，不可得而论，惟《唐六典》一书，差足备数。其书虽仿《周官》而作，然《周官》仅叙一时之制，《唐六典》则自唐虞而下，损益沿革咸具焉（《唐六典》凡唐制则大书；历代之损益沿革则细书于下）。其流又有二：一为会典，如《明会典》、《清会典》等，其体亦略仿《唐六典》，惟其损益沿革，仅详本朝。一为《历代职官表》（清乾隆时永瑢等奉敕撰），虽为表体，然每表之下，详叙源流，亦上起古初，下讫于当时。他若董说之《七国考》、王应麟之《汉制考》，于七国、两汉之制度，摭拾残剩，汇为章则，虽未足为史，然亦为考法制者所不废也。

经济之史，吾国更无有措意者，唐宋以来，虽渐有留意及此者，如唐李吉甫《元和国计略》、宋韩绛《治平会计录》、李常《元祐会计录》、丁谓《景德会计录》、田说《皇祐会计录》，及《庆历会计录》、《经费节要》等书（皆见《宋史·艺文志》），皆为经济史之滥觞，其书虽皆偏于财政，未详民间经济状况，然其书苟存，亦足与历代正史之食货志，同为经济史重要之材，惜乎其书皆不流传也。自司马迁撰《货殖列传》，农工商虞之事，皆详记靡遗，民间经济，亦既了然矣；而于国家财政，又别撰《平准书》，故经济之史，唯迁始能注意及之，然此入于正史范围，故于此不能引例。而迁又有《素王妙论》一书，亦颇言货殖之事（《史记》正义引《七略》云，司马迁撰《素王妙论》二卷。《史记·越世家》集解，《御览》四百四，四百七十二，皆引《素王妙论》，言管仲、子贡、计然、范蠡、吕不韦等理财殖货事）。自是厥后，言民生者竟无综贯之史，惟于河防、水利、荒政等事，略有言其源流，志其大概而已。言国计者，自唐宋而后，甄综大要者，尚有其人（明汪鲸有《大明会计类要》十二卷，张学颜《万历会计录》四十三卷，皆见《明史·艺文志》），而分记之作尤多，如田赋、漕政、海运、钱币、盐法、仓库、榷政、铁冶、茶马、屯田诸事，或为之记，或为之志，盖至明而大盛矣。

法律之史，更不多觏。《吕刑》一篇，已略言法律沿革，自是厥后，惟各史刑法志，言之颇详。单行之史，实未之见；惟《隋志》有《晋宋齐梁律》二十卷，聚四朝之律于一书，实可见其损益沿革，然书已亡佚，实无由证成斯说。至明有应廷育《刑部志》、庞嵩《刑曹志》、陈公相《刑部文献考》、来斯行《刑部狱志》、江山丽《南京刑部志》（均见《明史·艺文志》），今亦未见流传；清沈家本《历代刑官考》一书，亦其流也。家本又有《新刑律说明书》，每条律文，皆举历代沿革，详其源流，言其取舍，与《唐律疏义》空释条文者迥异，与《刑曹》、《刑官》诸考志仅言故事者亦异。此虽不名为史，实法律史之先河矣。

军政之史，作者颇多。宋有钱文子《补汉兵志》、陈传良《历代兵制》，明有李材《兵政纪略》、杨时乔《马政纪》，清有《八旗通志》

（此书以兵制为主，间载典章人物等），皆于正史兵志之外独具专书，言其制度因革。而言战法、战略、战事之史，如明吴从周之《兵法汇编》、郑璧之《古今兵鉴》、颜季亨之《明武功纪胜通考》等，皆不在此例。

社党之史，作者亦多。自范晔《后汉书》作《党锢传》已开此例，然在正史，不能援为例证。宋有《庆元党禁》一卷（不著撰人名氏，刊于《知不足斋丛书》），清陆心源著有《元祐党人传》十卷。盖元祐党碑凡三百有九人，《宋史》有传者不及百人，或附见而不尽详，且有舛讹。故特遍搜群籍，备为之传，末附《党禁始末》。考元祐党禁者，此书其最详矣。明代社党，记者独多。陈鼎有《东林列传》二十四卷，陆世仪有《复社纪略》四卷，吴伟业有《复社纪事》一卷，杜春登有《社事始末》一卷，又有《东林本末》六卷，惜其不传，今仅有《东林事略》三卷，列于《荆驼逸史》（《东林本末》不知撰人姓名，《东林事略》末有《东林本末》序注云，“书共六卷，在陈其年维崧家”。《事略》殆其节本）。考明之社党，尚有几社、邑社、南社、北社、知社、匡社、应社等，无有专书记载，故亦鲜为前人所知。盖吾国社党，非若欧美诸国之有党纲政见足以标示于国人，其初不过宦官当路，权奸窃柄，目其反对者为党人，为一网打尽之计耳。至若明代诸社，亦不过标榜文章声气，实为文社，而非政社。其后稍有得志者，于是结为党援，干预政治。然则吾国社党虽为幼稚，亦不失为政争之具，足以为政党之先道，故其记载亦不可忽视云。

外交之史，自唐而后，作者亦多。如唐有李德裕《西蕃会盟记》三卷（见《唐书·艺文志》）。宋则有《皇华录》一卷、《南北欢盟录》一卷、《议盟记》一卷，皆不知作者。张棣有《金亮讲和事迹》一卷，寇瑊有《奉使录》一卷，王曙、戴斗有《奉使录》一卷，范纯仁有《使高丽事纂》二卷(均见《宋史·艺文志》)。元则有刘郁《西使记》、元贞《使交录》(均见《元史·艺文志》)。明则有张宁《奉使录》二卷、龚用卿《使朝鲜录》三卷、谢杰《使琉球录》、倪谦《使交录》(均见《明史·艺文志》)。虽其书大半散佚,然自唐以来,注意斯事,亦可概见,今所存者,惟宋徐梦莘《三朝北盟会编》二百五十卷,其书为纪事本末体,记载宋金和战之始末,分上中下三帙:上帙记政和、宣和之事(二十五卷);中帙记靖康之事(七十五卷);下帙记建炎、绍兴之事(一百五十卷),皆采集诸书,编年条系,虽失之太繁,然记两国交涉之事,未有详于此书者。清光绪中,王之春有《国朝柔远记》十八卷,自顺治以迄同治,于中外交涉机宜以及通商始末,皆编年记载。虽不无自大之见,然指陈交涉得失,亦颇分明,抑亦外交史之流亚也。

乙、文化史

《庄子·天下篇》甄综学术源流,已为文化史之先导。司马迁继之,其于《史记》列传半为学者之传记。自管、晏、老、庄、孟、荀、申、韩、孙、吴、苏、张、计、范诸子,以及仲尼弟子,汉代儒林,屈、贾、邹、枚、司马、淮南之文学,扁鹊、仓公之方技,所谓诸子百家,莫不详为列传,或连类附见。是则司马之史,其注重文化,可谓不遗余力,然此属正史,不能引为例证。惟刘向校书,著为《别录》(《隋书·经籍志》:《七略别录》二十卷,刘向撰)。《汉书·艺文志》所谓"每一书已,向辄条其篇目,撮其指意,录而奏之",即谓此也。今其书虽散佚,其存者犹有《管子书录》、《晏子叙录》、《孙卿书录》(《韩非子书录》不著名,严可均疑是刘向作。他若《列子书录》、《关尹子书录》虽著向名,疑皆后人依托。又有《邓析书录》,亦不著向名,而《意林》及《荀子》杨倞注、高似孙《子略》,皆云向作,然此亦出于后人依托也)。于其篇目指意,固已条举撮录;而其国籍行事,尤详为叙述。观各书所载《别录》逸文,如王史氏(《汉书·艺文志》注引《别录》云:"六国时人也。")、徐子(《史记·魏世家》集解引《别录》云:"外黄人也。")、鬻子(《史记·周本纪》集解引《别录》云:"名熊,封于楚。")、杜文公(《汉书·艺文志》注引《别录》云:"韩人也。"),则详其时代,著其国籍。我子(《汉书·艺文志》注引《别录》云:"为墨子之学。")、文子(《史记·荀卿列传》索隐引《别录》云:"墨子书有文子,文子,子夏之弟子,问于墨子。")、尉缭(《汉书·艺文志》注引《别录》云:"缭为商君学。"),则著其师承。申子(《史记·申韩列传》索隐引《别录》云,"今民间所有上下二篇,中书六篇,皆合二篇,已备,过太史公所记"也),则审其篇目。驺衍(《史记·荀卿列传》集解引《别录》云,"驺衍之所言五德终始,天地广大,其书天事,故曰谈天"),则明其指意。是其甄综学术,分部别居,条析源流,固已极文化史之能事矣。而世顾以目录校雠之学轻之,固浅之乎测向者也。其后刘歆《七略》,班固因以成《汉书·艺文志》,犹未失其家法,已骎骎乎成为目录之学矣。其后齐王俭有《七志》,梁阮孝绪有《七录》。《七志》已亡,《七录》原有十二卷,今仅存序与目而已,故其内容若何,亦不敢悬为论断。惟《七录》中有《古今书最》一篇,详载古今书籍存亡之大概,此亦足以为文化史之资,而学术源流,亦不若《七略》、《艺文》之该备,盖其书既缺,自不能以此相责也。宋有王尧臣《崇文总目》、晁公武《郡斋读书志》、陈振孙《直斋书录解题》,清有《四库全书总目》,虽各有品题,然学术之源流不明,部居之分别亦杂,故郑樵有《校雠略》,章学诚有《校雠通义》,皆思复向、歆之旧业以理董之,然兹事体大,彼二人者,亦未足以语此也。其后言目录之学者,仅能考版本之源流；言校雠之学者，仅能辨字句之异同，斯则其细已甚，更不足以窥见向、歆之巨业。惟宋高似孙《子略》，专载诸子，总存其目，其下四卷，则全为论断，颇欲扬扢百家，清其流别，然其意则是，其学亦甚疏也（吾国无文化史，此节所言皆总论学术之史，姑归之于文化史，下节所谓学术史，仅指言学术之一部分者）。

学术之史，自明黄宗羲《学案》出，规模始宏大。先是，周海门有《圣学宗传》、孙钟元有《理学宗传》，皆言理学之源流，然或以禅学乱其流，或杂收而不甄别，颇觉疏略，于是黄氏为《明儒学案》六十二卷以正之。既成此书，又复溯宋元诸儒而为之述其学派，成《宋元学案》，然其原稿不言卷数，全祖望修定序录，列为百卷，其书述各家传授源流，详为表列，颇觉清析。每一学案，首述其行事而为之传，次摘其言论以表其学，终复加案语以详其得失，或附录逸事及他人之评论。其为传也，视正史之传虽较简要，然于其学术之大凡，及其生平、读书、交游、著作，亦不加意详述，实与史传亦无异处（冯氏校刊《宋元学案》条例云，"是书修补，谢山兼为修《宋史》而作，故有《宋史》所略，而是书列传特加精详，语多本之《永乐大典》，其中经济著述，间或采入"。可见诸传不仅为学案作也）。所摘言论，有时亦不能代表其学术，于其学术之本末条贯，实不能如指诸掌。而其评论，徒肆口辨，间有不衷于理者。又复入主出奴，陆、王、程、朱，便势同水火，故不为客观之叙其真相，而独为主观之肆其交攻。盖黄为陆、王，全为程、朱，已不免有此弊。他若陈建之《学蔀通辨》，攻陆、王；吴鼎之《东莞学案》，申陆、王；唐鉴之《学案小识》，又申程、朱，其《经儒学案》，掊击戴震诸人，又蹈汉宋交攻之弊，学术之真相，往往为其好恶所左右，盖无科学严格之律令，又无学史客观之精神，故其成就止于如此，然其为吾国学术史之先导，其功不可没也。其后江藩为《汉学师承记》八卷、《经师经义》一卷,又为《宋学渊源记》二卷,《附记》一卷。其为《师承记》则云:“经术一坏于东西晋之清谈,再坏于南北宋之道学,元明以来,此道益晦,至本朝,三惠之学盛于吴中,江永、戴震诸君继起于歙,从此汉学昌明,千载沈霾,一朝复旦。”其为《渊源记》则云:“近今汉学昌明,遍于寰宇,有一知半解者,无不痛诋宋学。然本朝为汉学者,始于元和惠氏。红豆山房半农人手书楹帖云:‘六经尊服郑,百行法程朱。’不以为非,且以为法,为汉学者背其师承何哉?”江氏之书,其叙诸家学说,颇得要领,然其互诋之陋习,主观之偏见,亦所不免。同时阮元撰《畴人传》四十六卷。自上古以迄嘉庆初年,凡中外言历法、算数之学者,皆叙其行事,述其学说,复缀以论,以明其流变(自卷一至二十述中土,末四卷述西洋,颇无门户之见)。盖历算之学,须凭实验,且以后起者为胜,西学之入吾国,以此为始,良由理无二致,故首能输入焉。学术无国界,此书差能副之矣。其后罗士琳又续补六卷,合刊行世。寻畴人二字,义颇广泛,不能专指历算之人。《汉书·律历志》如淳注云:“家业世世相传为畴。”考王粲《七释》、束皙《补亡诗》以世礼乐者亦为畴人,此则阮、罗二氏之小疵也。其实专家之学,皆可仿此为史,惟条例略须改变。一干众枝,明其源流,条其异同,不可如学案等之漫无比较条贯也。

宗教之史,著者特众。自齐王俭撰《七志》,佛经道经,各为一录,梁阮孝绪撰《七录》,亦特列《佛法录》、《仙道录》,北齐魏收撰《后魏书》,特著《释老志》,此皆对于宗教而有系统之记载者也。然《七志》、《七录》,实已散佚,《释老志》又属于正史,皆无劳举例。且仙道目,汉刘向已有《列仙传》之作(见《隋书·经籍志》),晋葛洪继之,亦有《神仙传》十卷。其后《说仙》、《集仙》、《洞仙》、《道学》等传，作者纷纷，实繁有徒。而佛法则梁有释宝唱之《名僧传》三十卷（见《隋书·经籍志》），释僧祐继之，亦有《高僧传》十四卷（今存）。其后名德法师众僧比丘尼等传亦纷纷继起。然此皆以人为限，未扩厥宇。隋唐以来，佛法之史，颇多名著，如隋翻经学士费长房著《历代三宝纪》十五卷，虽言译事，而表年以为经，列人以为纬。而每人所译之经，既详列书名于前，又略言译事始末于后。隋以前各经译出之年代，观此纪盖了然矣。唐沙门智昇又撰《开元释教录》二十卷，虽无年表，以详众经译出之年代，似稍逊于《三宝纪》，然所译各经，亦以人代先后为伦，不依三藏之次。且每代之首，冠以总序，先述年数，次述人数，次述所译经律之数，颇觉明了。而译人传记，特加详叙，此则胜于《三宝纪》也。先是，唐贞观时，有沙门道宣者，撰《释迦略谱》、《释迦方志》、《大唐内典录》、《续高僧传》，颇足为宣扬佛教之史，其书今皆存在，足以远绍僧祐、长房，后启智昇。自斯以后，代有著述，故佛教之史颇称完备。至于仙道，今《道藏》所有者，惟汉刘向《列仙传》二卷、晋葛洪《神仙传》十卷、南唐沈汾《续仙传》二卷（《云笈七签》尚有《洞仙传》二卷，案《列仙》、《洞仙》等传见于《隋志》，疑早已散佚，后人自类书辑出耳）。而谱录记传一类，所载传记山志，皆限于一人一地，其数亦鲜。汉《天师世家》则又限于一家，惟元赵道一所撰《历世真仙体道通鉴》五十三卷、续编五卷、后集六卷，此为仙道最详之史。然其声教之盛，不逮佛经远矣。

文学之史，《诗序》为之权舆。盖《诗》三百篇，大抵皆不知作者，作序者为之稽考史乘，或详作诗之原由，或述作者之姓氏，使学者论世读《诗》，知其源流正变，亦后世述文学史之意也。惟作序者不知为何人，众论纷纭，此不必辩。司马迁作《史记》，屈原、贾谊、枚乘、司马相如等文人，特立专传，范晔《后汉书》，遂特立《文苑传》，然此属正史，无劳举例。自晋张隐撰《文士传》五十卷，挚虞又为《文章志》四卷、《文章流别志》二卷（《隋志》：《文章流别集》四十一卷，梁六十卷，志二卷，论二卷，又有《文章流别志论》二卷）。单行之史，乃渐兴盛。其后傅亮有《续文章志》，宋明帝有《晋江左文章志》，沈约有《宋世文章志》，皆其流也。惜其书皆已散佚，存者亦仅百之一二耳。惟梁刘勰《文心雕龙》，叙文章之源流，钟嵘《诗品》（《隋志》作《诗评》），述诗人之流别，言文学者，皆奉之以为鉴，故其书赖以不亡。唐裴朏有《续文士传》十卷，许敬宗有《文馆词林文人传》一百卷，亦已散佚。降至后世，选总集者，大抵皆为文人立小传（如胡震亨《唐音统签》、钱谦益《列诗朝集》，其后《全唐诗》、《全五代诗》、《全金诗》、《五朝诗别裁》等皆有小传）。又为纪事、征略之作（如《唐诗纪事》、《宋诗纪事》、《明诗纪事》及《诗人征略》诸书，皆述诗人事迹为多）。其他言词者，有《历代词人姓氏录》，言曲者有《录鬼簿》等书。然作者虽众，皆散无有纪，不为源流派别之言，以视《文心雕龙》、《诗品》且不逮，宁足以言有系统之史哉！

艺术之史，以绘画为最详备。自齐谢赫撰《古画品录》、陈姚最撰《续画品》，已发其端。唐张彦远《历代名画记》十卷，自上古至唐会昌，所有画家，皆为小传，间述其派别源流。宋郭若虚又作《图画见闻志》六卷以继之，所述自唐会昌至宋熙宁。宋邓椿又作《画继》以继之，所述自宋熙宁至乾道。元夏文彦别作《图绘宝鉴》五卷，所述又自上古至于元。明韩昂又为《续编》一卷，所述自明至嘉靖。清徐沁别作《明画录》十五卷，则述有明一代。而述明末清初者，则有周亮工之《读画录》四卷。述清初以至乾隆初年，则有张庚之《画征录》三卷、续二卷。其后冯金伯有《国朝画识》十二卷、《墨香居画识》十卷，蒋宝龄有《墨林今语》（十八卷，续一卷）。此皆累世继述，昭示来兹，而图画之史赖以不坠者也。其次则法书：唐张彦远《法书要录》十卷，起于东汉，迄于元和，与《历代名画记》并行；特继述无人，故不若绘画之详备。惟宋董更《书录》三卷、清冯武《书法正传》十卷，差堪继武。他若宋宣和之《书画谱》各二十卷、清康熙之《佩文斋书画谱》一百卷、明陶宗仪之《书史会要》（九卷，补遗一卷，明朱谋垔续编一卷），朱谋垔之《书史会要》五卷，则又包举各代，汇为鸿编，颇足以为其羽翼。盖法书名画，著述甚多，或言其品，或言其法，或著收藏之目，或言鉴别之情。名号繁多，不可殚述，惟言派别源流，足以征其变迁，觇其进化者，以上所举传记，虽未尽为合作，亦足以供艺术史之选材已。若夫摹印之术，近代以来，亦有为之作传记者，如周亮工之《印人传》三卷、汪启淑之《续印人传》八卷、叶铭之《广印人传》十六卷，亦足以见其一斑。他若金石雕刻、文房古玩之属，图谱、志录诸作，虽实繁有徒，而若元陆友之《墨史》（二卷，集古来善制墨者凡一百五十余人，旁及高丽、契丹、西域之墨，亦无不搜载），与书画印人诸传记足以并驾齐驱者亦鲜矣。

农业之史，作者甚鲜。自《夏小正》详言农之节候，于是周有《七月》之诗，秦有《月令》之篇，汉亦有《四民月令》，后世且有七十二候之说。元鲁明善《农桑衣食撮要》，即以农圃诸事，分系于十二月令。此农业中天时经验之历史也。《管子·地员篇》言九州之土有常，而物有次。凡上土三十物，种十二物；中土三十物，种十二物；下土三十物，种十二物。凡土物九十，其种三十六。此农业中土宜经验之历史也（《地员篇》详辨土宜种类之学，必由累世经验而来，必非管子所创，惜后世不传）。后魏贾思勰著《齐民要术》十卷，详言农事，中有引氾胜之述伊尹区田之法，自伊尹以后，又有爰田、代田之说，井田、班田之制。他若沟洫有记（见《考工记》）、耒耜有经（唐陆龟蒙著，一卷），此农田农器之史之散见于各书者也。元有《农书》（二十二卷，王桢撰，凡《农桑通谈》六卷，《谷谱》四卷，《农器图谱》十二卷）。明有《农政全书》（六十卷，徐光启撰。分农本、田制、农事、水利、农器、树艺、蚕桑、种植、牧养、制造、荒政十一类，颇称该备）。清有《授时通考》（七十八卷，乾隆敕撰。分天时、土宜、谷种、功作、劝课、蓄聚、农余、蚕桑八门）。此三书者，虽非为史，而取材详博，颇足观览。他若《茧谱》、《棉谱》，《茶经》、《酒经》，《群芳》之谱，《奇器》之图，《桂海虞衡》之志，《闽中海错》之疏，诸如此作，不可罄述，由此言之，吾国虽无农业之史，而史材未尝不丰富也。

工业之史，发达最古，自《世本》有《作篇》，详记车服器具等制作之原，惜其书已亡佚，然散见于各书，略可见焉（《礼记·明堂位》正义曰，《世本》，书名，有《作篇》，其篇记诸作事）。如奚仲作车（《御览》七百七十三引《世本》，下引仿此），胡曹作冕（注云，胡曹，黄帝臣。《左》昭二十四年传正义引）、作衣（《路史·国名纪》六引），垂作铫（《御览》八百二十四引）、作耨（《左》僖三十三年传正义引），宓羲作瑟，神农作琴（《风俗通》引），杼作甲（《初学记》二十二引），挥作引，夷牟作矢（注云，挥、夷牟，黄帝臣。《礼记·射义》疏引），少康作箕帚（《御览》七百六十五引），公输作石磑（《后汉书·张衡传》注引），拥父作舂（《御览》七百六十五引），伯夷作井（《御览》一百八十九引），共鼓、货狄作舟（《艺文类聚》七十一引）。诸如此类，不胜枚举。其后作史者，惟舆服之制，略有记载，其器用工作，颇以形下贱视，无有持续记述者，遂致日用之物，如床凳桌椅诸物，且无有知其始于何时，作于何人者，其器具之源，改良之迹，更无论也。吾国工业之墨守古制，不能发展，大率由此。其后惟宋沈括《梦溪笔谈》，稍记工艺，且兼言算数物理。如言阳燧照物皆倒，透光鉴承日光而铭文透壁上，洼鉴照人面大，凸鉴照人面小，唐高宗之玉辂，吴越王之木塔，喻皓营舍之法，毕昇活版之术，皆备言其理法，能于乐律历算，尤为其专门绝学，言之更详。他若陶弘景之《古今刀剑录》、王俅之《啸堂集古录》、王黼之《宣和博古图》、吕震之《宣德鼎彝谱》，亦可以考见制作之源流。然此诸书，皆未成史体，惟吾族祖琰所著《陶说》六卷，言陶工历史，最为详备（第一卷说今，言饶州今窑。第二卷说古，言古窑。第三卷说明，言明窑及造法。第四卷说器上，唐虞器、周器、汉器、魏晋南北朝器。第五卷说器中，唐器、宋器、元器。第六卷说器下，明器）。此则可为工业史之模范矣。

商业之史，以吾国重农贱商，故鲜有为之记载者，惟司马迁《货殖传》中载都会之发达，及商人之传记，为商业史之权舆。然此属正史，无劳举例。其后惟宋严守明有《通商集》三卷、赵勰《广南市舶录》三卷（见《宋史·艺文志》），专言商事，惜其书已佚，无可考证。至明有陈讲《茶马志》四卷、傅浚《铁冶志》二卷、王宗圣《榷政记》十卷，颇亦关于商务，然至于今，亦有录而无书。清自中叶后海禁大开，与外人通商，宜有专为之史者。光绪中，坊间流传有王之春《通商始末记》二十卷，然考其书，实即王之春之《国朝柔远记》也（见外交史条），书估变其名以求利耳。是故清代通商之事，亦无有专为之记载者，诚憾事也。惟同治时夏燮，撰《中西记事》二十四卷，中有互市档案，漏卮本末，五口衅端，洋药土税诸篇，颇言通商之事。其他散见于诸家之文集奏议，及海关之统计，东西洋史家之记述，实繁有徒，惜乎无人为之辑录而为专史也。

风俗之史，作者亦古。自汉朱赣《条风俗》，班固辑之，以附于《汉书·地理志》之末，言风俗者祖之。其后郑玄作《谱诗》言十五国风、二雅、三颂之不同，亦颇探原于风化。学者欲觇吾国古代之风俗，则此二书为最简赅者矣（唐作《五代史志》，而其《地理志》略依古九州区画，条其风俗，颇得朱赣遗意）。自斯以外，纲举目张，条列全局者，实罕其觏。惟汉圈称有《陈留风俗传》（见《隋志》），晋周处有《阳羡风土记》（见《唐志》及《史通·补注篇》），宋孝王有《关东风俗传》（见《史通·补注篇》），唐张周封有《华阳风俗录》（见《唐志》），他若《北荒风俗记》、《诸蕃风俗记》、《突厥所出风俗事宜》（以上皆见《隋志》）、《高丽风俗》（见《唐志》）诸书，亦实繁有徒。然或专录一地，或略举偏方，或仅载外国，固难与朱、郑等并驾齐驱者也。惟顾炎武作《日知录》，中有《世风》一卷，详言历代风俗，如周末风俗、秦纪会稽山刻石、两汉风俗、正始、宋世风俗等条，颇能言其荦荦大者，惜其偏言土风，未能条举其俗，亦属偏而不全。今日而欲为风俗史，则必采取社会学之精意，应用人类之条理，庶乎其可以超出于古人之上矣。

五　正史

前言混合各体者，吾国谓之正史，如本纪、年表之区别以时，世家之区别以地，列传之区别以人，书、志、汇传之区别以事；而此混合各体之史，实创于司马迁，以司马迁《史记》有本纪、表、书、世家、列传也。

秦嘉谟《世本辑补》，谓《史记》之本纪、世家、列传，皆本于《世本》。“《左传》襄二十一年正义引记文曰‘太甲，汤孙’，《史记索隐》及《路史》注亦引《世本·纪》文，纪记音同，此即《史记》本纪之所本。《左传》桓三年正义引《世本》曰‘武公，庄伯子。韩万，庄伯弟’，《世本·世家》文；又襄十一年、二十一年、定元年正义皆引《世家》文，此即《史记》诸世家之所本。《史记·魏世家》索隐引《世本》曰‘桓子生文侯斯，其传云孺子瘨，是魏驹之子’。则《世本·世家》外，复有传，太史公作七十列传，其名亦本于《世本》也。”案秦氏推本本纪、世家、列传于《世本》，其言甚辨，若依其例则表与书亦可谓本于《世本》。表为表里字，世表之表，乃谱之假借字，《世本》有帝系及王侯大夫谱，即《史记》表之所本。《世本》有《作篇》，记占验、饮食、礼乐、兵农、车服、图书、器用、艺术之原，《史记》八书，即本于此。虽然，《世本》一书，刘向以前未尝称引（《史记集解》序索隐引刘向曰：“世本，古史官明于古事者之所记，凡十五篇。”《汉书·梅福传》：绥和元年，立二王后，推迹古文，以《左氏》、《谷梁》、《世本》、《礼记》相明。《隋书·经籍志》：《世本》二卷，刘向撰。希祖以为《世本》、《战国策》皆刘向撰集，而班彪谓司马迁采《左氏》、《国语》，削《世本》、《战国策》。窃谓《世本》、《战国策》，恐司马迁皆见不及，故《春秋正义》云，今之《世本》与司马迁言不同也。余别有《世本考》），其书有燕王喜、汉高祖（见《颜氏家训·书证篇》），亦未必为古史官所记，司马迁得见与否，实亦未可定也。

司马迁所撰本纪、表、书、世家、别传，其体非其所创，固可断言。本纪为编年体，本于《春秋》，而其名则本于《禹本纪》（《史记·大宛列传》云，“《禹本纪》言河出昆仑”。又云，“《禹本纪》、

《山海经》所有怪物，余不敢言之”）。表之本字为谱，桓谭《新论》及刘杳皆云，“太史公世表，旁行斜上，并效周谱”。则表本于周谱也（《史记·三代世表》云，“自殷以前诸侯不可得而谱，周以来乃颇可著”。《十二诸侯年表》云，“太史公读《春秋历谱牒》”，是亦可为一证）。《尚书》之《禹贡》、《洪范》、《吕刑》等篇，即开后世书志之体，则书本于《尚书》也，《史记·卫世家》，太史公曰，“余读世家言”，是《史记》以前已有世家也。《史记·伯夷列传》，其传曰“伯夷、叔齐，孤竹君之二子也”云云，则《史记》以前已有传也。《春秋左氏传》故事，亦为传之发端，惟一以时为纲，一以人为纲耳。由此言之，《史记》以前，史之各体，固已有之。司马迁特混合各体以为一书耳。此史学进步之征也。

编年之史，往往局于政治，未睹社会之全体，正史则差能免此弊。世言二十四史为帝王之家谱，不载民事，亦未免过为苛论，且未尝浏览其书。且如司马迁《史记》，本纪、书、表、世家，固不免偏于政治，详于贵族。然其篇数，仅占六十，而列传七十篇，大都详载文化，自管、晏、老、庄、孟、荀、申、韩、孙、吴、苏、张、计、范诸子，以及仲尼弟子，汉代儒林，屈、贾、邹、枚、司马、淮南之文学，扁鹊、仓公之方技，以及诸子百家，莫不详为列传，或连类附见，前既言之矣。他若诸丛传中如循吏、酷吏、刺客、游侠、日者、龟策、滑稽、货殖等传，大抵详察社会，精言民事，而文臣武将，则仅举其荦荦大者。其后班固《汉书》，又加《地理》、《艺文》二志，条举风俗，详言文化。司马彪《续汉书》则有《舆服志》，魏收《魏书》则有《释老》、《官氏》二志。而丛传之中，如范晔《后汉书》之《文苑》、《独行》（后世《卓行》、《一行》等传本此）、《逸民》（后世《隐逸》、《高逸》、《处士》、《逸士》等传本此）、《党锢》、《方术》（后世《方技》、《艺术》等传本此)、《列女》、《宦者》等传,姚思廉《梁书》之《止足传》,欧阳修《五代史记》之《伶官传》,以及《宋史》之《道学传》,《新唐书》之《藩镇传》,《明史》之《土司传》,皆随世所重,专为记载,则社会变迁,亦未尝捐弃弗道也。

刘子玄论正史之得失,其言甚辨。以为纪以包举大端,传以委曲细事,表以谱列年爵,志以总括遗漏,逮于天文地理,国典朝章,隐显必该,洪纤靡失,此其所以为长也。若乃同为一事,分在数篇,断续相离,前后屡出,于高纪则云语在项传,于项传则云事具高纪。又编次同类,不求年月,后生而擢居首帙,先辈而抑归末章,遂使汉之贾谊,将楚屈原同列,鲁之曹沫,与燕荆轲并编,此其所以为短也(见《史通·二体篇》)。详正史之体,储史材则尚称该备,言史理则未臻完密,盖史家最重之职,在明因果之关系,掸社会之真相,若同为一事分在数篇,断续相离,甚难周览,则始末难寻,因果斯昧,子玄之论,可谓切中其弊矣。

刘子玄《史通》特著《本纪》、《世家》、《列传》、《表历》、《书志》五篇,以论其得失,窃谓其言有是有非,不可不辨也。《本纪篇》云,"天子为本纪,诸侯为世家。姬自后稷至于西伯,嬴自伯翳至于庄襄,爵乃诸侯,而名隶本纪,项羽僭盗而死,未得成君,春秋吴楚僭拟,书如列国,假使羽窃帝名,正可抑同群盗,况其名曰西楚,号止霸王者乎?霸王者,即当时诸侯,诸侯而称本纪,求名责实,再三乖谬"。案本纪者,述其宗祖曰本,奉其正朔曰纪。周自后稷至于西伯,秦自伯翳至于庄襄,爵虽诸侯,而实为天子之宗祖,必欲置之世家,是欲臣其宗祖,昧其本源也。自周赧王亡至秦始皇称帝,中间无统者三十四年,而灭周者秦,故列秦为本纪。自秦子婴亡至汉高祖称帝,中间无统者四年,而杀子婴、封诸王者项羽。故列项羽为本纪。必欲称项羽为僭盗,则刘邦何尝非僭盗乎?必欲以称王为非天子,则夏、商、周何尝称帝乎?子玄成败论人,实非公论。且《史记》尚有《吕后本纪》,以少帝非惠帝子,而政归吕后,故列吕后为本纪,而子玄不敢论列,似避武后之嫌,惟于范晔《皇后纪》特致弹论(见《列传篇》)。由此言之,子玄于本纪二字之义,尚未憭然也。《世家篇》云:"陈胜起自群盗,称王六月而死,子孙不嗣,社稷靡闻,无世可传,无家可宅,而以世家为称,岂当然乎?"案:诸侯为世家,割据称王,未成一统,故亦列之世家;况灭秦之祀,涉实发难,若在班固,必列涉于载记,似觉更当。子玄必欲以盗称涉,毋亦成败论人,又云"诸侯大夫家国本别,三晋之与田氏,自未为君而前,齿列陪臣,屈身藩后,而前后一统,俱归世家,使君臣相杂,升降失序"。案:帝王追其本,诸侯详其世,本末既明,因果斯判。且子孙为诸侯,使其先世祖宗为臣,其蔽与论本纪同矣。《编次篇》云,"寻子长之列传也,其所编者,唯人而已矣;至于龟策异物,不类肖形,而辄与黔首同科,俱谓之传,不其怪乎?且龟策所记,全为志体,向若与八书齐列,而定以书名,庶几物得其朋,同声相应者矣"。《叙事篇》云"《日者》、《仓公》、《龟策传》,固无所取焉"。子玄以为传以记人,志以记事,自是唐代俗见,昧于传记之原。不悟子长列传,原有以人为纲、以事为统两类,以事为统,后世谓之丛传,又称汇传,盖书志之记事,重在政治,汇传之记事,重在社会,例如《平准书》与《货殖传》,皆记财货之事,而其注意实有不同者也。《表历篇》云:"天子有本纪,诸侯有世家,公卿以下有列传,至于祖宗昭穆,年月职官,各在其篇,具有其说,用相考核,居然可知,而重列之以表,成其烦费,岂非谬乎?且表次在篇第,编诸卷轴,得之不为益,失之不为损,用使读者莫不先看本纪,越至世家,表在其间,缄而不视，语其无用，可胜道哉！”案：史之有表，所以通纪传之穷，有其人已入传而表之者，有未入传而连类以表之者，表立而纪传之文可省，此万斯同所以补历代史表也。观夫《宋史》表少而纪传繁，《辽史》表多而纪传省，此其明效也（《史通·杂说篇》云“观太史公之创表也，列行萦纡以相属，编字戢孴而相排，虽燕越万里，而于径寸之内，犬牙可接，虽昭穆九代，而于方尺之中，雁行有叙，使读者阅文便睹，举目可详”，则子玄于表，后亦知其有用矣）。子玄《书志》一篇，论辨尤详，以为“刑法、礼乐、风土、山川，求诸文籍出于三《礼》，而司马迁曰书，班固曰志，蔡邕曰意，华峤曰典，张勃曰录，何法盛曰说，名目虽异，体统不殊”。其推论源流，特称明允。惟于《汉书·天文》、《艺文》、《五行》三志，以为可以删削，毋事妄载。《宋书》之《符瑞志》、《魏书》之《释老志》，亦以为不急之务。而可以为志者有三，曰都邑，曰氏族，曰方物。夫五行符瑞，与当时社会心理有关，实不可去；天文则代有发明，艺文则世有增减；释老一志，可以觇教化，降及后世，景回诸教，杂然并作，尤不可以无志，惟其名不可以释老限耳。夫艺文、释老均为一代文化所关，何可不详聚史材，以为后世之参考？而子玄所蔽尤在艺文，以为“前志已录，而后志仍书，篇目如旧，频烦互出，何异以水济水，谁能饮之”。夫文籍代增，诚不胜载，然酌剂损益，非无其术。一则当代所撰，务宜全列，子玄亦既言之；一则前世古书，亦既有目，史既断代，则当时亡佚之书，史宜备载。如梁代之书，焚于元帝，宋世之籍，沦于金源，此宜详记者一也。亦有前世亡佚，而忽尔复见，如汉之孔壁，晋之汲冢，清之敦煌石室，永乐重获金元之书，日本复归梁唐诸籍，此宜详记者又一也。当唐之世，《七略》、《七录》犹存，故视汉隋艺文经籍，烦而无当，若使子玄生于今世，必以为吾国文化所存，全恃二志,得睹其概,又何嫌其妄载哉!

史学要义,以最近者宜最详,良以当代各事,皆由最近历史递嬗而来,其关系尤为密切。吾国史家,颇明斯义。司马迁《史记》百三十篇,自上古至秦楚之际,年代绵邈,仅占其半;记载汉事,亦占其半(《史记》一书,本纪十二篇,汉占其五;表十篇,汉占其六;书八篇,汉约占其四;世家三十篇,汉占其十二;列传七十篇,汉占其三十八。故自黄帝至秦楚之际,约六十五篇,汉亦有六十五篇)。而汉五世(高、惠、文、景、武),武帝时事,载之尤详,约占五分之二(汉六十五篇,而武帝时事约二十六篇)。可谓最近而最详者矣。班固记载汉事,共为百篇。自是厥后,每易一代即新撰一史,以至于清,追踪前武,亦成明史,盖亦以最近之史,于当代尤为切要也。不特此也,班固既成《汉书》,又作《世祖本纪》,并撰功臣及新市、平林、公孙述事,作《列传》、《载记》二十八篇,此亦记载当代之史尤详于近世史之明证也。自是之后,私家记述当世之史,代不乏人。自魏收《魏书》有秽史之目,至隋开皇乃发令禁绝人间撰集国史,臧否人物,于是设官修史之局开,私家著述之风微。然国史虽为官修,而野史之业仍未绝也,南宋、南明,其风尤甚,尊王攘夷之微义,为外来君主所最忌,至清顺治、康熙,乃大兴史狱,庄廷鑨、戴名世以此诛夷,乾隆时又销毁明季史书,不遗余力,自是私家记述当代史事之风绝矣。故今日而欲言史学,当屏除官史而奖励私史,又当整理古史而尤宜注重当代之史(整理古史,以通史为归;注重当代之史,则自清中叶以迄民国今日百年之间,尤为重要。吾国旧时,以《史记》、《通志》、《南北史》、《五代史》皆目为通史,其实《史记》、《通志》略具通史之质,《南北史》、《五代史》则章学诚所谓丛史而已,不可混也)。

六 纪事本末

以一事为纲，而记述其始末，始于《尚书》之《金縢》、《顾命》。至宋袁枢，乃有纪事本末一体，此亦史学进步之征也。盖纪传之弊，一事复见数篇，主宾莫辨；编年之弊，一事隔越数卷，首尾难稽。其于事之因果，皆难综核，而欲发明大律，指挥人事，固其难也。自纪事本末出，遂使纪传、编年贯而为一，以事为经，以时为纬，远因近果，于是粗备。盖史学发达之次叙，其始杂记事端，年月莫备，其次详编年月，始末间隔，再进则事时兼顾，始末萃列，掸因寻果，方臻精密，盖斯体发生，固非一朝一夕所能成也。

自宋袁枢撰《通鉴纪事本末》四十二卷（或作二百三十九卷，以一篇为一卷耳），杨万里为之序，以为"予每读《通鉴》之书，见事之肇于斯，则惜其事之不竟于斯，盖事以年隔，年以事析，遭其初莫绎其终，揽其终莫知其初。自袁书出，大抵搴事之成以后于其萌，提事之微以先于其明，其情匿而泄，其故悉而约，读其书，如生乎其时，亲见乎其事"（宋淳熙本《通鉴纪事本末》序）。而赵與篝亦云"通鉴以编年为宗，本末以比事为体。编年则一事而岁月辽隔，比事则虽累载而脉络贯连，故读《通鉴》者如登高山、泛巨海，未易遽睹其津厓，得《本末》而读之，则根干枝叶绳绳相生，不待反覆它卷，而了然在目中矣"（宋宝祐大字本《通鉴纪事本末》序）。是纪事本末者，实所以救编年之弊者也。其后明陈邦瞻作《宋史纪事本末》二十六卷（或作一百九卷，亦以一篇为一卷）、《元史纪事本末》四卷（或作二十七卷），虽以宋史、元史为名，似为纪传体而作，其实仍以编年为前驱也。盖其时薛应旂有《宋元资治通鉴》一百五十七卷，王宗沐有《宋元资治通鉴》六十四卷，故能比事次年，有条不紊也。

清丰润谷应泰撰《明史纪事本末》八十卷，此书先《明史》、《明纪》而成，既无纪传之史为之前驱，又无编年之书为之先导，似为特创之作，其书与《明史》颇多异同，各篇之末，附以论议，文仿《晋书》，体规张溥（张溥有《通鉴纪事本末》等论），多俪偶之词，遗词隶事，曲折详尽。或谓此书实成于谈迁，其论实成于陆圻（姚际恒说）。又郑元庆述朱彝尊言，“此书德清徐侍郎倬所著，为诸生时，为谷所识拔，以此报之”。《四库全书提要》则谓“邵廷采《遗民传》称山阴张岱尝辑明一代遗书为《石匮藏书》，应泰作《纪事本末》，以五百金购请，岱慨然予之”（希祖案：《石匮藏书》二百二十一卷，其书体例仿《史记》，余藏其稿本）。谷为浙学使，书成于浙人，谷以金购得之，此姑不具论，第论其书必有凭借，可断言也。其时浙江撰明史者，黄宗羲有《史案》，谈迁有《国榷》，张岱有《石匮藏书》，皆综述有明一代史事，他若郑晓之《吾学编》、朱国祯之《史概》，亦尝先后记述，况浙人之外，著述尚多，纪传编年，各有其书，盖纪事本末一体，若无他体以为之前驱先导，必不能发生也。

有以纪事本末施之古史者，宋章冲有《春秋左氏传事类始末》五卷，书太简略，未尝传称于世。清高士奇乃著《左传纪事本末》五十三卷，其书以国为经，以时为纬，虽以《左传》为主，然亦别采经史诸子，为之补逸，为之考异，为之辨误，为之考证，篇末各附以论，此其胜于章书者也。先是，明沈朝阳有《通鉴纪事本末前编》，其书始于盘古，终于周分东西，荒诞不经之说，累牍连篇，故不足传云。

有以纪事本末体施之偏方之史者，清杨陆荣有《三藩纪事本末》二十二卷，其书成于康熙五十六年，时温睿临之《南疆逸史》、邵廷采之《东南纪事》、《西南纪事》等亦先后出，而传钞未广，杨氏亦未必见也。张鉴《西夏纪事本末》三十六卷，其书有表有图（首列年表、职方表及西夏堡塞地图），盖仿马骕《绎史》例，至是而纪事本末一体又稍进化矣。且西夏史事，成专书者甚鲜，洪亮吉之《西夏国志》十六卷，未刊行于世，张氏亦未必见。然则杨、张二氏之纪事本末，其成书盖有独难者也。清光绪时，萍乡李有棠撰《辽史纪事本末》四十卷、《金史纪事本末》五十二卷，其本文俱本《辽史》、《金史》，间与他史及各传记事有异同、词有详略者，并仿裴松之注《三国志》、胡三省注《通鉴》例，小注双行，分载每条之下，名曰考异。自著书而自注，此又纪事本末之一变体也。清初马骕撰《绎史》一百六十卷，起自上古，讫于三代，亦为纪事本末体。博采群书，贯穿古事，事撷其要，略具始末，且又有政典，有学案，有世表，有舆图，体大而思精，在纪事本末中可谓独创而进化，足以自成一家者也。虽其中伪书谶纬，杂然并陈，不能鉴别，亦其一弊，然其规模宏远，在斯体中固莫之与京者矣。

吾国史书，虽以纪事本末为最进化之体，然尚不知因果之精律，社会之要素，故其取材少客观之精鉴，叙事鲜主观之断制，轻重详略，多失其宜。此则改良史学，在乎后起之英，不可以此苛责先贤也。

附　录

太史公解

司马迁《史记》，本名《太史公》。《太史公自序》云："凡百三十篇，五十二万六千五百字，为《太史公书》序。"此迁自题其书名曰《太史公》也。自汉以来，颇多遵用此名者，今略举其例于下：

一、《汉书·杨恽传》：恽母司马迁女也。恽始读外祖《太史公记》，颇为《春秋》，名显朝廷，擢为左曹。霍氏谋反，恽先闻知（案：霍氏谋反，在宣帝地节四年，距恽始读《太史记》已远，盖在昭帝时，其书稍出也）。

二、《汉书·宣元六王传》：思王宇，元帝崩后三岁，天子诏复前所削县如故。后年来朝（案：在成帝建始四年），上书求诸子及《太史公书》。

三、《汉书·叙传》云：班斿博学，与刘向校书，上器其能，赐以秘书之副（案：亦在成帝时）。时书不布，自东平思王以叔父求《太史公》、诸子书，大将军白不许。

四、《史记·龟策列传》：褚先生曰，臣以通经术，受业博士，治《春秋》，以高第为郎，幸得宿卫，出入宫殿中十有余年。窃好《太史公传》。

五、《汉书·艺文志》：《太史公》百三十篇。冯商所续《太史公》七篇（《艺文志》本刘歆《七略》，亦出于西汉）。

此西汉人皆称《史记》为《太史公》也。

六、《后汉书·班彪传》，其略论曰：若《左氏》、《国语》、《世本》、《战国策》、《楚汉春秋》、《太史公书》，今之所以知古，后之所由观前，圣人之耳目也（案：此传引彪语，称《太史公书》。若上文叙事，则云司马迁著《史记》云云，乃范晔之文，是宋时亦已称《史记》矣）。

七、吴韦昭云：冯商受诏续《太史公》十余篇，在班彪《别录》（见《汉书·艺文志》注）。

八、《文选·魏都赋》张载注，引《太史公书·田敬仲世家》（案：载，晋人。胡氏仿宋本《文选注》，作《太史书·田敬仲世家》。胡氏《考异》，谓书上当有公字，下当有曰字，各本皆误，以此推之，疑凡载注，皆称《太史公》，今多失其旧。案：今本载注，除此处外，亦有称《史记》者，故胡云然）。

九、《史记·孝武本记》索隐引韦稜云（案：稜，梁时人）：《褚颛家传》，褚少孙，梁相褚大弟之孙，宣帝时，为博士。续《太史公书》。

此则自东汉魏晋以迄于梁，亦尚有称《太史公》者。

史记之称，犹今言历史，实为史书通名，非为迁书专名。《太史公·六国表序》云："秦既得意，烧天下诗书，诸侯史记犹甚。"又云，"诗书所以复见者，多藏人家，而史记独藏周室，以故灭"。又自序云，"自获麟以来，四百有余岁，而诸侯相兼，史记放绝"。此其证也。而《太史公书》之改称《史记》，盖起于三国时。《魏志·王肃传》："明帝问，司马迁以受刑之故，内怀隐切，著《史记》，非贬孝武，令人切齿（又吴韦昭亦称《史记》，见下引）。"是也。《隋书·经籍志》以下遂专称《史记》矣。然《太史公书》，可称《史记》，则自《汉书》以迄《明史》、《清史》，何尝不可称《史记》乎？故欲正其名，当仍称《太史公书》。

然“太史公”定为书名，实属费解，前贤释此名称者，约有四说，皆不可通，今列于下，且加驳辞焉。

一、谓太史公乃汉武帝新置之官名。

甲、《史记·自序》集解如淳注引《汉仪注》云：“太史公，武帝置，位在丞相上，天下计书，先上太史公，副上丞相。迁死后，宣帝以官为令，行太史公文书而已。”

乙、《汉书·司马迁传》注引《汉旧仪》云：“太史公，秩二千石，卒史皆秩百石。”

丙、《史记·五帝本纪》正义引虞喜云：“古者主天官者皆上公，非独迁也（《自序》正义亦引此说，称虞喜《志林》）。”

丁、《史记·孝武本纪》索隐引《志林》云：“自周至汉，其职转卑，然朝会坐位，独居公上，尊天之道，其官属仍旧名，尊而称之曰公，公名当起于此。”

案《汉书·百官公卿表》，奉常，秦官，景帝中六年更名曰太常，属官有太史令丞。《汉书·艺文志》，《博学》七章者，秦太史令胡毋敬所作也。则太史令亦秦官。《汉书·律历志》，有太史丞邓平。《太史公自序》，亦言谈卒三岁（谈卒在元封元年，卒三岁为元封三年），而迁为太史令。《集解》臣赞引《茂陵中书》云，司马谈以太史丞为太史令。是武帝未尝置太史公也。《汉书·律历志》，元凤三年，太史令张寿王上书，元凤为昭帝年号，在宣帝前，则《汉仪注》谓宣帝以官为令，亦妄说也。俞正燮《癸巳类稿·太史公释名》云：“《周官》：太史，下大夫。《左传》云：日官居卿以底日。《周官》注云：太史，日官也。《左传》注云：日官不在六官之列，而位从卿。不得谓古者皆上公也。”希祖案：俞说是也。《汉书·司马迁传》云，向尝厕下大夫之列。臣瓒云，太史令，秩千石，故比下大夫。夫既称下大夫，则非上公；秩千石，则非二千石。然则《汉仪注》、《汉旧仪》及虞喜《志林》之说，皆不足据，而太史公为武帝新置官名之说，亦不能成立矣。

二、谓迁自尊其父著述，故称太史公。

甲、《太史公自序》："谈为太史公。"索隐云："公者，迁所著书，尊其父云公也。""又为太史公书序。"索隐云："盖迁自尊其父著述，称之曰公。"

案：《五帝本纪》索隐云，太史公，司马迁自谓也，《自叙传》云，"太史公曰，先人有言"，又云，"太史公曰，余闻之董生"，又云，"太史公遭李陵之祸"，明太史公司马迁自号也。希祖案：索隐此说，与《自序·索隐》云云，实自相矛盾，此则自注一书，随文泛说，前后不能画一之弊也。然《自序》云，"谈为太史公"，又云，"太史公既掌天官，不治民，有子曰迁"，又云，"太史公执迁手而泣"，此则称谈为太史公也。总之太史公一名，既以称其父，又以自称，又以名书，非专尊其父也。

乙、《文选》司马子长《报任少卿书》云："太史公牛马走司马迁再拜言。"李善注云："太史公，迁父谈也。走，犹仆也，言已为太史公掌牛马之仆，自谦之辞也。"

案：李善亦以太史公为称司马谈。考谈卒于武帝元封元年，《报任少卿书》，在遭李陵祸之后，即在武帝天汉三年以后，时谈卒已久，何得云为其父谈掌牛马之仆。且《报任少卿书》，何预于谈乎？俞正燮谓"太史公者，署官；牛马走司马迁者，犹秦刻石既云丞相，又云臣斯"。则以太史公为迁自称，视李善较可通。钱大昕亦云："郑明奏记萧望之，自称下走，应劭曰，下走，仆也，师古曰，下走者，自谦，言趋走之役也。司马迁《与任安书》，称'太史公牛马走'，牛马走，即下走也，上称官名，下则自谦之词。或解为太史公之牛马走，则迂而凿矣。"与俞说相近。

三、迁之称公，为东方朔或杨恽所加。

甲、桓谭《新论》云："太史公造书成，示东方朔，朔为平定，因署其下(《史记·孝武本纪》索隐引)。"

乙、韦昭云："说者以谈为太史公，失之矣。《史记》称迁为太史公者，是迁外孙杨恽所加(《史记·孝武本纪》集解引)。"

丙、姚察云："太史公者，皆朔所加，恽继称之耳。"

案：桓谭，西汉末年人，韦昭，三国时吴人，去司马迁尚近，其说宜可信。桓谭《新论》，今虽已亡，然陈姚察尚见其书，惟云太史公造书成，示东方朔，朔为平定，因署其下，此盖传闻之辞，未有他书可以佐证。《汉书·司马迁传》云，"迁既死，后其书稍出，宣帝时，迁外孙平通侯杨恽，祖述其书，遂宣布焉"，韦昭之说，盖本夫此。盖桓、韦二公，以太史公既非官名，又非专称司马谈，而迁又不可自称为公，故有东方朔、杨恽所加之说。然观迁《自序》云"为《太史公书》序"，则似非他人所加也。且《报任少卿书》称"太史公牛马走司马迁再拜言"，此书不在《史记》之内，又岂为东方朔、杨恽所加乎？况《太史公》一书，不特每篇之末皆称"太史公曰"，且各篇之中亦多有之，东方朔、杨恽处处改题，何如是之不惮烦乎？且未题公之前，原称为何名乎？称太史乎？则令与丞皆可称太史也。称太史令乎？则去令加公，与太史丞作仍不能分别也。此皆可疑者也。或曰，汉桓宽《盐铁论》，成于昭帝始元六年，已引司马迁《货殖传》语，称"司马子言，天下攘攘，皆为利往"(见《盐铁论·毁学篇》)。据此，则昭帝六年，尚无《太史公》书名。迁《自序》称《武帝本纪》为《今上本纪》，则迁之卒，盖在武帝末年，是《太史公》书名，非迁自己题署，而为东方朔或杨恽所加，其说较是。余谓不然，《盐铁论》引迁之论议，故称司马子，以明言责攸归，若今之引书，必曰《太史公·货殖传》，《盐铁论》既不称《太史公》，又不称《货殖传》，但举作者之姓，而加一子字以尊称之，正犹管子、晏子，举其姓而人皆知之。若谓其时无《太史公》书名，岂其时亦无《货殖列传》篇名乎？《货殖传》篇首引“老子曰”，又继之以“太史公曰”，是其时明明有太史公名词矣。引书之例，首当举人，盖司马迁之得名，仅以《太史公书》，故不举书名，人亦必知之也。

四、书名本题《太史公》，称公者，犹古人著书称子。

甲、俞正燮《癸巳类稿·太史公释名》云：“《史记》本名《太史公书》，题太史以见职守，而复题曰公，古人著书称子，汉时称生称公，生者伏生，公者毛公，故以公名书。”

案：此说亦似是而非，古代子书，皆其弟子或诵法其人者所记，如《管子》、《墨子》是也。或虽自著书，而其书名则为后人所题署，如《孙卿子》、《韩非子》是也。从未有自称为子者。子与公本皆为五等封爵之一，至春秋时虽非封爵，而曾为大夫者，亦得称子，或称夫子，如《论语》称孔子为子或为夫子，而冉有、季路之称季氏，亦曰夫子，以皆为大夫也。其后则变为尊称，虽非为大夫，亦称子称夫子矣，如《老子》、《庄子》及《庄夫子赋》（见《汉书·艺文志》）是也。称公亦然，其初非三公不得称公，其后变为尊称，如南公、黄公（见《汉书·艺文志》阴阳家、名家）是也。先生之称，本加于父。《论语》“先生馔，曾是以为孝乎”可证也。其后则变为尊称，如伯象先生（见《汉书·艺文志》杂家）是也。或变称先生为生。如成公生、公梼生（见《汉书·艺文志》阴阳家、名家）是也。凡此称子、称夫子、称公、称先生，大都为后人编辑时尊称，非妄自尊大而自题其书云尔。俞氏以申公、毛公例太史公，不知申公、毛公，虽皆治《诗》，然非书名，所谓拟不于伦矣。况申公、毛公，亦为弟子所尊称，而太史公及迁所自题，此又不可通者也。

余谓书名称公，周汉之间，其例已多，今将见于《汉书·艺文志者》列举如下：

《杜文公》五篇，阴阳家。原注云，六国时。师古曰，韩人也。

《南公》三十一篇，阴阳家。原注云，六国时。

《毛公》九篇，名家。原注云，赵人，与公孙龙等并游平原君赵胜家。

《黄公》四篇，名家。原注云，名疵，为秦博士。

《蔡公》二篇，六艺《易传》。原注云，卫人，事周王孙。希祖案：此系汉人。

此五家之书，所以称公者，皆非三公，而为世俗之尊称。故书名称公，本非有所僭越，正如俞氏所谓犹古人称子也。特是五家者皆非自称为公，必其弟子，或尊崇其学者所题署，此与太史公出于自题者为异耳。且公之上，皆冠以姓，未尝既称其官，又加尊称以子或公也。然观《汉书·艺文志》，亦有此例，如：

《关尹子》九篇，道家。原注，名喜，为关吏，老子过关，喜去吏而从之。

《青史子》五十七篇，小说家。原注，古史官记事也。王应麟曰"《风俗通》引《青史子书》，《大戴礼·保傅篇》青史氏之记曰古者胎教"云云。希祖案：《大戴礼》称青史氏，犹后世之称太史氏；三国时有太史慈是也。

关尹、青史，皆官名，子，为尊称，此与太史公此例最为密合。然今本《关尹子》为依托之书，《青史子》之书已亡，无由知其为他人之尊称，抑为自己之题署。若《太史公》者，实为迁自己题署，则官名之说，似较可通。惟此官名，乃从楚制之别名，非汉官之正名。司马谈自叙其官，则仅称太史，盖比附周之太史而云然。《自序》云："太史公执迁手而泣曰，余先周室之太史也，汝复为太史，则续吾祖矣。"又曰："余为太史而弗论载，废天下之史文，余甚惧焉。"谈之称太史，亦非汉官，汉官无专称太史者。惟迁从楚俗，称太史令为太史公，既以称其父，又以自称，且以称其书，而《报任少卿书》之"太史公"，亦可迎刃而解矣。

自春秋时楚国县令，或称县公（《左》宣十一年传，楚王谓"诸侯、县公皆庆寡人"。杜预注，"楚县大夫皆僭称公"），《左传》楚有叶公、析公、申公、郧公、蔡公、息公、商公、期思公，《吕氏春秋》楚有卑梁公，《战国策》楚有宛公、新城公，《淮南子》楚有鲁阳公（注，楚之县公也，楚僭号称王，其守县大夫皆称公），此皆县令称公之证也。汉高祖本楚人，喜楚歌楚舞，故称谓之间，亦有从楚俗者。《史记·高祖本纪》，"沛父老率子弟共杀沛令，立季（高祖字季）为沛公"（集解引《汉书音义》曰，旧楚僭称王，其县宰为公，陈涉为楚王，沛公起应涉，故从楚制称曰公）。不特此也，《史记·孝文本纪》，"齐太仓令淳于公，有罪当刑"，又云，"太仓公无男，有女五人"，又云，"太仓公将行，其少女缇萦上书，文帝为除肉刑"。太仓令可称太仓公，则太史令何不可称为太史公乎（顾炎武《日知录》卷二十，以太仓令淳于公，因失名而称公，太史公以司马迁称其父谈尊为公，其说皆非是。司马迁自称亦曰太史公。太仓淳于公，名意。《史记·扁鹊仓公列传》，"太仓公者，齐太仓长"，案即太仓令，县令或称县长，故太仓令亦或称为太仓长也。"临菑人也，姓淳于氏，名意。少而喜医。文帝四年中，人上书言意，以刑罪当传西之长安。意有五女。于是少女缇萦上书。上悲其意,除肉刑法”。据此,太仓公自有名,何得云失名而称公也)。

太仓公可以名传,则太史公何不可以名书乎?其称《扁鹊仓公列传》者,简称太仓公为仓公,犹简称太史公为史公也,列传中则仍全称为太仓公。迁既从楚俗,称太史令为太史公,则太史公仍为官名,惟为太史令之别名耳,虽似他人之尊称,亦得自己为题署,与太史丞不嫌无所分别。而叙其身受之官号,则仍从汉官之正名,《自序》所谓“三岁而迁为太史令”是也。

虽然,此等称谓,若不知当时之风俗,究嫌自尊,且属骇俗。淳于意有名而不称,又舍太仓令之正名而用太仓公之别名,且以名其传,然在书中,人亦未尝措意。而太史公乃名其全书,令人费解,越数千年而纷纷揣测,莫能定其是非。汉桓宽改称为司马子,殆亦不慊于其意也。

(原载《制言》第十五期,一九三六年四月)

汉十二世著纪考

上篇

唐颜师古《汉书·艺文志》注言《汉著记》“若今之起居注”。宋王应麟《玉海》言《汉著记》即汉之起居注。然则汉十二世著纪，殆即汉十二代之起居注乎？是起居注之最古者，不可以不考。

《汉书·五行志》：“凡《汉著纪》，十二世，二百一十二年。”《艺文志》：“《汉著记》百九十卷。”《艺文志》之《汉著记》，盖即为《五行志》之《汉著纪》。纪记音同，古尝通用。《律历志》：光武皇帝著纪。《后汉书·马严传》，作《建武注记》。可证著注亦音同，古尝通用。凡《汉书》皆作著，《后汉书》皆作注，如《汉书·律历志》、《五行志》之著纪，《艺文志》、《谷永传》之著记，《后汉书·和熹邓皇后纪》，则作注纪，《马严传》则作注记，可证，然则著纪即著记，亦即注记，明矣。

《汉著记》百九十卷，盖为编年体，故《艺文志》于《汉著记》前列《太古以来年纪》二篇，后列《汉大年纪》五篇，可证也，《律历志》引《汉著纪》，皆有年数，如：

《汉高祖皇帝著纪》，高帝即位十二年。

《惠帝著纪》，即位七年。

《高帝著纪》，即位八年。

《文帝著纪》，即位二十三年。

《景帝著纪》，即位十六年。

《武帝著纪》，即位五十四年。

《昭帝著纪》，即位十三年。

《宣帝著纪》，即位二十五年。

《元帝著纪》，即位十六年。

《成帝著纪》，即位二十六年。

《哀帝著纪》，即位六年。

《平帝著纪》，即位五年。

上引著纪十二世，二百一十一年，与《汉书》本纪十二世年数相同，《五行志》作二百一十二年，盖误增一年，此偶尔出入，无损大体，而《汉著记》之为编年体，则更彰彰明甚矣。

近代起居注，皆为编年体，著记既为编年体，则与近代起居注无异，证之两《汉书》，其事更明。《后汉书·皇后纪》，“刘毅谓：古之帝王，左右置史，汉之旧典，世有注记”。《汉书·谷永传》言：“八世著记。”《五行志》言：“十二世著纪。”《律历志》则十二世之外，又增“《孺子著纪》，新都侯王莽居摄三年”，又“王莽居摄，盗窃帝位，号曰新室……《著纪》，盗位十四年；更始帝……《著纪》即位二年……《光武皇帝著纪》，即位三十三年”。成帝时上封事所见著记，自高祖至元帝，凡八代，故曰八世著记。《五行志》之汉十二著纪，及《律历志》所引汉十二世著纪，皆即《艺文志》之《汉著记》。《艺文志》本于刘歆《七略》，《律历志》本于刘歆《三统历谱》，刘歆在王莽篡位后为国师，故所见著纪至哀平而止，凡十二世。《律历志》孺子至光武皇帝著纪，盖为班固所增。《后汉书・马严传》：显宗召见严，诏与校书郎杜抚、班固等杂定《建武注记》。建武为光武年号，则光武皇帝著纪，且为班固等所定矣。夫著纪既非一时一人所成，世世相承，各有注纪，则颜师古所谓若今之起居注，王应麟所谓即汉之起居注，似断然可信矣。

下篇

或曰：《汉著记》非起居注，西汉自有起居注。《隋书・经籍志》谓"汉武有禁中起居注"，此其证也。案：汉武禁中起居注，系伪书，余别有《汉起居注考》，兹不具论。

或曰：《艺文志》之《汉著记》，与《律历志》、《五行志》之《著纪》，决非一书，著纪云者，著录于本纪之谓，盖即指《史记》、《汉书》之本纪而言。余谓不然。《汉书・律历志》，世经之例，春秋时则引《春秋》；战国时则引《鲁世家》；秦昭王至二世皇帝，则引《秦本纪》；汉则引《汉著纪》，著纪与本纪对立，其非本纪明甚。《五行志》、《谷永传》，《著纪》皆与《春秋》对立，则《著纪》自有一书，其非著录于本纪之谓，又明矣。

《五行志》之汉十二世著记，即《艺文志》之《汉著记》百九十卷，盖无疑义。惟著记即起居注，余亦尚有疑焉，《隋书・经籍志》天文类，《太史注记》六卷，《唐书・历志》：《大衍・中气议》曰"较前代史官注记"，《合朔议》曰"本史官候簿……考汉元光以来史官注记，日食有加时者三十七事"。唐张说《古今注记》序谓："注记之书实钦天授时之枢要。”汉荀悦亦云:“天人之应,所由来渐矣,故履霜坚冰,非一时也,仲尼之祷,非一朝也。且日食行事,或稠或旷,一年二交,非其常也。《洪范传》云:六沴作见若是,王都未见之,无闻焉耳,官修其方,而先王之礼,保章视祲,安宅叙降,必书云物,为备故也。太史上事无隐焉,勿寝可也(《申鉴·时事篇》)。”据此,则太史注记,间有记天人相应之事者。太史为天官,若专记天变,则入天文类,《汉著记》盖亦太史所著,兼记天人相应之事,故卷数繁多,而入于春秋类。兹将《五行志》所引汉十二世著纪,与夫《汉书》十二世本纪对照,则知著纪与本纪,体例大不相同。

《汉书》本纪	《汉著纪》
高帝三年冬十月,甲戌,晦,日有食之。	高帝三年十月,甲戌,晦,日有食之,在斗二十度,燕地也。后二年,燕王臧荼反诛,立卢绾为燕王,后又反败(《汉书·五行志》引《汉著纪》,下同)。
十一月,癸卯,晦,日有食之。	十一月,癸卯,晦,日有食之,在虚三度,齐地也。后二年,齐王韩信徙为楚王,明年,废为列侯,后又反诛。
九年夏六月,乙未,晦,日有食之。	九年六月,乙未,晦,日有食之,既,在张十三度。
惠帝七年春正月,辛丑,朔,日有食之。	惠帝七年,正月,辛丑,朔,日有食之。在危十三度。谷永以为岁首正月朔日,是为三朝,尊者恶之。

夏五月，丁卯，日有食之，既。	五月，丁卯，先晦一日，日有食之，几尽，在七星初。刘向以为五月微阴始起。而犯至阳，其占重至。其八月，宫车晏驾，有吕氏诈置嗣君之害，《京房易传》曰：凡日食不以晦朔者，名曰薄，人君诛将不以理，或贼臣将暴起，日月虽不同，宿阴气盛，薄日光也。
高后二年，夏六月，丙戌，晦，日有食之。	高后二年六月，丙戌，晦，日有食之。
七年，春正月，己丑，晦，日有食之，既。	七年正月，己丑，晦，日有食之，既，在营室九度，为宫室中。时高后恶之曰："此为我也。"明年应。
文帝二年，十一月，癸卯，晦，日有食之。	文帝二年，十一月，癸卯，晦，日有食之，在婺女一度。
三年十月，丁酉，晦，日有食之。	三年十月，丁酉，晦，日有食之。在斗二十三度。
十一月，丁卯，晦，日有食之。	十一月，丁卯，晦，日有食之，在虚八度。
后四年，夏四月，丙寅，晦，日有食之。	后四年，夏四月，丙辰，晦，日有食之，在东井十三度。
后七年，正月，无。	后七年，正月，辛未，朔，日有食之。
景帝三年，二月，壬子，晦，日有食之。	景帝三年，二月，壬午，晦，日有食之，在胃二度。

四年十月，戊戌，晦，日有食之。	四年十月，无。
七年冬十一月，庚寅，晦，日有食之。	七年十一月，庚寅，晦，日有食之，在虚九度。
中元年十二月，无。	中元年十二月，甲寅，晦，日有食之。
中二年九月，甲戌，晦，日有食之。	中二年九月，甲戌，晦，日有食之。
中三年九月，戊戌，晦，日有食之。	中三年九月，戊戌，晦，日有食之，几尽，在尾九度。
中四年十月，戊午，日有食之。	中四年十月，无。
中六年秋七月，辛亥，晦，日有食之。	中六年七月，辛亥，晦，日有食之，在轸七度。
后元年秋七月，乙巳，晦，日有食之。	后元年七月，丁巳，先晦一日，日有食之，在翼十七度。
武帝建元二年二月，丙戌，朔，日有食之。	武帝建元二年二月，丙戌朔，日有食之，在奎十四度。刘向以为奎为卑贱妇人，后有卫皇后自至微兴，卒有不终之害。
三年九月，丙子，晦，日有食之。	三年九月，丙子，晦，日有食之，在尾二度。
五年春正月，无。	五年正月，己巳，朔，日有食之。
元光元年二月，无。	元光元年二月，丙辰，晦，日有食之。

七月癸未，日有食之。	七月癸未，先晦一日，日有食之，在翼八度。刘向以为前年高园便殿灾，与春秋御廪灾后日食于翼、轸同，其占，内有女变，外为诸侯。其后陈皇后废，江都、淮南、衡山王谋反，诛。日中时食从东北，过半，晡时复。
元朔二年三月，乙亥，晦，日有食之。	元朔二年二月，乙巳，晦，日有食之，在胃三度。
六年十一月，无。	六年十一月，癸丑，晦，日有食之。
元狩元年五月，乙巳，晦，日有食之。	元狩元年五月，乙巳，晦，日有食之，在柳六度。《京房易传》推以为，是时日食从旁右，法曰君失臣。明年，丞相公孙弘薨。日食从旁左者，亦君失臣，从上者，臣失君，从下者，君失民。
元鼎五年夏四月，丁丑，晦，日有食之。	元鼎五年四月，丁丑，晦，日有食之，在东井二十三度。
元封四年六月，无。	元封四年六月，己酉，朔，日有食之。
太始元年正月，无。	太始元年正月，乙巳，晦，日有食之。
四年冬十月，甲寅，晦，日有食之。	四年十月，甲寅，晦，日有食之，在斗十九度。

征和四年八月，辛酉，晦，日有食之。	征和四年八月，辛酉，晦，日有食之，不尽如钩，在亢二度。晡时，食从西北日下，晡时复。
昭帝始元三年十一月，壬辰，朔，日有食之。	昭帝始元三年十一月，壬辰，朔，日有食之，在斗九度，燕地也，后四年，燕剌王谋反，诛。
元凤元年秋七月，己亥，晦，日有食之，既。	元凤元年七月，己亥，晦，日有食之，几尽，在张十二度。刘向以为己亥而既，其占重。后六年，宫车晏驾，卒以亡嗣。
宣帝地节元年十二月，癸亥，晦，日有食之。	宣帝地节元年十二月，癸亥，晦，日有食之，在营室十五度。
五凤元年十二月，乙酉，朔，日有食之。	五凤元年十二月，乙酉，朔，日有食之，在婺女十度。
四年夏四月，辛丑，晦，日有食之。	四年四月，辛丑，朔，日有食之，在毕十九度。是为正月朔慝未作，左氏以为重异。
元帝永光二年三月，壬戌，朔，日有食之。	元年永光二年三月，壬戌，朔，日有食之，在娄八度。
四年夏六月，戊寅，晦，日有食之。	四年六月，戊寅，晦，日有食之，在张七度。
建昭五年夏六月，壬申，晦，日有食之。	建昭五年六月，壬申，晦，日有食之，不尽如钩，因入。

成帝建始三年冬十二月，戊申，朔，日有食之。夜，地震未央宫殿中。

成帝建始三年十二月，戊申，朔，日有食之。其夜，未央殿中地震。谷永对曰：日食婺女九度，占在皇后，地震萧墙之内，咎在贵妾。二者俱发，明同事异人，共掩制阳，将害继嗣也。亶日食，则妾不见；亶地震，则后不见。异日而发，则似殊事，亡故动变，则恐不知。是月，后妾当有失节之邮，故天因此两见其变。若曰违失妇道，隔远众妾，妨绝继嗣者，此二人也。杜钦对亦曰：日以戊申食，时加未，戊未，土也，中宫之部；其夜，殿中地震，此必适妾将有争宠相害而为患者。人事失于下，变象见于上，能应之司德，则咎异消，忽而不戒，则祸败至。应之，非诚不立，非信不行。

河平元年夏四月，己亥，晦，日有食之。既。

河平元年四月，己亥，晦，日有食之，不尽如钩，在东井六度。刘向对曰：四月交于五月，月同孝惠，日同孝昭，东井，京师也。且既，其占恐害继嗣，日蚤食时从西南起。

三年秋八月，乙卯，晦，日有食之。

三年八月，乙卯，晦，日有食之，在房。

四年三月，癸丑，朔，日有食之。

四年三月，癸丑，朔，日有食之，在昂。

阳朔元年二月，丁未，晦，日有食之。	阳朔元年二月，丁未，晦，日有食之，在胃。
永始元年九月，无。	永始元年九月，丁巳，晦，日有食之。谷永以《京房易占》对曰：元年九月日食，酒亡节之所致也。独使京师知之，四国不见者，若曰湛湎于酒，君臣不别，祸在内也。
二年二月，乙酉，晦，日有食之。	二年二月，乙酉，晦，日有食之，谷永以《京房易占》对曰：今年二月日食，赋敛不得度，民愁怨之所致也，所以使四方皆见、京师阴蔽者，若曰：人君好治宫室，大营坟墓，赋敛兹重，而百姓屈竭，祸在外也。
三年正月，己卯，晦，日有食之。	三年正月，己卯，晦，日有食之。
四年秋七月，辛未，晦，日有食之。	四年七月，辛未，晦，日有食之。
元延元年正月，己亥，朔，日有食之。	元延元年正月，己亥，朔，日有食之。
哀帝元寿元年春正月，辛丑，朔，日有食之。	衰帝元寿元年正月，辛丑，朔，日有食之，不尽如钩，在营室十度。与惠帝七年同日。
二年夏四月，壬辰，晦，日有食之。	二年三月，壬辰，晦，日有食之。

平帝元始元年夏五月，丁巳，朔，日有食之。	平帝元始元年五月，丁巳，朔，日有食之，在东井。
二年九月，戊申，晦，日有食之。	二年九月，戊申，晦，日有食之，既。
凡《汉书》本纪十二世二百一十一年，日食四十八（《汉著纪》有而本纪无者八。本纪有而《汉著纪》无者二）。朔十晦三十五，不书朔晦三。	凡《汉著纪》十二世二百一十二年，日食五十三，朔十四，晦三十六，先晦一日三。（案今本《五行志》日食五十四，晦三十七，先晦一日三。）

上所引《汉著纪》，其书日食次数与其状况，皆较《汉书》本纪为详；而引人事为占验，则天文家“观乎天文以察时变”之正职。《艺文志》云：“天文者，序二十八宿，步五星日月以纪吉凶之象，圣王所以参政也。”太史为天文专官，明天人相应之学，世世相传。各有记载，皆详察天象，默参人事，广采众说，以成一家之言，故凡京房、刘向、谷永、杜钦之说，随世所见，兼收并蓄，以充实其书。所谓《太史注记》，不外乎此。《五行志》所引《汉著纪》，正属此类（案《五行志》所引《汉著纪》，如高帝三年十月、十一月，两次日食所举燕地、齐地人事应验，不标举名氏者，盖系太史所记，其他标举刘向、谷永等说，或为《著纪》所采原文，或系班固撰《五行志》时所加，则不能别矣）。惟专采日食一端，其他天变人事，交相附会，《著纪》所载，必尚繁多。谷永言“建始元年以来二十载间，群灾大异交错蜂起，多于《春秋》所书八世著记”（《汉书·谷永传》）。可见《著记》所包，尚有其他群灾大异。举凡《汉书·五行志》之所陈，及《律历志》、《天文志》之所载，凡属太史之所观察占验，莫不分别年

月详为著记，故《著记》一书，为天人相应之史，决非起居注专详人事可比。刘歆以《汉著记》列于《春秋》家，正犹以《灾异孟氏京房》六十六篇、《杂灾异》三十五篇列于《易》家。刘向《五行传记》十一卷，许商《五行传记》一篇列于《尚书》家，盖汉之儒者，最重天人相应之学也。

刘歆著《七略》及《三统历谱》所见《汉著记》百九十卷，以《艺文志》之例言之，此百九十卷，既非班固所入，尚沿《七略》旧文，当然仅有十二世，而《律历志》则虽本《三统历谱》，然自孺子以至《光武著纪》，显为班固所增入，而《光武注记》，且为马严、杜抚、班固等杂定，则十二世著记，亦必世有参定之人，故于太史所记之外，间有儒家天人相应之学说参错乎其中，此亦势所必至者也。

或又曰，颜师古注《汉书》，谓《汉著记》若今之起居注，疑师古亲见其书，否则师古何以漫相比拟？观师古所注，有引《汉注》二事，疑《汉注》即《汉著纪》，兹列其证如下：

《宣帝纪》“黄龙元年”，师古曰：《汉注》云此年二月，黄龙见广汉郡，故改年。《平帝纪》“冬十二月丙午，帝崩于未央宫”，师古曰：《汉注》云帝春秋益壮，以母卫太后故怨不悦，莽自知益疏，篡弑之谋由是生，因到腊日，上椒酒，置药酒中，故翟义移书云：莽鸩杀孝平皇帝。

《汉注》一书不特师古见之，晋臣瓒、晋灼等注《汉书》亦已引及。

《高后纪》“立孝惠后宫子强为淮阳王”，晋灼曰：《汉注》名长。《儿宽传》“补廷尉文学卒史”，臣瓒曰：《汉注》卒史秩六百石。

《汉注》疑为《汉注记》之省文，《注记》即《著记》，师古亲见其书，故得以今之起居注相比拟，不得以后世《太史注记》偏言天文以察时变而疑其非起居注也。余谓师古以起居注比拟《汉著记》者，盖以刘毅言汉之旧典世有注记，而马严、班固等杂定《建武注记》，其后明帝、灵帝等各有起居注，遂以为注记即起居注，故解《著记》亦以此比拟耳。至于《汉注》，《汉书·艺文志》、《隋书·经籍志》皆无其书，若即为《汉著记》，师古何以不标人所习见尊视之名，而反省变其名为《汉注》，恐无此理。窃谓《汉注》一书，盖为《汉书》旧注。汉应劭《风俗通义·声音篇》，引《汉书》旧注云："菰，吹鞭也。菰者，抚也，言其节怃威仪。"又"荻，篇也，言其声音荻荻，名自定也"。又省称《汉旧注》。《史记·高祖本纪》，"其以沛为朕汤沐邑"，集解引《风俗通义》曰：《汉旧注》：沛人语初发声皆言其其者，楚言也。高祖始登位，教令言："其后以为常耳。"晋灼、臣瓒及师古所引《汉注》，盖为《旧汉注》之省称。其文皆为注释体制，似非史文；即或为史，盖亦为后汉或魏晋人所作，属于杂史，与汉伏无忌《古今注》同类。《后汉书·伏湛传》："子无忌，采古今删著事要，号曰伏侯注"，章怀注云：其书，上自黄帝，下尽汉质帝。清马国翰辑其佚文，谓其书多言符瑞灾异。《汉注》一书，或与此同，则转与《汉著记》言灾异者相近，决非起居注所得比拟也。《续汉书·百官志》：太史令掌天时星历，凡国有瑞应灾异掌记之。则《著记》一书，于灾异外，又必记有瑞应之事，与《古今注》同，而太史掌记，又得一明证矣。

（原载《国立北京大学国学季刊》
第二卷第三号，一九三〇年）

臣瓒姓氏考

瓒为晋人，所著《汉书集解》，但书“臣瓒”，不书姓氏，致后人聚讼纷纭，迄无定说。然欲考臣瓒姓氏，先当考明颜师古《汉书注叙例》“臣瓒”下宋祁说之真伪，乃得有所藉手。兹列其原文，而加以申辨。

《叙例》云：“臣瓒，不详姓氏及郡县。”宋祁曰：“景祐余靖校本云：‘臣瓒，不知何姓。’案，裴骃《史记序》云莫知姓氏；韦稜《续训》又言未详；而刘孝标《类苑》以为于瓒；郦道元注《水经》以为薛瓒。姚察《训纂》云：‘案《庾翼集》，于瓒为翼主簿、兵曹参军，后为建威将军。《晋中兴书》云：翼病卒，而大将于瓒等作乱，翼长史江虨诛之。于瓒乃是翼将，不载有注解《汉书》。然瓒所采众家音义，自服虔、孟康以外，并因晋乱湮灭，不传江左，而《高纪》中瓒案《茂陵书》，《文纪》中案《汉禄秩令》，此二书亦复亡失，不得过江，明此瓒是晋中朝人，未丧乱之前，故得具其先辈音义及《茂陵书》、《汉令》等耳。蔡谟之江左，以瓒二十四卷，散入《汉书》，今之注也。若谓为于瓒，乃是东晋人，年代前后，了不相会，此瓒非于，足可知矣。又案《穆天子传目录》云：秘书校书郎中傅瓒，校古文《穆天子传》曰记（案，“曰记”二字，当为“已讫”之误，说详下）。《穆天子传》者，汲县人不准盗发古冢所得书，今《汉书音义》臣瓒所案，多引汲书以驳众家训义，此瓒是傅瓒，瓒时典校书，故称臣也。’颜师古曰：

‘后人斟酌瓒姓,附之傅族耳,既无明文,未足取信。’”

案全祖望《鲒埼亭集外编·辨宋祁〈汉书〉校本》云:“景文《汉书》校本,今不得见其全,监本引入寥寥,杭董浦从励文恭家见宋椠《汉书》,则其中引之甚备,喜而钞之(乾隆殿版《汉书》乃散列其说于注),予亦以得所未见。及细阅之,乃知非景文之书。”列有五证,甚辨。余案全说是也,考《宋史·艺文志》载有余靖《汉书刊误》三十卷,今散入宋刊本《汉书》者,疑即是书。《崇文总目》云:“景祐二年,秘书丞余靖上书,国子监所收《史》、《汉》本讹误极多,请行校正。诏翰林学士张观,知制诰李淑、宋祁,与靖、洎、直讲王洙雠对。靖等悉取三馆诸本,及先儒注解、训传、《说文》、《字林》之类数百家之书,以相参校,凡所是正增损者数千言,逾年上之,称为新校《史记》、前后《汉书》。靖等又自录其雠校之说,别为《三史刊误》四十五卷。”据此,则《汉书刊误》乃《三史刊误》之一种,为余靖、宋祁及张观、李淑、王洙等共撰。此书《宋史·艺文志》已不载,盖至南宋之季,流传已少也,故宋季之人得伪撰余靖《汉书刊误》三十卷,而又厕入“宋祁曰”云云,致使后人疑《汉书刊误》为宋祁所撰也。实则既非宋撰,亦非余撰。然此虽系伪书,亦必曾见《三史刊误》,采入其说,而又杂采他人之说,如阳夏公(谢希深)、朱子文及驳刘攽《汉书刊误》等,玉石不分,金沙相混,如臣瓒一节,所引“宋祁曰”及“颜师古曰”,均系伪造,而裴骃《史记序》,韦稜《续训》,刘孝标《类苑》,郦道元《水经注》,以及姚察《训纂》一节,皆精博真确,必非作伪者所能造,疑出于刘攽《汉书刊误》(见《宋志》,四卷,今散入《汉书》者不全),及三刘《汉书标注》(刘敞、刘攽、刘奉世撰,见《宋志》,六卷),张泌《汉书刊误》(见《宋志》,一卷),刘巨容《汉书纂误》(见《宋志》,二卷)等书,皆出于余靖等《三史刊误》之后。所引刘孝标《类苑》、韦稜《续训》、姚察《汉书训纂》,虽著于宋祁、欧阳修同修之《唐书·艺文志》,而王应麟《玉海》四十六更详言"姚察《汉书训纂》三十卷,又著《续训》以发明旧义"(《隋志》、两《唐志》及《陈书·姚察传》均仅言《训纂》三卷,不言《续训》)。**此书疑至宋季犹在,惟余靖、宋祁辈未必见也。**观宋祁《景文笔记》云:

> 《易》家有蜀才,《史记》有臣瓒,颜之推曰:"范长生自称蜀才,则蜀人矣。"臣瓒者,于瓒也,考裴骃《史记集解序》:"《汉书音义》称'臣瓒'者,莫知氏姓。"小司马氏曰:"按即傅瓒,而刘孝标以为于瓒,非也,据何法盛《晋书》,于瓒以穆帝时为大将军,诛死,不言有注《汉书》之事;又,其注《汉书》,有用《禄秩令》及《茂陵书》,然彼二书,亡于西晋,非于所见也。必知是傅瓒者,按《穆天子传目录》云,傅瓒为校书郎,与荀勖同校定《穆天子传》,即当西晋时,在于前,尚见《茂陵》等书,又称'臣'者,以其职典秘书故也。"据此,则臣瓒之为傅瓒,明矣。

据此,则宋祁未见姚察《汉书训纂》也。《笔记》所说,皆本小司马,即司马贞裴骃《史记序》索隐也。颜师古《汉书叙例》既云"臣瓒不详姓氏及郡县",亦不列姚察《汉书训纂》,故知"颜师古曰"云云,亦系伪也。司马贞之说,实出于姚察《汉书训纂》,但略举其说而没其名耳。

上既辨明宋祁、余靖校语、颜师古辩语之伪,而又证明姚察《训纂》之真,乃可以论臣瓒之姓氏矣。臣瓒姓氏,梁陈之际,已有三说：一曰于姓，梁刘孝标说也；二曰傅姓，陈姚察说也；三曰薛姓，元魏郦道元说也。案刘孝标之说，盖出于其所撰《汉书注》。《隋志》，梁有刘孝标注《汉书》一百四十卷，亡。则此书至陈已亡，唐以来唯见刘氏所撰《类苑》耳，或亦载其说，未可知也。惟姚察在梁已有名，与孝标同时，应见其书，其后著《训纂》，故得驳其于瓒之说。自此以后，于瓒之说，已不复为人所采。唐宋之际，唯行姚氏傅瓒之说，郦说亦无人厝意。至近世，则沈家本复申傅瓒之说，孟森则申薛瓒之说，各有确证，今各列其说于下：

沈家本《汉书琐言》云：

> 按臣瓒，刘孝标以为于瓒，宋祁引姚察《训纂》，辩刘说之非，而以为傅瓒。小司马《史记索隐》亦以为傅瓒，盖即本之姚说。李善《文选注》所引臣瓒注四十九条（内重见者十七条），而于《啸赋》、《洛神》称为傅瓒，与姚、马之说同，是隋唐时多以瓒为傅姓，而师古独不之信，何耶？（《沈寄簃遗书》乙编《诸史琐言四》）

案《啸赋》"又似鸿雁之将雏，群鸣号乎沙漠"注曰："武帝元朔六年，卫青将六将军绝幕。傅瓒：沙土曰幕。"（傅瓒下，疑脱"曰"字。）《汉书》注引臣瓒曰："沙土曰幕，直度曰绝。"《洛神赋》"攘皓腕于神浒兮，采湍濑之玄芝"注引《汉书音义》："傅瓒曰：濑，湍也。"是李善直以臣瓒为傅瓒，盖亦本乎姚说也。赵贞信跋孟森《臣瓒考》，言已别为《注〈汉书〉之臣瓒》一文，且谓"沈氏之说与贞信相同"，则亦信守傅瓒之说矣。

孟森《臣瓒考》云：

> 宋祁曰：景祐余靖校本云，郦元注《水经》，以为薛瓒。考《水经注》引薛瓒之《汉书集注》，乃有原文可核，检《汉书》中引臣瓒之文，与此相对照，是否同符，则臣瓒之能否姓薛，即已立判。如《水经·河水二》"又东过金城允吾县北"注引《汉书集注》："薛瓒曰：金者，取其坚固，故墨子有金城汤池之言矣。"《汉书·地理志》"金城郡"下，臣瓒曰"称金，取其坚固也，故墨子曰虽有金城汤池"云云，此已知其所引之为一书矣。《河水四》"又南过蒲坂县西"注："薛瓒注《汉书》曰，《秦世家》以垣为蒲反，然则本非蒲也。"《汉书·地理志》河东郡蒲反注引"臣瓒曰，《秦世家》云，以垣为蒲反，然则本非蒲也"。其他又引《谷水篇》、《渭水下篇》、《渠水篇》、《鲍子河篇》薛瓒注，与《汉书》臣瓒注一一对勘，而其断语云："凡《水经注》全书引薛瓒者尚多，无不与《史》、《汉》臣瓒注合，则安得不以臣瓒为即薛瓒乎！"(《责善》半月刊一卷二十一期)

案以上三说，鄙意以为皆非也。刘氏于瓒之说，姚察《训纂》已以《庾翼集》及何法盛《晋中兴书》驳之矣，故其说久已废弃；近孟森又以唐修《晋书·庾翼传》证于瓒说之非，《传》云："翼卒，未几，部将于瓒、戴义作乱，杀将军曹据，翼长史江虨、司马朱焘、将军袁真等诛之。"则于瓒之说，已不值再驳。至于傅瓒、薛瓒二说，沈、孟各有证据，旗鼓相当，故此二说，未可甲乙。赵贞信虽攻孟森之失，然仅攻其枝叶，未能摧其根干，李善《文选注》固足证傅瓒，郦道元《水经注》岂不足证薛瓒哉！故欲攻此二说之失，非寻二说之来源不可。

傅瓒之说，姚察据《穆天子传目录》云"秘书校书郎中傅瓒校古文《穆天子传》曰记"(案"曰记"二字,当作"已讫",此句亦为《穆传》"序录"原文,故宜据改。)所云"目录",盖在目录之下。考今本《穆天子传》,已误移置序首,仅有"侍中、中书监、光禄大夫、济北侯臣荀勖撰"一行,又删去他人结衔,盖已经后人改易。惟瞿氏《铁琴铜剑楼书目》,有旧抄本《穆天子传》,冯已苍得之锡山秦氏,钞本校过,改正讹字,补录序首结衔五行(案此五行当移置目录下),其文云:

侍中中书监光禄大夫济北侯臣勖

领中书会议郎蔡伯臣峤言部

秘书主书令史谴勳给

秘书校书中郎张宙

郎中傅瓒校古文《穆天子传》已讫,谨并第录。

案第二行结衔,颇有误字脱文倒文。余尝据《晋书·和峤传》,为之改正如下:

侍中("言部"二字之误,又倒置于下)、领中书令("会"为"令"字之误)、议郎、上蔡伯(脱"上"字)臣峤

第三行"秘书主书令史",必不止一人。此谴、勳、给,当为三人,改正如下:

秘书主书令史臣谴、臣勳、臣给

第四行“秘书校书中郎张宙”，与第五行“郎中傅瓒”，当并为一行。中郎为郎中倒文，下“郎中”二字衍文。且校书郎中，当据姚察《训纂》改为校书郎。张宙之张字，傅瓒之傅字，当作“臣宙”、“臣瓒”，后人妄加姓氏，去“臣”字，如“臣勖”改为“荀勖”，其迹显然，盖秦汉以来上书君上，皆称臣某，此乃通例也。改正如下：

秘书校书郎臣宙、臣瓒，校古文《穆天子传》已讫，谨并第录。

据此，则傅瓒之“傅”字，决为后人妄加。《穆天子传》在晋世已通行，郭璞且有注本，则宋裴骃作《史记集解》时，断无不见之理，而云“臣瓒，不知氏姓”，可见其时尚作“臣瓒”也。至梁刘孝标又云于瓒，则其时《穆传》尚称“臣瓒”，又可知矣。姚察在梁末，流离奔走，未遑著述，其作《训纂》，当在陈初为学士时，后聘于周，沛国刘臻访《汉书》十余条，并为剖析，皆有经据，可证。则浅人妄加“傅”字，当在梁末陈初。当时博学如裴骃、刘孝标，尚不知有傅瓒，而后人反据不见史传之傅瓒，改窜《穆传》“序录”结衔，姚氏不审，信以为实，已可云疏；李善注《文选》，径称傅瓒，不称臣瓒，逊于颜师古之审慎远矣。

郦道元《水经注》薛瓒之说，人多不知其来源，考《资治通鉴》，晋穆帝永和八年，有太原薛瓒，即其人也。郦氏以薛瓒为臣瓒，与刘氏于瓒之说，亦无以异，盖不作校书郎，无缘上书称臣瓒，不在西晋初年，无缘见《茂陵书》与《汉禄秩令》。姚氏驳刘氏于瓒之说，即可移以驳郦氏薛瓒之说矣。

考秘书郎一职，与著作郎地位相等，皆以华贵之族积学之人任之。《晋书·阎缵传》："国子祭酒邹湛，以缵才堪佐著，荐于秘书监华峤，峤曰：此职闲廪重，贵势多争之。"《通典》："宋、齐秘书郎皆四员，尤为美职，皆为甲族起家之选，待次入补。"夫著作郎既为贵势所争，秘书郎自为甲族独占，盖晋已如此，不特宋、齐然也。故臣瓒为秘书郎，必具有三种证据，乃可确定其姓氏：一为西晋之人，与荀勖、和峤同时；二为贵族；三为宿学之士，为同时之人所钦慕，而晋史有其名。于、薛、傅三人，皆不能备此条件也。

案《晋书·裴秀传》，秀从弟楷有五子：舆、瓒、宪、礼、逊。秀，河东闻喜人，祖茂，汉尚书令；父潜，魏尚书令；秀，晋尚书令、左光禄大夫，封巨鹿郡公，后为司空。子颇袭爵，官尚书左仆射，专任门下事。楷父徽，魏冀州刺史，祖茂。楷为右军将军，转侍中，与山涛、和峤并以盛德居位。楷子瓒，娶杨骏女，然楷素轻骏，与之不平，骏既执政，乃转为卫尉，迁太子少师，优游无事，默如也。及骏诛，楷以婚亲收付廷尉，将如法，赖侍中傅祗救护得免，犹坐去官。太保卫瓘、太宰亮称楷贞正不阿附，宜蒙爵土，乃封临海侯，食邑二千户，代楚王玮为北军中侯，加散骑常侍。玮怨瓘、亮斥己任楷，楷闻之不敢拜，转为尚书。楷长子舆先娶亮女，女适卫瓘子，楷虑内难未已，求出外镇，除安南将军，假节都督荆州诸军事，垂当发，而玮果矫诏诛亮、瓘，密遣讨楷，楷匿于妻父王浑家得免。玮既伏诛，以楷为中书令，加侍中，与张华、王戎并管机要，加光禄大夫，开府仪同三司，卒。

瓒，字国宝，中书郎。风神高迈，见者皆敬之。特为王绥所重，每从其游，绥父戎谓之曰："国宝初不来，汝数往何也？"对曰："国宝虽不知绥，绥自知国宝。"杨骏之诛，为乱兵所害。初，裴王二族，盛于魏晋之世，时人以为八裴方八王，徽比王祥，楷比王衍，康比王绥，绰比王澄，瓒比王敦，遐比王导，颜比王戎，邈比王玄云。

案《晋书·职官志》，中书监、令下，有中书侍郎，员四人，及江左初，改中书侍郎曰通事郎，寻复为中书侍郎。裴瓒为中书郎，盖即为中书侍郎之省称，犹黄门侍郎亦或称为黄门郎也。《通典》谓“晋中书监、令常管机要，多为宰相之任”，《通考》谓“中书侍郎，其职副掌王言，更入直省五日（案《晋书·职官志》，以中书侍郎一人直西省，又掌诏命），从驾则正直从，次直守（原注：张华兼中书郎，从驾征钟会，掌书疏表檄；嵇含为中书郎，书檄云集，含初不立草）”。据此，则中书郎即中书侍郎明矣。其职侍从、献替、制敕、册命、敷奏文表、通判省事，非妙选文学通识之士，不能为也。

又案《晋书·职官志》，及魏武帝为魏王，置秘书令，典尚书奏事。文帝黄初初，改为中书，置监、令，典尚书奏事，而秘书改令为监。及晋受命，武帝以秘书并中书省，其秘书著作之局不废。惠帝永平中，复置秘书监，其属官有丞有郎，并统著作局。据此，则晋自武帝太康以后，惠帝永平以前，中书郎与秘书郎，实在一署，且为通职互称，有时典掌诰命，即为中书郎，有时典掌校书，即为秘书郎矣。

臣瓒若是裴瓒，则既备具上列三种证据，而其官秘书郎，佐荀勖校上《穆天子传》，时在武帝太康二年及三年，其《汉书集解》二十四卷，盖亦在太康中为秘书郎时所奏上，故二书皆称“臣瓒”。其为中书郎，则在其妻父杨骏为执政之时。惠帝永平元年三月辛卯，太傅杨骏为贾后所诛，瓒为乱兵所害，其时中书令蒋俊亦死焉。盖裴瓒与卫恒，门第既同，又通婚姻（见上，瓒父楷以女妻卫瓘子也），先后同官秘书，校理汲冢古文，而一以《四体书势》显，一以《汉书集解》著，而皆死于贾后之乱，而世人竟不知有裴瓒其人，则《卫恒传》

（附《卫瓘传》）载其《四体书势》，《裴瓒传》不著其《汉书集解》故也。虽然，学问深博，瓒过恒远甚，宜乎为王绥所重也。

杨骏为武悼杨皇后父，当武帝时，未尝专执朝政也，裴瓒娶妻杨氏，实非仰攀贵族，依附权势，盖当时朝贵联姻，亦人情之常。楷长子舆娶汝南王亮女，女适太保卫瓘子，瓘第四子宣尚繁昌公主（瓘子恒、岳、裔，未知孰为楷女婿），皆其例也。况古代婚姻，必秉父母之命乎。武帝崩，外戚杨氏专政，贾后欲预朝权，乃诬杨氏将图社稷，于是使楚王玮讨骏，瓒死于其乱，非其罪也。惠帝时，史官多党贾氏，深斥杨骏，书之曰诛，而瓒亦列之逆叛之党，以裴瓒比之王敦，故其事迹，当时史官不乐为之表彰，而《汉书集解》之不载于《瓒传》，良有以也。唐修《晋书》，多承晋史官旧文，蜀贼吴寇，尚多未改，其他褒贬予夺，盖可知矣。

（原载《中国史学》一九四六年五月第一期）

汉唐宋起居注考

一　汉起居注考

汉之西京，尚无起居注，唐颜师古《汉书注》谓“《汉注记》若今之起居注”，宋王应麟《玉海》谓“《汉注记》即汉之起居注”，余已考其非是。《隋书·经籍志》谓“汉武有《禁中起居注》”，似足证西汉已有之，然此系伪书，杭世骏辩之颇详，其言曰：

> 汉武《禁中起居注》者，特见之《西京杂记》，《杂记》出于晋葛洪家，与正史多所附会，如霍氏之孪生，杨王孙之裸葬，相如之贳酒，虞渊之草木簿，师古注《汉》，概所不取，岂非以其脞说不足信耶？禁中之有起居注与否（当云汉武如有《禁中起居注》），何以向、歆父子不标之《别录》、《七略》，至数百年后，乃始晚出，其伪章章矣。（《道古堂文集》卷二十一，《答任武承问起居注书》四）

案葛洪《西京杂记》序，言“洪家有刘子骏《汉书》一百卷，复有《汉武帝禁中起居注》一卷,《汉武故事》二卷"。此三书皆系伪作,前贤辩之已明,而洪所著《抱朴子·论仙篇》,引汉《禁中起居注》云:

> 少君之将去也,武帝梦与之共登嵩高山,半道,有使者乘龙持节从云中下,云"太乙请少君",帝觉,以语左右曰"如我之梦,少君将舍我去矣",数日而少君称病死。久之,帝令人发其棺,无尸,唯衣冠在焉。

洪之引此,特以证明少君之为尸解仙去,其为伪著,更属显然。而西汉之无起居注,遂不待繁言而决矣。

东汉始有起居注,然史有明文者,仅有三帝,兹列于下:

一　明帝起居注

晋袁宏《后汉纪》:"初,明帝寝疾,马防为黄门郎,参侍医药,及太后为明帝起居注,削去防名。"(《后汉纪》卷十一)宋范晔《后汉书·皇后纪》:"明德马皇后,显宗永平三年春,立为皇后,及帝崩,肃宗即位,尊后曰皇太后,自撰显宗起居注,削去兄防参医药事。帝请曰:'黄门舅旦夕供养,且一年,既无褒异,又不录勤劳,无乃过乎?'太后曰:'吾不欲令后世闻先帝数亲后宫之家,故不著也。'"(案《明帝起居注》未必为马后自撰。袁宏所谓为《明帝起居注》者,犹后世言编定耳。盖《明帝起居注》,必当明帝御宇时,先有撰述,故马后欲削去防名;若马后自撰,即不记载马防参侍医药事,又何用削去耶?范书始云"马后自撰",误矣。)

二　灵帝起居注

晋袁宏《后汉纪·序》云:"予尝读《后汉书》,烦秽杂乱,睡而不能竟也,聊以暇日,撰集为《后汉纪》。其所缀会:《汉纪》、谢承

《书》、司马彪《书》、华峤《书》、谢忱《书》、《汉山阳公记》、《汉灵献起居注》、《汉名臣奏》,旁及诸郡耆旧先贤传,凡数百卷。”

三　献帝起居注

袁宏《后汉纪序》,已见上。

《隋书·经籍志》:“《汉献帝起居注》五卷。”

说者谓东汉起居注,起于《建武记注》,《后汉书·马严传》:“显宗召见严,诏留仁寿闼,与校书郎杜抚、班固杂定《建武注记》”是也。案《建武注记》,即《汉书·律历志》之《光武皇帝著纪》,与起居注异撰,而与本纪亦不同。《汉书·班彪传》,“子固与睢阳令陈宗,长陵令尹敏,司隶从事孟异,共成世祖本纪”,则本纪与注记亦非一书也。

自明帝始有起居注,其后章帝、和帝、殇帝、安帝,亦必世有起居注,故刘毅于安帝元初五年上书,请为邓太后撰《长乐宫注》。时邓太后临朝,政有善绩,居长乐宫,故毅特请为撰起居注。此《长乐宫注》,即《长乐宫起居注》,犹宋之《德寿宫起居注》也。言注者,省称耳。刘毅书云:“古之帝王,左右置史,汉之旧典,世有注记。”所谓旧典,盖指明帝以来起居注耳。仍言注记者,盖沿著记旧称,实则著记掌于太史,而起居注则掌于内史。汉荀悦《申鉴·时事篇》云:

> 先帝故事有起居注,日用动静之节,必书焉,宜复其式,内史掌之,以纪内事。

此其征也。自刘毅误以注记之名混起居注,于是颜师古、王应麟等,遂纷纷指著记为起居注矣。其实二者职掌既殊,质性又异,此不可不辨也。

东汉之时,尚无起居注专官,魏晋时始有著作郎,而起居注或有为其所撰者。如陆机为晋著作郎,而撰《惠帝起居注》(《魏志》注引陆士衡《惠帝起居注》,沈约《宋书·傅亮传》引陆士衡《起居注》),然大都命近侍之臣,主掌其事。杜佑《通典》谓"汉起居注,似在宫中为女史之任",此盖承范晔《后汉书》之误,以为《明帝起居注》为明德马皇后自撰,而又以汉武帝有《禁中起居注》,故有女史之推测。其实皆为宫中近侍臣所撰述。荀悦所谓内史,即宫内之书记官耳(史之本义为书记官,余别有论文)。此内史属于泛称,汉之官制,实无此专职,唯决非太史所撰,则可断言也。

二　唐开元起居注考

《唐书·艺文志》:"《开元起居注》三千六百八十二卷。"案:唐玄宗开元纪年,仅二十九载,信如《志》言,其起居注每年约有一百二十七卷,古今以来起居注之多,未有过于此者。窃谓当时记注,未必若是详明,蓄疑者久之,既而读《旧唐书·于休烈传》,始知《唐志》之谬误。然踵其谬者,尚层出而未有已,故特著斯篇以正之。

《旧唐书·于休烈传》云:

> 肃宗践祚,休烈以太常少卿兼修国史。肃宗自凤翔还,休烈奏曰:国史一百六卷,《开元实录》四十七卷,起居注并余书三千六百八十二卷,并在兴庆宫史馆,京城陷贼后,皆被焚烧。

据此，则起居注与国史，皆非专属开元，上自武德、贞观，下讫开元、天宝，或系并包，或仅数代，均未可知。专属开元者，仅《实录》四十七卷，其文甚明，《唐书·艺文志》称为“开元起居注”，其谬误一也。

“起居注并余书三千六百八十二卷”云者，言起居注并余书共合三千六百八十二卷。非专指起居注三千六百八十二卷也。起居注若干朝若干卷，余书若干种若干卷，皆不详列，仅合陈其总卷数而已，《唐书·艺文志》竟谓“开元起居注三千六百八十二卷”，其谬误二也。

《新唐书·于志宁传》：

> 志宁曾孙休烈奏：“国史、《开元实录》、起居注及余书三千八百余卷。”

案：《新唐书》列传，宋祁所撰；本纪、志、表，欧阳修所撰。宋祁承《旧唐书·于休烈传》节省字句，虽未有误，然开元实录与起居注连书，已易使人疑起居注亦属于开元；至欧阳修乃于起居注上大书“开元”，起居注下割去“及余书”三字，竟以三千六百八十二卷专属开元起居注。欧阳文人，往往断章取义，谬误百出，考核史材，非其所长，后之读史者，大都震于欧阳之名，不加考核，一承其谬误，如宋王应麟《玉海》、明焦竑《国史经籍志》等皆是。而清杭世骏专以考证起居注自命，其《答任武承问起居注第二书》云：

> 开元初，特令李乂与中书侍郎苏颋，纂集起居注，当时藏于兴庆宫，后世著于《艺文志》，多至三千六百八十余卷，京城

陷贼,皆被焚烧。

然则杭氏亦承欧阳之误,而以起居注全属开元,卷数亦仍唐志之误,不数"余书",杭氏亦尝读《旧书·于休烈传》,故知"京城陷贼,皆被焚烧",何以不能纠正欧阳之谬,而反引李义、苏颋事以为之证明焉?

寻唐代起居注官,有起居郎、起居舍人,《通典》:"唐贞观二年,省起居舍人,移其职于门下,置起居郎二人。显庆中,复于中书省置起居舍人,遂与起居郎分掌左右。"《新唐书·百官志》云:

> 许敬宗、李义府为相,奏请多畏人知,命起居郎、舍人对仗承旨,仗下,与百官皆出,不复闻机务。长寿中,宰相姚璹建议仗下后,宰相一人录军国政要,为时政记,月送史馆……未几亦罢。而起居郎犹因制敕,稍稍笔削,以广国史之阙。起居舍人本记言之职,惟入而位于起居郎之次。及李林甫专权,又废。太和九年,诏入阁日,起居郎、舍人具纸笔,立螭头下,复贞观故事。

考许敬宗、李义府为相,在高宗显庆龙朔间,李林甫专权,自开元二十四年为中书令起,至天宝十一载乃死。然则开元以前起居注,惟高宗、显庆、龙朔间稍有减损,而开元二十四年以后,至文宗太和九年,起居郎、舍人皆废,则起居注更应间断。《旧书·于休烈传》之起居注,盖必包含开元以前,《开元起居注》,则自二十四年以后,恐亦有阙,此可推知者一也。

《唐六典》:"汉晋以后,起居注皆史官所录,自隋置为职员,列为侍臣，专掌其事，每季为卷，送付史官。”《唐会要》：“武宗会昌二年十月，中书奏：‘起居注记，比者不逐季撰录，请每季即纳前一季所记与史馆，以迟速为殿最。’从之。”据此，则唐代起居注，皆每季为卷。自唐高祖武德元年，讫玄宗开元二十九年，共一百二十三年，每年四季，亦不过四百九十二卷。若此起居注全属开元，以二十九年计之，亦不过一百十六卷。《旧书·于休烈传》之起居注及余书，共三千六百八十二卷，则余书必占三千余卷，起居注多则五百卷，少则百余卷而已，此可推知者二也。

自欧阳讫于杭氏，失于考核，遂至以误传误，近者李君正奋，著《隋唐五代史籍考》，据《唐志》误本，列《开元起居注》二千六百八十二卷（汲古阁本《唐志》作三千，八史经籍志本《唐志》误作二千），然其起居注类六家下注云：“《开元起居注》以下，不著录三家：三千七百二十五卷”，所谓三家者，盖指上文温大雅《大唐创业起居注》三卷、《开元起居注》三千六百八十二卷、姚璹脩《时政记》四十卷，三家相合，正得三千七百二十五卷。此可知二千必为三千之误，毫无疑义。惟欧阳所注，谓《开元起居注》以下三家，此亦有误，当云，温大雅以下三家，此又欧阳氏行文之疏也。

三　宋高宗德寿宫起居注考

杭世骏《答任武承问起居注第一书》言：

> 唐宋以还，重实录而轻起居注。唐之存于今者，只温大雅之《创业起居注》；宋之存于今者，只周密之《德寿宫起居注》，

密又非当时史官。

杭氏言《德寿宫起居注》今尚存，且为周密著。遍考宋以来书目不可得，且《德寿宫起居注》，盖宋高宗为太上皇帝时史官所作，周密为宋末人，又非史官，何以能撰此书，而与温大雅相提并论乎？蓄疑者久之。既而读周密《武林旧事自序》，始知杭氏之误。序云：

> 近见陈源家所藏《德寿宫起居注》，及吴居父、甘昇所编，逢辰等录，虽皆琐碎散漫，参考旁证，自可互相发挥。又皆乾淳奉亲之事，因辑为一卷，以为此书之重。（鲍刻本误置此序于第七卷首）

据此，则《德寿宫起居注》，乃不署作者名氏，为陈源家所藏，非周密所著，而周密所辑之一卷，仅十二条，兹列其目于下：

> 乾道三年三月初十日一条；
> 淳熙三年五月二十一日一条；
> 淳熙三年八月二十一日一条；
> 淳熙三年十月二十二日一条；
> 淳熙五年二月初一日一条；
> 淳熙六年三月十五日一条；
> 淳熙六年九月十五日一条；
> 淳熙七年十二月二十八日一条；
> 淳熙八年正月元日一条；
> 淳熙九年八月十五日一条；

淳熙十年八月十八日一条；

淳熙十一年六月初一日一条；

上列各条，亦非纯为《德寿宫起居注》，盖吴居父、甘昪所编，逢辰等录，恐亦参错其间。而乾隆杭州汪氏刻本《武林旧事》，竟题此卷为《乾淳起居注》，杭氏又题为《德寿宫起居注》，且称为周密撰，皆误之甚者也。

余读宋周必大《承明集》，载有《龙飞录》一卷，起绍兴三十二年壬午六月戊寅，止隆兴元年癸未四月壬戌，前后约十阅月。中载绍兴三十二年八月丁亥，除起居郎。考必大乞修《今上起居注劄子》，自称"左奉议郎，试起居注，兼编类圣政所详定官，兼权中书舍人"，此劄子盖在九月上。《德寿宫起居注》，或与"今上起居注"同为必大等发凡起例，亦未可知。《龙飞录》为必大私自注记，凡孝宗赴德寿宫起居，必详载之，中载德寿宫制度甚多，如云：

圣旨，朕欲日朝德寿，太上谓恐废万几，劳烦群下，委礼官重定其期。礼官请用汉帝故事，五日一朝。

六月己丑，太上以车驾五日一朝为烦，诏用朔望、初八、二十二日诣德寿宫。

七月癸卯，德寿圣旨，前尝止宰执等月内两次到宫，今闻尚与前说不异，缘宫前无待漏处，缓急阴雨，使百官暴露，殊不安怀，可令后只初二日率从官同一次来。

此皇帝与百官朝德寿宫制度之大概也，如云：

六月辛卯，德寿宫月进钱十万贯，太上令止进四万贯。八月己巳，有旨，光尧圣寿太上皇帝上尊号，进银五万两，圣寿太上皇后三万两。八月二十一日生辰，进银三万两。

此德寿宫经费制度之大概也。惜此书仅至隆兴元年四月壬戌，必大奉祠出都而止，未能详尽记载耳。

必大尚有《思陵录》二卷，起淳熙十四年丁未八月庚寅，止淳熙十五年二月丙申，前后约六阅月，中述太上皇帝疾病，凡二十七日，孝宗问疾之状，医官诊视之情，脉案药方，罗列靡遗。又述太上皇帝丧葬之仪，及宋告哀使、金吊慰使往来之节，其议告哀使礼物之数云：

宋使金泛使例礼物"金器二千两，银二万两，贺正生辰半之"，告哀使许只正旦生辰礼物。后检旧制："显仁皇后之丧，送金国遗留物数，金器二千七百两，银器二万两；又有银丝合二十面，贮宝玉乐器玻璃等物；其他象牙匹帛香药等不在数。"乃增告哀使所赍礼物，使与泛使同。

又述关于经费之谕旨奏事云：

十一月丙寅，宣谕：德寿宫杂费月可减七十万。

淳熙十五年五月丁未，延和奏事，呈永思陵攒宫，共费八十二万余缗，内库支银绢尚在外，德寿宫诸色人俸给，省十万余缗。

此皆可补德寿宫经费制度之阙。末载孝宗内禅光宗,称孝宗为寿皇圣帝,后寿成皇后,乃终其卷。

观此二录,虽非《德寿宫起居注》而又仅载高宗为太上皇帝始末二年之事,然较之《武林旧事》所载十二条,仅纪生辰庆节,及行幸聚景园与各宫殿亭苑,所谓承颜养志之娱,燕闲文物之盛,固铺张不遗余力。然视必大二录所载,则固有识大识小之别。惜乎《德寿宫起居注》全帙已不可得见,此等识小之处,固周密所节录,而识大者,岂遂无一二如必大之所记耶?

附记:周必大《龙飞录》之外,又有《壬午内禅志》一卷,记宋高宗内禅事,宋李心传撰,今存于《建炎以来朝野杂记》乙集。此二书与《德寿宫起居注》,皆互有出入,足补当时史事。

四 宋孝宗起居注考

《宋史·艺文志》不载孝宗起居注,而杭世骏《答任武承问起居注第二书》,则云:

> 歙州汪宫赞杜林,曾言直内廷时,得见宋孝宗起居注,盖玉版金匮之藏,不得挂草野之目者,不知凡几,然万历时重编内阁之目,此书阙焉弗载,宫赞所言,犹在传疑之列也。

案宋尤袤《遂初堂书目》,载有孝宗起居注,其后遂不见于著录。余

读宋周必大《承明集》,有绍兴三十二年《乞修今上起居注劄子》云:

左奉议郎试起居注兼编类圣政所详定官,兼权中书舍人臣周必大劄子,奏:臣以驽材,当陛下甫承圣绪,起居罔不钦,号令罔不臧之时,乃得簪笔便殿,侍立经幄,耳目所及当径书之。惟是往岁左右史不常置,故记注之未备者尚多。若必俟追补成书,始纪新政,则虽累岁犹恐未能竟也。夫他时之传闻,与今日之亲见,其详略固有间矣。臣愚欲望圣慈,许本省检照绍兴十年十一月起居郎李易申请指挥,断自今年六月十一日以后,先后修纂,每月投进。其积压之未备者,依旧疾速带修。庶几陛下始初进明,言动必书,而小臣或得少逭疏略旷瘝之罪,不胜万幸,取进止,九月二十九日,三省同奉圣旨,依。

据此,则所谓今上,所谓陛下,皆对孝宗而言。盖孝宗于绍兴三十二年六月十一日,受高宗内禅,九月二十九日,奉圣旨修六月十一日起之起居注,即所谓孝宗起居注无疑。《承明集》中尚有《起居注藁》一卷,即起于六月十一日,其下惟六月十二日及八月十四日,共三日耳,孝宗起居注之存于今日,仅有此一卷,汪氏在内廷所见,未知即是此书否。孝宗在位二十八年,其起居注每月投进,则每年必有十二卷,全书当有三四百卷(《宋史·艺文志》:《孝宗日历》一千卷,《孝宗实录》五百卷。则孝宗起居注有三四百卷,必为至少之数),作者亦必不止一人,观必大所撰《龙飞录》,谓八月丁亥,除起居郎,隆兴元年四月壬戌,奉祠出都,《龙飞录》即止于此日,意此后起居注,亦必易人为之矣。(《玉海》卷四十八,隆兴元年,起居郎胡铨言"史职之废有四:一曰进史不当,二曰立非其地,三曰前殿不立,四曰奏不直前"。五月一日,诏前殿令左右史侍立。则必大之后,继以胡铨,且矫正前失,是孝宗起居注,必较他起居注详核明矣。)而必大为孝宗起居注创造之人,其《今上起居注藁》,必为孝宗起居注开始之卷,殆无疑义。必大劄子列衔,有兼编类圣政所详定官一职,考《建炎以来朝野杂记》:"《光尧圣政录》三十卷,隆兴乾道间所修,绍兴三十二年九月以敕令所为编类圣政所,命辅臣领之,乾道二年冬,蒋子礼为参知政事,上其书。"是《光尧圣政录》一书,必大既为详定官,则亦预有载笔之力焉。(民国十九年十二月)

(原载《国立北京大学国学季刊》第二卷第四期,一九三〇年)

萧梁旧史考

目录

起居注类

《梁天监起居注》(见《太平御览》)

《梁大同起居注》十卷(见《隋志》。《唐志》有《大同七年起居注》十卷)

《梁起居注》(见《太平御览》)

实录类

周兴嗣《梁皇帝实录》三卷(见《隋志》)

谢吴《梁皇帝实录》五卷(见《隋志》)

《梁太清实录》八卷(见《史通》《唐志》《太平御览》。《新唐志》作十卷,《隋志》作《大清录》)

裴政《承圣实录》十卷(见《隋书》、《北史・裴政传》)

本纪类

沈约《梁武纪》十四卷(见《南史・沈约传》。《梁书》:沈约作《高祖纪》)

姚察《梁书帝纪》七卷（见《隋志》）

杂史类

鲍行卿《乘舆飞龙记》二卷（见《隋志》）

周兴嗣《皇德记》（见《梁书·文学传》）

萧子显《普通北伐记》五卷（见《梁书·萧子显传》）

萧韶《梁太清纪》十卷（见《隋志》,《通鉴考异》引作《太清记》）

萧圆肃《淮海乱离志》四卷（见《周书·萧圆肃传》）

刘仲威《梁承圣中兴事略》十卷（见《隋志》）

《天正旧事》三卷（见《隋志》）

《梁末代记》一卷（见《隋志》）

《天启纪》十卷（见《隋志》）

姚最《梁后略》十卷（见《隋志》）

阴僧仁《梁撮要》三十卷（见《隋志》）

萧大圜《梁旧事》三十卷（见《周书·萧大圜传》）

编年类

谢吴《梁典》二十九卷（见《新唐志》。裴子野《梁春秋》附）

刘璠《梁典》三十卷（见《隋志》）

何之元《梁典》三十卷（见《隋志》）

蔡允恭《后梁春秋》十卷（见《唐书·文苑传》）

纪传类

谢吴《梁书》百卷（见《隋志》）

萧欣《梁史》百卷（见《周书·萧欣传》）

许亨《梁书》五十三卷（见《隋志》。《陈书·许亨传》作五十八卷）

许善心《梁书》七十卷（见《隋书》,《北史·许善心传》）

姚思廉《梁书》五十六卷(今存)

上列萧梁旧史三十种,其亡者多,而存者极少,兹为之考其大略,并附作者之事迹。其有不可考者,如《栖凤春秋》、《皇储故事》等书,则各附其同类史书之下。余拟撰《新梁书》,故先为《梁代旧史考》以溯其渊源,若夫李延寿之《南史》、许嵩之《建康实录》、邱悦之《三国典略》、司马光之《资治通鉴》所载梁代史事,与姚书相出入者甚多,以非专为梁史,故不录。若吴兢之《梁书》十卷,姚士粦之《后梁春秋》二卷,虽出在姚书之后,亦附录焉。

起居注类

梁天监起居注

《太平御览·地部》引《梁天监起居注》一条,《太平寰宇记》"剑南西道"、"江南西道"引《梁天监起居注》三条。

梁大同起居注十卷

《隋书·经籍志》:《梁大同起居注》十卷。《新唐书·艺文志》:《梁大同七年起居注》十卷。案《太平御览·休征部》、《太平寰宇记》"江南道"各引《大同起居注》一条,均记大同九年事。又《太平御览·休征部》引《梁大同起居注》一条,记大同六年事。若依《唐志》"《大同七年起居注》十卷"例计之,则大同十一年及中大同一年共十二年,是《梁大同起居注》当有一百二十卷矣。此十卷特其残本耳。

梁起居注

《太平御览·休征部》引《梁起居注》一条。案萧梁一代五十六年，其起居注当必有数百卷之多，其撰者前后亦非一人。《梁书·周兴嗣传》撰起居注，《徐勉传》常以起居注烦杂，乃加删为《别起居注》六百卷。《南史·勉传》作《流别起居注》六百六十卷。《隋书·经籍志》"《流别起居注》三十七卷"，列于《宋起居注》前。章宗源《隋书经籍志考证》"《别起居注》六百卷"，列于《梁起居注》后，以为与前三十七卷本系两人所撰，《流》、《别》起居注各为一书。考徐勉卒于大同元年，其所撰《流别起居注》六百六十卷，是否为《梁起居注》抑为前代起居注，似不能明。《隋志》所载《汉献帝起居注》五卷、《晋起居注》三百二十二卷、《宋起居注》一百三十九卷、《齐起居注》三十四卷，皆据梁有卷数共合五百卷，不及六百六十卷。况以烦杂删减，其原数尚不止六百六十卷，其非前代起居注明矣。自梁天监元年至大同元年中隔三十三年，以每年二十卷计，适得六百六十卷，以烦杂删减之故，其原书在六百六十卷以上。以唐《开元起居注》三千六百八十二卷（见《唐书·艺文志》）比例之，其数亦不为多。盖开元二十九年其数如彼，梁大同元年以上三十三年，其数如此，亦非不可能之事也。唯观后魏一代起居注仅三百三十六卷（见《隋志》）。陈一代起居注仅四十一卷（见《唐志》），晋宋齐三代起居注亦不满五百卷，则梁初起居注断不至有六百余卷。窃谓晋宋齐三代起居注删为三百三十余卷，梁大同以前起居注删为三百余卷，合为六百六十卷，则梁初起居注每年十卷，其数与《唐志》"《大同七年起居注》十卷"适相符合。臆测之辞，虽不足凭，然亦可为留心史事者之一参考。徐勉《起居注》后为梁元帝所得（见《金楼子·聚书篇》），江陵一炬，半为灰烬，宜乎至唐仅得零卷残本也。

实录类

周兴嗣梁皇帝实录三卷

《隋书·经籍志》:《梁皇帝实录》三卷,周兴嗣撰,记武帝事。《新唐志》:二卷。《梁书·文学传》:周兴嗣,字思纂,陈郡项人。天监中,为员外散骑侍郎,佐撰国史,迁给事中,直西省左卫率,普通二年卒。所撰《皇帝实录》、《皇德记》、《起居注》、《职仪》等百余卷,文集十卷。案后世撰实录者,必先有起居注为据,兴嗣掌撰起居注,故能为实录。其记武帝事,殆在普通二年以上,十八九年事耳。

谢昊梁皇帝实录五卷

《隋书·经籍志》:《梁皇帝实录》五卷,梁中书郎谢吴撰。记元帝事。案谢吴之名或作"昊",或作"炅",旧事无传,不能明也。(《隋志》与《南史·萧韶传》作"谢吴",《唐书·经籍志》《史通》史官篇、正史篇《新唐书·艺文志》作"谢昊",新旧《唐书·姚思廉传》作"谢炅"。案:昊同皞,从日从天,吴盖即昊之误。吳俗作吴,与昊近形,易讹也。炅同耿,通用,皆作耿,鲜作炅,谢名当从《史通》、《唐志》作"昊"较是,然尚俟考。)为梁中书郎(见《隋志》。按:梁官制中书省有侍郎而无郎,秘书省有郎四人,此中书郎或为秘书郎、或为中书侍郎之误),后为秘书监(《史通·正史篇》),撰《梁书》百卷、《皇帝菩萨清净大舍记》三卷、《物始》十卷(均见《隋志》),又造《梁典》二十九卷(见《新唐志》)。萧韶为《太清纪》十卷,其诸议论多昊为之(见《南史·萧韶传》)。梁官制:著作郎一人、佐郎八人,掌国史、集注起居,撰史学士亦知史书。谢昊殆亦曾为史官,掌注起居,盖不见起居注不能为实录也。

梁太清实录八卷

《唐书,经籍志》:《梁太清实录》八卷。《隋志》作《太清录》八卷。《新唐志》作《太清实录》十卷。《太平御览·人事部》引《太清实录》一条。案《史通·杂说篇》注云:王褒、庾信等事多见于萧大圜《淮海乱离志》,裴政《太清实录》。寻《周书》、《北史·萧圆肃传》,圆肃著《淮海乱离志》四卷,《隋书》、《北史·裴政传》政著《承圣实录》十卷。然则《淮海乱离志》非萧大圜著,《太清实录》非裴政著,刘子玄误记耳。《太清实录》一书,实不知谁撰,《隋志》、两《唐志》均不著撰人姓名,是也。

裴政承圣实录十卷

《隋书·裴政传》:政著《承圣实录》十卷(《北史·裴政传》同)。案:承圣为梁元帝年号,政忠事元帝,故为之撰实录,其传云:

> 裴政,字德表,河东闻喜人也。仕梁,以军功封为夷陵侯,给事黄门侍郎。及魏军围荆州,政在外,见获,萧詧谓政曰:“我武皇帝之孙,不可为尔君乎?尔何烦殉身于七父。若从我计,则贵及子孙,不然,分腰领矣。”锁之,送至城下,使谓元帝曰:“王僧辩闻台城破,已自为帝王。琳孤弱不能复来。”政许之。既而告城中曰:“援兵大至,吾以闲使被禽,当以碎身报国。”监者击其口,终不易辞,詧怒,命趣行戮。蔡大业谏曰:“此人之望也,杀之,则荆州不可下。”因得释。会江陵平,与城中朝士俱送京师。周文闻其忠,授员外散骑侍郎,引入相府,命与卢辩依周礼建六官,并撰次朝仪,车服、器用多遵古礼,革汉魏之命法,事并施行。又参定周律,善钟律。隋开皇元年为率更令,加上仪同三司。诏与苏威等修定律令,采魏晋刑典,

下至齐梁，沿革轻重，取其折衷。同撰著者十余人，凡疑滞不通，皆取决于政。进位散骑常侍，转左庶子，出为襄州总管，卒于官(《北史·裴政传》。《隋书·裴政传》略同，云卒年八十九)。

本纪类

沈约梁武纪十四卷

《南史·沈约传》:天监中，撰《梁武纪》十四卷。《梁书·沈约传》:所著《高祖纪》十四卷。案:“梁武”、“高祖”皆作史者之追称，当时或亦称“今上本纪”耳。《史通·史官篇》:武帝时，沈约与周兴嗣、鲍行卿、谢昊共撰《梁史》百篇。此十四卷未知即是《梁史》之帝纪否。约字休文，吴兴武康人。事迹详《梁书》、《南史》本传，文繁不录。天监十二年卒，年七十三。此纪十四卷，殆纪天监十二年以前事耳。约所著尚有《晋书》百一十卷，《宋书》百卷，《齐纪》二十卷，《迩言》十卷，《谥例》十卷，《宋文章志》三十卷，《文集》一百卷，又撰《四声谱》。今惟《宋书》、《文集》行于世。

姚察梁书帝纪七卷

《隋书·经籍志》:《梁书帝纪》七卷，姚察撰。案:新、旧《唐志》均载谢昊、姚察《梁书》三十四卷。谢、姚二书殆皆残缺不全，唯《隋志》所载《梁书帝纪》七卷，似于《梁书》之中帝纪一部盖为全本。观《陈书·姚察传》云:察所撰梁、陈史虽未毕功，隋文帝开皇之时，遣内史舍人虞世基索本，且进上，今在内殿。梁、陈二史本多是察之所撰，其中序论及传纪有所阙者，临亡之时，仍以体例诫约子思廉博访撰续。然则姚察《梁书》序论、纪传各有所阙。其子思廉撰《续梁书》五十六卷，本纪六卷，列传五十卷。每篇之末标其父名，题为“陈吏部尚书姚察”者二十五篇，题为“史官陈吏部尚书姚察”者一篇，余篇皆称“史臣”，则思廉自称耳。由斯以观，察之帝纪，本为七卷，思廉并为六卷，著论以补其阙，故皆题史臣；列传二十六卷标有察论，殆为察之旧稿；二十四卷不标察论，题以史臣者，则为思廉新录欤？然察书已亡，疑不能明也。察弟最著《梁后略》，子思廉续成《梁书》，兄弟、父子皆有功梁史，故其生平事业，皆不可不详为叙述。《陈书·姚察传》其子思廉所作，颇类行述，繁芜殊甚。今节录《南史·姚察传》云：察字伯审，吴兴武康人，父僧垣，精医术，知名梁代，二宫所供赐皆回给察兄弟为游学之资，察并用聚蓄图书，由是闻见日博。年十三，梁简文帝时在东宫，盛修文义，即引于宜猷堂听讲论难，为儒者所称。及简文嗣位，尤加礼接。起家南海王国左常侍兼司文侍郎，遇梁室丧乱，随二亲还乡里。元帝即位，授察原乡令，后为佐著作，撰史。陈永定中，吏部尚书徐陵领大著作，复引为史佐。太建初，补宣明殿学士，寻为通直散骑常侍。报聘于周，著《西聘道理记》。使还，补东宫学士，迁尚书祠部侍郎，后历仁威淮南王、平南建安王二府咨议参军。丁内忧去职，起为戎昭将军，知撰梁史。后主立，兼东宫通事舍人，知撰史。至德元年，除中书侍郎，转太子仆，余并如故。寻以忠毅将军起兼东宫通事舍人。察频让，不许，俄敕知著作郎事。服阕，除给事黄门侍郎，领著作。又诏授秘书监，领著作，奏撰中书表集，历度支、吏部二尚书。陈亡入隋，诏授秘书丞，别敕成陈、梁二史。开皇十三年袭封北绛郡公，仁寿二年诏除员外散骑常侍，晋王侍读。炀帝即位，授太子内舍人，大业年终于东都（《梁书·姚察传》云年七十四）。所著《汉书训纂》三十卷，《说林》十卷，《西聘》、《玉玺》、《建康三钟》等记各一卷，文集二十卷。

杂史类

鲍行卿乘舆龙飞记二卷

《唐书・经籍志》:《乘舆龙飞记》二卷,鲍衡卿撰。《新唐志》同。案:衡卿当作行卿,《南史・鲍泉传》:时又有鲍行卿,以博学大才称,位后军临川王录事,兼中书舍人,迁步兵校尉。上《玉璧铭》,武帝发诏褒赏。好韵语。及拜步兵,而谢帝曰:作舍人,不免贫,得五校,实大校。例皆如此。有集二十卷,撰《皇室仪》十三卷,《乘舆龙飞记》二卷。新旧《唐志》又有:鲍衡卿《宋春秋》二十卷。《史通・正史篇》亦称:武帝时,步兵校尉鲍行卿,与沈约、周兴嗣、谢昊同撰《梁史》,已有百篇。然则鲍行卿亦一代史家,与谢昊相埒,二人同不见于《梁书》,何其疏漏之甚也。《乘舆龙飞记》,盖亦记武帝事。

周兴嗣皇德记

《梁书・周兴嗣传》:所撰《皇德记》及皇帝实录、起居注、职仪等百余卷。案:《隋志》载汉侯瑾《汉皇德记》三十卷,《后汉书・文苑传・侯瑾》:案:汉记撰中兴以后行事为《皇德传》三十篇。然则周兴嗣《皇德记》盖仿侯瑾《汉皇德记》而作,所记皆梁武帝行事耳。

萧子显普通北伐记五卷

《梁书・萧子显传》:大通三年(案是年十月己酉改元中大通,十月以前称大通三年),启撰《高祖集》并《普通北伐记》。案:子显所著《普通北伐记》五卷、《后汉书》一百卷、《齐书》六十卷、《贵俭传》三十卷、《文集》二十卷,皆见本传。普通北伐,见《梁书・武帝纪》，自普通二年后，连年北伐，至中大通元年五月克大梁及虎牢，魏主弃洛阳走，陈庆之送元颢入洛阳，为梁室北伐最利时期，闰六月，魏尔朱荣攻杀元颢，复据洛阳，子显即于其时撰此书以记其事，盖必有所感慨者在矣。

萧韶梁太清纪十卷

《隋书·经籍志》：《梁太清纪》十卷，梁长沙藩王萧韶撰。案：韶为梁武帝兄长沙王懿之孙。《南史·梁宗室传》：韶字德茂，初封上甲县都乡侯，太清初为舍人。城陷，奉诏西奔，及至江陵，人士多往寻觅，令韶说城内事，韶不能人人为说，乃疏为一卷，客问者便示之。湘东王闻而取看，谓曰："昔王韶之为《隆安纪》十卷，说晋末之乱离，今之萧韶亦可为《太清纪》十卷矣。"韶乃更为《太清纪》，其诸议论多谢吴为之。韶既承旨撰著，多非实录，湘东王德之，改超继宣武王，封长沙王，遂至郢州刺史。《史通·杂说篇》注曰："王褒、庾信等事多见于萧韶《太清纪》、萧大圜《淮海乱离志》、裴政《太清实录》、杜台卿《齐记》，而令狐德棻了不兼采，盖以其中有鄙言，故致遗略。"《太平御览·宗亲部》引《太清纪》一卷，《通鉴考异》多引《太清纪》，盖即一书耳。

萧圆肃淮海乱离志四卷

《隋书·经籍志》：《乱离志》四卷，萧世怡撰，叙梁末侯景之乱。《史通·补注》云："亦有躬为史臣，手自刊补，虽志存该博，而才阙伦叙，除烦则意有所怯，毕载则言有所妨，遂乃定彼榛楛，列为子注，若萧大圜《淮海乱离志》、羊衒之《洛阳伽蓝记》、宋孝王《关东风俗传》、王劭《齐志》之类是也。"据此，则《淮海乱离志》所叙事迹与其体例颇憭然矣。惟此书撰人与书名记载颇多歧异，《通志·校雠略》作《海宇乱离志》，恐非。盖侯景之乱始终在淮海之间，

《周书》、《北史》萧世怡、萧大圜《传》皆不言著《淮海乱离志》，惟萧圆肃《传》有之。《周书·萧圆肃传》：圆肃字明恭，梁武帝之孙，武陵王纪之子也。敏而好学，纪称尊号，封宜都王，邑三千户，除侍中宁远将军。纪率兵下峡，令萧㧑守成都，以圆肃为之副。及尉迟迥至，圆肃与㧑俱降，授骠骑大将军，开府仪同三司，侍中，封安化县公，邑一千户。世宗初，进封棘城郡公，增邑一千户。以圆肃有归款之勋，别赐食思君县五百户，收其租赋。保定三年，除畿伯中大夫。五年，拜咸阳郡守。天和四年迁陵州刺史，寻诏令随卫国公直镇襄阳，遂不之部。建德三年，授太子少傅，增邑九百户。圆肃以任当师傅，调护是职，乃作《少傅箴》（《箴》载本传，不录），太子见而悦之，致书劳问。六年，授丰州刺史，增邑通前三千七百户，寻进位上开府仪同大将军。宣政元年，入为司宗中大夫，俄授洛州刺史。大象末，进位大将军。隋开皇初授贝州刺史，以母老请归就养，隋文帝许之。四年卒，年四十六。有文集十卷，又撰时人诗笔为《文海》四十卷，《广堪》十卷，《淮海乱离志》四卷，行于世（《北史·萧圆肃传》同）。

刘仲威梁承圣中兴事略十卷

《隋书·经籍志》：《梁承圣中兴事略》十卷，刘仲威撰。《陈书·刘仲威传》：仲威，南阳涅阳人也。少有志气，颇涉文史，梁承圣中为中书侍郎，萧庄伪署御史中丞，随庄入齐，终于邺中。

天正旧事三卷

《隋书·经籍志》：《天正旧事》三卷，释撰亡名。此下有《皇储故事》二卷，不著撰人姓名；《梁旧事》三十卷，内史侍郎萧大圜撰。此三书皆记梁代故事。《皇储故事》盖记梁武帝废嫡孙而立晋安王纲事。当时朝野多以为不顺，其后骨肉纷争，祸基于此，实为梁代大事。是书是否纪此,已不能证明矣。梁以天正纪年者二人:一豫章王栋。简文帝大宝二年八月,侯景废帝为晋安王,迎栋。壬戌,栋即帝位,年号天正。十月,侯景弑简文帝,十一月己丑,栋禅位于侯景。元帝承圣元年三月,帝遣宣猛将军朱买臣沈豫章王栋于水。栋,昭明太子长子豫章王欢之子也。一为武陵王纪。元帝承圣元年四月乙巳即皇帝位于成都,改元天正。八月,纪举兵东下,以萧㧑为益州刺史,守成都,使其子萧圆肃副之。二年五月,西魏代蜀,纪次于西陵,元帝命将军陆法和拒之。七月,纪被杀。八月,㧑与圆肃降魏。纪,武帝第八子也。《天正旧事》三卷,盖记武陵王纪事。纪有文才,亦颇有武略,在蜀十七年,南开宁州、越巂,西通资陆、吐谷浑,内修耕桑、盐铁之政,外通商贾远方之利,故能殖其财用,器甲殷积。即位以后,其所设施亦必可观。及其败后,其子圆肃著《淮海乱离志》,则《天正旧事》殆亦圆肃或其官属所记乎?若栋者,为侯景所立,改元不及三月,势同块垒,恐亦无事可纪矣。

梁末代纪一卷

《隋书·经籍志》:《梁末代纪》一卷,不著撰人名姓。案:梁自太清三年至太平二年,约八九年,梁室纷乱,以至于亡,所谓末代,盖指斯时。自武帝崩后,历简文、元、敬。其间为侯景所立者二帝:一临贺王正德,改元天正;二豫章王栋,改元天正。自立为帝者一:武陵王纪,改元天正。为北齐所立者梁二帝:一永嘉王庄,改元天启;二建安王明,改元天成。为西魏所立者一帝:岳阳王詧,传子岿、孙琮,是为后梁。《梁末代纪》未知所载何事,已不可考。其下又有《栖凤春秋》五卷,臧严撰,其所记载亦不可考,盖亦记梁代事。《梁书·文学传》:严字彦威,东莞莒人,为湘东王镇南录事参军,卒官,有文集十卷。

天启纪十卷

《隋书·经籍志》:《天启纪》十卷,记梁元帝子谞据湘州事。案:元帝子见于史者五:忠烈世子方等、贞惠世子方诸、愍怀太子方矩、敬帝方智(《梁书》敬帝为世祖第九子)、始安王方略(《南史·元帝诸子传》方略为元帝第十子)。其余史称失名,案:梁元帝《金楼子·后妃篇》载其母宣修容有孙方诸、方等、方规、方智、含贞、含介、含芷等,含贞以下为女孙。方规盖即方矩,方矩字德规,似系一人。又《金楼子·杂记篇》云:吾年十三感心气疾,及长渐善,频丧五男,及以大儿为南征不复,继奉国讳,随念灰灭。大儿即方等。时方诸为世子,所丧之子即方等及其余未知名之五子,存者惟方诸、方矩、方智、方略,而方略为第十子,与《南史》合。然则元帝之子其存者皆名方某,无单名谞而据湘州者。惟《南史·元帝诸子传》方等子庄封永嘉王。及魏剋江陵,庄年甫七岁,为人家所匿,后王琳迎送建业。及敬帝立,出质于齐。太平二年,陈武帝将受禅,王琳请庄于齐,以主梁嗣。自盆城济江,二月即位于郢州,年号天启。置百官,王琳总其军国。明年,庄为陈人所败,其御史中丞刘仲威奉以奔寿阳,遂入齐。齐武平元年,授特进开府仪同三司,封梁王。齐朝许以兴复,竟不果而齐亡,庄在邺,饮气而死。然则《天启纪》乃记梁元帝孙庄据郢州事,《隋志》全误。此书作者或即为其御史中丞刘仲威乎?盖仲威曾著《梁承圣中兴事略》十卷,天启之事为其身所亲历,尤有记述之幽情也。《新唐志》称为守节先生《天启纪》十卷,守节先生必系托名。

姚最梁后略十卷

《隋书·经籍志》:《梁后略》十卷,姚最撰。新旧《唐志》作《梁昭后略》,皆误。《史通·杂述篇》曰:若姚最《梁昭后略》,此之谓偏记。《题目篇》曰：鱼豢、姚察著魏、梁二史，巨细毕载，芜累甚多，而俱榜之以“略”。《杂说篇》注则又称：姚最《梁后略》。案：《梁昭后略》当衍“昭”字，姚察当作姚最，最即察之弟也。《周书·艺术传》云：姚僧垣，吴兴武康人。医术高妙，为当世所推。长子察，在江南。次子最，字士会，幼而聪敏，及长博通经史，尤好著述。年十九，随僧垣入关。世宗盛聚学徒，校书于麟趾殿，最亦预为学士。俄授齐王宪府水曹参军，掌记室，特为宪所礼接。宣帝嗣位，宪以嫌疑被诛，隋文帝作相，追复官爵。最以陪游积岁，恩顾过隆，乃录宪功绩为传，送上史局。最幼在江左，迄于入关，未习医术，天和中始受家业，十许年中，略尽其妙。每有人造请，效验甚多。隋文帝践极，除太子门大夫，以父忧去官。既免丧，袭爵北绛郡公，复为太子门大夫，俄转蜀王秀友。秀镇益州，迁秀府司马。及平陈，察至，最自以非嫡，让封于察。秀后阴有异谋，隋文帝令公卿穷治其事，开府庆整、郝伟等并推过于秀，最独曰：凡有不法，皆最所为，王实不知也。榜讯数百，卒无异辞。最竟坐诛，时年六十七。撰《梁后略》十卷，行于世。（《隋书·高祖纪》：仁寿二年十二月，益州总管蜀王秀废为庶人。然则姚最之诛即在是年。）

阴僧仁梁撮要三十卷

《隋书·经籍志》：《梁撮要》三十卷，陈征南咨议阴僧仁撰。

萧大圜梁旧事三十卷

《隋书·经籍志》：《梁旧事》三十卷，内史侍郎萧大圜撰。《唐志》作《梁魏旧事》，《太平寰宇记·江南东道》引作《梁陈旧事》，魏、陈两字皆衍。《周书·萧大圜传》云：大圜字仁显，梁简文帝之子也。大宝元年封乐梁郡王，邑二千户，除宣惠将军、丹阳尹。属侯景肆虐，简文见弑，大圜潜遁获免。明年景平，大圜归建康，时既丧乱之后，无所依托，乃寓居善觉佛寺，人有以告王僧辩者，僧辩乃给船饩，得往江陵。梁元帝见之甚悦，改封晋熙郡王，邑二千户，除宁远将军，琅邪、彭城二郡太守。时梁元帝既有克复之功，而大圜兄汝南王大封等犹未通谒，梁元帝性既忌刻，甚恨望之。大圜即日晓谕两兄，相继出谒，元帝乃安之。大圜以世多故，恐谗愬生焉，乃屏绝人事，门客左右不过二三人，不妄游狎，兄姊之间止笺疏而已，恒以读《诗》、《礼》、《书》、《易》为事。元帝尝自问五经要事数十条，大圜辞约指明，应答无滞，元帝甚叹美之。因曰：昔河间好学，尔既有之，临淄好文，尔亦兼之，然有东平为善，弥高前载，吾重之爱之，尔当效焉。及于谨军至，元帝乃令大封充使请和，大圜副焉，其实质也。出至军所，信宿，元帝降。魏恭帝二年，客长安，太祖以客礼待之。保定二年，封大封晋陵县公，大圜始宁县公，邑各一千户，寻加大圜车骑大将军、仪同三司，并赐田宅奴婢、牛马粟帛等，俄而开麟趾殿，招集学士，大圜预焉。《梁武帝集》四十卷、《简文帝集》九十卷各止一本，江陵平后，并藏秘阁。大圜既入麟趾，方得见之，乃手写二集，一年并毕，识者称叹之。建德四年，除滕王逌友。逌尝问大圜曰：吾闻湘东王作《梁史》，有之乎？余传皆可抑扬，帝纪奚若？隐则非实，记则攘羊。对曰：言者之妄也。如使有之，亦不足怪。昔汉明为《世祖纪》、章帝为《显宗记》，殷鉴不远，足为成例。且君子之过如日月之蚀，彰于四海，安得而隐之？如有不彰，亦安得而不隐？盖子为父隐，直在其中，讳国之恶，抑又礼也。逌乃大笑。宣政元年，增邑通前二千二百户。隋开皇初，拜内史侍郎，出为西河郡守，寻卒。撰《梁旧事》三十卷、《寓记》三卷、《士丧礼注》五卷、《要决》两卷、《文集》二十卷。案《梁旧事》三十卷当成于隋开皇初，故署其官为内史侍郎。

编年类

谢昊梁典二十九卷

《唐书·艺文志》“乙部”编年类：谢昊《梁典》二十九卷，刘璠《梁典》三十卷，何之元《梁典》三十卷。案：谢昊《梁书》及《梁皇帝实录》皆见于《隋志》；惟《梁典》仅见于《新唐志》，而又与刘、何二典判然相别，是昊亦别有《梁典》无疑。昊在梁亦为一代史家，其名或作炅，颜之推谓谢炅、夏侯该并读数千卷书（见《颜氏家训·书证篇》），则其博洽可知，著作宏富，亦其宜也。刘、何二典，《文选》李善注及唐宋类书尚有征引，独谢氏此书未见引及，是其书流传未广也。（《文选》注及《太平御览》引刘璠、何之元《梁典》固多，而单引《梁典》，不标作者，亦各有数条，未知是否系谢昊所作？是唐世有三《梁典》，固无疑也。）《梁书·裴子野传》子野撰《宋略》二十卷，又欲撰《齐梁春秋》，始草创未就而卒（大通二年卒，年六十二）。少时集注《丧服》、续《裴氏家传》各二卷，钞合后汉事四十余卷，又敕撰《众僧传》二十卷，《百官九品》二卷，《附益谥法》一卷，《方国使图》一卷。其《方国使图》，广述怀来之盛，自要服至于海表，凡二十国。此与《梁春秋》一书，同为萧梁最要史籍。惜乎其一未成，其一亦亡也。故附识于此。

刘璠梁典三十卷

《隋书·经籍志》，《梁典》三十卷，刘璠撰。《通典·边防门》注引刘璠《梁典》一条，《太平御览》兵部、人事部、宗亲部各引一条,《文选》注引二十八条,均题刘璠《梁典》。《周书·刘璠传》云,璠字宝义,沛国沛人也。六世祖敏,以永嘉丧乱,徙居广陵。父臧,梁天监初为著作郎。璠九岁而孤,少好读书,兼善文笔。年十七,为上黄侯萧晔所器重,后随晔在淮南。璠母在建康遘疾,即号泣戒道。母死,居丧毁瘠。及晔终于毗陵,故吏多分散,璠独奉丧还都,坟成乃退。梁简文时在东宫,遇晔素重,诸不送者,皆被劾责;唯璠独被优赏。解褐王国常侍,非其好也。会宜丰侯萧循出为北徐州刺史,即请为其轻车府主簿,兼记室参军,又领刑狱。循为梁州,除信武府记室参军,领南郑令;又板为中记室,补华阳太守。属侯景度江,梁室大乱,循以璠有才略,甚亲委之。循开府置佐史,以璠为咨议参军,仍领记室。梁元帝承制,授树功将军,镇西府咨议参军。赐书曰,"邓禹文学,尚或执戈;葛洪书生,且云破贼。前修无远,属望良深。"梁元帝寻又以循绍鄱阳之封,且为雍州刺史,复以璠为循平北府司马。及武陵王纪称制于蜀,以璠为中书侍郎,屡遣召璠,使者八返,乃至蜀,又以为黄门侍郎。令长史刘孝胜深布腹心,使工画陈平度河归汉图以遣之。璠苦求还,纪知必不为己用,乃厚其赠而遣之。纪于是遣使就拜循为益州刺史,封隋郡王,以璠为循府长史,加蜀郡太守。还至白马西,蜀达奚武军已至南郑,璠不得入城,遂降于武。太祖素闻其名,先诫武曰:勿使刘璠死也!故武先令璠赴阙。璠至,太祖见之如旧。太祖既纳萧循之降,又许其反国。循请与璠俱还。太祖不许,以璠为中外府记室。寻迁黄门侍郎,仪同三司。尝卧疾居家,对雪兴感,乃作雪赋(赋见本传)以遂志。初,萧循在汉中与萧纪笺及答国家书移襄阳文,皆璠之辞也。世宗初,授内史中大夫,掌纶诰。寻封平阳县子,邑九百户。在职简亮,不合于时,左迁同和郡守。陈公纯作镇陇右,引为总管府司录，甚敬礼之，天和三年卒，时年五十九。著《梁典》三十卷，有集二十卷。子祥，字休征，后以字行。初，璠所撰《梁典》始就，未及刊定而卒，临终谓休征曰，能成我志，其在此书乎？休征始定缮写，勒成一家，行于世。唐令狐德棻谓梁氏据有江东，五十余载，挟策纪事，勒成不朽者，非一家焉。刘璠学思通博，有著述之誉，虽传疑传信，颇有详略，而属辞比事，足为清典，盖近代之佳史欤？案《史通·古今正史篇》云："庐江何之元，沛国刘璠，以所闻见，究其始末，合撰《梁典》三十篇。"依刘子玄说，似《梁典》惟一种，系何刘合撰。观《周书·刘璠传》及唐人所征引，知子玄合撰之说非也。（《史通·杂说篇》自注引何之元《梁典》云云，则子玄所见《梁典》，何刘亦各自为书。今本《史通》"合撰"二字，疑"各撰"之误，盖各与合形近易讹也。）

何之元梁典三十卷

《隋书·经籍志》：《梁典》三十卷，陈始兴王咨议何之元撰。《史通》、《文选》注及《太平御览》等书，征引颇多，皆属零简，惟《陈书·何之元传》载其《梁典序》一篇，《文苑英华》载何之元《高祖事论》一篇，文独完整，足以觇其书之体例。其序云，记事之史，其流不一，编年之作，无若《春秋》，则鲁史之书，非帝皇之籍也。案三皇之简为三坟，五帝之策为五典，此典义所由生也。至乃《尚书》述唐帝为《尧典》、虞帝为《舜典》，斯又经文明据。是以典之为义久矣哉！若夫马《史》班《汉》，述帝称纪，自兹厥后，因相祖习。及陈寿所撰，名之曰志，总其三国，分路扬镳。唯何法盛《晋书》，变帝纪为帝典，既云师古，在理为优。故今之所作，称为梁典。梁有天下，自中大同以前，区寓宁宴。太清以后，寇盗交侵。首尾而言，未为尽美。故开此一书，分为六意；以高祖创基，因乎齐末，寻宗讨本，起自永元。今以前如干卷为追述。高祖生自布衣，长于弊俗，知风教之臧否，识民黎之情伪。爰逮君临，弘斯政术，四纪之内，实云殷阜。今以如干卷为太平。世不常夷，时无恒治，非自我后，仍属横流。今以如干卷为叙乱。洎高祖晏驾之年、太宗幽辱之岁，讴歌狱讼，向西陕不向东都。不庭之民，流逸之士，征伐礼乐，归世祖不归太宗。拨乱反正，厥庸斯在，治定功成，其勋有属，今以如干卷为世祖。至于四海困穷，五德升替，则敬皇绍立，仍以禅陈。今以如干卷为敬帝。骠骑王琳，崇立后嗣，虽不达天命，然是其忠节。今以如干卷为后嗣主。至在太宗，虽加美谥，而大宝之号，世所不遵，盖以拘于贼景故也。承圣纪历，自接太清，神笔诏书，非宜辄改，详之后论，盖有理焉。夫事有终始，人有业行，本末之间，颇宜诠叙。案臧荣绪称史无裁断，犹起居注耳！由此而言，实资详悉。又编年而举其岁次者，盖取分明而易寻也。若夫猃狁孔炽，鲠我中原，始自一君，终为二主，事有相涉，言成混漫。今以未分之前为北魏；既分之后，高氏所辅为东魏，宇文所挟为西魏，所以相分别也。重以盖彰殊体，繁省异文，其间损益，颇有凡例。观此，可以知何氏《梁典》命名之由、分篇之意。有后论以曲畅其旨，有凡例以包举其体。至其全书，尚有总论一篇。《文苑英华》所载《高祖事论》，文近二千言，目录称为高祖革命论。今观其文，通论梁代，非专论高祖，实仿干宝《晋纪总论》而作，严可均《全梁文》改为《梁典总论》，甚觉谛当。《陈书·何之元传》云，之元，庐江灊人也，幼好学，有才思。为梁司空袁昂所重，天监末，昂表荐之，因得召见。解褐梁太尉临川王扬州议曹从事史，寻转主簿。及昂为丹阳尹，辟为丹阳五官掾，总户曹事。寻除信义令。之元宗人敬容者，势位隆重，频相顾访，之元终不造焉，识者以是称之。会安西武陵王为益州刺史，以之元为安西刑狱参军。侯景之乱，武陵王以太尉承制，授南梁州长史，北巴西太守。武陵王自成都举兵东下，之元与蜀中民庶，抗表请无行。王以为沮众，囚之元于舰中。及武陵兵败，之元从邵陵太守刘恭之郡。俄而江陵陷，刘恭卒，王琳召为记室参军。梁敬帝册琳为司空，之元除司空府咨议参军，领记室。王琳之立萧庄也，署为中书侍郎。会齐文宣帝薨，令之元赴吊，还至寿春，而王琳败，齐主以为扬州别驾，所治即寿春也。及众军北伐，得淮南地，湘州刺史始兴王叔陵遣功曹史柳咸赍书召之元。之元遂随咸至湘州。太建八年，除中卫府功曹参军事，寻迁咨议参军。及叔陵诛，之元乃屏绝人事，锐精著述。以为梁氏肇自武皇，终于敬帝，其兴亡之运，盛衰之迹，足以垂鉴戒，定褒贬。究其始终，起齐永元元年，迄于王琳遇获，七十五年行事，草创为三十卷，号曰《梁典》。祯明三年，京城陷，乃移居常州之晋陵县。隋开皇十三年，卒于家。案之元《梁典总论》自谓官自有梁，备观成败。昔因出轴，流寓齐都。穷愁著书，窃慕虞子。则之元所著《梁典》，实始于寓齐之日。及叔陵之诛，乃始屏绝人事，卒成此书云。

蔡允恭后梁春秋十卷（附姚士粦后梁春秋二卷）

《唐书·经籍志》:《后梁春秋》十卷，蔡允恭撰。新《唐志》同。《唐书·文苑传》，蔡允恭，荆州江陵人也。祖点，梁尚书仪曹郎。父大业，后梁左民尚书。允恭有风采，善缀文，仕隋，历著作佐郎，起居舍人，雅善吟咏，炀帝属词赋，多令讽诵之。尝遣教宫女，允恭深以为耻，因称气疾，不时应召。炀帝又许授以内史舍人，更令入内教宫人，允恭固辞不就，以是稍被疏绝。江都之难，允恭从宇文化及西上，没于窦建德。及平东夏，太宗引为秦府参军，兼文学馆学士。贞观初，除太子洗马。寻致仕，卒于家。有集十卷，又撰《后梁春秋》十卷。案允恭父大业，伯父大宝，均官后梁，尊显用事。史称大宝有智谋达政事。文词赡速,国之章表书记教令诏册,并大宝专掌之。宣帝推心委任,以为谋主。时人以帝之有大宝犹刘先主之有孔明焉。大业有五子,允恭最知名。允恭虽仕隋及唐,然其眷念故国,缅怀家世,不无有黍离乔木之感。故其述《后梁春秋》特详。惜其书至宋已亡。明姚士粦重作《后梁春秋》二卷,不过存蔡书十之一二耳。清《四库全书总目》云,"《后梁春秋》二卷,明姚士粦撰。士粦所辑《陆氏易解》,已著录。是书用编年之法,采取史传,傍摭文集,因时表事,因事附人,排比具详"。然又谓其事不足取,故附之于存目,未免没作者之苦心。案姚士粦,字叔祥,海盐人,庠生。与胡震亨同学,以奥博相尚,搜罗秦汉以来遗文,撰《秘册汇函跋尾》,各为考据,具有原委。南祭酒冯梦祯校刻南北诸史,多出其手(节录,《海盐县志·文苑传》)。著有《蒙吉堂集》(见朱琰《明人诗钞续集》)、《西魏春秋》(见《四库全书存目·后梁春秋提要》及胡思敬《后梁春秋跋》)、《后梁春秋》(一为明万历丁未刻本,一为胡思敬问影楼刻本)。案后梁自岳阳王詧即皇帝位于江陵,改元大定,历三世,至后主广运二年,亡于隋,凡三十三年。而姚书起于梁武帝中大通三年夏六月封皇孙曲江公詧为岳阳王。追述前事占全书三之一,颇失断限云。

纪传类

谢昊梁书百卷

《隋书·经籍志》:《梁书》四十九卷,梁中书郎谢昊撰,本一百卷。《史通·正史篇》云,《梁书》,武帝时沈约与周兴嗣、鲍行卿、谢昊相承撰录，已有百篇，值承圣沦没，并从焚荡。案《梁书》百篇，沈约等四人相承撰录，明非同时并撰。盖武帝时，沈约先撰《梁书》，故约有《梁武纪》十四卷。天监十二年，约卒，周兴嗣在天监中，已佐撰国史，沈约卒，兴嗣相承撰录。普通二年，兴嗣卒，鲍行卿、谢昊相承撰录。史载鲍行卿事，皆在武帝时，官至步兵校尉，意其人盖在武帝时卒。惟谢昊之卒，似最在后。萧韶为《太清纪》，其诸议论，多昊为之，而又为元帝撰实录，明昊在梁末犹存。故此《梁书》百篇，虽席三家之业而作，然必为昊独力所完成，故后人著录此书独标谢名。犹姚察、姚思廉相承撰录《梁书》，而终为思廉所完成，故后人著录亦独标思廉名也。谢昊《梁书》，本百篇，刘子玄虽谓承圣沦没，并从焚荡，然《隋志》著录，尚存四十九卷。盖江陵陷时，元帝虽焚古今图书十四万卷，然仓猝乱离之际，岂无有收拾烬余，以作保存之计者？牛弘谓萧绎据有江陵，遣将破平侯景，收文德之书及公私典籍，悉送荆州。及周师入郢，绎悉焚之于外城，所收十才一二（《隋书·牛弘传》），故梁武帝集四十卷，简文集九十卷，各止一本，江陵平后，并藏秘阁（《周书·萧大圜传》）。可见当时焚余之书，或辇归关中，或散出民间。陈天嘉中，更加搜集，遂多残缺（《隋书·经籍志序》）。其后南北秘藏，皆会萃于隋，故《隋书·经籍志》所载，梁有而当时无者，已归焚毁；梁有全书而当时已残缺者，必大都为焚余残籍，谢昊《梁书》四十九卷盖亦为焚余残籍耳。抑承圣沦没之后，昊更有所撰集欤？《梁书》无昊传，疑不能明也。此书藏于中秘，刘子玄未得见，故云并从焚荡。至唐志有谢昊、姚察《梁书》三十四卷，昊与姚察合著。此则《唐志》有误，章宗源已辨之矣。

萧欣梁史百卷

《周书·萧詧传》：萧欣，梁武帝弟安成康王秀之孙，炀王机之子也。幼聪警,博综坟籍,善属文。詧践位,以欣袭机封。历侍中、中书令、尚书仆射、尚书令。岿之二十三年,卒。赠司空。欣与柳信言,当岿之世,俱为一时文宗。有集三十卷,又著梁史百卷,遭乱失本。案梁武帝好文史学,其子弟皆化之,武帝造《通史》,躬制赞序,凡六百卷(《梁书·武帝纪》)。尝从容谓萧子显曰:我造《通史》,此书若成,众史可废(《梁书·萧子显传》)。虽皆成于众手,然创造规模,特为宏远。其子简文帝,著昭明太子传五卷,诸王传三十卷(《梁书·简文帝纪》)。孙方等,著三十国春秋三十一卷(《南史·梁宗室传》)。而萧韶之《梁太清纪》,萧圆肃之《淮海乱离志》,萧大圜之《梁旧事》,萧欣之《梁史》,皆身丁丧乱,哀思宗国,尤觉沉痛而有味。惜乎其书皆亡,不能见其梗概。不然,以萧欣之一时文宗,造为梁史,必可与萧子显《齐书》媲美矣。

许亨梁史五十三卷

《隋书·经籍志》:《梁史》五十三卷,陈领军大著作郎许亨撰。《陈书·许亨传》:亨,字亨道,高阳新城人。晋征士询之六世孙也。父懋,梁始平天门二郡太守,太子中庶子,散骑常侍。以学艺闻,撰《毛诗风雅比兴义类》十五卷,《述行记》四卷。亨少传家业,孤介有节行。博通群书,多识前代旧事,甚为南阳刘之遴所重,解褐梁安东王行参军,兼太学博士。寻除平西府记室参军。太清初,为征西中记室,兼太常丞。侯景之乱,避地郢州。会梁邵陵王自东道至,引为咨议参军。王僧辩之袭郢州也,素闻其名,召为仪同从事中郎。迁太尉从事中郎,与吴兴沈炯,对掌书记,府朝政务一以委焉,晋安王承制,授给事黄门侍郎。高祖受禅,授中散大夫,领羽林监。迁太中大夫,领大著作,知梁史事。光大初,高宗入辅,以亨贞正有古人风,甚相钦重,常以师礼事之。及到仲举之谋出高宗也,毛喜知其诈，高宗问亨，亨劝勿奉诏。高宗即位，拜卫尉卿。太建二年，卒，时年五十四。初撰《齐书》并志五十卷，遇乱失亡，后撰《梁史》，成者五十八卷。梁太清之后，所制文笔六卷。子善心，早知名。案善心继述父志，续成《梁书》。其《序传》谓其父所作《梁书》纪传，随事勒成，及阙而未就者，目录注为一百八卷。梁室交丧，所撰之书，一时亡散。有陈初建，诏为史官，依旧目录更加修撰，且成百卷。已有六帙五十八卷，上秘阁讫（见《隋书·许善心传》）。然则许亨《梁书》原定目录一百八卷，且成百卷，其中五十八卷，已上秘阁。《隋志》所载五十三卷，盖系五十八卷之误，即此本也。其余四十二卷稿本或未缮正，存于家。五十八卷虽已上之秘阁，其原稿亦必存于家也。

许善心梁书七十卷

《隋书·许善心传》：初，善心父撰著梁史，未就而殁。善心述成父志，修续家书。其《序传》末述制作之意曰，先君昔在前代，早怀述作，凡撰《齐书》为五十卷，《梁书》纪传，随事勒成，及阙而未就者，目录注为一百八卷。梁室交丧，坟籍销尽，冢壁皆残，不准无所盗；帷囊同毁，陈农何以求？秦儒既坑，先王之道将坠，汉臣徒请，口授之文亦绝。所撰之书，一时亡散。有陈初建，诏为史官，补阙拾遗，心识口诵，依旧目录更加修撰，且成百卷。已有六帙五十八卷，上秘阁讫。善心早婴荼蓼，弗荷薪构。太建之末，频抗表闻。至德之初，蒙授史任。方愿油素采访，门庭记录，俯励弱才，仰成先志。而单宗少强近，虚室类原、颜，退屏无所交游，栖迟不求进益，假班嗣之书，徒闻其语，给王隐之笔，未见其人。加以庸琐凉能，孤陋末学，忝职郎署，兼撰陈史，致此书延时，未即成续。祯明二年，以台郎入聘，值本邑沦覆，佗乡播迁，行人失时，将命不复，望都亭而长恸，迁别馆而悬壶，家史旧书，在后焚荡。今止有六十八卷在，（《北史·许善心传》作今止有六卷获存。案许亨《梁史》原稿，且成百卷。五十八卷，已上秘阁。其家必有副本原稿。焚荡之余，殆合秘阁所藏，尚存六十八卷，故下文云，入京随见补葺也。北史所云六卷，殆本作六十八卷而脱十八二字耳。）又并缺落失次。自入京已来，随见补葺，略成七十卷。四帝纪八卷，后妃一卷（章宗源云，后妃次帝纪下、太子录上，序不言其名，未知是纪是录）。三太子录一卷，为一帙十卷。宗室王侯列传，一帙十卷。具臣列传，二帙二十卷。外戚传一卷，孝德传一卷，诚臣传一卷，文苑传二卷，儒林传二卷，逸民传一卷，数术传一卷，藩臣传一卷，合一帙十卷。止足传一卷，列女传一卷，权幸传一卷，羯贼传二卷，逆臣传二卷，叛臣传二卷，叙传论述一卷，合一帙十卷。凡称史臣者，皆先君所言，下称名案者，并善心补阙。别为叙论一篇，托于叙传之末。又本传云，善心，字务本。九岁而孤，为母范氏所鞠养。幼聪明有思理，所闻辄能诵记，家有旧书万余卷，皆遍通涉，起家除新安王法曹。太子詹事江总举秀才，对策高第，授度支郎中。转侍郎，补撰史学士，祯明二年，加通直散骑常侍，聘于隋，遇高祖伐陈，礼成而不获反命，留絷宾馆。及陈亡，高祖诏就馆拜通直散骑常侍，敕以本官直门下省。从幸太山，还，授虞部侍郎。十六年，有神雀降于含章闼，制神雀颂（颂见本传）奏之，高祖甚悦。除秘书丞，于时秘藏图籍，尚多淆乱。善心放阮孝绪《七录》，更制《七林》，各为总序冠于篇首。又于部录之下，明作者之意，区分其类例焉。又奏追李文博、陆从典等学者十许人，正定经史错谬。仁寿元年，摄黄门侍郎。二年，加摄太常少卿，与牛弘等议定礼乐，秘书丞、黄门并如故。四年，留守京师。高祖崩于仁寿宫，炀帝秘丧不发，先易留守官人，出除岩州刺史，逢汉王谅反，不之官。大业元年，转礼部侍郎，奏荐儒者徐文远为国子博士，包恺、陆德明、褚徽、鲁世达之辈，并加品秩，授为学官。左卫大将军宇文述谮善心，左迁给事郎。四年，撰《方物志》奏之。七年，从至涿郡，上封事，忤旨，免官。其年，复征为守给事郎。九年，摄左翊卫长史。从度辽，授建节尉。帝尝言及高祖受命之符，因问鬼神之事，敕善心与崔祖濬撰《灵异记》十卷。（案善心述成父志，修续《梁史》七十卷，本传载于此年。）十年，又从至怀远镇，加授朝散大夫。突厥围雁门，摄左亲卫武贲郎将，领江南兵，宿卫殿省。驾幸江都郡，授通议大夫，行给事郎。十四年，化及弑逆之日，隋官尽诣朝堂谒贺，善心独不至。化及遣人就宅执至朝堂，旋令释之，善心不舞蹈而出，化及目送之，因遂害之，时年六十一。及越王称制，赠左光禄大夫，高阳县公，谥曰文节。案梁史在陈时已有杜之伟（《陈书·杜之伟传》：敕撰梁史）、顾野王（《陈书·顾野王传》：领大著作，知梁史事）、许亨、姚察等修撰，至德初，亨子善心初授史任，兼撰梁陈二史，入隋始续成《梁史》七十卷。姚察入隋，为秘书丞，别敕成梁陈二史，未成而卒。大业初，虞世基奏举其子思廉补续。唐武德五年，敕崔善为、孔绍安、萧德言修梁史，绵历数载，不就而罢。贞观三年，仍敕思廉修梁史，乃成五十六卷。然则自陈及唐，修梁史者虽多，皆未成就。惟许姚二家，父子相继，乃各成书，惜乎姚书传而许书不传也。

姚思廉梁书五十六卷（附吴兢梁书十卷）

姚思廉《梁书》五十六卷，今存。《唐书·经籍志》及《姚思廉传》均云五十卷，盖误脱六字。《新唐志》及《史通·正史篇》所载卷数，与今本同。《梁史》作者虽多，存者惟有姚书，尤宜详加考核，以知其源流得失，兹先考思廉之事迹及其作史之年代，而后推论其所本而著其所缺。《旧唐书・姚思廉传》云：思廉字简之（《新唐书》云思廉本名简，以字行），雍州万年人。父察，陈吏部尚书，陈亡，察自吴兴始迁关中（《新书》云，陈亡，察自吴兴迁京兆，遂为万年人）。思廉少受汉史于其父，能尽传家业。勤学寡欲，未尝言及家人产业。在陈，为扬州主簿。入隋为汉王府参军。丁父忧，解职。初，察在陈尝修梁陈二史，未就，临终，令思廉续成其志，丁继母忧，庐于墓侧，毁瘠加人。服阕补河间郡司法书佐。思廉上表陈父遗言，有诏许其续成梁陈史（《陈书・姚察传》末云：思廉在陈，为衡阳王府法曹参军，转会稽王主簿。入隋补汉王府行参军，掌记室。寻除河间郡司法。大业初，内史侍郎虞世基奏思廉踵成梁陈二代史，自尔以来稍就补续），炀帝又令与起居舍人崔祖濬修区宇图志。后为代王侑侍读，会义师克京城，侑府寮奔骇，唯思廉侍王，不离其侧。兵将升殿，思廉厉声谓曰，唐公举义，本匡王室，卿等不宜无礼于王。众服其言，于是布列阶下。高祖闻而义之，许其扶侑至顺阳阁下，泣拜而去。观者咸叹曰：仁者有勇，此之谓乎？高祖受禅，授秦王文学。后太宗征徐圆朗，思廉时在洛阳，太宗尝从容言及隋亡之事，慨然叹曰，姚思廉不惧兵刃，以明大节，求诸古人，亦何以加也？因寄物三百段以遗之。寻引为文学馆学士。太宗入春宫，迁太子洗马。贞观初，迁著作郎，弘文馆学士，写其形像，列于十八学士图。令文学褚亮为之赞曰：志苦精勤，纪言实录，临危殉义，余风厉俗。三年，又受诏与秘书监魏徵同撰梁陈二史。思廉又采谢昊等诸家梁史，续成父书；并推究陈事，删益傅縡、顾野王所修旧史。撰成《梁书》五十卷，《陈书》三十卷。魏徵虽裁其总论，其编次笔削，皆思廉之功也。赐彩绢五百段，加通直散骑常侍。思廉以藩邸之旧，深被礼遇，政有得失，常遣密奏之，思廉亦直言无隐。九年，拜散骑常侍，赐爵丰城县男。十一年，卒，赠太常卿，谥曰康，赐葬地于昭陵。

姚思廉之补撰梁陈二史，当起于隋大业二年。《陈书·姚察传》云，察所撰梁陈史，虽未毕功，隋文帝开皇之时，遣内史舍人虞世基索本，且进上，今在内殿。大业二年，察终于东都。内史侍郎虞世基奏思廉踵成梁陈二代史，自尔以来，稍就补续。《唐书》本传亦言，思廉上表陈父遗言，有诏许其续成梁陈史。此姚思廉第一期续修梁陈二史之事实也（起隋大业二年，至唐武德五年，约十六年）。《唐会要》云：武德四年十一月令狐德棻言于高祖曰，近代已来，多无正史，梁陈及齐，犹有文籍，至于周隋，多有遗阙。当今耳目犹接，尚有可凭，如更十数年后，恐事迹湮没，无可纪录。至五年十二月二十六日，诏中书令萧瑀、给事中王敬业、著作郎殷闻礼修魏史，侍中陈叔达、秘书丞令狐德棻、太史令庾俭修周史；中书令封德彝、中书舍人颜师古修隋史；大理卿崔善为、中书舍人孔绍安、太子洗马萧德言修梁史；太子詹事裴矩、吏部郎中祖孝孙、前秘书丞魏徵修齐史；秘书监窦琎、给事中欧阳询、秦王府文学姚思廉修陈史，绵历数载，竟不就而罢。此姚思廉第二期续修陈史之事实也（起武德六年，至贞观三年，约七年，时崔善为、孔绍安、萧德言所修梁史亦必略有成绩）。又云：贞观三年，于中书置秘书内省，以修五代史（时罢修魏史）。贞观十年正月二十日，尚书左仆射房玄龄，侍中魏徵，散骑常侍姚思廉，太子右庶子李百药、孔颖达，礼部侍郎令狐德棻，中书侍郎岑文本，中书舍人许敬宗等，撰成周隋梁陈齐五代史，上之。《旧唐书·魏征传》：初，有诏遣令狐德棻、岑文本撰周史，孔颖达、许敬宗撰隋史，姚思廉撰梁陈史，李百药撰齐史。徵受诏总加撰定，多所损益，务成简正。隋史序论，皆徵所作，梁、陈、齐各为总论,时称良史。此姚思廉第三期续修梁陈二史之事实也(起贞观三年,至贞观十年,约七年)。综观思廉所撰梁陈二史,前后约三十年。而其父察在陈太建末已知撰梁史,迄于祯明三年陈亡之时,约八年。隋开皇九年(即陈祯明三年),敕成梁陈二史(《陈书·姚察传》)。迄于大业二年察终于东都,约十七年。察所撰梁陈二史,前后约二十五年,是其父子撰成梁陈二史,合约五十五年,可谓专且久矣。

姚思廉《梁书》,大半本其父所作,《陈书·姚察传》云:梁陈二史本多是察之所撰,其中序论及纪传有所阙者,临亡之时,仍以体例诫约子思廉,博访撰续。兹将《梁书》各篇之末标名不同者,分二列如下,以便参稽。

《梁书》五十六卷五十三篇。兹以篇末称"陈吏部尚书姚察"者二十五篇二十六卷,及第三十三卷一篇称"史官陈吏部尚书姚察"者,编为左列。而以篇末称"史臣"者二十七篇二十九卷,编为右列。

左列	右列
卷八(昭明等三太子传)	卷一(武纪上)
卷九(王曹柳传)	卷二(武纪中)
卷十(萧蔡杨邓夏侯传)	卷三(武纪下)
卷十一(张庾郑吕传)	卷四(简文纪)
卷十二(柳席韦传)	卷五(元纪)
卷十三(范云沈约传)	卷六(敬纪)
卷十四(江淹任昉传)	卷七(皇后传)
卷十五(谢朏传)	卷二十(刘季连陈伯之传)
卷十六(王亮张稷王莹传)	卷二十一(六王张柳蔡江传)

卷十七(王马张传)	卷二十二(太祖五王传)
卷十八(张冯康昌传)	卷二十三(长沙等四嗣王传)
卷十九(宗夬刘坦乐蔼传)	卷二十四(萧景传)
卷二十八五(周舍徐勉传)	卷二十六(范传萧陆传)
卷二十七(二陆到明殷传)	卷二十八(裴韦夏侯传)
卷三十(裴子野顾协徐摛鲍泉传)	
卷三十三(二王张刘传)	卷二十九(高祖三王传)
卷三十四(张缅传)	卷三十一(袁昂传)
卷三十五(萧子恪传)	卷三十二(陈庆之兰钦传)
卷三十七(谢举何敬容传)	卷三十六(孔休源江革传)
卷三十八(朱异贺琛传)	卷三十九(王杨三元二羊传)
卷四十(二刘司马到许传)	卷四十一(王褚萧刘殷传)
卷四十二(臧盾傅岐传)	卷四十三(韦江张沈柳传)
卷四十八(儒林传)	卷四十四(太宗十一王世祖二子传)
卷四十九(文学传上)	卷四十五(王僧辩传)
卷五十(文学传下)	卷四十六(胡徐杜阴传)
卷五十一(处士传)	卷四十七(孝行传)
卷五十三(良吏传)	卷五十二(止足传)
	卷五十四(诸夷传)
	卷五十五(豫章武陵临贺河东四王传)
	卷五十六(侯景传)

左列题姚察者二十七卷，疑察已成之稿，思廉或稍有增损耳。右列二十九卷，疑思廉所补，然亦间有察未成之稿，如《隋志》所列

姚察《梁书》帝纪七卷,思廉或稍节省以成《帝纪》六卷耳。综观察之所作二十六篇,大都关于梁之元勋宰执,及优于文学政事之人。梁之一代英华,已荟萃于此。思廉所补,除帝后纪传外,大抵多皇族及武臣客卿诸夷等传,惟袁昂、王僧辩二传,较有重大关系。此其大概也。

赵翼《廿二史劄记》有"《梁书》悉据国史立传"一条,其言曰:《梁书》本姚察所撰,而其子思廉续成之。今细阅全书,知察又本之梁之国史也,各列传必先叙其历官,而后载其事实,末又载饬终之诏,此国史体例也。有美必书,有恶必为之讳,如昭明太子以其母丁贵嫔薨,武帝葬贵嫔地,不利于长子。昭明听墓工言,埋蜡鹅等物以厌之。后事发,昭明以忧惧而死(事见《南史》及《通鉴》),而本传不载。临川王宏统军北伐,畏魏兵不敢进,军政不和,遂大溃,弃甲投戈填满山谷,丧失十之八九。此为梁朝第一败衄之事(见《南史》及《通鉴》),而本传但云征役久,有诏班师,遂退还,绝无一字及溃败之迹。他如郗皇后之妒,徐妃之失德,永兴公主之淫逆,一切不载。可见国史本讳而不书,察遂仍其旧也。其尤显然可据者,简文诸子,大器、大心、大临、大连、大春、大雅、大庄、大钧、大威、大球、大昕、大挚外,尚有大款、大成、大封、大训、大圜,而俱无传。元帝诸子方矩、方等、方诸外,尚有方略,亦无传。《梁书》谓其余诸子,本书不载,故缺之。所谓"本书"者,即梁朝国史也。昭明有五子,豫章王欢、河东王誉、岳阳王詧、武昌王警、义阳王鉴。武帝以昭明薨,不立其子继统,故各封大郡,以慰其心。今《梁书》欢等皆无传,惟誉有传,而与武陵王纪同卷,此必元帝时国史,纪与誉皆称兵抗元帝者,故同入于叛逆内也。豫章王欢有子栋,为侯景所立,建号改元,未几禅位于景。景败,元帝使人杀之。此亦当时一大事，而《梁书》无传。贞阳侯明陷于齐，齐人立之，入主梁事，为陈霸先所废。齐人征还，死于途，追谥曰闵皇帝。又方等有子曰庄，敬帝时，为质于齐，陈霸先将篡，王琳请于齐，以庄为帝，即位于郢州。后兵败，仍入齐封梁王。此亦皆梁末余裔之当传者，而《梁书》亦无传。（赵翼《陔余丛考》卷七亦云，昭明之子詧，称帝于江陵，历三世，共三十三年。纵不便附于本纪后，何妨别立一传，著其兴亡。乃竟略不叙及，并《昭明传》中亦不载其名，此独非萧梁子孙耶？）王琳当梁陈革命之后，犹尽心萧氏，崎岖百战，卒以死殉，此尤梁室第一忠臣，所必当传者，而《梁书》亦无之，盖当敬帝时，王室多故，不暇立史馆，入陈以后，又莫有记之者，故无国史可据，而《梁书》亦遂不为立传，尤可见《梁书》悉本国史，国史所有，则传之，所无，则缺之也。《南史》增十数传，其有功于梁史多矣。案赵氏此论，颇有未尽然者。谓姚察《梁书》，本之梁之国史，且有元帝时国史明证。考察在梁元帝时，本为佐著作，撰史。则梁之国史，本有为察所撰者，元帝时国史尤多为察之所撰，故谓察书本梁国史，不如谓察书多本其自撰之国史旧稿。入陈以后，知撰梁史，对于国史旧稿，自必有所增减，惟既仕元帝，虽旧日不为史官，其修梁史，自不免美书恶讳。李延寿北人，其撰《南史》，所书梁事，自无所容其讳饰，故以讳饰即谓本之国史，甚非探本之论。且史之要道，在能纪载社会重要之变迁，不以纪载个人琐碎之善恶为能事，略去个人秽迹小疵，本非史之大病。观乎察之《梁书》，其既成之二十六篇，实皆为梁代最重要之史事，察之宏识孤怀似亦有足多者，赵氏所论各事，惟《昭明太子传》为察所已成之稿，其余各事，皆在思廉补撰之内。其去取体例，虽为察之所定，然察所撰《梁书》帝纪七卷，思廉减为六卷，是亦有所变易。况唐修五代史时，魏徵受诏，总加撰定，多所损益（见

《唐书·魏徵传》)。令狐德棻修周史,又总知类会梁陈齐隋各史(见《唐书·令狐德棻传》)。则《梁书》中应载各事,因同时会修各史,其已详于他史者,则《梁书》略之。其变更察之旧例,自必不免。故谓察之《梁书》悉本国史,国史所有则传之,所无则缺之,实非确论。赵氏罗列各事,皆见于陈齐周三史之中,正犹《梁书》无志,因皆见于五代史志中(梁陈齐周隋五代合撰一志,附于《隋书》之末。今误称为隋志,即是书),故谓《梁书》体例不完,事实不备则可。谓因国史所无而缺,则不可也。且元帝在简文之时,尚承武帝太清年号,不奉简文大宝正朔,以简文为侯景所挟,正犹豫章王欢之子栋为侯景所立,虽建号改元,皆不为元帝所承认。故元帝之国史,不特栋无本纪,即简文帝恐亦无本纪也。何之元《梁典》,不以简文正朔编年,其序谓承圣纪历,自接太清,神笔诏书,非宜辄改。太宗虽加美谥,而大宝之号,世所不遵,盖以拘于贼景故也。此其明证矣。而今本《梁书》有《简文帝本纪》者,以察曾受简文知遇,且其本为太子,故为之立本纪。是不因元帝时之国史明矣。况梁之国史,江陵一炬,其存在与否,尚不可知。惟自陈迄唐,私家著述之梁代史书,如本书所罗列者尚多,姚氏父子,岂一概不见,而惟国史是据乎?思廉本传明谓采谢炅诸家梁史,续成父书,其不全凭国史可知。敬帝时虽不暇立史馆,王琳之事,国史无征,然谓入陈以后,又莫有记之者,则又不然。何之元《梁典》,唐初尚存,其自序云"骠骑王琳,崇立后嗣,虽不达天命,然是其忠节,今以如干卷为后嗣主",则王琳立庄为帝,即位于郢州,有专篇纪载矣。且《天启纪》十卷,专载王琳立庄事。存于唐初,载在隋志,然则《梁书》不载王琳事,自为当时史例所限,非为国史无传、后人莫记而缺之也。总之,姚氏父子,撰述《梁书》,相承五十五年,编成五十六卷,当时所凭,公私记载，以今所知，尚有二十余种。加以梁代政典文集，其时存者，尚有数十种。史材丰富，而所成《梁书》，粗疏漏略如是，诚为遗憾。以今日十不存一之梁代群籍，会萃而观，可以补辑重要史材，尚且不鲜，则洵乎梁史之宜重编不容缓矣。

姚思廉《梁书》既成之后，吴兢又撰《梁书》十卷。《唐书·吴兢传》云，吴兢，汴州浚仪人，博通经史，魏元忠朱敬则深器重之，及居相辅，荐兢有史才，堪居近侍，因令直史馆，修国史。神龙中，迁右补阙，与刘子玄、韦承庆、崔融撰《则天实录》成，转起居郎。丁忧还乡里。开元三年，疏言：臣修史已成数十卷，自停职还家，匪忘纸扎，乞终余功。乃拜谏议大夫，依前修史。俄兼修文馆学士，历卫尉少卿，右庶子。居职殆三十年，叙事简要，人用称之。末年伤于太简。国史未成，十七年，出为荆州司马，制许以史稿自随。中书令萧嵩监修国史，奏取兢所撰国史，得六十五卷。累迁台洪饶蕲四州刺史，迁相州长垣县子。天宝初，改官名为邺郡太守。入为恒王傅。兢尝以梁陈齐周隋五代史繁杂，乃别撰梁齐周史各十卷，陈史五卷，隋史二十卷，又伤疏略。天宝八年，卒于家，时年八十。兢家聚书颇多，尝目录其卷第，号《吴氏西斋书目》。案《唐书·艺文志》吴兢所撰梁陈齐周隋史，卷数与本传相合。又撰《唐书》一百卷，《唐春秋》三十卷，《太宗勋史》一卷，《贞观政要》十卷。今诸史皆亡，惟《贞观政要》存。

十二年三月十日续成

（原载《国立北京大学国学季刊》第一卷
第一、二期，一九二三年）

十六国旧史考

一　前赵

《汉赵记》十卷，前赵和苞撰。

《隋书·经籍志》：《汉赵记》十卷，和苞撰。案《史通·史官篇》：伪汉嘉平初，公师彧以太中大夫领左国史，撰其国君臣纪传。又《正史篇》：前赵刘聪时，领左国史公师彧撰高祖本纪及功臣传二十人，甚得良史之体。凌修谮其讪谤先帝，聪怒而诛之。刘曜时，平舆子和苞撰《汉赵记》十篇，事止当年，不终曜灭。《晋书·刘曜载记》：曜命起酆明馆，立西宫，建凌霄台，又将营寿陵，侍中和苞上书谏，曜大悦，封苞平舆子，领谏议大夫。汤球辑和苞《汉赵记》十条中，称曜为今上、粲为太子，与《史通》所谓"事止当年，不终曜灭"说合。

二　后赵

上党国记　后赵佐明楷、程机撰。

大将军起居注　后赵傅彪、贾蒲、江轨撰。

大单于志　后赵石泰、石同、石谦、孔隆撰。

赵书十卷　后燕田融撰。

二石传二卷　晋王度撰。

二石伪治时事二卷　晋王度撰。

《晋书·石勒载记》:赵王元年,命记室佐明楷、程机撰《上党国记》,中大夫傅彪、贾蒲、江轨撰《大将军起居注》。参军石泰、石同、石谦、孔隆撰《大单于志》。《隋书·经籍志》:《赵书》十卷。(《唐书·经籍志》作《赵石记》二十卷,入编年类。)注云:一曰《二石集》,记石勒事,伪燕太傅长史田融撰。(案《史通·杂说篇》自注:田融《赵史》谓勒为前石,虎为后石。此处石勒下疑脱石虎二字。)《二石传》二卷,晋北中郎参军王度撰。《二石伪治时事》二卷,王度撰。(《晋书·佛图澄传》王度为石虎著作郎,疑后归晋,故隋志称为晋北中郎参军,且于二石称伪也。)案《史通·正史篇》:后赵石勒命其臣徐光、(《十六国春秋·后赵录》:徐光,字季武,顿邱人,好学有文才,勒署为参军,迁为中书令,领秘书监。及勒薨,虎命收程遐、徐光下廷尉,囚光于襄国诏狱。光在狱中,注解经史十余万言。)宗历、傅畅、(《晋书·傅玄傳》:畅子世道没于石勒,勒以为大将军右司马,谙识朝仪,恒居机密,勒甚重之。作《晋诸公叙赞》二十二卷,又为《公卿故事》九卷。咸和五年卒。案时为勒建平元年,初称帝。《后赵录三》,赵王元年,署傅畅领经学祭酒。)郑愔等撰《上党国记》、《起居注》、《赵书》。其后又令王兰、陈晏、程阴、徐机相次撰述。至石虎并令刊削,使勒功业不传。其后燕太傅长史田融,宋(案宋疑晋字之误。)尚书库部郭仲产,(案《隋志》:《湘州记》一卷,郭仲彦撰。此郭仲产疑即郭仲彦之误。)北中郎参军王度追撰二石事,集为《邺都记》、《赵记》等书。案《史通》所言《上党国记》、《起居注》、《赵书》撰人姓名,与《晋书·石勒载记》及《隋书·经籍志》皆不相合,未知何据。且《史通·忤时篇》又云:刘石僭号,方策委于和、张。考刘氏之史,成于和苞,石氏之史,委于张某。此亦异闻。《隋志·地理类》有《邺中记》二卷,晋国子助教陆翙撰。《赵记》十卷,不著撰人。与《史通》所言《邺都记》、《赵记》撰者,又各不同。岂《史通》别有所据欤?(《唐书·经籍志》:《二石伪事》六卷,王度、随翙等撰。文廷式《补晋书艺文志》谓随翙疑陆翙之误,其说是也。丁国钧《补晋书艺文志》谓隋志有王度《二石伪治时事》二卷,应即此书,云六卷者,殆四卷为随氏书也。案丁说误矣,随翙为陆翙之误,陆翙撰《邺中记》二卷,王度撰《二石传》二卷、《二石伪治时事》二卷,唐志之《二石伪事》六卷,盖合王陆二家三书而成者也。)《晋书·韦謏传》:謏事于刘曜,为黄门郎。后又入石季龙,署为散骑常侍。历守七郡。又征为廷尉。前后四登九列,六在尚书,二为侍中,再为太子太傅,封京兆公,凡所述作及集记世事数十万言。据此,则韦謏亦必集记赵史也。又有吴笃《赵书》,记石勒事。见《太平御览》八百二十引。

三　前燕

前燕起居注

燕纪　燕杜辅撰

燕书二十卷　后燕范亨等撰

《隋书·经籍志》:《燕书》二十卷,记慕容儁事,伪燕尚书范亨撰。(《唐书·经籍志》入编年类。《魏书·翟浩传》:神䴥二年,诏集诸文人撰录,浩及弟览、高谠、邓颖、晁继、范亨、黄辅等共参著作,叙成国书三十卷。据此,则范亨亦终仕魏也。)案《史通·正史篇》云:前燕有起居注,杜辅全录以为《燕记》。后燕建兴元年,董统草创后书三十卷。其后申秀、范亨各取前后二燕合成一史。据此,则《隋志》所列《燕书》二十卷,乃申秀、范亨二人共撰。所记亦非专为慕容嶲事,乃前后燕二代之史也。考《太平御览》及《通鉴考异》引范亨《燕书》,有《高祖武宣皇帝纪》(慕容廆)、《太祖文明皇帝纪》(慕容皝)、《烈祖景昭皇帝纪》(慕容儁)、《少帝纪》(慕容暐),是为前燕。《世祖成武皇帝纪》(慕容垂)、《献庄皇帝纪》(慕容全。全或作令。)、《烈宗惠愍皇帝纪》(慕容宝)、《中宗昭武皇帝纪》(慕容盛)、《昭文皇帝纪》(慕容熙),是为后燕。据此,则范亨《燕书》,是合前后燕合成一史明矣。

四　后燕

后燕书三十卷　后燕董统撰

《史通·正史篇》:后燕建兴元年,董统受诏,草创后书,著本纪并佐命功臣王公列传,合三十卷。慕容垂称其叙事富赡,足成一家言。但褒述过美,有惭董史之直。《史通·直书篇》亦云:董统燕史,持谄媚以取容。然则刘知几尚见此书也。

五　南燕

南燕起居注一卷　南燕王景晖撰

南燕录六卷　北燕王景晖撰

南燕录五卷　南燕张诠撰

南燕书七卷　游览先生撰

《隋书·经籍志》:《南燕起居注》一卷,不著撰人名氏。又《南燕录》六卷。(《旧唐志》入编年类。)注云:记慕容德事,伪燕中书郎王景晖撰。案《十六国春秋·南燕录一》:刘藻自姚兴而至,兴太史令高鲁遣其甥王景晖,随藻送玉玺一纽并图谶秘文。又《南燕录五》,有中书侍郎王景晖。考《史通·正史篇》,南燕有赵郡王景晖,尝事德、超,撰二主起居注。超亡,仕于冯氏(北燕冯跋),官至中书令,仍撰《南燕录》六卷。据此,则《隋志》之《南燕起居注》,亦王景晖所撰。而《南燕录》六卷,实成于北燕,记慕容德、慕容超二代事。《隋志》专云记慕容德事,未为核实。所称伪燕中书郎王景晖,伪燕系指北燕;中书郎乃中书令之误。《隋志》又有《南燕录》五卷,注云:记慕容德事,伪燕尚书郎张诠撰。(两《唐志》作张诠《南燕书》十卷)。《南燕书》七卷,游览先生撰。

六　北燕

燕志十卷　后魏韩显宗撰

《隋书·经籍志》:《燕志》十卷。注云:记冯跋事,魏侍中高闾撰。《史通·正史篇》则云:韩显宗记冯氏。考《魏书·韩麒麟传》:麒麟,昌黎棘城人,子显宗,撰《冯氏燕志》《孝友传》各十卷。而《高闾传》则不书撰《燕志》。浦起龙《史通注》,谓显宗与闾合撰,亦无确证。案:北燕都龙城,昌黎尹即在龙城,其属县有棘城。然则韩氏家在北燕京畿,其撰《燕志》,亦具有故国之思。《隋志》不称《韩氏燕志》,而称《高氏燕志》者,姚振宗《隋书经籍志考证》谓《魏书·韩麒麟传》高祖谓显宗曰:见卿所撰《燕志》,大胜比来之文,然著述之功,我所不见,当访之监令。是显宗撰是书,高闾监其事。本志以监令者为主,故归之高闾,《史通》纪实,故称显宗。其说亦可通。

七 前秦

秦书八卷　秦何仲熙撰

秦书三卷　秦车频撰

秦记十一卷　宋裴景仁撰,梁席惠民注

苻朝杂记　后燕田融撰

《隋书·经籍志》:《秦书》八卷,何仲熙撰,记苻健事。《秦记》十一卷,宋殿中将军裴景仁撰,梁雍州主簿席惠民注。《宋书·沈昙庆传》:大明元年,昙庆为徐州刺史,时殿中员外将军裴景仁,助戍彭城,本伧人,多悉戎荒事。昙庆使撰《秦记》十卷,叙苻氏僭伪本末,其书传于世。《旧唐志》席惠民作杜惠民,入编年类。《新唐志》亦作杜。考前秦史官亦有著作郎、著作佐郎,且有起居注。《通鉴》一百二:秦王坚入邺,释梁琛,除中书著作郎。又一百三:秦以北平阳陟、田勰、阳瑶为著作佐郎。《十六国春秋·前秦录》:苻坚甘露十七年八月,坚收起居注及著作所录而观之。初,坚母少寡,将军李威有辟阳之宠,史官载之。坚见苟太后李威之事,惭怒,乃焚其书,而大检史官,将加其罪,著作郎赵渊、车敬已死,乃止。著作郎董朏虽皆书时事,然十不留一。(亦略见《晋书·苻坚载记》。)《史通·正史篇》:前秦史官初有赵渊、车敬、梁熙、韦谭,相继著述。苻坚尝取观之,见苟太后幸李威事,怒而焚灭其本。其后著作郎董谊(案即董朏,或作斐。《史通》作谊,盖误。)追录旧语,十不一存。及宋武帝入关,曾访秦国事。又命梁州刺史吉翰问诸仇池,并无所获。先是,秦秘书郎赵整修撰国史。值秦灭。隐于商洛山。著书不辍。有冯翊车频助其经始。整卒,翰乃启频纂成是书。以元嘉九年起,至二十八年方罢。定为三卷。(姚振宗《隋志考证》疑是三十卷之讹。)而年月失次,首尾不伦。河东裴景仁又正其讹僻,删为《秦纪》十一篇。案《前秦录》有《赵整传》,言年十八为坚著作郎,官至秘书侍郎,后遁迹商洛山。与《史通》合。又案《世说新语·识鉴篇》注引秦频《秦书》云,蒲洪诈称谶文,改姓符,言己当王,应符命也。坚生背赤色隐起,若篆文。《艺文类聚》八十二引裴景仁《秦记》,谓符洪之先居武都,家生蒲长五丈,节状如竹,咸以异之,谓之蒲家,因以氏焉。洪后以谶文草付应王,遂改姓为苻。《十六国春秋》及《晋书·载记》,皆不取车说从竹作符,而从裴说从草作苻。考唐以前有重唇音无轻唇音,符、苻皆读若蒲。虽曰改姓,实改字而不改音也。又案《唐书·艺文志》,有《苻朝杂记》,田融撰。

八 后秦

秦纪十卷 后魏姚和都撰

《隋书·经籍志》:《秦纪》十卷,记姚苌事,魏佐民尚书姚和都撰。《史通·正史篇》:后秦扶风马僧虔、河东卫隆景并著秦史。及姚氏之灭,残缺者多。泓从弟和都仕魏,为左民尚书,又追撰《秦纪》十卷。案和都《魏书》无传。《晋书·姚兴载记》:兴疾,太子泓侍疾于咨议堂,泓弟弼有夺嫡之谋,使愔与其属率甲士攻端门,太子右卫帅姚和都率东宫兵击之,愔等奔溃。秦亡,事魏而著《秦纪》。萧子显之著《齐书》,颇与和都境遇相同。

九 西秦

旧史未闻

《史通·正史篇》:西凉与西秦其史或当代所书,或他邦所录。

据此则西秦之史,盖为他邦所录,岂其国无记注耶?抑亡于赫连氏耶?考《魏书·段承根传》:承根父晖,为乞伏炽磐辅国大将军、凉州刺史、御史大夫、西海侯。炽磐子慕末袭位,国政衰乱,晖父子奔吐谷浑,旋归国。承根好学,机辩有文思,司徒崔浩见而奇之,以为才堪注述,言之世祖,请为著作郎,引与同事。据此,则西秦史事盖由承根在魏传述,崔鸿据之以为西秦录耳。

十　前凉

凉春秋五十卷　凉索绥撰

凉记十二卷　凉刘庆撰

凉书　凉索晖撰

凉书十卷　西凉刘昞撰

凉记八卷　燕张谘撰

西河记二卷　晋喻归撰

《十六国春秋·前凉录》:儒林祭酒索绥,字士艾,敦煌人,著《凉春秋》五十卷。(见张玄靖太始五年条。)先是,张骏十五年,命西曹掾集阁内外事,付索绥,以著《凉春秋》。《史通·正史篇》:张骏十五年,命其西曹边浏集内外事,以付秀才索绥,作《凉国春秋》五十卷。又张重华护军参军刘庆在东苑,专修国史二十余年,著《凉记》十二卷。(《史官篇》亦云,前凉张骏时刘庆迁儒林郎中常侍,在东苑,撰其国书。)建康大守索晖、从事中郎刘昞又各著《凉书》。《隋书·经籍志》:《凉书》十卷,记张轨事,伪凉大将军从事中郎刘景撰。案刘景即刘昞,避唐讳改。《隋志》又有《凉记》八卷,记张轨事,伪燕右仆射张谘撰。(章宗源《隋书经籍志考证》引《世说新语》篇注作张资《凉州记》。《唐书·经籍志》:《凉记》十卷,张证撰。误。)《西河记》二卷,记张重华事,晋侍御史喻归撰。(《元和姓纂》,东晋有喻归撰《西河记》三卷;《唐书·经籍志》,《西河记》二卷,段龟龙撰。盖误。)案《十六国春秋·前凉录》,张重华永乐三年(晋永和五年)九月,晋遣使者侍御史喻归,拜重华侍中大都督，陇右诸军事，大将军，凉州刺史，领护羌校尉，假节，西平公。永乐六年，御史喻归至凉州，重华将受诏，未及而卒。归之撰《西河记》，盖在此时。

十一　后凉

凉记十卷　后凉段龟龙撰

《隋书·经籍志》：《凉记》十卷，记吕光事，伪凉著作佐郎段龟龙撰。案《十六国春秋·后凉录》：吕光麟嘉三年。著作郎段业作表志诗、《九叹》、《七讽》十六篇，光览而悦之。则段业、段龟龙同为光史官，业为著作郎，龟龙为著作佐郎可证。吕光龙飞二年，沮渠男成等推业为大都督、龙骧将军、凉州牧、建康公，叛吕光。故《隋书·经籍志》谓梁有《段业传》一卷，亡。盖即记其事也。

十二　南凉

托跋凉录十卷　南凉郭韶撰

《隋书·经籍志》：《托跋凉录》十卷，不著撰人。案《托跋凉录》，即《南凉录》也。南凉秃发氏，盖托跋氏之音转。唐以前有重唇音，无轻唇音，发亦读如跋也。《十六国春秋·南凉录》称秃发乌孤，西河鲜卑人，其先与后魏同出。（后魏托跋氏。）八世祖匹狐率其部自塞北迁于河西。匹狐卒，子寿阗立。初，寿阗之在孕，母因寝而产于被中，鲜卑谓被为秃发，因而氏焉。窃谓此盖后起附会之词,本为托跋氏,音译或为秃发氏耳。故此《托跋凉录》,即《秃发凉录》。史官盖犹能知其得姓之源,故直称秃发为托跋也。(《北魏书·序纪》称魏为黄帝后,黄帝以土德王,北俗谓土为托,谓后为跋,故以为氏。案此说亦为附会,盖鲜卑语被为秃发,实即托跋,产于被中,或即为其始祖之事,非寿阗也。)《史通·史官篇》:南凉主乌孤初定霸基,欲造国纪,以其参军郭韶为国纪祭酒,使撰录时事。又《正史篇》:段龟龙记吕氏,宗钦记秃发氏,韩显宗记吕(吕字衍)冯氏。唯此三者可知,自余不详谁作。浦起龙《史通通释》改"宗钦记秃发氏"一句,为"宗钦记沮渠氏、失名记秃发氏"。注云"本有四种,其一失名,故云三者"。案浦氏改宗钦记沮渠,其说是也,其他则非。《魏书·宗钦传》:钦在河西撰《蒙逊记》十卷。则宗钦记沮渠,确有明证矣。惟浦氏谓失名记秃发,此为不辞,且亦未尝深考耳。《史通·史官篇》明言郭韶为《南凉国纪》,则此句当云郭韶记秃发。"唯此三者",原文当作"唯此四者"。因旧本"宗记"下脱"记沮渠"三字,"钦秃发"上脱"郭韶"二字,仅存三者,故后人遂改四者为三者耳。至下文云自余不详谁作,谓此四者外,如西秦及夏不知谁作耳,非谓此四者之中段龟龙、宗钦、韩显忠三者可知,其余不知谁作也,然则《托跋凉录》十卷,为郭韶所撰,无疑义矣。《南凉录》秃发乌孤太初三年条云:梁昶、韩疋、张昶、郭韶,中州之才令。然则郭韶在乌孤时为国纪祭酒,亦有征矣。

十三　北凉

凉书十卷　沮渠国史

蒙逊记十卷　后魏宗钦撰

凉书十卷　后魏高谦之撰

《隋书·经籍志》:凉书十卷,沮渠国史,不著撰人。又,《凉书》十卷,高道让撰。《史通·正史篇》"宗钦记秃发氏",浦起龙《通释》改为"宗钦记沮渠氏"。案:浦说是也。《魏书·宗钦传》:钦字景若,金城人也。少好学,有儒者之风。博综群言,声著河右。仕沮渠蒙逊,为中书郎、世子洗马。上《东宫侍臣箴》。世祖平凉州,入国,拜著作郎。钦在河西,撰《蒙逊记》十卷。《魏书·高谦之传》:谦之,字道让,专意经史,好文章。为国子博士。与袁翻、常景、郦道元、温子昇之徒,咸申款旧。以父舅氏沮渠蒙逊曾据凉土,国书漏阙,乃修《凉书》十卷,行于世。(《魏书·高恭之传》:恭之字道穆,自云辽东人,祖潜,献文初赐爵阳关男,诏以沮渠牧犍女赐潜为妻,封武威公主,拜驸马都尉。父崇。初,崇舅氏坐事诛,公主痛本生绝胤,遂以崇继牧犍,后改姓沮渠。景明初,启复本姓。恭之兄谦之。)据此,《隋志》所称高道让,乃谦之之字。所谓国书漏阙,姚振宗以为即指宗钦在河西时所撰之《蒙逊记》,疑非是。考《魏书·刘昞传》,蒙逊平酒泉,拜秘书郎,专管注记。则昞亦尝为沮渠史官。《隋志》:《凉书》十卷,沮渠国史。盖即为刘昞等所撰。考昞身仕西凉李氏、北凉沮渠氏,终仕后魏,则年已老矣。先为前凉张氏撰《凉书》十卷,为李氏撰《敦煌实录》十卷,为沮渠氏撰《沮渠国史》十卷,国史非一人所撰,故不专书刘昞名耳。姚振宗又以《沮渠国史》即《宗钦蒙逊记》,亦非是。盖《隋志》所谓国史,即高谦之传所谓国书,皆指刘昞等所草国史言也。

十四　西凉

敦煌实录十卷　西凉刘昞撰

《十六国春秋·西凉录》:刘昞字彦明,敦煌人也。武昭王暠征为儒林祭酒、从事中郎。著《敦煌实录》二十卷、《靖恭堂铭》一卷。(案李暠建靖恭堂于燉煌南门外,见《西凉录》。)《隋书·经籍志》:《敦煌实录》十卷,刘景撰。考五凉惟西凉李暠都敦煌,虽其后迁于酒泉,至其子恂又居敦煌。则《敦煌实录》即西凉史也。《隋书·经籍志》有《凉书》十卷。注云:记张轨事,伪凉大将军从事中郎刘景撰。案《西凉录》亦言刘昞撰《凉书》十卷、《敦煌实录》二十卷。《史通·正史篇》亦云:昞为张氏撰《凉书》。盖隋志之刘景,即《西凉录》及《史通》之刘昞,唐讳昞作景,故昞亦避嫌名作景也。且其官皆为从事中郎,为大将军属官。亦可为一证。惟《敦煌实录》有十卷二十卷之别,则未知孰是。考《十六国春秋·北凉录》:沮渠茂虔永和四年,遣使如宋,献《凉书》十卷、《敦煌实录》十卷。《宋书·大且渠蒙逊传》:元嘉十四年,河西王茂虔奉表献方物,并献《敦煌实录》十卷、《凉书》十卷。案此二书,皆刘昞撰。时昞已仕北凉,《敦煌实录》,盖即成于此时。据此,则作十卷为是。

十五　夏

夏国书　夏赵逸撰

《史通·正史篇》:夏天水赵思群、北地张渊于真兴(赫连勃勃元)、承光(赫连昌元)之世,并受命著其国书。及统万之亡,多见焚烧。案《魏书·赵逸传》:逸字思群,天水人也,好学夙成。仕姚兴,历中书侍郎。为兴将齐难军司,征赫连屈丐,难败,为屈丐所掳,拜著作郎。世祖平统万,见逸所著,曰:"此竖无道,安得为此言乎!作者谁也?其速推之。"司马崔浩进曰:"彼之谬述,亦犹子云之美新。皇王之道,固宜容之。"世祖乃止,拜为中书侍郎。据此。则魏世祖所见《夏国书》,乃赵逸撰也。《魏书·张渊传》:渊不知何许人,自云常事苻坚,又仕姚兴父子,为灵台令。姚弘灭,入赫连昌。昌复以渊及徐辩对为太史令。世祖平统万。渊与辩俱见获。世祖以渊为太史令。案《史通》所称赵思群,即《魏书》之赵逸,思群其字也。所称北地张渊,与《魏书·艺术传》之张渊,仅为赫连氏之太史令,专掌天官,不著史籍,且云不知何许人。殆非一人。浦起龙《通释》即以太史令张渊为北地张渊。疑误。

十六　蜀

蜀李书(原名汉之书)十卷　蜀常璩撰

蜀平记十卷

蜀汉伪官故事一卷

《隋书·经籍志》:《汉之书》十卷,常璩撰。《华阳国志》十二卷,常璩撰。梁有《蜀平记》十卷,《蜀汉伪官故事》一卷,亡。案《十六国春秋·蜀录》:李雄兴学校,置史官。《史通·史官篇》:蜀李西凉,二朝记事,委之门下。是蜀李亦注重史事。北齐颜之推

《家训·书证篇》:蜀李书,一名汉之书。《史通·正史篇》,蜀初号成,后改称汉,李势散骑常侍常璩撰《汉之书》十卷,后入晋秘阁,改为《蜀李书》。又撰《华阳国志》,具载李氏兴灭。《蜀录》亦云:常璩,字道将,蜀成都人,著《华阳国志》十篇,序开国以来迄于李势,皆有条理。丁国钧《补晋书艺文志》谓《蜀平记》当是记桓温平李势事。

中华民国二十五年二月十七日作于南京桃源新村。

(原载《制言》半月刊,一九三五年第十三期)

蜀王本纪考

《隋书·经籍志》:《蜀王本记》一卷,扬雄撰。《唐书·经籍志》、《艺文志》同。今观各书所引,其文辞鄙陋,疑非扬雄撰。且书名既各参差,年代亦互牴牾,疑《本纪》亦非一本。试观《太平御览》八百八十八所引《蜀王本纪》云:

> 蜀王之先名蚕丛,后代名曰柏获,后者名曰鱼凫,此三代皆数百岁,皆神化不死,其民亦颇随王化去。王猎至湔山,便仙去,今庙祀之于湔。时蜀民稀少。后有男子名杜宇,从天堕止朱提;有一女子名利,从江源地井中出,为杜宇妻,宇自立为蜀王,号曰望帝,治汶山下邑郫,化民往往复出,望帝积百余岁,荆有一人鳖灵,其尸亡去,荆人求之不得,鳖灵尸至蜀复生,蜀王以为相。时玉山出水,若尧之洪水,望帝不能治水,使鳖灵决玉山,民得陆处。鳖灵治水去后,望帝与其妻通,帝自以薄德不如鳖灵,委国授鳖灵而去,如尧之传舜。鳖灵即位,号曰开明。

此等文辞鄙陋殊甚,与《太玄》、《法言》相去奚啻天壤,岂扬雄之文而如是乎?《史通·杂说篇》论扬雄《蜀王本纪》,谓“杜魄化而为鹃,荆尸变而为鳖”,其言如是,何其鄙哉!此则刘知几未深考,而漫施以毁者也。

《蜀王本纪》一书,其名非一:《蜀志·秦宓传》则称《本纪》,注则称《蜀本纪》;《华阳国志·序志篇》称《蜀纪》;李善《文选·蜀都赋》注称《蜀王本纪》,《魏都赋》注则称《蜀记》;隋唐志称《蜀本记》。书名之参差如是,宜非一种可知,或谓此不过正书误书之分,全称简称之别而已,本纪为正书,本记为误书,"蜀王本纪"为全称,"蜀本纪"、"蜀纪"、"本纪"等为简称,非别有他本也,余谓此言固是,然有不尽然者,《路史·蜀山氏》,注同时引扬雄《记》、《蜀记》且又引旧《记》,其非一种明矣！况其所引年代,又各异乎！如李善《文选·蜀都》注引扬雄《蜀王元纪》曰:"从开明上到蚕丛,积三万四千岁。"

《路史·蜀山氏》注引扬雄《记》曰:"二万四千岁。"

《路史·蜀山氏注》又曰:"《蜀记》等言鱼凫等治国八万年。"

《太平御览》八百八十八引《蜀王本纪》曰:"蚕丛、柏获、鱼凫三代皆数百岁。"

上所引书名虽相类,而其所言年代各相牴牾,则更足以证其非一书矣。

《华阳国志·序志篇》曰:"司马相如、严君平、扬子云、阳诚子玄、郑伯邑、尹彭城、谯常侍、任给事等,各集传记,以作本纪。"据此,则《蜀王本纪》者有八家。此虽仅言本纪,然非称王,不能有本纪,则其原称皆为"蜀王本纪",简称则为"蜀本纪"、"蜀纪"、"本纪",称"本记"及"蜀记"者,误也。此八家者,《华阳国志》或有传,或仅列于士女目录而无传,或并目录亦不载,而不知其里居、官爵、学行,兹先将益梁宁三州先汉以来士女目录所载者列于下,而注其有传无传于下:

文学　中郎将司马相如，字长卿，成都人。（本志十有传）

高尚　逸民严遵，字君平，成都人。（本志十有传）

德行　给事黄门侍郎扬雄，字子云，成都人。（本志十有传）

以上汉

述作　汉中太守郑厪，字伯邑，临邛人，作耆旧传。（本志无传）

以上后汉

渊通　散骑常侍、城阳亭侯谯周，字允甫，西充国人。（本志十当有传，惟《巴郡士女赞》已亡，故佚。陈寿《蜀志》有传）

以上蜀

德行，给事中任熙，字伯远成都人。（本志十一有传）

以上晋

以上八家唯阳城子玄及尹彭城，尚难审考。《论衡·超奇篇》："阳城子长作《乐经》，扬子云作《太玄经》。"子玄盖与子长同族，西汉人也。《士女目》有太子家令尹默，字思溥，涪人也。《蜀志》有传。又有文学荆州刺史尹珍，字道真，毋敛人也。然皆与彭城无关，故此二人尚待详考。

《本纪》既萃八家，则所见、所闻、所取、所弃必多不同，此各书所引所以有异同也。然此八家，大抵学问超卓，文辞彪炳，神话虽难弃除，而辞气必远鄙俗，左思《蜀都赋》云："蔚若相如，皭若君平，王褒韡晔而秀发，扬雄含章而挺生，幽思绚道德，摛藻掞天庭。"然则扬雄《蜀王本纪》，其文彩必斐然可观，可断言也。

上列八家《本纪》，其书都不传；唯谯周《蜀本纪》见引于《蜀志·秦宓传》注。

谯周《蜀本纪》曰：禹本汶山广柔县人也，生于石纽，其地名刳儿坪。

《秦宓传》又载宓对夏侯纂曰：

> 请为明府陈其本纪：蜀有汶阜之山，江出其腹，帝以会昌，神以建福，故能沃野千里。淮、济四渎，江为其首，此其一也。禹生石纽，今之汶山郡是也，昔尧遭洪水，鲧所不治，禹疏江决河，东注于海，为民除害，生民以来，功莫先者，此其二也。天帝布治房心，决政参伐，参伐则益州分野，三皇乘祇车出谷口，今之斜谷是也，此便鄗州之阡陌。

"禹生石纽"下注引谯周《蜀本纪》，言禹本汶山广柔县人云云，似宓所引《本纪》即谯周《蜀本纪》，然《脩传》末言"谯允南少时数往咨访，纪录其言"，则谯周之说，本出于宓。宓所引《本纪》，盖为司马相如、严遵、扬雄、阳城子长、郑廑等诸家本纪之一耳。

《华阳国志·序志篇》云："案《蜀纪》帝居房心，决事参伐，参伐则蜀分野，言蜀在帝议政之方。"又云："《蜀记》言三皇乘祇车出谷口"，此《蜀纪》即秦宓所见之《本纪》也。

刘知几《史通》"杜魄化而为鹃，荆尸变而为鳖"，皆以为出于扬雄之《蜀王本纪》而鄙之。余以为此《蜀王本纪》未可断定为扬雄撰。左思《蜀都赋》云："鸟生杜宇之魄。"李善注引《蜀记》曰："昔有人姓杜名宇，王蜀，号曰望帝。宇死，俗说云，宇化为子规。子规，鸟名也。蜀人闻子规鸣，皆曰望帝也。"

《太平御览》八百八十九引《蜀王本纪》曰："望帝去时，子鹃鸣，故蜀人悲子鹃而思望帝。”

同一子规而两书立说，大不相同，刘知几不知《本纪》有八家，八家之书既亡，后之俗人，又有撰集，如唐宋时所传所引，疑皆非此八家原本，今一概附之扬雄，扬雄一书，岂自相矛盾如此乎！

鳖灵之说，《太平御览》八百八十八所引，已见于上。观其文辞，决非扬雄所撰。而《路史·余论》有“杜宇鳖令”一条云：按诸《蜀记》，“杜宇末年，逊位鳖令。鳖令者，荆人也”，旧说“鱼凫畋于湔山，仙去，后有男子从天堕，曰杜宇，为西海君，自立为王，号望帝，徙都于郫，或瞿上，自恃功高诸王，乃以褒斜为前门，熊耳、灵关为后户，玉垒、娥眉为城郭，潜、江、洛、绵为池泽，岷山为畜牧，南中为囿苑。时鳖令死，尸逆水上，荆人求之不得。至蜀，起见望帝，望帝以之为相，后禅以国，去之，隐于西山，民俗思之，时适二月，杜鹃方鸣，因号杜鹃，以志其隐去之期”。一云：“宇禅之而淫其妻，耻之，死为子嶲，故蜀人闻之，皆起曰我望帝也。”据《风俗通》等，鳖令化从井出，既死，尸逆江至岷山下，起见望帝。时巫山拥江，蜀洪水，望帝令凿之，蜀始陆处，以为刺史，号曰西州。自以德不如令，从而禅焉。是为蜀开明氏，年号万通。生芦保，亦号开明。时武都出五力士，辅之，开明子孙八代都郫，九世至开明尚，始去帝号，称王，治成都。

《路史》所引《蜀记》，述开明事与《太平御览》八百八十八所引，又不相同，而鄙更甚，且无历史常识，如刺史、年号，皆起于汉武帝，开明时何得有此？然皆附之扬雄，扬雄之文果若是乎！是不识者而能辨之矣。《路史》犹斤斤以扬雄为妄，谬矣。

由斯以观，汉晋间八家《本纪》，必皆亡佚。唐宋间所引《蜀王本纪》及各种《蜀记》，必多为浅人伪托。然其中亦有原书佚文，且有自他书采辑，加以敷演附会者，如杜宇化为子巂，见于许慎《说文解字》，鳖灵尸苏而王，见于应劭《风俗通》，此等传说，东汉已有，窃谓此等传说，实为古代蜀史显露一线真情。盖自蚕丛以至蜀亡，未必一系相传，杜宇凭空而起，已非蚕丛子孙；开明自楚而来，蜀王已非土著，杜宇淫其相妻，致政权乃归相手，蜀人恨开明得位之不正，而悲杜宇失位之甚惨，故托子规以写悲，称鳖灵以寄怅，盖鳖者必非佳称也。

（原载《说文月刊》第三卷第七期，一九四二年）

西夏史籍考

余尝谓史学家应超然于国家民族、政治党派、宗教学术流别、文艺风俗习尚之上，至公无私，了无偏倚，乃可尽其天职，合于科学。而吾国史家，好持正统偏安之论，对于己国，则自居宗主，妄事铺张；对于别国，则侪之藩属，过于删损，南称北为索虏，北称南为岛夷，观于南北朝之史，而叹当时史官之任情笔削，毁灭史实不少，盖此等态度在政治家固可权宜偏私，在史学家不宜随人短长也。惟元丞相脱脱奉诏修宋、辽、金三史，各与正统，叹为至公无私，尝作文以纪之，兹录如下：

《元史・脱脱传》："至正三年，诏修辽、金、宋三史，命脱脱为都总裁官。"

案明权衡《庚申外史》："至正三年，议修辽、金、宋三史，丞相脱脱意欲成之，而所费浩大，钱粮经数不足，颇以为忧。掾史行文书，丞相三却之。掾史遂与国史典籍谋之数日，丞相不喜，或曰：若非钱粮，无可措画乎？此易耳。江南三省南宋田颇有贡士庄钱粮者，各路桩寄累年，仓库盈积，有司亦尝借用之，此项钱粮以为修史费，孰曰不然？掾史即日引见丞相，闻其说甚喜。于是奏，臣使儒臣欧阳玄、揭奚斯等于国史院修撰辽、金、宋三史。四年春，欧阳、揭奚斯等修辽、金、宋三国史告成。礼部引国史合院官禀右丞相脱脱奏闻。脱脱摇首曰，此秀才事，我弗知。三禀三却，众皆患之。或曰：

丞相好美名，今此史具列某修，丞相见其名不列，宜其愠也。盖禀之曰，自古前代史书，虽以史官秉笔，而总裁则归一人，如《唐书》则欧阳修总裁，《资治通鉴》则司马光总裁，今辽、金、宋三国史，幸蒙丞相奏用儒丞某等行其文，而所以掌其事使就绪，实赖丞相之力也，某等谨以书丞相为总裁官，丞相幸始终成之，以为一代之盛典，岂不可乎？于是脱脱大喜，即命掾史具进史，仪部鼓吹导从，前后辉光，自史馆进至宣文阁，帝具礼服接之，观者以为近代无之。先是，诸儒论三国正统，久不决，至是脱脱独断曰：三国各与正统，各系其年号。议者遂息。君子终以为非也。"余以为，《外史》贬脱脱、《元史》褒脱脱皆有偏见，故伯颜之贬死江西，《外史》有子杀父之讥，而《元史》本传，则有大义灭亲之誉。就三史而论，《外史》以为总裁官为修史官不得已所推戴，《元史》本传以为都总裁官出于上命，此当别考事实，具知表里，方得其真，惟脱脱独断三史，各与正统，一破诸儒正统偏安之见，此至公无我之心，史家宜奉之为先觉者也。不观夫唐修《晋书》，十六国入之《载记》，而十六国之史亡，宋修《五代史》，十国入之《世家》，而十国之史亡，不有崔鸿、吴任臣辈，为之勾合丛残，汇为专史，则此数十国之史，为唐宋史臣毁灭久矣，其罪可胜道哉！观此，则辽金不入《宋史》载记，全赖脱脱之力，有此大功，而《元史》本传不赞一辞，《庚申外史》反以为非，所谓褒贬任情，都无卓识者也。

兹案当元之时，所灭之国，不仅金宋已也，所应修之史，不独辽、金、宋已也，当时与辽金宋并重者，当首推西夏。西夏建国之久，地方之大，与其文化之盛，其史不宜简略。近人王秉恩《西夏纪序》有言：

> 西夏世居西北，历代廓增，奄有地方二万余里，为州郡凡二十有二，即今陕甘两省西北之地。拥羌部劲兵五十余万，明号令，严赏罚，以兵法部勒诸酋长，横山羌卒，号称敢战，夏兵所不如，即倚任之，又遴豪右善弓马者五千人，分六班迭直，统铁骑三千，判为十部，元昊自将，用兵二十年，宋军三败，辽军两挫，无有能摧其坚锐者，其武功如此。乾顺以来，兴学养士，弟子仅三百员，后增至三千，崇奉儒教，尊孔子为帝，训迪官学不怠，其文治又如此。以边鄙荒寒，一隅区域，撑柱辽宋金三大国，延二百五十八年，其立国纲纪，文治武功，盖有不可没者。

观夫此，则西夏一国，宜著专史，与辽金宋并别；而元代史臣，仍视西夏为辽金宋属国，与高丽并列，故辽金宋三史，皆有《夏国传》，记载简略，删弃史实甚多。则脱脱仍不能免正统偏安之见，未尝抱至公无我之心也。特以辽金与蒙古同类，故不欲列于《宋史》载记，以为增高已族地步。至于西夏，则视为无足轻重，与当时之高丽，同类并观。谓其有私见而无公心，恐又不能辞其责矣。

或谓西夏史料太少，故不能成为专史，与辽金宋并列。此又不然，西夏故有史官，且有实录谱牒，其他宋人著述亦多，就兹所知者，考之如下：

> 一、夏国实录：《宋史·夏国传》云，绍兴三十一年，立翰林学士院，以焦景颜、王佥等为学士，俾修实录。
>
> 清吴广成《西夏书事》云，绍兴三十一年，夏天盛十三年春，立翰林学士院，以王佥、焦景颜等为学士。夏五月，仁孝命

王佥等掌史事，纂修李氏实录。

二、夏国谱：《金史·夏国传》赞云，夏之立国旧矣，其臣罗世昌谱叙世次，称元魏衰弱，居松州者，因以旧姓为拓跋氏。

以上夏人自著。

三、夏国枢要：《宋史·夏国传》论云，今史所载追尊谥号、庙号、陵名，兼采《夏国枢要》等书。

宋晁公武《郡斋读书志》云，《夏国枢要》二卷，皇朝孙巽纂，记夏虏兵屯会要，土地肥硗，井泉涌涸，谷粟窖藏，酋豪姓氏，名位司存，与夫城池之完阙，风俗之所尚，编为两帙，上之于朝。

四、西夏须知一卷：宋晁公武《郡斋读书志》云，《西夏须知》一卷，皇朝刘温润守延州日，编录伪境杂事。

宋陈振孙《直斋书录解题》云，《西夏须知》一卷，内殿承制鄜延都监刘温润撰，凡十五条目。

五、西夏事略：宋王称《西夏事略》二卷。(《东都事略》卷一百二十七至一百二十八)

六、西夏事实、西夏事宜：元袁桷修辽金宋史，搜访遗书，条列事状，有赵元昊西夏事实及西夏事宜。(《清容居士集》卷四十一)

以上宋人著。

七、西夏杂记：宋尤袤《遂初堂书目》有《西夏杂记》。

以上不知撰人名氏。

观上所列，则夏国史料，就今所知，当时所有之书，已可成为专史，且曾公亮有《西蕃地理》一卷，专言夏国，范仲淹有《西夏堡寨》一卷，则西夏之地理堡寨可考也。晁公武《郡斋读书志》有《蕃尔雅》一卷，以夏人语，依《尔雅》体，译以华言，则据以译西夏文之记载，亦无难也。《元史·耶律楚材传》称其入夏，收其遗书，则当时西夏史料必多，以元代史官蔑视西夏，与高丽等夷，故熟视此等史料若无睹耳。元人所成夏国史如下：

《宋史·夏国传》二卷
《辽史·西夏外记》一卷
《金史·西夏列传》一卷

以西夏史料之多如彼，而所成西夏史之简如此，据近人胡玉缙所考，谓三史《夏国传》，各据旧史，不相关顾，则其不搜史料，草率从事，漏略脱误，实可惊叹。胡氏之言曰：

三史《夏国传》，各据宋辽金旧史，参以他说，不相关顾。《金史》云"安全薨，族子遵顼立，在安全薨前一月，卫绍王无实录，不知其故"，又云："遵顼子德旺死，嗣立者史失其名"，此皆指《金史》言。《宋史》云"安全有子曰承祯，齐国忠武王子遵顼，金卫绍王册为夏国王。德旺殂，清平郡王子睍立"，又云："今史所载，追尊谥号庙号陵名，兼采《夏国枢要》等书，其与旧史有所牴牾，阙疑以俟知者"，此旧史指《宋史》言。

元人修宋辽金史，而蔑弃西夏史，于是西夏之史料亡，后人虽欲从事增辑，拾遗补缺，难于元人远矣。然有清一代，从事于修辑西夏史者，其成绩颇有可观，兹可胪陈家数，加以诠释，以备研究西夏史者，有所参考焉。

一、洪亮吉《西夏国志》：张之洞《书目答问》云：洪亮吉《西夏国志》，十六卷，未见传本。案丁晏《西夏书事》跋云："乾嘉时，阳湖洪氏亮吉欲撰西夏书，讫无成功，盖夏国地居沙碛，俗杂羌胡，人文寥落，记载荒寂，史传又复简略，今当数百年后，欲采集群书，集录零章单句，纂内记传，实有甚难，宜其与北元志同存空论，虚立佳题而已。"据此，则洪氏之书殆未成也。

二、秦恩复《西夏书》：嘉庆《扬州府志·艺文类》，秦恩复《西夏书》二十卷。

三、无名氏《西夏志略》：道光中瞿世瑛《清吟阁书目》，有《西夏志略》，不载卷数，亦不著作者名氏。

四、王昙《西夏书》：丁晏《西夏书事》跋云："钱梅溪为仲瞿年丈诗序，载其著述，亦有记载西夏之书，兵燹之余，遗稿不知尚能踪迹否。"案钱泳序王昙《烟霞万古楼文集》，列举其著作甚多，中有《西夏书》四册，昙字仲瞿，秀水人。

五、吴广成《西夏书事》：吴广成《西夏书事》四十二卷，道光六年刊本。丁晏跋云："吴西斋书，备详本末，附考异同，虽编年系月，举纲分目，意仿《宋史》例，实则杨氏《长编纪事本末》体耳，罗荟蓬萃，不谓无功，惟表明书法几几居卷帙之半，事既近迂，书复夺主，从来无此体例也，然纪载西夏事迹者，世无更详于此者，亦史家所宜必备，正未能以此弃之耳。"

六、张鉴《西夏纪事本末》：张鉴《西夏纪事本末》三十六卷，光绪乙酉刻本。案《西夏纪事本末》首附《年表》一篇，上列宋，中列夏，下列辽金；又有《西夏堡寨》一篇，附图二叶，《历代疆理节略》一篇，《职方表》一篇，此则阅西夏史之键钥，为诸书所不及者也。

七、周春《西夏书》：此书余藏有传钞本，仅十卷，近人胡先生玉缙书其后云："《西夏书》十卷，海宁周春撰，内题西夏书列传者，卷一至卷四凡四卷，次行分题妃嫔传、家人传、臣传、外国传；但题西夏书者，卷四至卷七凡四卷，卷四次行题载记两字，为毅宗谅祚事，只半叶，卷五次行题载记三，为惠宗秉常事，卷六载记四，崇宗乾顺事，卷七载记五，仁宗仁孝至末主事；又西夏书卷九者，次行题地理考，卷十次行题官氏考，又有录元昊时事十六叶，卷端无标题，盖欲为景宗载记而未就者。前有西夏列传自序，称嘉庆甲子夏，见诂经精舍课题，思欲撰西夏书，五旬而藁粗具，未暇讨论，因之中辍。窃念他史莫难于志，而西夏书惟传最难，列传既完，全书易就，乘炳烛之余光，先成四卷云云。并注云，先欲单行，故有此序。然则列传外，皆未竟之藁也。"案光绪《杭州艺文志》：《西夏书》十五卷，海宁周春撰，胡氏未见《杭州艺文志》，故不知其已佚五卷也。

八、徐松《西夏书》：韩泰华《无事为福斋随笔》云："徐星伯太守松著《西夏书》，将次成就而殁。曾见一册，较吴氏《西夏记事》远胜。"案吾友戴君锡章语余云，徐松有《西夏地理考》，未见传本。

九、陈昆《西夏事略》：《清史稿·艺文志》：《西夏事略》十六卷，陈昆撰，案昆四川开县人，戴君锡章《西夏纪》自序云："余校邑人陈有松先生《西夏事略》，参以张氏鉴《西夏纪事本末》，吴氏广成《西夏书事》，已成书矣，继念史所以备一代事实，陈氏条分件系，自谓就架上书五十余种编成，而未见李氏《通鉴长编》，张、吴见《通鉴长编》矣，所据摭虽较陈氏为备，而中秘之藏，仍未窥也。余因乱避地京师，承乏史馆，适值图书馆启，而宋元善本、四库全书本均灿然在目，因得次第纵视，左右采获，时有获于数子之外，则时与地为之也。"案陈氏之书，仅有稿本，尚未刊行，今此书藏于戴氏，已全采入于戴氏所作《西夏纪》矣。

十、张澍《西夏姓氏录》：张澍《西夏姓氏录》一卷，宣统元年刊本。其《自序》一篇，言西夏姓氏源流甚详，文多不录。

十一、王仁俊《西夏艺文志》：王仁俊《西夏艺文志》一卷，光绪甲辰刊本，附《宋人谈西夏事书目》。（案此书目失载《赵元昊西夏事实》及《西夏事宜》两书，盖王氏亦未见元袁桷《修辽金宋史搜访遗书条列事状》也。）又有《西夏文缀》二卷，光绪甲辰刊本，附《西夏文逸目考》一卷。

以上清人著述。清代所撰述西夏史，其史料不及元代之多，其成绩远超元代之上，可谓有功于西夏史矣。民国既建，亦有从事于西夏史学者，如：

戴锡章《西夏记》：戴锡章，字海珊，四川开县人，清进士，民国六年为清史馆协修，著《西夏记》二十八卷，已刊行于世，尚有《西夏丛刊》十余卷未刊。其书以张鉴《西夏纪事本末》、吴广成《西夏书事》、陈昆《西夏事略》为本，后又钞得周春《西夏书》及《宋会要》中西夏事，博采旁搜，故颇宏富。惜其书为编年体，实不能表现西夏文化之全体，今日而欲为西夏史，必当改变体例，以分析综核其文化为归。

今日继戴君而起者，尚无其人。然研究西夏史，必当通西夏文，方可于上列史料外，冀新得西夏文之史料，以完成西夏史。而西夏文字，在元初研究，尚易为力，元初刊西夏字全部藏经，在杭州开局（见王国维《两浙旧刊本考》）。宋时既有《蕃尔雅》（见宋晁公武《郡斋读书志》），元初又有耶律楚材所得西夏遗书，其中或有西夏之实录，惟实录为汉文、抑为西夏文则不可知，假定为西夏文，则当时翻译，尚属易易。明姚士粦言：兰溪魏某，客华州王槐野祭酒家，见架上有夏国书，凡阅三旬始遍（见姚士粦《见只编》）。此夏国书，必系汉文，故兰溪魏某研阅三旬之久，惜乎不记其为何书，与西夏史料有关与否，亦不可得知。总之，西夏初亡，其国事之记载，无论汉文夏文，必皆有之，元代史家，既蔑视西夏，遂使西夏史书，渐至亡灭，此则元人之罪也。近代西北方面，发见西夏国书，其数亦不鲜，胡先生玉缙言："清宣统庚戌，俄人柯智洛夫于我国张掖黑河故地得西夏译经盈数箧，《掌中珠》即在其中，安知他日不发见国史，或西夏人私史？"（见胡先生《西夏纪》序）柯先生劭忞亦言："光绪辛巳，予与福山王文敏公俱客成都，文敏言有得西夏国史数册者，皆梵字也，予谓当是元昊所制国书，非梵字。属文敏购之，其人秘为鸿宝，不肯售。近泰西人毛利瑟译西夏《莲花经》，十得四五，若能译其书为汉文，以为将来得读西夏史之先导，必于君书裨益非浅。"（见柯先生《西夏纪》序）余闻友人陈君寅恪言："现代所得西夏文最多者为俄国，德国仅有《莲花经》一种，亦不全，近吾国所出版之《西夏国书略说》，及西夏译《莲花经》，即其绪余，至于西夏字典，俄人或已有之，然秘不肯示，甚可慨也。"陈氏为吾国最精博之言语学家,亦颇研究西夏文,其言甚可信。又有蒙古友人言:"甘肃宁夏农人握得西夏书甚夥,进与绥远某师长,某师长装存十余巨箱,运至北平,将售与欧美人,议价不成,又运归绥远。"余闻之,报告于古物保管会委员张继、马衡二君,张、马二君乃托绥远政治长官向某师长宛商,售于国立北平图书馆,时越数月,始得购成。然其书均系佛经,约百册左右。其经虽全译为西夏文,然每卷之下,均以汉文书某某经,若以汉译经文与西夏译经文对读,不特可纂成字典,即西夏文法亦可紬绎成书,其有裨于西夏史,岂浅鲜哉。

余尝撰《伪齐国志长编》,至《折可求传》,始知可求为麟府安抚使。折氏八世,世守其地,以抗西夏。至可求以麟府等处降金,金又割归西夏,故麟府二州《宋史》、《金史》皆不载。吾友戴君锡章既撰《夏纪》,其后又作《西夏地理考》,前曾借录一本,发箧视之,则麟府二州亦未载也。不特此也,南宋初年,西夏与金土地交割出入,亦不记载。如《金史·地理志》,鄜延路坊州下云:"天会五年,元帅府宗翰、宗望,奉诏伐宋,若克宋,则割地以赐夏,及宋既克,乃分割楚夏封疆。自麟府洛阳沟距黄河西岸,西历暖泉堡;鄜延路米脂谷至累胜寨;环庆路威延寨逾九星原至委布谷口;泾原路威川寨略古萧关至北谷口;秦凤路通怀堡至古会州;自此距黄河;依见流分熙河路尽西边,以限楚夏之封。或指定地名,各有悬邈者,相地势从便分画。"又泾州下云:"皇统六年,以德威城、西安州、定边军等沿边地赐夏国。"而金立伪楚张邦昌册文云:"命尔为皇帝,国号大楚,都于金陵,自黄河以外,除西夏新界,疆仍旧。"又立伪齐刘豫册文云:"命尔为黄帝,国号大齐,都于大名府,付尔封疆,并楚旧。"此所谓西夏与金土地交割出入也。《三朝北盟会编》一百十八"主客员外郎谢亮抚谕夏国"中言金割宋边界与夏事,《建炎以来系年要录》三言“金人以陕西沿边城寨画界与西夏”，亦可与此相印证。他若《要录》九“金为夏人请熙丰以来侵地”，《要录》十二“夏人鄜索延”，《会编》一百二十“慕容洧以环州叛附西夏”，《大金国志》四“金国兵克宋朔州，西夏取宋天德云内河东八馆及武州，于是武州等为西夏所陷”，此皆戴氏西夏地理所不载。由此观之，西夏一史，尚待通人为之整理矣。

（原载《说文月刊》第三卷第十一期，一九四三年）

南明三朝史官及官修史籍考

南明官制，悉仍明代旧制，故史官之职，亦属翰林院。《明史·职官志》：起居注，甲辰年置。洪武九年定起居注二人，后革。十四年复置，寻罢。至万历间，命翰林院官兼摄之。已复罢。翰林院，学士一人，掌制诰、史册、文翰之事，凡经筵日讲，纂修实录、玉牒、史志诸书编纂，六曹章奏，皆奉敕而统承之。史官修撰、编修、检讨、庶吉士，无定员，掌修国史。凡天文、地理、宗潢、礼乐、兵刑诸大政，及诏敕、书檄、批答王言，皆籍而记之，以备实录。国家有纂修著作之书，则分掌考辑撰述之事。凡记注起居、编纂六曹章奏、誊黄册封等咸充之。《南疆逸史·高弘图传》："开经筵，设起居注"，则弘光时设起居注，盖亦翰林院史官之职，非特设起居注而不统承于翰林院也。《明季南略·福王本末篇》：崇祯十七年九月初三戊子，高弘图请开馆修史。初六辛卯命撰起居注。初七壬辰，高弘图请设起居注。初八癸巳，命修思宗实录。十一月初九癸巳，设起居注亦员轮珥笔，以记实事。

《明通鉴·附编》：崇祯十七年六月，时圣安帝未改元。应天府丞郭维经疏言，今将修实录，时谥崇祯帝曰思宗。则此实录为《思宗实录》也。案《南疆逸史·李清传》，清请更思宗庙号，修实录，允之。

《明通鉴·附编》：崇祯十七年七月戊子，万元吉请修《建文实录》。

李清云:"钱宗伯谦益,博览群书,尤苦心史学,尝作《开国功臣事略》,时闻予家有傅颖公三代庙碑,三走书江北,期必得乃已。又自言读王弇州《史料》,有定远侯王弼赐死,家至籍。见《楚昭王行实》之说,即驰书托某亲知往楚府求《昭王行实》,至乃知弇州言非。至是疏言,留心国史三十余年,请在家开局纂修,上命在任料理。谦益志也。然以久于门户一老翁,而诋东林,荐逆案,不知作史时何以措毫?后国亡,史稿皆付绛云楼一炬,殊可惜也"(《三垣笔记》下)。据此则谦益在弘光时设局纂修明史矣。案昆山葛万里《牧斋先生年谱》,顺治二年,弘光改元,先生六十四岁,官礼部尚书,七年六十九岁,十月绛云楼火。故李氏称谦益为老翁。又案《牧斋遗事》,顺治二年,豫王兵渡江,牧斋迎降,致礼币,柬端书太子太保礼部尚书兼翰林院学士臣钱谦益。则弘光时谦益兼翰林院学士,所以领史局也。又案查慎行《人海记》,钱牧斋撰明史,共二百五十卷,辛卯九月晦甫毕。越后日,绛云楼火作,只字不存。辛卯为顺治八年,据《牧斋年谱》,绛云楼火在顺治七年庚寅,此云辛卯,疑误。

《思文大纪》卷三:隆武元年九月,敕谕内阁陈燕翼,既改翰苑,朕自登极监国,两月政令,全无纪载,后世何征?即着燕翼专理中兴史职,准同协理史事刘以修轮值和衷堂,与闻机务,以便编摩,即日传行入直。

《南疆逸史·曹学佺传》:时初纂修《怀宗实录》。案圣安帝初即位,谥崇祯帝为思宗烈皇帝,弘光二年二月从礼部余煌请,改思宗烈皇帝为毅宗正皇帝;隆武时,又改为威宗烈皇帝;此云怀宗者,系清廷所谥。曹学佺仕隆武时,宜称《威宗实录》。国史总裁,设兰台馆以处之。

《思文大纪》卷三:隆武元年九月,以太常寺卿曹学佺为礼部右侍郎,署翰林院事,特敕纂修《威庙实录》。国史总裁,专设兰台馆以处之。又以何九云为翰林院编修。九云，晋江人，癸未进士、庶吉士，大司空乔远子，文行俱优。王兆熊劾其从逆，冢臣曾樱疏荐之，有旨云：九云名家子弟，有品有学，两京日期甚明，何得一概牵诋，即着洗涤冤情，速令前来供职，纂修《威庙实录》。又卷七：隆武二年五月，上命礼部右侍郎曹学佺，清察军粮，兼济民食，仍书四字于职衔。学佺至是，辞以威宗实录撰诸家集，精力维艰，难兼他务，上许其荐一人自代。

杨凤苞《南疆逸史·跋一》：永历史臣《圣安实录》原注，董丈希辂语予云：《圣安实录》十二卷，昔从羊城故家见之，犹是当时进呈原本。前有敕諜旨一通，表一通，总裁纂修謄录衔名一通。尝录卷首数翻，入所见书目中，是时偶忘借钞。又《跋五》有永历史臣绍宗实录。案绍宗为隆武帝庙号。

《南疆逸史·永历帝纪》：永历三年十二月戊申，以史馆乏员，上亲试士，取刘蒞、钱秉镫、杨在、李来、吴龙祯、姚子壮、徐弘猷、杨致和八人，俱授庶吉士。《明通鉴·附编》：十二月戊申，明桂王始开科取士，时史馆乏员，诰敕多出中书，王欲归其职于翰林，乃临轩试士，取刘蒞等八人，俱授庶吉士。钱秉镫《藏山阁集》有临轩曲二十首，即纪此事。次年又有哭同年杨庶常三首，中有句云："八人三散失"，盖谓杨致和等三人，其他二人见《所知录》。

《所知录》卷四：三年冬，始蒙临轩特典。四年，南雄陷，上遂移跸。姚子壮、吴龙祯皆粤人，闻警辄以宁家先去，未几，予大病请假，命下与刘蒞、李来同改编修。同邑方阁学以智，求以史局自效。师指严起恒。因命予邀之同来。八月中秋至桂，十月曼公方以智字。欲移家傍光录严炜居平乐仙回洞，而身赴史局。梧州失而曼公为僧，时年四十。

案刘菃撰《狩缅纪事》一卷,有钞本。钱秉镫撰《所知录》四卷,有刊本。杨在撰《朱容藩乱蜀始末》、《武冈播迁始末》、《孙可望胁王始末》、《犯阙始末》、《安隆纪事》等书。又与刘湘客、綦毋邃合撰《象郡纪事》,见温睿临《南疆逸史·凡例》。此虽私史,亦足以见当时史官之勤于厥事云。

(原载《国史馆馆刊》第1卷第3期,1948年)

补　　编

文学论

吾国之论文学者，往往以文字为准，骈散有争，文辞有争，皆不离乎此域；而文学之所以与他学科并立，具有独立之资格、极深之基础，与其巨大之作用、美妙之精神，则置而不论。故文学之观念，往往浑而不析，偏而不全。不学者遂得标榜其间，以相诳耀。其达者则又高自位置，不肯语人以浅露之途径；偶或出其高尚本真之作，则人每以闻所未闻，诧为外道。无他，以不识文学之所以为文学也。当今之世，凡百学术皆与大地人类有共通齐一之观；即衣食器用之末，国家社会之大，亦莫不共相系累。文学为人类思想之枢机，其欲闭关自守，必不可得矣。吾今草此论，不辞浅露，使国人先辨文学之途径与其作用，略具本末，然后徐议其深者奥者。大雅明达，谅无讥焉。

（一）论文学须有独立之资格。凡学术莫不由浑而趋于析，吾国学术则浑而未析者多矣。故论文学者，必包络一切著于竹帛者而为言：凡无句读文如图画、表谱、簿录、算草，有句读文如赋颂、哀诔、箴铭、占繇，古今体诗、词曲之有韵文，学说、历史，公牍、典章、杂文、小说之无韵文，皆得称为文学。吾师余杭章先生著文学论，即主此说，分文学为十六科。希祖曾据此论编《中国文学史》，凡著于竹帛者，皆为文学。二年以来，颇觉此说之不安，章先生之教弟子，以能有发明者为贵，不主墨守，故敢本此义以献疑焉。准此，则吾国一切学术，皆可以文学包之；反言之，则吾国仅有文学而无他学。试观吾国历史，则此说自有本柢：司马迁《史记·自序》言，“汉兴，萧何次律令，韩信申军法，张苍为章程，叔孙通定礼仪；则文学彬彬稍进”；后世长于上列十六科者，大氐入于《儒林》、《文苑》二传。司马迁叙《儒林传》，以为“自此以来，斌斌多文学之士”，则《儒林》、《文苑》之人皆得称为文学之士。以图画、表谱、簿录、算草且得称为文学，其他又何吝焉。自欧学东渐，群惊其分析之繁赜，则又毛举比附，以为某学某学吾国早已发达，如化学、矿学出于《周礼》，财政、教育具于《大学》、《学记》，政治、法律、哲学、文学皆有专著，不知既称为学，各有组织。吾国各种学术，或始具萌芽，或散无友纪，本末区别，始终条理，实鲜其书，故建设学校，分立专科，不得不取材于欧美；或取其治学之术以整理吾国之学，自政治、法律、财政、教育诸科，莫不皆然。至于文学，在欧美亦早离各学科而独立：数、理、化、农、工、商诸学科与之相离，无论矣；即宗教、政治、法律、经济、哲学、伦理、教育、历史、地理诸学科，亦莫不与之相离。在吾国，则以一切学术皆为文学，在欧美则以文学离一切学科而独立，岂非至可骇疑之事乎！

难者曰，国家文学，不妨殊异，故欧美文学自可如彼，中国文学理应如此。盖吾国文学，舍哲理外无有焉，或谓之说理文学，凡学说及杂文之半皆属此。舍历史外无有焉，或谓之记事文学，凡无句读文，及历史、公牍、典章，与夫杂文、学说之半皆属此。舍诗词杂文外无有焉，或谓之言情文学，凡有韵文及杂文、小说皆属此。文学范围，至为广博，鄙人二年以前，亦持此论，今则深知其未谛。盖前所论者，仍以一切学术皆为文学，不过分为说理、记事、言情三大纲耳。此以言文章则可，言文学则不可。何则，文章为一切学术之公器，文学则与一切学术互相对待，绝非一物，不可误认。且言学术，不可仅保持其已往者，须开创其未来者。苟如难者之言,操混沌之主义,阻学术之进步,往者覆辙,可为殷鉴。至于国家文学仅为政治之附庸,欧美文学家已不甚措意,盖文学之责任,更有大者远者在焉。是故吾国已往之文学,既已如此,吾无苛求;未来之文学,若因仍旧贯,则吾中国之文学永无脱离诸学,臻于独立之日,长为政治诸学科之附庸而已。欧美诸国受文学家之赐而得解放诸种苦毒者,吾中国人岂永无享受之日耶?

难者曰,文学既离诸学科而独立,则文学空无一物,何所凭借以有独立之资格耶?曰,离之云者,非屏绝一切学术之谓,不过以文学为主体,而运用分剂诸学科以为其基础而已。若吾国以一切学术为文学,则主体在一切学术,而不在文学。宋儒"文以载道"一语,实与此相表里;一切学术即道,文者不过为载道之器。总之吾国旧日之所谓文学,实指文章而言,未尝论及文学。文学必有始终条理,与诸种学术相对待,而可以独立者也。今世文学家之旨趣,与宗教家异,例如宗教家以现世为恶浊,故以未来世之天国诏人;文学家则主改良现世,天国之理想,可实现于地国。与哲学家异,哲学主理,每多厌世;文学主情,多归乐天。哲学家如进化派,主张强权主义;文学家如 Tolstoi 派,主张人道主义,而詈强权派为兽道主义。与政治、法律、伦理诸家亦异,例如政治、法律、伦理诸学,往往强制多数服从少数,或少数服从多数,而文学家如 Ibsen 辈,则以发达个性,解放自我,为最要之目的。其他种种,不胜枚举。其精神贯注于人类全体之生命,人生切己之利害,谋根本之解决,振至美之情操;其成败利钝,固不可一概论,而具有独立之资格,则无可疑者也。

一年以来,吾国士大夫有倡言文学革命者,鄙人独倡言文学独立。革命者,破坏之事;独立者,建设之事。互相为用,盖有不可偏废者焉。

（二）论文学须有极深之基础。吾国之论文学者，大氐以作文之法式即为文学；自古以来论文章者，莫不如此。余杭章先生云："文学者，以有文字著于竹帛，故谓之文，论其法式谓之文学。"（《国故论衡·文学总略》）推而上之，至于梁刘勰之《文心雕龙》，吾国论文书之最精博而完美者也，而其前五卷言文体，即所谓式；后五卷言作法，即所谓法。章先生之论文学，大氐宗法刘氏。刘氏之论文体，靡所不包，凡有文字著于竹帛者，皆论之矣。章先生以无句读文与有句读文并立，自属创见。而刘氏《文心雕龙·书记篇》云："总领黎庶，则有谱、籍、簿、录。医、历、星、卜，则有方、术、占、式。申宪、述兵，则有律、令、法、制。朝市征信，则有符、契、券、疏。百官询事，则有关、刺、解、谍。万民达志，则有状、列、辞、谚。并述理于心，著言于翰。"则举无句读文之图画、表谱、簿录、算草皆括之矣。星家必有图画，历家必有算草，史书地志则无句读文更多矣。而其所论文学，亦不外乎法式。夫法式者，文学之外事，仅及乎文字而止；文学之内事所谓学术者，实未尝置论。法式者，今世文学基础学中修词学之一部分而已。学术者指文学基础之学，及文学特殊之学。刘、章二大儒博极群书，兼通外学，故能造诣宏深，内充外美。若夫不事学术，徒研文字，制憭无意趣之小诗，造无关宏旨之短文，即以文学自诩，且谓文不关学，自有天才，非狂肆无归，即浅薄无骨，或以艰深文浅陋，或以纤艳逞佻巧，或以古淡便窾空，有文章而无作用，有艺术而无思想。无他，吾中国文学之律令，仅规范夫文学外事之过也。

文学有内事，有外事。内事或称内容，即思想之谓也；外事或称外形，即艺术之谓也。欲内外事之完备，必有种种极深之科学哲学以为基础。今立表如下，以明其关系：

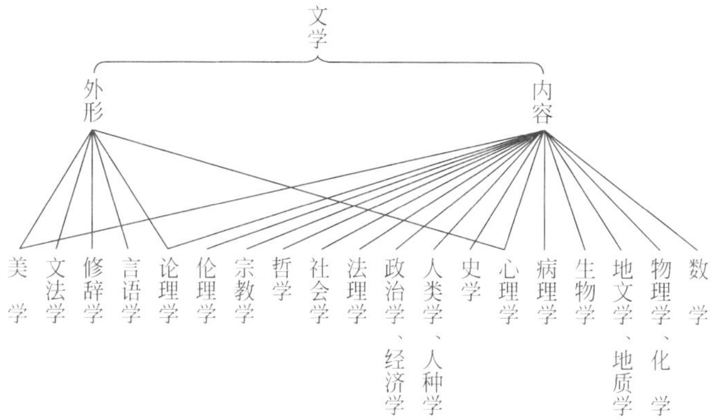

上列诸科学哲学，求之吾国古书中，未始无其萌芽，然既无系统条理之可言，即难臻广大精微之域。譬犹以《周礼》讲化学、矿学。以《大学》、《学记》讲财政、教育，必不济矣。自今以后苟有志于文学，非有系统条理诸科学以为基础，则于物理人情既蒙无所知，政教学艺亦无以资比较，思想偏戾，艺术粗疏，洪深精密之思，高尚纯洁之情，亦无自而生，今此诸科学哲学与文学之关系，自有文学专籍详为说明，兹不缕述。苟能循序渐进，毕兹鸿业，乃可研精文学专籍，与夫文学专家之作。此则今世文学家之律令，内深外洪，非可倖得。若造次躐等，志图速化，则摹拟翻译，或可企及，评论创作，未见其有济也。

（三）论文学须有巨大之作用。文学既为独立之科学，则必有巨大之作用。其作用安在？曰，以能感动人之多少为文学良否之标准。盖文学者，以能感动人之情操，使之向上为责任者也。感动多者，其文学必良；感动少者，其文学必窳。是故文学要义有二：其一，文学既以感动为主，则不出以教训方法使之强迫灌注，而出以娱乐方法使之自由感动。盖他动之力暂而小,自动之力久而大也。是故文学作家,全以美情为主,无秽浊鄙陋之气杂于其间,一如绘画、雕刻、建筑、音乐,使人对之,有舍去百事乐而从之之念。舍去百事,则秽浊鄙陋之气捐矣;乐而从之,则至诚爱慕之情生矣。世间未有无美丑之决择而能动情者,亦未有不动情而乐于从事者。故文学以情为主,以美为归。其二,文学既以感动多数为主,则不以特别之知识为标准,而以普通之知识为标准。盖寻常日用普通切己之事实,非有高深缜密之学理为之纲纪,即不能秩然有章。天下之乱,人类之苦,多伏于此,故文学家必以至高之学识、至美之感情,以最浅显之文言,写最普通之事实,使人类读之,得决然舍去至乱至苦之境,而就至治至乐之境,即舍去至秽之境,而就至美之境。感动愈多,则人类之幸福愈大。故文学不以少数高等读者为主,而以多数群众读者为的。准此,则文学之文,与历史、科学、哲学之文,其作用之不同可知矣。

昔英 Bacon(1561—1626)分学术为三大类,曰史学、曰诗学、曰理学。史学以记忆为主,诗学以想像为主,理学以悟性为主,颇与吾国分文学为说理、纪事、言情三大类相同。所不同者,Bacon 之所谓诗学,即今世所谓文学,与其他学术相对待而独立;吾国所谓言情之文,亦即今世所谓文学,然吾国视此,不过为文学之一部分,不能独立。文学之全体大用,一切学术皆所并包,故学术无分科并进之望,不特文学无系统条理之可言也。日本太田善男《文学概论》,亦以诗为主情之文,以历史哲理为主知之文,惟称主情文为纯文学,主知文为杂文学,其弊与吾国以一切学术皆为文学相同,兹所不取。惟以诗该括纯文学之文,可与 Bacon 诗学相发明;兹将二家之表列下:

Bacon 学术系统表

- 学
  - 史学（记忆）
    - 人类史
      - 教会史
      - 政治史
      - 文学史
    - 自然史
  - 诗学（想像）
  - 理学（悟性）
    - 自然神学
    - 宇宙论
      - 自然科学
        - 具体之自然记述
        - 抽象之自然记述
          - 物理学
          - 化学
      - 纯正哲学
    - 人类学
      - 个人
        - 生理学
        - 心理学
      - 社会
        - 政治学

太田善男纯文学表

其杂文学表，与 Bacon 之史学理学意同，兹略之。

- 纯文学……诗
  - 律文诗
    - 客观之律文诗（叙事诗）（按吾国之诗赋属此）
    - 主观之律文诗（抒情诗）（按吾国之诗赋词属此）
    - 主客观之律文诗剧诗（按吾国之乐府戏曲及有韵语之小说属此）
  - 散文诗
    - 客观之散文诗（叙事文）（按吾国之散文诗及近诗之杂文属此）
    - 主观之散文诗（抒情文）（按吾国之散文诗及近诗之杂文属此）
    - 主客观之散文诗（小说）

今世之所谓文学，即 Bacon 所谓文学，太田善男所谓纯文学，吾国所谓诗赋、词曲、小说、杂文而已。此类之文，大氐以讽喻为主，以寄托为归，故可以诗该之，盖其作法相同也。《毛诗·叙》云："诗者，志之所之也，在心为志，发言为诗。情动于中而形于言；言之不足，故嗟叹之；嗟叹之不足，故永歌之；永歌之不足，不知手之舞之足之蹈之。"此则自诗赋以至歌舞戏曲，亦皆以情为主也。《论语》曰："诗，可以兴。"兴训感发，则诗亦以感动为主也。然而吾国之文学，自汉魏而后，十之八九往往与今世文学相反，而无巨大之作用，何也？曰，以反乎文学二大要义故也。由前言之，以诗赋、词曲、小说、杂文家多乏至高之学识、至美之感情，无以感动高尚纯洁之人情，转以酝酿秽浊鄙陋之风俗。正人君子，至目诗赋为小技，词曲为淫艳；戏剧、小说则尤视之如毒蛇猛兽，以为传导媱杀之具，禁子弟以勿观。实则禁止愈烈，流播愈广，人之嗜此，反若生命，无他，以娱乐出之故也。若因势利导，以娱乐之品，贯以美妙之情，自能廓清旧弊，焕发新机。反是，则此不良之文学反得操纵社会，管钥风俗，而司人类最高之权矣。谚云："父母管身不管心。"惟文学可以操纵人心，感化于不觉；一利一弊，出入至巨，故其权能为最高。由后言之，吾国文学多以古奥典雅相尚，出而为标榜之具，且强附老聃之义，以为"知我者希，则我者贵"，又美其名曰"聊以自娱，不求闻达"，属辞吐语，务期艰深；浅露之言，在所必去。故所贵者在诗赋，杂文、词曲次之，小说则鄙薄而不屑道；出其文章，以人不能喻为高；识者视之，其内容亦多空而无物耳。如是，则文学又何益于人世耶？王充有言："文贵易晓而难为，不贵难知而易造。"今欧美文学家大氐以通俗之语言为诗歌、戏曲、小说，而读式诗尤重于吟式诗，以尽人能解为贵。在彼教育普及，全国几无不识字者，其效自大。吾国之人识字虽寡，然终能渐次扩充。且诗歌为家弦户诵之物，渔樵耕牧之人且欲以此抒其劳苦；小说、戏曲，人尤酷嗜。苟能以语言为诗歌、戏曲、小说，则略识字者即能读之；诗歌可以口耳相传，节短音长，妇孺亦能感诵；戏剧即不识字者亦能耳濡目染，深入人心。此三者为天下至可娱乐之品，文学家据此，得以最浅近之语言输最高美之情感，此可以鼓动一世而为感化大同之利器也。夫吾国之文学，四亿人中真能通达者，不过数十人，多不过数百人，其效力如是而止；而欧美之文学，方欲举国之人尽能通晓而感动之，且欲举世之人尽能通晓而感动之：二者相较，此真庄子所谓“同一不龟手之药，或以封，或不免于洴澼絖”矣。吾国人何拙于用大如此耶！

近日言文学革命者，欲以平民文学革除贵族文学，其意固在以佞谀贵族之文学，改而为感化平民之文学，故其为文贵以浅显之语言使平民共享文学之趣，不贵以艰深之文字使贵族独享文学之趣也。昧者骤聆其语，不解其意，以为吾之所以受人敬爱，即在高贵之文学；若降与平民为伍，是将失其根据，除其地位，于是怒形于色，詈出于声，以视政治革命，正如专制之帝王卿相焉。不知贵者自贵，贱者自贱，文学家之可贵，自以其思想出众，文不犹人，所谓“世人皆醉我独醒”也；出其先知以觉后进，虽用语言，人犹莫及，而领解者愈多，敬爱者转众。余杭章先生曾以俗语造《教育今语杂志》，终以思想超人，仍觉语妙天下，此其证也。昔者孟子见齐宣王曰：“王尝语庄子以好乐，有诸？”王变乎色，曰：“寡人非能好先王之乐也，直好世俗之乐耳。”曰：“王之好乐甚，则齐其庶几乎。今之乐，犹古之乐也。”曰：“可得闻与？”曰：“独乐乐，与人乐乐，孰乐？”曰：“不若与人。”曰：“与少乐乐，与众乐乐，孰乐？”曰：“不若与众。……今王与百姓同乐，则王矣。”以此例文学，则怒者詈者亦可以释然乎。

（四）论文学须有美妙之精神。上言文学，以感动为主：感动多者，其文学必良；感动少者，其文学必窳。夫感动之作用，美妙之精神为之也，是故精神愈美妙，则感动之力愈强大。不观德之Nietzsche乎，以其超人主义发而为诗，Nietzsche（1844—1900）初治古文学，为大学教授。继治Schopenhauer哲学，颇归厌世。其后由意志寂灭说一变而为权力意志说：本进化学，以为人既由动物而演进。则人类渐次进化，必有超人出焉，以驾乎今世人类之上，能造今世人类所不能造之幸福；故人必须破坏现在之卑劣生活，以改造价值更优之生活，愈改愈进，不可退转。其善恶之标准，即以能创造进境者为善，妨碍进境者为恶。妨碍我者，必战退之，摧陷廓清，向上无碍。有人力而无神力，有地上而无天上。以基督教为人类进趋之妨碍物，詈其道德为奴隶道德，只足为末人，不足为超人。其所著*Also Sprach Zarathustra*，以新体之叙事诗写其超人主义。世遂称之为哲学诗人。自其书出，德国人心大为感动，励其学术，策其进取，多以超人自勉，颇有大地主人翁之概。欧洲此次大战争，不啻Nietzsche为之原动力，故世人又称之为战之哲人。辗转感动，酿成德国之大战争，大地各国均为震撼。又不观夫俄之Tolstoi乎，以其人道主义发而为小说，Tolstoi（1828—1910）本为伯爵，其学正与Nietzsche相反。然对于宗教，亦持无神论，以真理为神；此文学之根本问题，故与Nietzsche相同。惟Tolstoi仍取宗教之平等主义，以反对权力，于是有所谓人道主义、和平主义、无抵抗主义、无财产主义。推其意，以为人类之不平等，由于贫富之不均，亦由权力强弱之不均，故对于暴力，主张不服从，亦不抵抗，人人不为奴隶，人人能自为主人，则人人能自食其力，而一切阶级制度自然蠲除。其所著小说，以《战争与和平》（*Vojna i Nir*）及*Anna Karenina*与*Tchto djelai*为最有名；欧美人心大为感动，社会主义日以兴盛。俄国此次大革命，实不啻Tolstoi为之原动力；而俄之革命，不特政治革命，实兼社会革命，贵贱贫富两阶级皆欲消除之，其趋势颇将波及于各国，兹特其发端耳。辗转感动，酿成俄国之大革命，潜势所趋，方兴未艾。夫Nietzsche、Tolstoi之文学孰是孰非，或皆是皆非，孰胜孰败，或皆胜皆败，姑不具论；而二家之所以感动人心如是之深且大者，实皆具有美妙之精神，则彰彰不可掩者也。观此，则知文学精神之美，足以震撼大地，操纵人类。谓文学为无用者，可以关其口；而作无用之文学者，亦可以变计矣。

世间美之至者，可以使人捐其身命，乐而从之。譬诸美人，为之情死者实繁有徒，则美之感动力为之也。吾闻美学家言：天下至美之物，其曲线为最多；人体为曲线最多之物，故裸体美人，世界美物无有出其右者，雕刻绘画家所以刻意为之者，正为此耳。吾今得此，可以为文学之喻。美妙之精神，犹之裸体美人也；至于发为语言，书为文字，亦犹裸体美人之衣裳饰物耳。其体貌既为天下至美之人，则其衣裳饰物为英国、美国制，不损其美也；为法国、德国、俄国、意国制，不损其美也；为中国、日本制，亦不损其美也。文学之精神既为天下至美之品，则写为英国、法国文，不损其美也；写为德国、俄国、意国文，不损其美也；写为中国、日本文，亦不损其美也。观此，则知世间至美之物，其感动人之深且广，固不可以国界限矣。《论语》记孔子与子贡论诗：子贡曰："巧笑倩兮，美目盼矣，素以为绚矣。何谓也。"子曰："绘事后素。"按，素即美人之体，绚即美人之饰；吾之比喻，可与此相发明。

世有美人，雕题、文身、削眉、涅齿、贯鼻、穿耳，以各从其国俗者损其天然之美，见者反以为牛鬼蛇神，望而却步；故文章必施以雕琢，戏剧必谱以粉黛，以是为一国特有之粹，刻意保持。观于上二喻，若者使人乐而忘死，若者使人望而却步，可以知所抉择矣。

（原载《北京大学月刊》第1卷第1号，1919年）

整理中国最古书籍之方法论

我们现在讲学问，把古今书籍平等看待，也不是古非今，也不尊今薄古，用治生物学、社会学的方法来治学问。换一句话讲，就是用科学的方法来治学问。譬如治生物学，对于最下等生物之细菌，与最高等生物之猿，一样的重要看待；又如治社会学，对于极下等社会之原人，与最高等社会之文明人，亦一样的重要看待。只要阐明他进化的迹，发见他变迁的理，顺自然之法则，略加说明，不必横生议论，硬断是非。人家看了，自然而然他的精神会达到进化最高之点，潜移默化，省却了许多闲争执，这是世界上最经济的事业。我们中国古书中属于历史的、哲学的、文学的，以及各项政治、法律、礼教、风俗，与夫建筑、制造等事，皆当由今日以前的古书中抽寻出来，用科学的方法，立于客观地位整理整理，拿来与外国的学问比较比较，或供世人讲科学的材料。其中最古的书籍，格外难治，尤当慎重，断不可用主观的方法，合于自己心理的算是真的、是的，不合自己心理的算是伪的、非的；合于自己心理的便要采用，不合于自己心理的便要摧弃。方今治科学的方法，最要者是分析、比较、综合，而尤要者在乎经验。所讲的事实，若未曾经验，但凭传说，往往流于臆测；虽有分析、比较、综合种种方法，他的基础已不巩固，是容易为人摧破的。所以我们治古书的方法，第一亦在乎经验；苟至无可经验，要用推测，亦须用已经经验的事来推测，乃不至于武断。

我们中国最古的书籍，就是几部经书。治经的方法，就有二派：一派是今文家，一派是古文家。此二派治学之目的，固是不同，今文家要讲得义理圆满，略似乎外国的历史哲学派；古文家要讲得事实确凿，略似乎外国的考古学派。然而外国历史哲学派与考古学派，不但不相冲突，且互相发明。中国今文家、古文家往往互相冲突，这个缘故，就是治学问出发点的方法不同了。外国无论历史哲学派、考古学派，他的出发点皆注重经验方法，虽至无可经验之时，亦必拿经验的事实来推测。中国古文家重经验，亦重推测；今文家不重经验，但重推测。不重经验的推测，实在不可叫做推测，只可叫做臆测；臆测之时，但有主观而无客观，是治学的最大毛病。

我今试举一例，以比较今文家、古文家治学的方法不同。

讲古文者问于讲今文者曰：《周礼》你们以为伪的，不必说了，《仪礼》你们以为真的么？

讲今文者曰：下文"讲今文者曰"、"讲古文者曰"，省略为"古曰"、"今曰"。《仪礼》是真的。

古曰：《诗经》是今、古文家多以为真的，不必说了；但今文家说《关雎》，以为刺康王伤始乱而作，古文家以为《关雎》言后妃之德。何以见得如此？因《仪礼·乡饮酒礼》经云"乃合乐《周南·关雎》"；《燕礼》经云"遂歌乡乐《周南·关雎》"。《仪礼》是周初所定的礼，故言文王后妃较是；言刺康王，与《仪礼》不相合。

今曰：《仪礼》是孔子采三代之礼，参以己意定的，并非周初颁行的礼。古人谓孔子删《诗》、《书》，定《礼》、《乐》，盖《诗》、《书》皆为孔子所删，中间亦有孔子自作的，譬如姚姬传《古文辞类纂》，所以《尧典》必系孔子自作的了；《礼》、《乐》亦为孔子所定，譬如朱文公《家礼》，所以歌《关雎》亦是孔子的意思。今文家言《关雎》刺康王，与《仪礼》并不相背谬。

古曰：《仪礼》是孔子定的，并非周初颁行的礼，这个证据在什么地方？

今曰：试举一例，就可以证明。譬如《仪礼·丧服》经有三年之丧，全是孔子开始定的；古人并未有过这礼，所以晏子、墨子等大都反对这礼。此儒家的特制，所以他家大都反对。不但如此，孔子的弟子即欲反对：《论语》："宰我问三年之丧，期已久矣。君子三年不为礼，礼必坏；三年不为乐，乐必崩；旧谷既没，新谷既升，钻燧改火，期可已矣。"可见孔子新定三年之丧，所以宰我据理直争，以为"期可已矣"。我今再举一确证与你看：《孟子》：滕定公薨，世子使然友问孟子，孟子告以行三年之丧。然友反命，定为三年之丧。父兄百官皆不欲，曰："吾宗国鲁先君莫之行，吾先君亦莫之行也，至于子之身而反之，不可。且志曰：'丧祭从先祖。'"曰："吾有所受之也。"邹鲁最讲究礼法，尚且无行三年之丧者，可见三年之丧是古人并未有过，这制度全是儒家孔子首创的了。孔子未创三年之丧以前，当时最隆之礼，不过期年，故宰我言"期可已矣"。《荀子·礼论》亦言"至亲以期断是何也？曰，天地则已易矣，四时则已遍矣，其在宇中莫不更始矣，故先王案以此象之也"，这不是期为最重的丧礼吗？照此看来，三年之丧既是孔子新定的，是《仪礼》必为孔子所自定的了；《仪礼》既为孔子自定，则《尚书》、《诗经》、《易经》亦必为孔子自选自作的了。

古曰：你们既以《论语》为证，是《论语》必为你们所信为真的。《论语》宰我问三年之丧既毕，孔子又谓"夫三年之丧，天下之通丧也"；孔子既谓三年之丧为天下之通丧，是非孔子所定的可知。

今曰：孔子之言是靠不住的，所以孟子说："尽信书，则不如无书。"

今、古文家辩论至此，古文家遂不能辩了，以为他们总是合于自己心理的书以为真的，不合于自己心理的书以为假的；而且一部书中，或一章书中，合于自己心理的乃是真的，不合于自己心理的乃是假的。所以《左氏春秋传》全部书是假的，不容说了，《尚书》、《论语》、《孟子》、《荀子》不合他心理的这几篇几句亦有假的了。照此说来，古今来无论什么书大都是假的，真的书中亦大都一半真一半假的，是无容辩得了。

若照古文家看来，上列今文家末了这两段说话，将他根据驳倒，极是容易的事，只要以子之矛攻子之盾就彀了，今约举如下：

今文家既言"六艺"皆为孔子所自定自作，故举"六艺"之言以驳今文家，今文家不受也。若《论语》、《孟子》、《荀子》，从前今文家亦认为全书是真的，今即据以为证：

《论语》：宰我问三年之丧，期可已矣，今文家信为真的；本章下文，"子曰，……夫三年之丧，天下之通丧也"，同在一章内，亦必是真的。《论语》：子张曰："书云，'高宗谅闇，三年不言'，何谓也？"子曰："何必高宗？古之人皆然。"同在一部书内，亦必是真的。

《孟子》："然友反命，定为三年之丧。父兄百官皆不欲，曰：'吾宗国鲁先君莫之行，吾先君亦莫之行也，至于子之身而反之，不可'。"今文家信为真的。本章上文，"孟子曰，……三年之丧，齐疏之服，飦粥之食，自天子达于庶人，三代共之"，同在一章内，亦必是真的。且可见"至于子之身而反之不可"一语，是言现在久不行三年之丧，至于子之身而反先君之行为复行古礼，不可。可见三年之丧，三代共行；春秋战国渐渐不行三年之丧，孔子是主张复古的，所以当时人多与他反对了。《孟子》又引《尧典》曰："二十有八载，放勋乃殂落，百姓如丧考妣，三年，四海遏密八音。"又曰："尧崩，三年之丧毕，……舜崩，三年之丧毕，……禹崩，三年之丧毕。"同在一部书内，亦必是真的。

《荀子》"至亲以期断"，今文家信为真的。本篇上文"三年之丧二十五月而毕"；下文"然则三年何也？曰，加隆焉，案使倍之，故再期也"；又云："故三年之丧，人道之至文者也，夫是之谓至隆，是百王之所同，古今之所一也。"同在一篇内，亦必是真的。

据上所引，今文家所说岂非自相矛盾？然而今文家必不认错，必以为他所引的是真，古文家所引的是伪。

再照古文家看来，《论语》中孔子所说的话，是他们弟子所记，必可信以为真，汉以来今文家亦信《论语》是真的。今宜据孔子所自说的话取为证据，必较战国、两汉人的传说更为可信。

《论语》："子曰，'加我数年，五十以学《易》，可以无大过矣'"；又，"南人有言曰，'人而无恒，不可以作巫医'，善夫！'不恒其德，或承之羞。'子曰，'不占而已矣'"。近时今文家言《易》是孔子作的，《十翼》是孔子弟子作的。案，孔子自己作《易》，而自己学之，又欲期时人尽能占之，恐无此理。

《论语》：或谓孔子曰："子奚不为政？"子曰："《书》云：'孝乎，惟孝友于兄弟，施于有政'，是亦为政，奚其为为政？"近时今文家言《尚书》是孔子所删定，间有他自己作的。案，孔子自己作书，即欲引证以难或人，恐无此理。

《论语》："陈司败问昭公知礼乎？孔子曰'知礼'。"又："子曰：'殷因于夏礼，所损益可知也；周因于殷礼，所损益可知也。'"又："子曰：'周监于二代，郁郁乎文哉，吾从周。'"近时今文家言《仪礼》是孔子自己新定的礼，并非周初颁行的礼。案，昭公所知之礼，必为周礼，孔子自言吾从周，则《仪礼》必为周礼中一部分可知。

今文家最信的是《中庸》。《中庸》言“愚而好自用，贱而好自专，生乎今之世，反古之道，如此者，裁及其身者也。非天子不议礼，不制度，不考文”。若照上文今文家所说，孔子自己议礼、制度、考文，岂非自相矛盾吗？要晓得孔子治学的方法，是“述而不作，信而好古”的。《论语》上说得明明白白，断断不会照今文家所说，随便乱作的。

《尚书》为孔子所删定，从前今文家，亦以为真自古人传下来的。近时今文家，则谓《尚书》中有孔子自作的，如姚姬传之删定《古文辞类纂》。案，姚姬传《古文辞类纂》，有所弃取则有之；妄将古人所作的文，随意窜改，或自作一篇，杂于古人文内，以乱其真，则亦未闻有此事。今文家以三年之丧为孔子自定的新礼，见《尧典》有“二十有八载，帝乃殂落，百姓如丧考妣，三载，四海遏密八音”，与他的说不合，遂以《尧典》为孔子自己作的；见《仪礼·丧服》亦有三年之丧，与他的说不合，遂以《仪礼》为孔子自己定的。照此说来，孔子因欲定三年之丧，遂不惜假造古人已行三年之丧的故事来骗时人，是孔子就是第一个伪造古书的人了。从前今文家，疑《史记》是半真半假，阉割《史记》；（《史记》中除十篇有录无书，是后人所补的；再除武帝以后事迹，是后人所附录的；其余真伪，亦未可妄断。）现在今文家更进而欲阉割《论语》、《孟子》、《荀子》。从前今文家疑刘歆伪造古书，现在今文家更进而疑孔子伪造古书。今文家自己的根据既已打破，仍欲讲孔子如何制作，如何张三世，如何是据乱、升平、大同，岂非全是空中楼阁。与汉代今文家所谓孔子为汉制法，孔子端门受命诸说，有何以异？

上举今文家、古文家相辩之例,两家治学出发点的方法论,绝然不同;故其结果,自然绝不相同,固不足怪。不但中国治经如此,外国治哲学亦是如此。哲学家因出发点的认识论绝然不同,故其结果亦绝不相同。譬如唯理派言哲学,偏重理想,往往牵涉神学,流于臆说。今文家言经学,亦偏重理想,往往牵涉阴阳家流于臆说。经验派言哲学,必根据经验,打破一切传说。古文家言经学,亦必根据经验,打破一切传说。方今经验派根据生物学以治哲学,主一元论,其理较胜,故言哲学者,其出发点的认识论,不可不为先决问题。治中国经学者,其出发点的方法论,亦不可不为先决问题。照鄙见看来,他们哲学家但言道理,尚不可不凭经验,治古书者欲讲事实,更不可不凭经验了。

欲讲经验,不可不用科学的方法,即不可不用论理学的方法。论理学判断一案,必须先立前提;其前提必须如因明学所谓立敌共许。今略立条例如下:

(壹)讲古书必须有证据为前提,不可妄下无证据的判断。

(1)所举证据,不可以后证前;古书中无明文,今文家、古文家的传说一概捐除。

(2)所举证据,须在今文家、古文家共信的书中。

(3)所举证据,须求普遍的;在今文家、古文家共信的书中,全然一致,无自相矛盾之误。

据立敌共许的原则,则用今文家无证据的传说,强古文家相信,古文家必不许;反之,亦然。现在要讲明这几部最古的书,必举今、古文家所共信的书来作根据。如《周官》、《左传》、《国语》,今文家不信的,大小戴《礼记》、《公羊传》、《谷梁传》,古文家不信的,皆不可为证。《尔雅》为后起之书,亦不可为证。战国、两汉的子书传说，更不可为证。

《易》十二篇、《书》二十九篇、《诗》三百五篇、《礼》十七篇，此四部书，今文、古文家皆以为真的，所不同者，唯字义有本假，大致是相同的。《仪礼》中之《传》与《记》，《诗》、《书》之《序》，亦除去，与《礼记》同等看待。

孔子的《春秋》，古文分为十二篇，今文分为十一卷；孔子门弟子所记的《论语》，古文二十一篇，今文齐二十二篇、鲁二十篇，今本二十篇；《孝经》，古文二十二章，今文十八章；此皆分卷分章不同，其大致亦相同，今、古文家皆以为真的。

以上所举七部书，今、古文家既皆以为真，欲讲明古事古义，必举此七书以为证，乃可信以为真。七书无明文，姑从阙疑，不可臆说。有明文的，先定其纲领，继用分析之法，继用比较之法，有不同的，作为异说，并条列之，不可无证妄断。继用综合之法，务将春秋以前社会真相表现出来。

（贰）上列最古之书七部，就各项学术分治，经学之名，亦须捐除。

（1）属于文学者，须观察其时代精神，不必注重考据。

（2）属于哲学及各项学术者，须凭当时确实的言语，不可从事实中妄事臆测。

（3）属于历史及各项制度者，先须考核事实，用分析、比较、综合的方法，顺序排比；然后以历史、哲学及法制、经济等科学的眼光说明之。不合于事实的空议论，一概排斥。

《诗》三百篇，用治文学的方法去观察当时社会的现象及心理，不拘今、古文家之成说，但凭文字上所表现者。例如重男轻女，多妻主义，多子主义，女子贵贞洁、贱妒忌，其他若信鬼神祭祀，重耕牧织纴，伤兵役，悲别离：考察人生性情所流露，不沾沾于某诗为某人而作。诗与小说，性质相等。如《红楼梦》一书，只要知其何时作，就可以观察当时社会现象及心理，不必考其为某人而作。

《易》则用治哲学的方法去观察，但须用广义的哲学。《论语》、《孝经》、《易传》，为孔子的哲学所散见。《老子》一书，古今人皆以为真的，且与孔子同时；经学之名既解散，《老子》自当加入春秋时哲学书中。他若鬻子、太公、管仲之书，多为战国人伪托，不列此数。

《尚书》、《仪礼》、《春秋》，用治史学的方法去观察，惟须先分析排比，然后综合整理；继乃用历史哲学说明。《山海经》、《周书》，疑信参半，亦不列此数。

以上三项书籍，亦有相互的关系。如言文学、哲学者，非无与《尚书》、《仪礼》、《春秋》相关系；反之，亦然。

经学之名，何以必须捐除呢？因为经之本义，是为丝编，本无出奇的意义。但后人称经，是有天经地义，不可移易的意义，是不许人违背的一种名词。例如《孝经》一书，照班固《艺文志》说："夫孝，天之经，地之义，民之行也；举大者言，故曰《孝经》。"其后墨家有经，道家有经。《荀子》引《道经》，《汉书·艺文志》有《老子邻氏经传》、《傅氏经说》、《徐氏经说》。《易》、《诗》、《书》、《礼》、《乐》、《春秋》因为孔子所传的，儒家亦尊之为六经，盖崇奉其人其书，皆有天经地义、不可移易的意义，故各称之为经。不但儒家等如此，即佛教、回教等，各自崇奉教主，亦称其书为经。他们看得教主的经，亦是天经地义，不可移易的，须要传之万世，不许违背，所以经是永远使人不许独立进步的。我们治古书，却不当作教主的经典看待。况且《易》、《诗》、《书》、《礼》，本非孔子一家之物，《春秋》以前的书，本非孔子一人所可垄断的。

今文家讲经,正是用那崇奉教主的办法,以为六经是孔子一人的经典,所以弄出两种弊病来了:其一流为科举的弊病,其一流为教会的弊病。

今文家说经,必须在经文以外立义,所谓微言大义就是了。孔子所未说的,必须代他说明。盖汉代博士,教弟子射策决科,势必如是,加以陈古讽今,断章取义,往往牵附时事以立言。以春秋讲灾异、决狱讼;三百篇当谏书,尤其章著者。加以人心不同,各如其面,故同是说孔子,汉、魏、六朝与唐、宋、元、明,其面目代各不同。宋以后经义八股,代圣贤立言,即今文家之变相者,汉以阴阳家附会经学,宋以佛经附会经学:合于己意则是,不合则非。故宋人排《系辞》,毁《周礼》,疑《孟子》,讥《书》之《顾命》,黜《诗》之《序》,甚至改经删经,移易经文以就己说,而无实证者甚多;清代今文家,拾其唾余,故宋学与今文家,实一而二、二而一者。其结果疏陋无学,任意是非,目空一切,笃实如科学等,断不能入其意。清代古文家,尚有治水地、器械、天算之学,兼治西算者,今文家大抵不屑治实学,这就是明证了。

今文家说经,必说得孔子学贯天人,超绝今古,六经皆是孔子所作;甚者且谓中国文字,亦是孔子造的;孔子以前,无文字书籍;孔子至圣,实为中国之教主,中国人绝对宜服从的;名教纲常之说,实与宇宙同其悠久,永不可变易的。现今西洋学说,传至中国,恐至摇动其教,所以主张孔教必须立教会传布;孔教必争至立为国教,定于宪法;学校内必须读经。老实说句话,在今文家看来,孔子的五经,古文就是孔教的《新约全书》;今文就是孔教的《旧约全书》了;今文家的魁首,就要作教主了。

现在我把整理最古书籍的方法论已说完了。春秋以前的书,既已考着实，理清楚，然后再用此等方法去整理战国及两汉的书籍，其间属于文学、哲学的，不过有是非上的争执，亦有真伪问题，然较他种书籍易辨。只要还他一个真面目尚较易整理；属于历史的，兼有真伪上的争执，如《左传》、《国语》、《周书》、《史记》、《周礼》、大小戴《礼记》，最难整理。然而亦有方法：

(1)战国以前的事实，凡合乎上列八书者，为真；不合者，或为异说，或为伪书。书真而说间有异者，为异说；全书皆伪为伪书。

(2)历史的义理，谁家所说，即为谁家的哲学或政论。

(3)如《周礼》、《王制》等，若以上列八书证明是伪，即考明此书出于何时，即定为何时的政论或政策；其他一切伪书，皆须考明出于何时。关于文学的，即定为那时的文学；关于哲学的，即定为那时的哲学。盖伪造亦有伪造的学说，亦不可一概抹煞。

两汉以下迄于今的书籍，其整理方法，亦不外是。总之，一概须平等看待。高文典策，与夫歌谣小说，一样的重要。用科学的方法整理起来，虽后世戴假面具的文史，其真情亦自难逃躲。我的议论，虽然似偏重古文，看轻今文，然我所弃取的，不过古文家治学的方法重实证，较胜于今文家罢了。其实古文家繁琐纷纭，博而寡要，这就是有了经验，不知分析、比较、综合的毛病，我亦要反对的。今文家治学的方法，抱定《孟子》“尽信书，则不如无书”的主义，不知《孟子》所谓“我于武城，取二三策而已矣；仁人无敌于天下；以至仁伐至不仁，而何其血之流杵也”，信不信的前提，全凭自己主观方面的理想。孟子平日主张杀一无罪，非仁也；孟子深信武王为至仁，能不杀一人而定天下的；不知纣虽无道，亦有死党，前徒倒戈，死党岂无抗拒者，血流漂杵，亦是寻常事。若以此法臆测天下事，合于自己心理的，即为可信；不合于自己心理的，即为不可信；则古今来书籍，无有一部可以全信的，部部书都要阉割了。充其量，只有自己的书可信，他人的书皆不可信，论到此点，其实只有书之是非问题，已无书之真伪问题；今文家往往以是非问题，武断为真伪问题。而且不用科学的方法，为求真理的立脚点，则心思漂泊无定，是非既无定见，前后必不一致；往往今日的我，有与前日的我相冲突者；则前日的我，亦不可信了。所以空想家的弊病，其结果是不要读书的。汉、清今文家及宋、明理学家的末流，大都如是。照此看来，所以讲学读书的方法论，不可不先决定的。

八年二月二十日

（原载《北京大学月刊》第1卷第3号，1919年）

文字学上之中国人种观察

吾人研究历史，可分为三阶级：一、以文字记载的历史；二、未有记载的历史以前之语言文字；三、未有文字以前之器物。第一属于普通所谓历史学，第二属于言语学（吾国谓之文字学），第三属于考古学。

吾人研究历史，求之于记载的历史不可得，则求之于语言文字；求之于语言文字不可得，则求之于古物。且也此三种研究之所得，足以相互发明，使历史材料愈臻确实。此欧洲学者历试之而成效已大彰明较著者也。

中国之人种，记载的历史上，虽已有陈迹可求，如《尧典》有“蛮夷猾夏”之言；《左传》有“戎狄豺狼不可厌也，诸夏亲昵不可弃也”之语。则诸夏即中国人种；蛮、夷、戎、狄即东夷、南蛮、西戎、北狄，皆非中国人种，已彰著于历史矣。然推求有史以前各人种文野之程度、亲疏之等差，以及中国人种之自待，及对待他人种之心理，则无从详知也。无已，则征之于文字学。

夏 《说文》：“夏，中国之人也。从夊从页从𦥑。𦥑，两手；夊，两足也。”案《说文》云：“夊，行迟曳夊夊也，象人两胫有所躧也。”“页，头也。”“百，头也。”“首，古文百，巛象发。”页、百、首，皆即今之首字。又，“𦥑，叉手也。从E彐”，𦥑，即今之掬字。从ナ又而变。实即廾之反文，廾即今之拱字。由此观之，夏之为字，有首有手有足，乃纯象人形。此为中国人种特造之字。夏水之夏乃水名；夏代之夏乃国名；春夏之夏其本字或当作晋。春字篆文作萅，从日屯声，晋字从日亚声，其例正同。此三字与中国人种之夏字，皆不可相混。人种之夏，乃最初本字；夏水、夏代，乃其假借字；春夏之夏，为通假字。

夏又引申为大。《尔雅·释诂》："夏，大也。"《说文》："大，象人形。"则大与夏皆象人形，故夏有大谊。夏又引申为华，有五彩华美谊。《禹贡》曰："羽畎夏翟。"谓翟之毛羽，五色皆备成章。《周礼·天官·染人》："秋染夏。"郑玄注："染五色谓之夏。"案五色之夏，其本字当作华。华夏声近相借，故五色之华假作夏，人种之夏假作华，华与夏皆有开口、合口二音也。夏又引申为雅，而训为正。案雅训为正，其本字当作夏，雅即今之鸦字。《说文》："雅，楚乌也。一名鷽，一名卑居，秦谓之雅。"《论语》："子所雅言，诗书执礼，皆雅言也。"雅言即夏言，荀子所谓"居夏语夏，居楚语楚"，是也。夏语，中国之语也，犹今之所谓国语。楚语，南方蛮、夷之语，孟子所谓"南蛮鴂舌"之语，为偏陬之方言。国语为正，方言为不正。孔子于诗书礼皆操国语，不杂方言，盖重之也。雅俗之雅亦当作夏。夏之与俗，犹都之与鄙，夏为中国，本不野俗，故训正；都为王都，本不陋鄙，故训美。由此言之，中国之人，其种名曰夏，其自以为大，自以为文明，自以为雅正，心理昭然矣。

蛮　《说文》："蛮，南蛮，它（今蛇字）种。从虫，䜌声。"案《说文》："虫，一名蝮，博三寸，首大如擘指。"虫即今之虺字，声义皆同。《尔雅·释鱼》："蝮，虫。"今本虫作虺，可证。

闽　《说文》："闽，东南越，它种。从虫，门声。"《周礼·职方氏》:“七闽。”郑玄注云:“闽,蛮之别也。”

狄　《说文》:“狄,北狄也,本犬种。狄之为言淫辟也。从犬,亦省声。”

貉　《说文》:“貉,北方貉,豸种也。从豸,各声。”貉俗作貊。案《说文》:“豸,兽长脊,行豸豸然,欲有所司杀形。”豸种者,谓长脊兽之种也。

上列四人种,蛮、闽,为蛇种。狄,为犬种。貉,为豸种,其实未必为蛇种、犬种、豸种也。中国人对南北二方之人,深受其侵略之害,故恶之不齿之于人类也。此种心理,盖已于造字时传之矣。

戎　《说文》戎作“戎,兵也。从戈甲。甲古文甲字”。案兵,为兵器。《礼记·月令》“乃教于田猎以习五兵。”注:“五兵,弓矢殳矛戈也。”引申为车卒、步卒,再引申为戎狄之戎。案西戎本名羌。

羌　《说文》:“羌,西戎,从羊人也。从人,从羊,羊亦声。”案儿,古人字。“从羊人”,《广韵·史记索隐》作“牧羊人”,较是。段玉裁改“羊种也”,非是。盖既已从人,何又云羊种?牧羊人者,言尚为游牧人耳,羌种始见于《商颂》,次见于《牧誓》。

夷　《说文》:“夷,东方之人也。从大,从弓。”《说文》羌字下云:“东夷从大。大,人也。夷俗仁,仁者寿,有君子不死之国。孔子曰,道不行,欲之九夷,乘桴浮于海,有以也。”案许叔重此说非是。《说文》仁字下云:“古文仁或从尸,作𡰥。”段玉裁云:“古文夷亦如此。”考𡰥乃古文仁字,而古文夷字亦作𡰥。遂以为夷俗仁,于是以东方君子不死之国附会其说。其实𡰥专为古文仁字,夷之古文虽亦作𡰥,《说文》夷字下不列其文,盖亦知其非是。然又谓夷俗仁,疑此说非许说,而为后人妄加。羌字下重说蛮、闽、貉、羌、夷,重复附会，不类许文。若为许之原文，则其说亦不足取。盖夷与戎、羌相类，从大从弓者，亦引弓之民，与西戎之好弄兵，皆无文化可言，而为游牧之民，其俗尚陋，故孔子欲居九夷，或曰“陋如之何”也。

上列东西二人种，较之南北二方之人种，其品格已稍高视。盖一则视同禽兽，一则已进为人类。惟与诸夏相较，则人格相去尚远。盖诸夏文明雅正，为夷、狄所不能仰望，故自大之心理，制字时已流露无余，戎、夷则等诸未开化之人，蛮、夷则等诸禽兽也。

吾人既由文字学而知中国人种与南北东西诸人种文野之程度、亲疏之等差，以及中国人种之自待，及对待他人种之心理，可以补记载的历史之不足矣。今更推演之，而得四种之观察：

一、中国人种所居之界域。夏既为中国人种，中国二字，其界域究以何处为限？历史上颇无明文可求。且中国有三义：(一)以京师为中国。如《诗·大雅·民劳》云：“惠此中国，以绥四方。”又云：“惠此京师，以绥四国。”二文语异而义同。故《毛传》云：“中国，京师也。四方，诸夏也。”然则四国即指诸夏矣。(二)以同服同制为中国。《荀子·正论篇》云：“诸夏之国，同服同仪；蛮、夷、戎、狄之国，同服不同制。”王念孙云：“仪，谓制度也。”服者，即下文所谓“封内甸服，封外侯服，侯卫宾服，蛮、夷要服，戎、狄荒服”。同服而同制，即谓之诸夏；同服而不同制，即谓之蛮、夷、戎、狄。谓同在五服之内，同行中国之制，虽夷狄亦可进为中国；同在五服之内，不同行中国之制，虽中国亦可退为夷、狄。周代，吴、越、楚、徐，本为中国之人，以其不同制，而僭号称王，故夷狄之。所谓“屏诸四夷，不与同中国”也。《荀子·儒效篇》云：“居楚而楚，居越而越，居夏而夏。是非天性也，积靡使然也。”亦以楚、越不与中国同制，故举夏以与彼对敌也。其后《春秋公羊传》之言中国、夷狄，亦与《荀子》相同。(三)以九州为中国。《史记·孟子荀卿列传》引驺衍云:"儒者所谓中国者,于天下乃八十一分居其一分耳。中国名曰赤县神州,赤县神州内自有九州,禹之序九州是也。"《孟子·梁惠王篇》云:"莅中国而抚四夷。"案四夷亦谓之四海。《尔雅》云:"九夷八狄七戎六蛮,谓之四海。"《荀子·王制篇》云:"北海则有走马、吠犬焉,然而中国得而畜使之。杨倞注云:"海,谓荒晦绝远之地,不必至海水也。"案海训诲,四海,犹四荒也。顾炎武《日知录》四海一条,未得其解。南海则有羽翮、齿革、曾青、丹干焉,然而中国得而财之。东海则有紫紶、鱼、盐焉,然而中国得而衣食之。西海则有皮革、文旄焉,然而中国得而用之。"荀子以中国对四海,孟子以中国对四夷,其义一也。然则九州以内,谓之中国;四夷所居,谓之四海,可得而知矣。据上三说,京师之说,自为别义。荀子公羊之说,可称为抽象的中国;驺衍、孟子之说,乃可谓实质的中国。吾人研究历史,自当取第三说为长。自夏禹序九州之后,商之九有(或以《尔雅》之九州为商制),周之职方,其地域略相等。惟唐、虞之时,已有"蛮夷猾夏"之言,西周以来,又有戎、狄交侵之祸,茫茫禹迹,常为四夷所蹂躏。盖唐、尧之时,命羲和东宅嵎夷,南宅南交,西宅西,北宅朔方。嵎夷,即《禹贡》青州"嵎夷既略"之嵎夷。今文《尚书》说,谓在辽西。孙星衍《尚书疏》据《说文》说,谓在辽东。胡渭《禹贡锥指》据《后汉书》、《通典》说,谓在朝鲜。案皆非也。辽东、辽西,皆属貊种。青州越海而以朝鲜为封略,亦似不合情理。又马融说"嵎,海嵎。夷,莱夷",亦非是。《禹贡》青州,"嵎夷既略。莱夷作牧。"嵎夷、莱夷并列,何得并为一谈?且一为地名,一为人种名,更不容牵合。言经学者,以经证经,最为正确。窃谓《尧典》之嵎夷,即《禹贡》青州之嵎夷,其地当在今登莱半岛东端。西,郑玄谓"陇西之西。"案《汉书·地理志》陇西郡有西县。尧时东西之界,即《禹贡》所谓"东渐于海,西被于流沙"是也。南交，朔方，即交趾、幽州。尧时南北之界，即《墨子·节用篇》所谓“尧治天下，南抚交趾、北降幽都。”《大戴礼·少间篇》所谓“虞舜以天德嗣尧，朔方、幽都来服，南抚交趾”是也。惟其时蛮、夷猾夏，虽抚之亦不足以羁縻。故《禹贡》所序九州，南不及交趾，惟以衡阳为界。东海之滨，扬州有岛夷，徐州有淮夷，青州有莱夷。东南二部，渐为蛮、夷所侵略。三苗之国，左洞庭，右彭蠡，本为夏族诸侯，故亦曰有苗。舜时窜其君于三危，而其国至禹时犹在。此犹周之吴、越、楚、徐，本为汉族诸侯，亦非蛮、夷也。蛮、夷惟荐食于东南边海之区已耳。夏商之际，四夷之事，载籍无征。文王之时，西有昆夷之患，北有猃狁之难。宣王之时，猃狁整居焦获，侵镐及方，至于泾阳。至于幽王，为犬戎所杀，周室东迁。狄灭邢、卫。故管仲谓：“戎、狄豺狼，不可厌也。”相桓公以攘夷、狄，救邢、卫以亲诸夏。孔子曰：“微管仲，吾其披发左衽矣。”盖谓此也。秦穆公霸西戎，君子与之。然其时戎、狄荐居中原，已不可胜数，山戎、羌戎、赤狄、白狄、长狄，介居于燕、齐、晋、郑、鲁、卫之间，而洛浑之戎，且逼近于王室。而东南之徐、楚、吴、越，虽不同诸夏之制，而实为诸夏之裔，迭相雄霸，蛮、夷之患，赖之以息。后之论者，以为东南江淮之地，本属蛮、夷，禹之九州，殆为后世所侈言。然则春秋之时，诸夏之地，亦多戎、狄，则黄河流域，亦本属戎、狄乎？假其不然，则古代中国界域，自当以九州为限。虽蛮、夷、戎、狄，时有侵入，亦犹今日内地十八省，亦有满、蒙、回、藏等族杂居也。

二、中国人种之专名。夏为中国人种之专名，其字专为中国人种特造，为最初之本义，前已言之矣。然中国人种称夏之外，其后或称为华，或称为汉。华为夏之假借字，汉为国名。盖因汉代兵威，振于域外。南越、朝鲜，皆为领土；匈奴、西域，亦慑其威。故当时外族称中国人为汉族，犹日本称中国人为唐人，亦因唐代而来也。而世之言中国民族者，尚有三说：（一）谓夏之名词起于大夏，（二）谓夏之名词起于夏代，（三）谓夏之名词起于夏水。此三说者，皆未思夏为中国人种专名，为最初之本义，故不得不举其说以辩之者也。谓夏之名词起于大夏者，黄帝使伶伦取大夏之竹以为律吕，夏之种族，即起于此。此犹谓华族之名，起于昆仑、华国，同其附会。大夏、华国，远在戎、羌荒服之地，其时中国人种之名，盖已久定。此误以地名为中国人种之名，必当辩正者也。谓夏之名起于夏代者，吾师章太炎先生《检论·序种姓》篇云："太上民各保其邑落，百里之国，而种族以是为称。其后乃更以王者之都为号，故舜称其民曰庶虞；见《大戴礼记·四代篇》及《千乘篇》。禹称其民曰诸夏；周称殷民曰庶殷。见《尚书·召诰》。"案庶虞、庶殷，犹言虞庶、殷庶。庶，众也。虞众、殷众，皆指其国民，与后世称汉人、唐人同例。若诸夏之称，为中国人种之专名，夏后以前，已有"蛮、夷、猾夏"之文，其不起于夏代可知也。禹称其民曰诸夏，虽经典无征，而理亦可通。惟诸夏之称，夏代前后，皆可称之。管仲、孔子，皆为周人，皆称当时中国为诸夏，而与戎、狄相对，知诸夏之称，亦不为夏代所专有。此误以国名为中国人种之名，亦必当辩正者也。谓夏之名词起于夏水者，章先生《太炎文录·中华民国解》云："神灵之胄，自西方来，以雍、梁二州为根本。宓牺生成纪，神农产姜水，黄帝宅桥山，是皆雍州之地。高阳起于若水，高辛起于姜水，舜居西城，据《世本》，西城为汉汉中郡属县。禹生石纽，是皆梁州之地。观其帝王所产，而知民族奥区，斯为根极。雍州之地，东南至于华阴而止；梁州之地，东北至于华阳而止。就华山以定限，名其国土曰华，则缘起如是也。其后人迹所至，遍及九州，至于秦、汉，则朝鲜、越南，皆为华民耕稼之乡，华之名于是始广。华本国名，非种族之号。正言种族，宜就夏称。质以史书，夏之为名，实因夏水而得。是水或谓之夏，或谓之汉，或谓之漾，或谓之沔，凡皆小别互名，本出武都，至汉中而始盛。地在雍、梁之际，因水以为族名，犹生姬水者之氏姬，生姜水者之氏姜也。夏本族名，非邦国之号，故得言诸夏。其后因族命地，而关东亦以东夏著。下逮刘季，抚有九共，与匈奴、西域相却倚，声教远暨，复受汉族之称。此虽近起一王，不为典要，然汉家建国，自受封汉中始，于夏水则为同地，于华阳则为同州，用为通称，适与本名符会。是故华云夏云汉云，随举一名，互摄三义，建汉名以为族，而邦国之义斯在，建华名以为国，而种族之义亦在。此中华民国之所以谥。”案华为国名，于古书无征。《中华民国解》谓“世言昆仑为华国者，特以他事比拟得之。中国前皇，曾都昆仑以否？史无明征，不足引以为质”。昆仑固无华国，华山阴阳，亦无华国也。华为族名，即夏之假借字，与华山无与。夏水之名，不见于《禹贡》，惟云“漾之东流为汉”，又云“江沱潜汉”，说者谓“沱自江出，潜自汉出”。汉之本流支流，《禹贡》皆明言之，明其时尚无夏水之名也。夏水之名，出于夏之后，夏族之名，出于夏［水］之前，不得以生于姬水者之氏姬，生于姜水者之氏姜，以相比例。此误以水名为中国人种之名，又当辩正者也。

三、中国人种西来说之无确证。挽近言汉族西来者，大都取证于汉、魏以来伪造之纬书神话。一二欧洲人士，亦都接近此辈，不学无术，妄相附会。驯至积学之士，亦震其新奇，从而附和之，章先生亦其一也。章先生《排满平议》云：“汉族自西方来，非有历史成证，徒以考索比拟得之。独《山海经》言‘身毒为轩辕所居’，又异今说。大地初就，陂陀四陨，淫水浸其边幅，是故人类所宅，独在中央高原。汉族自波迷罗此《大唐西域记》所译字，今则作帕米尔。来，虽无史籍根据，其理不诬。”又《序种姓篇》云：“黄帝之起，宜在印度、大夏、西域三十六国间，北抵雍、凉则附羌，南抵滇、黑水则附髳。《五帝本纪》曰：‘黄帝正妃生二子，其后皆有天下，一曰玄嚣，降居江水。次曰昌意，降居若水。《索隐》曰“江水若水”，皆在蜀。昌意娶蜀山氏女，生帝颛顼。帝喾父曰蟜极，蟜极父曰玄嚣。’若然，黄帝葬于桥山，地在秦陇，而顼、喾皆自蜀土入帝中国。其后喾子放勋，以唐侯升帝位，稍东。及舜之生，《世本》言在西城，所谓妫虚。西城于汉隶汉中。《六国表》曰：‘禹兴西羌。汤起于亳。《集解》徐广曰京兆杜县有亳亭。周以丰镐伐殷。’《蜀王本纪》言：‘禹汶山郡广汉县人，生于石纽。’然则舜、禹皆兴蜀、汉，与顼、喾同地。即上世封略起于南方审矣。虽神农亦产楼兰、西羌间，逮春秋有姜戎，《水经注》曰：‘蒲昌海，水积鄯善之东北，龙城之西南。龙城故姜赖之虚，胡大国也。’明神农产姜水，姜水即蒲昌海，故其后犹曰姜赖。其南出为西羌，羌者，姜也。晋世吐谷浑有先零，极乎白兰。其子吐延为羌酋姜聪所刺。以是知羌亦姜姓。神农所部，盖兼西域、青海，内得陇西。故天水亦有姜氏。观其楼橹严博，城廉百里，斯天下之壮观也。传称太皞都陈，神农、少皞都曲阜，颛顼都卫。舜、虞邑，实河东地，禹父曰崇伯鲧，后为夏室，在阳城中岳下。是五都皆偏东，亦其斥地所至，则营屯之，而帝者因以为宅。若周作雒邑以为天下大凑，非其本都。察其本都，奥区阻深，以丽王公，西域三十六国人欤？”案《晋语》司空季子曰：“昔少典娶于有蟜氏，生黄帝、炎帝，黄帝以姬水成，炎帝以姜水成。故黄帝为姬，炎帝为姜。”《水经注·渭水篇》曰：“岐水又东，迳姜氏城南为姜水。引《帝王世纪》炎帝神农氏，姜姓，母女登，游华阳，感神而生炎帝，长于姜水，是其地。”然则姜水非蒲昌海。姜戎，犹莱夷，徙居中国，以地得称，未必为其姓。胡国姜赖，羌酋姜聪，是犹匈奴刘渊、刘聪，自称汉王，同化汉族，以冀临乎其上。若指姜赖、姜聪为神农后，是无异指汉王刘渊为汉高祖后也。因姜赖、姜聪而谓神农所部兼西域、青海，是无异因汉王刘渊而谓汉高祖所部兼匈奴也。《山海经》多神话，且多后人杂入之语。司马迁言：“百家言黄帝，其文不雅驯。”《山海经》亦其一也。故《史记》言黄帝事，不采其言。《五帝本纪》云：“黄帝东至于海，登丸山，及岱宗。西至于空桐，《集解》韦昭曰，在陇右。登鸡头。南至于江，登熊湘。北逐荤粥，合符釜山。而邑于涿鹿之阿。”又云：“黄帝崩，葬桥山。”《本纪》虽不言其成于姬水，然姬水必与姜水相近，同在雍州之域，故周兴岐山，亦为姬姓。然则黄帝生葬及其所至，无越雍州以西也。《孟子》言“舜生于诸冯，卒于鸣条，东夷之人也”，则其不生于西方明矣。禹兴西羌，生于石纽，《吴越春秋》言“石纽在蜀西川”，《蜀王本纪》言“禹汶山郡广汉县人”，则亦不越乎梁州以西也。言禹西羌，犹言舜东夷，禹父鲧已封于崇，其非羌人甚明。然则自伏羲、神农、黄帝、颛顼、帝喾、尧、舜、夏、商、周之君，载在故书之较可信者，其所生所居所葬，皆在九州以内。且其本都，皆在关东。独周都关西，犹以为不便，且逼近西戎，故营雒邑。谓古帝本都在西域三十六国间，于故书无稽。若谓其城郭而居，与中夏同，则印度以西皆然，不可谓凡有城郭者皆炎、黄之遗种也。凡古事于史无明文者，考之于文字，较可得其真相。夏与西羌、西戎，文化迥异，是夏族非从戎、羌来明矣。他若以巴比伦史事，附会《春秋纬》十纪之说，及以印度神话相附会，谓为汉族西来之证，则更不足辩矣。

四、明古代三苗非今之苗族。世俗言中国土地，先有苗种，汉种自西方来，攘逐苗族，据为已有，唐、虞时之三苗是也。余曾著有《驳中国先有苗种后有汉种说》（载《北京大学月刊》第一期），以明其非，兹故不赘述。章先生《排满平议》言汉族之来先于苗族，证据广博，亦足以破此谬说。世多以其排满二字，感情用事，未尝留意及此，故特表而出之。总之三苗为国名，非种族名。今南方之苗，即古代之蛮，与三苗不相涉。余前之所驳，及章先生之所说，皆以记载的历史为证，未尝以文字学为质。尚考吾国文字，凡禹域之内，及其四裔，所有人种，皆为特制专名。如夏，如蛮、夷、羌、狄，如闽，如貊，如僰，如侥，《说文》："僰，犍为蛮、夷也。从人，棘声。"《说文》："侥，南方有焦侥，人长三尺，短之极也。"《鲁语》韦昭注："焦侥，西南蛮之别名。"此二字或有不以为人种名者，故上文不举。凡为诸夏所敌视，或轻视者，皆有专名。若苗为中国土著之民种，夏种西来，攘夺其地，则其敌视，当更甚于蛮、狄，何以不为其种特制专名？《说文》苗，艸生于田者，从艸田。或谓"戎本兵器，亦非种族专名，而可引申为种族之名，苗亦是其例耳。西方有羌，亦有戎；南方有蛮，亦有苗，正复相同。戎有七戎，苗有三苗，亦复相类"。案西羌、西戎，古皆并举，而南蛮未闻与南苗并列。《尔雅》"九夷、八狄、七戎、六蛮"，《周官·职方氏》"四夷，八蛮，七闽，九貉，五戎，六狄"，《礼记·明堂位》"九夷，八蛮，六戎，五狄"，若今日南方之苗族，即古代之三苗，何以历代四裔，不举其数乎？以此证之，古无苗种，而有苗国，故不为特制专名，可断言也。

十二年一月十五日作于北京

（原载《北京大学社会科学季刊》第1卷第2号，1923年）

驳中国先有苗种后有汉种说

近日中小学校所课历史，均言中国上古之时，土著之民，实为苗种；其后汉种来自西方，荐居其土，渐次攘逐，苗族遂屏居南荒，今之湖广、云贵等处苗族是也。全国学子，大抵信而不疑。实则斯言初无本柢；故聊述旧说，用匡厥谬。

古代三苗，即今苗族，其说盖起于清之王鸣盛；日本史家，增饬附会，遂成今说。吾师余杭章先生著《訄书》时，亦信其说；后改为《检论》，则悟其非而削之。然世俗信此说者尚多，故特举二家之说如下：

王鸣盛云："三苗，九黎之后。盖黎与苗，皆南蛮之名，今日犹然。"（《尚书后案·吕刑篇》）

章先生云："自黄帝入中国，与土著君长蚩尤战于阪泉，夷其宗。少皞氏衰，九黎乱德，颛顼定之。当尧时，三苗不庭，遏绝其世，窜之三危。其遗种尚在。三苗之国左洞庭，右彭蠡，不修德义，外内相间，下挠其民，民无所附；夏禹伐之，三苗以亡。自是俚、繇诸族，分保荆、粤至今。"（《訄书·序种姓上》。此节之上，言黄帝以下五帝，皆西方人。）

章先生初信日本史书，故有此说；近日学校教师，亦大氐信日本史书，故其说与此相符。今欲知其谬误，须先明苗种、汉种名词所由来。兹略为推阐其说如下：

苗种者，今之湖广、云贵等处之苗族也。说者以为即古代三苗之子孙，三苗为九黎之子孙（《尚书·吕刑·疏》引郑玄说，韦昭《楚语注》）。九黎之君，号曰蚩尤（《尚书·吕刑·释文》引马融说，《战国策》三高诱注及《伪古文尚书·吕刑》孔传）。蚩尤者，即《訄书》所谓中国土著之君长，苗族最古之祖宗也。

汉种者，今之本部十八省人之通称。中国种族之名，大氐以王者之国号称之。章先生云："舜称其民曰'庶虞'，《大戴礼记·四代篇》"于时鸡三号，以兴庶虞；庶虞动，蜚征作。"《千乘篇》"祈王年，祷民命，及畜，谷，蜚征，庶虞，草"是也。禹称其名曰'诸夏'，《说文》："夏中国之人也。"周称殷民曰'庶殷'，《书·召诰》，"厥既命殷庶，庶殷丕作。"近世四裔，或称吾民曰'汉'，亦或曰'唐'。"（《检论一·序种姓上》）据此，则称汉种者，自是指汉代而言。班固颂高祖云："汉帝本系，出自唐帝。降及于周，在秦作刘。涉魏而东，遂为丰公。"（《汉书·高纪赞》）以司马迁《三代世表》考之，自颛顼、帝喾、尧、舜以至夏、殷、周三代，皆为黄帝子孙。汉出于唐尧，则亦为黄裔；而黄帝者，即《訄书》所谓自西方入中国，夷蚩尤之宗者也。

近世苗种、汉种之说，大略如此。今为考据古籍，以明其非。盖说史不可凭臆断；非有证据，何足征信？

一驳中国先有苗族，黄帝自西方来，入据其地

黄帝为五帝之首，其前尚有三皇。三皇之说颇多，孙诒让《周礼正义》，胪举众说，折中于《尚书大传》，以遂人、伏羲、神农为三皇。三皇为黄帝同种与否，不可以口舌争；世代绵邈，无可稽考。惟炎帝、黄帝同为少典国之子孙，《国语》、《史记》可考也：

《晋语》云："昔少典娶于有蟜氏，生黄帝、炎帝，黄帝以姬水成。炎帝以姜水成。成而异德，故黄帝为姬，炎帝为姜；二帝用师，以相济也。”贾逵注：“少典，黄帝之先。”韦昭注：“言生者，谓二帝本所生出也。《左传》‘高阳高辛，各有才子八人’，谓其裔子耳；贾君得之。”按黄帝、炎帝战于阪泉之野，推其所自出，实属同宗。炎帝之称，始于神农，与黄帝战者，乃其子孙；则黄帝之祖先，与炎帝、神农，同出少典。少典为国名，亦当时诸侯。《史记·秦本纪》“颛顼之裔孙曰女修，生大业；大业娶少典氏而生柏翳”，可证。贾谊《新书》云：“炎帝者，黄帝同父母弟也，今本《新书》，误作“同母异父兄弟”，据《史记注》引改。各有天下之半。黄帝行道，而炎帝不听，故战于涿鹿之野。”此盖本《国语》而误解耳。然其同出一族，则无异词。《史记·五帝本纪》云：“黄帝者，少典之子。”按此“子”，亦谓“子孙”，说详司马贞《索隐》。

炎帝始神农；黄帝轩辕之祖，与神农同出少典者，其名不传。神农之后数世至榆罔，仍称炎帝，与黄帝同时；则黄帝轩辕之前数百年，其同宗神农，已据有中国矣。

《淮南子·主术篇》云：“昔者神农之治天下也，其地南至交阯，北至幽都，东至旸谷，西至三危，莫不听从。”

至于黄帝为天子，方制万里，画野分州，得百里之国万区（《汉书·地理志》），亦当奄有神农之地。

《史记·五帝本纪》云：“天下有不顺者，黄帝从而征之，平者去之；东至于海，登丸山及岱宗；西至于空桐，登鸡头；南至于江，登熊湘；北逐荤粥，合符釜山。置左右大监，监于万国。”按所谓万国者，指奄有全土而言；东西南北所至，乃指黄帝亲征所至，非指国界所至耳。

高阳颛顼，黄帝之孙；其土地与神农黄帝时略同。

《史记·五帝本纪》云：“颛顼养材任地，北至于幽陵，南至于交阯，西至于流沙，东至于蟠木。”

唐尧之时，亦称协和万邦（《尚书·尧典》），与黄帝时同。

《尚书·尧典》云："分命羲仲，宅嵎夷，曰旸谷；申命羲叔，宅南交；分命和仲，宅西，曰昧谷；申命和叔，宅朔方，曰幽都。"

《淮南子·修务训》云："尧西教沃民，东至黑齿，北抚幽都，南道交趾。"

虞舜之时，肇十有二州，设十有二牧，巡守四岳，流四凶于四裔，其地皆跨有中土南北。及禹治洪水，定九州，任土作贡，载在《禹贡》，可得而考。其事尚在舜时，禹未受禅，未灭三苗也。

观此，蚩尤之时，神农已奄有中土南北；则蚩尤为中国最古之土著君长，其说可破也。黄帝为少典之子，与神农同宗；神农已奄有中土，则黄帝始自西方入据中土，其说可破也。三苗未灭以前，唐虞疆域，已远跨南服，未必灭三苗，然后有南服也。

二驳九黎之君，号曰蚩尤

《尚书释文》引马融云："蚩尤，少昊之末九黎君名。"

《秦策》高诱注："蚩尤，九黎民之君。"

《尚书·吕刑》孔传："九黎之君，号曰蚩尤。"

他若应劭以"蚩尤，为古天子"，韦昭以为"九黎，九人，蚩尤之徒"，本属疑词，故不足辨。马、高、孔三家，盖综合《吕刑》、《楚语》，推想而出。

《吕刑》云："若古有训蚩尤惟始作乱，延及于平民。苗民弗用灵，制以刑。皇帝哀矜庶戮之不辜，报虐以威，遏绝苗民，无世在下。乃命重黎，绝地天通，罔有降格。皇帝清问下民，鳏寡有辞于苗。"《楚语》云："少皞之衰也，九黎乱德；颛顼受之，乃命南正重司天以属神，命火正黎司地以属民，使复旧常。是谓绝地天通。其后三苗复九黎之德，尧复育重黎之后，使复典之。"按郑玄以《吕刑》皇帝哀矜庶戮之不辜，属颛顼；皇帝清问下民，属尧，正与《楚语》相合。《楚语》颛顼时之九黎，《吕刑》称为苗民。《楚语》又有其后三苗复九黎之德之语，故郑玄注《尚书》，韦昭注《国语》，均云三苗为九黎之后；九黎可称苗民，是其证也。三苗复九黎之乱德。九黎乱德，何自始乎，始于蚩尤，《吕刑》所谓蚩尤惟始作乱，是也。蚩尤为九黎之君，盖本乎此。

三苗非九黎之后，其说辨下；兹所辨者，蚩尤非九黎之君。寻古书说蚩尤者有三：一云天子，一云诸侯，一云庶人，皆在九黎之前，无有谓为九黎之君者。

《周书·尝麦篇》云："昔天命蚩尤宇于小颢，以临四方。蚩尤乃逐帝，争于涿鹿之河，九隅无遗。赤帝大慑，乃说于黄帝，执蚩尤杀之于中冀。"按应劭所谓"蚩尤古天子"，郑玄《吕刑注》所谓"蚩尤霸天下者"，盖本乎此。

《史记·五帝本纪》云："轩辕之时，神农氏世衰；诸侯相侵伐，而神农氏弗能征。于是轩辕乃习用干戈，以征不享。诸侯咸来宾从；而蚩尤最为暴，莫能伐。炎帝欲侵陵诸侯，诸侯咸归轩辕；轩辕乃与炎帝战于阪泉之野。三战，然后得其志。蚩尤作乱，不用帝命；于为黄帝乃征师诸侯，与蚩尤战于涿鹿之野，遂禽杀蚩尤。而诸侯咸尊轩辕为天子，代神农氏。"按诸侯相侵伐，蚩尤最为暴，明蚩尤为诸侯中最暴者也。

《大戴礼记·用兵篇》云："公曰：'蚩尤作兵与？'子曰：'否，蚩尤，庶人之贪者也，及利无义，不顾厥亲，以丧厥身。'"

上列三说，本不相牴牾。蚩尤为诸侯之暴者，至欲逐炎帝以霸天下。据《史记》，黄帝以诸侯宾从，不服炎帝，乃先灭炎帝以从诸侯欲；继又用诸侯禽杀蚩尤，乃为天子。孔子斥蚩尤为庶人，盖贬称，犹孟子贬称纣为一夫耳。而蚩尤在炎帝末，九黎在少皞末，其时相去甚远，何能为九黎之君耶？

三驳三苗为九黎之后

《尚书·吕刑·疏》引郑玄云："苗民，谓九黎之君也。九黎之君，于少皞氏衰，而弃善道，上效蚩尤重刑。必变九黎言苗民者，有苗，九黎之后；颛顼代少昊，诛九黎，分流其子孙，居于西裔者为三苗；至高辛之衰，又复九黎之恶；尧兴，又诛之；尧末，又在朝；舜臣尧，又窜之；禹摄位，又在洞庭逆命，禹又诛之。穆王深恶此族三生凶恶，故著其氏而谓之民。"

《楚语》韦昭注："三苗，九黎之后也。"

郑玄断言有苗为九黎之后者，即据《吕刑》之苗民，即《楚语》之九黎。《吕刑》所谓"皇帝遏绝苗民，无世在下"者，即指颛顼。此根本之谬误，一切葛藤，皆在夫此。近人崔适曾辨之矣：

崔适《吕刑皇帝解》云："三代古书，凡言皇皆不及帝，称帝亦不及皇，故伏羲、女娲、神农谓之三皇，不闻连帝言之；轩辕、颛顼、帝喾、尧、舜谓之五帝，亦不闻连皇言之。以一人而兼皇帝之称者，实始于秦，古无有也。'皇帝哀矜庶戮之不辜'，此'皇'字当是'黄'之通借字。《易·系辞传》'黄帝垂衣裳'，《风俗通》声音引作'皇帝'，《繁露·三代改制质文》以神农为赤帝，以轩辕为皇帝，亦以'皇'为'黄'，然则此经之皇帝即黄帝，与《通义》、《繁露》之皇帝即黄帝，义例相同。上文'蚩尤惟始作乱'以下，至此节，当是一时之事。《黄皇本纪》曰：'神农氏世衰，炎帝欲侵陵诸侯，轩辕乃修德征兵，以与炎帝战于阪泉之野；三战，然后得其志。'此所谓炎帝，盖指炎帝之后，而韦昭《国语注》正以三苗为炎帝之后，是此经之'遏绝苗民，无世在下'，当即《本纪》所谓与炎帝战于阪泉之野，此正黄帝事，则经文皇帝即黄帝，明矣。‘皇帝清问下民’，此‘皇’字当是涉上文‘皇’字而衍。经本作‘帝清问下民’，无‘皇’字；《困学纪闻》引赵邠卿《孟子注》引《甫刑》，正作‘帝清问下民’，可证也。惟帝当是舜而非尧，不惟《尧典》命三后皆舜之辞可据，《礼记·表记》云，《甫刑》曰：‘德威惟威，德明惟明，非虞舜其孰能如此乎？’是此经之帝谓舜，孔子有明文矣。”此略举其要说，详《诂经精舍经课七集》。

崔君证明皇帝既非颛顼，则苗民自非九黎；谓三苗为九黎后，其说自破。难者曰：“《吕刑》乃命重、黎绝地天通，《楚语》明谓颛顼。重、黎为颛顼之官，不闻为黄帝之官。重、黎既为颛顼之官，则苗民自指九黎，明甚。”曰：《吕刑》之苗民及重、黎，皆由穆王以后称前；下文伯夷、禹、稷，追称三后，亦同斯例。《吕刑》云：“苗民勿用灵，制以刑，惟作五虐之刑曰法，杀戮无辜。”《五帝本纪》云：“炎帝欲侵陵诸侯，诸侯咸归轩辕。”侵陵，盖即杀戮无辜，犹纣之醢九侯，脯鄂侯，囚西伯，西伯归，诸侯叛纣，往归西伯也。《吕刑》又云：“乃命重、黎，绝地天通，群后之逮在下，明明棐常，鳏寡无盖。”群后犹言诸侯，即咸归轩辕者。舜时鳏寡有辞于苗，苗之无道，与炎帝同；苗为炎帝子孙，故穆王即以苗民追称炎帝，以明其恶之所自出耳。重为南正，黎为火正。《郑志》：“火当为北，则黎为北正。”《汉书》臣瓒注，以为“古文火字似北”。《楚语》云：“重黎氏世叙天地。”又云：“古者民神不杂，于是乎有天地神民类物之官，谓之五官，南正、北正盖即五官之二。少皞之衰，九黎乱德，民神杂糅。颛顼受之，乃命南正重司天以属神，命火正黎司地以属民。”寻少皞为黄帝子，所谓古者，即指黄帝时；《史记·历书》正以五官属黄帝可证。黄帝时已有南正、北正，世叙天地，故穆王即以重、黎称黄帝时之南正、北正，以明其官之所自来耳。据此，则崔君之说，自无可疑。惟三苗为炎帝后，崔君仅举韦昭说为证，不免孤而无助，兹举旧说以证明之：

说三苗为炎帝之后者二家：

《尚书·吕刑正义》引韦昭云："三苗，炎帝之后，诸侯共工也。"按此乃昭之别说，崔君谓为《国语注》，似误；昭之注《国语》，则云："三苗为九黎之后。"此云三苗即共工，共工为炎帝后诸侯名，与四凶之共工为水官名者异。

范晔《后汉书·西羌传》云："西羌之本，出自三苗，姜姓之别也。其国近南岳，及舜流四凶，徙之三危，河关之西南羌地是也。"按姜姓亦指炎帝之后。

说三苗为缙云氏后者二家；说缙云氏即为炎帝之后者一家：

《史记·五帝本纪·集解》引贾逵云："缙云氏，姜姓也，炎帝之苗裔。"

《尚书·尧典·释文》引马融、王肃云："三苗，国名也，缙云氏之后，为诸侯，盖饕餮也。"按《伪孔传》与马、王说同。孔颖达申之云："三凶皆是王臣，则三苗亦应是诸夏之国入仕王朝者也。《左传》说此事，言'舜臣尧，流四凶族，浑敦、穷奇、梼杌、饕餮，投诸四裔，以御螭魅'。谓此驩兜、共工、三苗与鲧也。"

《左传》之四凶族，《尚书》之四罪，实为一事，则三苗为缙云氏之不才子孙，明矣。贾逵言，"缙云，姜姓，炎帝之苗裔"，当必有所据。韦昭、范晔之说，亦未知从何而出。今观崔君之解皇帝，则五家之说，皆可迎刃而解，豁然贯通；而三苗非九黎后，益明矣。此外尚有二说，足以惑众者，附驳之如下：

《淮南子·修务训》高诱注云："三苗，盖谓帝鸿氏之裔，子浑敦、少昊氏之裔子穷奇、缙云氏之裔子饕餮；三族之苗裔，故谓之三苗。"按《左传》四凶，明当《尚书》四罪，何可合三族苗裔为一族；三族既为三苗，则梼杌一凶何指，其说非也。

《山海经·大荒北经》云："颛顼生驩头，驩头生苗民，苗民厘姓。"按此说独异，与《尚书》、《国语》皆不可合，疑《山海经》不足信。

高诱说"三苗为三帝之苗裔"，似三苗必为三国。《吕刑疏》引郑玄说，"苗民即九黎之后，颛顼诛九黎，其子孙为三国"，皆申说三字之义，似颇有理，惟与事实不合耳。或谓三苗者，尧迁有苗(《尚书·皋陶谟》)，舜伐有苗(《淮南子·兵略篇》)，禹灭有苗(《史记·吴起列传》)，三者不同，犹汉有前汉、后汉、季汉三者，故追称为三苗。然舜末年，分北三苗，则苗本非一国异世可知。窃谓三苗为炎帝、神农之子孙，黄帝之时，炎帝作五虐之刑，用绝厥世；《吕刑》所谓"虐威庶戮，方告无辜于上。上帝监民，罔有馨香德，刑发闻惟腥。皇帝哀矜庶戮之不辜，报虐以威，遏绝苗民，无世在下"，是也。称炎帝为民，犹称纣为独夫。独夫或称一夫，犹言匹夫，与民义同。或谓无世在下，"下"指诸侯，此亦不然。下，对上言，上文无辜于上，"上"谓天上，谓上帝也；此言无世在下，"下"谓天下，谓无使其世为天下主也。然神农有功天下，崩葬长沙，故虽绝其世，犹封其子孙于洞庭、彭蠡之间，以保先茔，分为三国。当黄帝时，其封域或皆不过百里；其国皆以苗名者，当时或有他字各冠其上，如汉时三韩有马韩、辰韩、弁韩之分，其后三苗，盖自相兼并，合为一国，称雄一方，侵并诸侯，故其疆域遂形广大。《韩诗外传》所谓"当舜之时，有苗不服。其不服者，衡山在南，岐山在北，左洞庭之陂，右彭蠡之水，由此险也"。舜时称有苗者，盖当时已为一国；称三苗者，仍前称耳。此犹马韩尽王三韩之地，遂称韩国；若仍前称，则亦仍名三韩也。三苗恃险不服，犹武庚以三监之地叛周。神农之子孙，在颛项时有为土正者，在尧时有为四岳者，此犹殷之箕子、微子。禹灭三苗，而四岳之子孙独盛，犹周诛武庚而微子封宋，犹存殷王之后也。当尧之时，有苗已强，其君或入仕帝廷。舜臣尧，窜之于三危，仍立其后为诸侯，犹鲧殛之后，禹尚继鲧为崇伯也。舜即位，有苗不服，禹请伐之。见《韩诗外传》，又见《吕氏春秋·召类篇》、《淮南子·兵略篇》及《盐铁论》、《说苑》诸书。舜之分北三苗，盖欲分其地仍为三国，以杀其势，其事不成。《淮南子·修务训》云"舜南征三苗，道死苍梧"，盖亦非无因也。舜窜三苗，在臣尧时，分背三苗，在其末年，《尚书》可征。先儒并为一事，其误实甚。至于禹，三苗犹恃险不服，禹乃灭之。苗顽弗恭，甚于殷民，穆王恶其世为凶虐，故述舜时之有苗，遂并称其祖末帝为苗民。综窍古籍，三苗之始末，大略如此。

四驳三苗为种族名

上言今之苗族，即古之三苗，苗为种族名，此说亦非。三苗乃国名，非种族名；其证甚多，兹略举于下：

《尚书·皋陶谟》云："能哲而惠，何忧乎驩兜？何迁乎有苗？何畏乎巧言，令色，孔壬？"按此云迁有苗，即《尧典》之窜三苗；三苗为国名，故称有苗。《虞夏书》称国名，其上必冠以"有"字，如《皋陶谟》之"有苗"、《甘誓》之"有扈"，皆是。若夫种族之上，未闻冠以"有"字，如"有戎"、"有狄"、"有蛮"、"有夷"等名也。

《春秋》昭元年《左传》："赵孟曰：'王伯之令也，引其封疆，而树之官，举之表旗，而著之制令。过则有刑，犹不可壹，于是乎虞有三苗，夏有观、扈，商有姺、邳，周有徐、奄，自无令王，诸侯逐进，狎主齐盟，其又可壹乎？"按夏之观、扈，商之姺、邳，周之徐、奄，皆为诸侯有国者，则：虞之三苗，亦为诸侯有国者无疑。《史记·吴起列传》："吴起对魏武侯曰：'昔三苗氏，左洞庭，右彭蠡，德义不修，禹灭之。夏桀之居，左河、济，右泰、华，伊阙在其南，羊肠在其北，修仁不仁，汤放之。殷纣之国，左孟门，右太行，常山在其北，大河经其南，修政不德，武王杀之。'"按此以三苗与夏桀、殷纣同类并举，则可知其同为有国之君。且三苗为国，故禹灭之；若为种族，则既称为灭，靡有孑遗，尚何有子孙留遗于今日乎？

汉、唐、宋以来，说经者皆言三苗为国名，未闻有指三苗为种族名者，观马、郑、王、韦以下诸说，可证。难者曰："有苗固为国名，其民即以其国，名其种族，亦何不可？有苗为苗，正如有夏为夏，有汉为汉耳。"曰：三苗为大国，灭于夏禹，其民若为异族，正如今之满、蒙、回、藏，与汉族相对，言种族者，当与蛮、夷、戎、狄并举，何以夏、殷以来古书，只言九夷、八狄、七戎、六蛮（《尔雅·释地》），又言四夷、八蛮、七闽、九貉、五戎、六狄（《周官·大司马》），或言九夷、八蛮、六戎、五狄（《礼记·明堂位》），皆无有所谓三苗者，故知禹灭三苗，只夷其国祚，其民本为诸夏同种，无有所谓苗种者侪于蛮、夷、戎、狄之间，可断言也。

五驳今之湖、广、云、贵等处苗族，即古之三苗遗裔

今世湖广、云贵等处苗族，实包涵多数种族之通称。清代考苗事者，以邵阳魏源为最精审；其家近苗疆，又谙于史、地、掌故诸学，然且于苗之种族，大氐浑称而不能析。今举其说如下：

魏源《圣武记·雍正西南改流记》云："有观于西南夷者曰：曷为苗？曷为蛮？曰：无君长不相统属之谓苗；各长其部，割据一方之为蛮。若粤之僮、之黎，黔、楚之瑶，四川之僰、之生番，云南之保、之野人，皆无君长，不相统属，其苗乎。若《汉书》'南夷君长以十数，夜郎最大，其西靡莫之属以十数，滇最大；自滇以北，君长以十数，邛最大'。在宋为羁縻州，在元为宣慰、宣抚、招讨、安抚、长官等土司。其受地远自周汉,近自唐宋,而元明赏功授地之土府、州、县,亦错出其间,其蛮乎。”

魏源《湖南苗防录·叙》云:“历代以来皆蛮患,而明始有苗患。南夷之苗,自洪水窜征后,阒不闻,而殷、周之所挞伐,荆、庸、勾吴之所冠带,皆蛮国,暨江以南,靡然声教;于是汉曰武陵蛮,唐曰五溪蛮,则自岳、澧、常德进辰、沅间,益与今苗地近,然乌睹所谓苗事哉?其叛服姓氏,亦非苗族所有。尝考蛮习俗嗜欲不甚远,惟蛮峒各一酋,廪然冠履臂指之分;苗则绝无统属,有贫富,无贵贱,有强弱,无贵贱,有众寡,无贵贱。专苗称者,惟黔五开苗、楚九溪苗;实则滇之㑩、之倮,蜀之僰,粤东西之僮、之瑶、之黎,皆苗类。”

观魏源言,专苗称者,惟黔之五开苗,楚之九溪苗,其余若㑩、若倮、若僮、若瑶、若僰、若黎、若生番、若野人,亦概称之为苗,则今日之所谓苗者,大氐括南方山野未开化无统属之无数种族而浑称之,与古代三苗之建国家、设刑法、仕帝廷者绝非一族,已可断言,且黔之五开苗,楚之九溪苗,明以前亦未见于史书;夏、商、周古书无论矣,汉、唐、宋、元之《蛮夷传》、《地理志》,亦未见有称道之者,魏源所谓历代以来皆蛮患,明始有苗患,是也。宋、元史书,用兵于黔、楚者,皆称蛮,不称苗,《明史·土司列传》云:“洪武五年,吴良平五开蛮;十八年,汤和击九谿蛮。”亦尚称蛮,不称苗。惟《土司传》泛指蛮、僚、瑶、僮,则称诸苗,且云“苗患发于贵州,而蔓衍于湖南,皆生苗为梗”,与魏源之言相合。惟魏源以有无君长强分苗蛮,说尚未谛。实则明以前南方诸蛮夷皆称曰蛮;自明中叶后,南方诸蛮夷多称为苗;大氐明臣章奏,蛮患初起,则以“苗民逆命”为喻;蛮患稍平,则以“有苗来格”为比。惟贵州、湖南,群蛮反覆,屡用大兵,与虏、夏之苗最相类。苗蛮同为唇音,声最相近,遂被以此名乎。由此观之，今之苗，实古之蛮，非古之三苗，明矣。

清代陆云，审习苗情，著《峒谿纤志》三卷，专言苗事，以为苗祖盘瓠，其说如下：

《峒谿纤志》云："苗人，盘瓠之种也。帝喾高辛氏，以盘瓠有歼谿蛮长之功，封其地，妻以女，生六男六女，而为诸苗祖。尽夜郎境，多有之，有白苗、花苗、青苗、黑苗、红苗。苗部所衣，各别以色；散处山谷，聚而成寨。以十月朔为大节；岁首，祭盘瓠。"

盘瓠之事，见《后汉书·南蛮传》，言"盘瓠之子孙，皆好衣五色衣"，故陆云以为今日诸苗，皆其子孙。其说虽或附会，然苗出于蛮，居于南荒，盖可信也。章先生《检论》谓苗为髦之后，按庸、蜀、羌、髦、逖居西土，且均成国。今之苗族，似亦非其子孙也。

（原载《北京大学月刊》第1卷第1号，1919年）

道家与法家对于交通机关相反之意见

交通机关有二：一曰精神之交通机关，一曰物质之交通机关。精神之交通机关，文字是也；物质之交通机关，舟车是也。二者交互为用，相得益彰。若徒有文字，而无舟车以为之交通，则山川修阻，精神即不能相融洽。徒有舟车，而无文字以为之交通，则情意隔阂，物质亦不能相调剂。故此两种交通机关之有无、利钝，实人类文野休戚之大关键也。

吾国春秋战国时代，道家与法家对于交通机关，具有两种极端相反之意见。即道家主张毁弃交通机关，法家主张便利交通机关。吾先将两家主张之实证说明，而后论其主张之原因，及其利弊焉。

道家中主张毁弃交通机关最著者为老聃。《老子》八十章云："使民重死而不远徙，虽有舟舆，无所乘之。使人复结绳而用之。甘其食，美其服，安其居，乐其俗。邻国相望，鸡犬之声相闻，民至老死不相往来。"复结绳，废舟舆，重死而不远徙，老死不相往来。则是对于文字舟车，虽欲不毁弃不可得已。《庄子·胠箧篇》亦云："子独不知至德之世乎？民结绳而用之。甘其食，美其服，乐其俗，安其居。邻国相望，鸡犬之音相闻，民至老死而不相往来。若此之时，则至治已。"又曰："足迹接乎诸侯之境，车轨结乎千里之外，则是上好知之过也。上诚好知而无道，则天下大乱矣。"《马蹄篇》云："至德之世，山无蹊隧，泽无舟梁。"庄子之言，即本乎老子，而更深切著明。以为无舟车文字，则可以臻至治；否则为大乱之道。

法家中主张便利交通机关最著者为李斯。《说文解字·叙》云："七国田畴异亩，车涂异轨，言语异声，文字异形。秦始皇帝初兼天下，丞相李斯乃奏同之，罢其不与秦文合者。斯作《仓颉篇》。"《史记·秦始皇本纪》："二十六年，始皇是廷尉李斯议，分天下以为三十六郡。车同轨，书同文字。""二十七年，治驰道。""三十二年，刻碣石门。坏城郭，决通堤防。其辞曰：皇帝奋威，德并诸侯。初一泰平，堕坏城郭。决通川防，夷去险阻。"《汉书·贾山传》曰："秦为驰道于天下，东穷燕齐，南极吴楚，江湖之上滨海之观毕至。道广五十步，三丈而树，厚筑其外隐以金椎，树以青松。"李斯欲破除封建，设立郡县，车同轨，书同文，简制小篆，作《仓颉篇》，决通川防，广为驰道。是即统一交通趋于便利之显证也。

原夫两家相反对之主张，各有一种历史观念（历史哲学）以为之先导焉。然其出发之点则同，曰：销弭战争，不满意现在。而其归宿之点，则各因其历史观念而大异。盖道家理想之黄金时代在过去，在规复原始；法家理想之黄金时代在未来，在创造新局。

春狄战国之时，兵连祸结，民不聊生。孟子所谓"争地以战，杀人盈野，争城以战，杀人盈城。"此两家所目击心伤，各思消弭兵争，寻求郅治。此不可掩之事实，而不必广陈证据者也。至两家之历史观念，则正自有据。《老子》八十章云："小国寡民，使有什伯之器而不用。使民重死而不远徙，虽有舟舆，无所乘之。虽有甲兵，无所陈之。使人复结绳而用之。"《庄子·胠箧篇》云："昔者容成氏、大庭氏、伯皇氏、中央氏、栗陆氏、骊畜氏、轩辕氏、赫胥氏、遵卢氏、祝融氏、伏牺氏、神农氏，当是时也，民结绳而用之。……邻国相望，鸡狗之音相闻，民至老死不相往来。若此之时，则至治已。"此道家理想之黄金时代，能规复到此原始时代，则虽有甲兵，无所陈之。老子所谓“天下无道，戎马生于郊；天下有道，却走马以粪”者此也。李斯《绎山刻石》颂秦始皇曰：秦刻石诸文为李斯作，余别有考。“追念乱世，分土建邦，以开争理。功与攻音义同。战日作，流血于野，自泰古始。世无万数，陀及五帝，莫能禁止。乃今皇帝，壹家天下，兵不复起。熘害灭除，黔首康定，利泽长久。”凡法家皆以古为不足法，不但李斯已也。《史记·商君列传》：“卫鞅曰：治世不一道，便国不法古。故汤武不循古而王，夏殷不易礼而亡。反古者不可非，而循礼者不足多。”李斯驳淳于越言，亦以“三代为不足法”。且恶诸生不师今而学古，定“以古非今者族”之法。此法家理想之黄金时代，至秦始皇时，创造渐成，仆射周青臣颂始皇曰：“他时秦地不过千里，赖陛下神灵明圣，平定海内，放逐蛮夷，日月所照，莫不宾服。以诸侯为郡县，人人自安乐，无战争之患，传之万世。自上古不及陛下盛德。”正思达到兵不复起之目的。故始皇二十六年，六国既灭，收天下兵器，聚之咸阳，销以为钟鐻金人，即此意也。

道家之政策在分离，在各自为谋，故不重交通；法家之政策在统一，在通力合作，故甚重交通。故研究此交通问题，则两家空虚之心理，及切实之政见，即可了然而易见。

道家以为战争之根原，在多欲而不知足。故老子曰：“罪莫大于可欲，祸莫大于不知足。”又曰：“不贵难得之货，使民不为盗；不见可欲，使民心不乱。”是故多欲为祸乱之原，将欲去欲，必先去知。盖多知又为多欲之原也。故老子曰：“绝圣弃智，民利百倍，绝巧弃利，盗贼无有。”又曰：“古之善为道者，非以明民，将以愚之。民之难治，以其智多。故以智治国国之贼；不以智治国国之福。”然老子非欲愚民而自智也，即已亦欲同归于愚。故曰：“众人熙熙，如享太牢，如春登台；我独泊兮其未兆，如婴儿之未孩。儽儽兮若无所归，众人皆有余，而我独若遗，我愚人之心也哉！”又曰：“知其雄，守其雌，复归于婴儿。知其白，守其黑，常德不忒。知其荣，守其辱，乃复归于朴。”此皆老子克己之智复归于愚之明征也。然天下自守其愚已不易，欲人安于愚则更难。启人之智固不易，去人之智亦甚难。老子则以为智之来源有二：一为文字。读书多，则学问博，智识愈高。故老子曰：“为学日益，为道日损，损之又损以至于无为。”又曰：“绝学无忧。唯之与阿，相去几何？善之与恶，相去若何？”唯与阿皆为应人之声，而人皆喻。善恶犹言精粗，衣食住精与粗皆足以生活，劳精损神而学之，不过得其精者，不学不过得其粗者，然皆足以生活，其间相去几何耶？又曰：“使人复结绳而用之。”是故推老子之言，不废文字不止也。一曰舟车。人不识文字，不读书籍，亦有可以得智慧者，即足迹所至多，见闻广而经验富也。故老子曰：“使民重死而不远徙，虽有舟舆，无所乘之。”又曰：“民至老死不相往来。”老子欲废弃此两种交通机关，以杜智慧之来源，以达分离之目的。其革命精神，实较拨去政府，废除金钱，更进数层矣。其后庄子则更明言“圣人不死，大盗不止。”又曰：“绝圣弃智，大盗乃止。擿玉毁珠，小盗不起。焚符破玺，而民朴鄙。掊斗折衡，而民不争。”凡符玺斗衡之具，足以辅佐统一便利交通者，皆一切焚破掊折。此即老子之余意也。

法家以为战争之根原，在立国多而各树兵，情意不相通而有无不相调剂也。故李斯以为自泰古以来，分土建邦，实为乱世。欲救其乱，必使强有力者并吞诸侯，合天下为一家，销兵器而不用。如是则斯民可长享太平之福，不罗锋镝之祸，专心壹志，理其生计，孚情意而通有无，斯为长治久安之道。故始皇并吞六国，统一海内以后，丞相绾等请复封建，李斯始皇皆以为安宁之术不在此，《史记·秦始皇本纪》：“丞相绾等言诸侯初破，燕、齐、荆地远，不为置王，毋以填之。请立诸子。

始皇下其议群臣，群臣皆以为便。廷尉李斯议曰：'周文、武所封子弟同姓甚众；然后属疏远，相攻击如仇雠。诸侯更相诛伐。周天子弗能禁止。今海内赖陛下神灵一统，皆为郡县，诸子功臣，以公赋税重赏赐之，甚足易制。天下无异意，则安宁之术也，置诸侯不便。'始皇曰：'天下共苦战斗不休，以有侯王。赖宗庙，天下初定。又复立国，是树兵也。而求其宁息，岂不难哉？廷尉议是。'"毅然废封建而立郡县，收天下兵器，聚之咸阳销之。一法度衡石丈尺，车同轨，书同文字。于是李斯《琅邪台石刻》颂秦德曰："皇帝之德，存定四极。诛乱除害，兴利致福。节事以时，诸产繁殖。黔首安宁，不用兵革。六亲相保，终无寇贼。驩欣奉教，尽知法式。"又曰："皇帝之功，勤劳本事。上农除末，黔首是富。普天之下，抟心揖志。器械一量，同书文字。日月所照，舟舆所载，皆终其命，莫不得意。"由斯以观，李斯之政策，在于统一。统一之方，以兵始其事；以交通终其事。车同轨，书同文字，皆所以通情意而调剂有无，谋福利而致太平之要图也。一法度衡石丈尺，亦所以辅佐统一便利交通耳。

以吾观之，道家主张消极，法家主张积极。道家取自然主义，法家取人为主义。道家之分离政策，得遂"人自为谋"之自由意志，不相主奴，此其利也。然一有强有力者肆其野心，役使众人，狡焉侵略兼并，互相雄长，则道家亦无法以救之。其弊一也。交通既绝，一有水旱疾疫，饥馑死丧，则有无不能相通，灾难不能相扶，救死不赡，人将相食。其弊二也。法家之统一政策，既有兵力以巩最高之权，复有交通以合人民之志，人不能肆其侵夺，天不能酷其虐刘。此其利也。然人存政举，人亡政息，一旦分崩离析，则割据兼并，又纷然而起。或此部统一，而他部又复侵入破坏。已往之历史，可为龟鉴者甚多。此又其弊也。虽然，已往之历史，政治制度未改良，精神物质交通之机关皆未尝统一大地；且一国之内，亦未能完全统一,故有此弊。自今以往,苟改良政制;励行交通政策,则大同之理想世界,决不难实现!

是故今日之中国而欲言统一也,必先使汉、满、蒙、回、藏同其文字,通其车轨,交通频繁,情意洽而猜疑泯矣。今日之世界而欲言大同也亦必先使五洲各国同其文字,通其舟车,交通频繁,有无均而侵夺灭矣。非然者,则终不免乱国乱世之讥。故吾对于交通机关之意见,斥道家而进法家。

(原载《国立北京大学社会科学季刊》第3卷第2期,1925年)

桑弘羊之经济政策（附桑弘羊年表）

一

汉桑弘羊之经济政策，其重要部分，即所谓“均输”与“平准”是。其政策可谓为“国营商业政策”。与现代共产主义国家，将一国工商业全归国营者，不同。盖弘羊政策，工业方面惟铁工为国家独占；其余工业，不归国家。商业方面，国家亦非全行垄断，私家营商仍不禁止。又与国家专卖政策亦不同。如汉代之盐铁酒等，皆为国家全部专卖，不许私人鬻贩。弘羊政策，除少数为国家专卖外，其余商品，国家与私商各自经营，未尝垄断；惟国家有种种方略，抑制私商，结果私商无大利可求，其利权独操于国家：上可以利国，下亦以利平民。此种政策，影响于当时之政局甚大，在汉代经济史上，可谓最有声色之一种政策；即在中国全部经济史上，亦何独不然？吾国人讳言利，毁恶他者固多，赞美他者亦不少。此姑作为别一问题，置之不论。弘羊之经济思想，何以如此发达？其政策是否有所因袭？或系创造？亦有探讨之价值。依余所知，在故书上确有来历可寻，兹为择要录左：《九章算术》：“均输，以御远近劳费。”

《周书·大聚篇》云:“市有五均,早暮如一,送行逆来,振乏救穷。(注,均,平也。言早暮一价。)资贱物,出贵物,以通其器。”案:《白虎通》引汉河间献王所传《乐元语》云:“天子取诸侯之士以立五均,则市无二价,四民常均,强者不得困弱,富者不得要贫;则公家有余,恩及小民矣。”此其意即本于《周书》。

此即均输之法所由本也。所谓“送行”者,即此处所有贱价之物,为政府出资收买,运输以出,故曰“送行”,又曰“资贱物”也。所谓“逆来”者,即此处所需价贵之物,政府由他处运输以入,故曰“逆来”,又曰“出贵物”也。一送一逆,全赖政府运输;一贵一贱,全赖政府均调。均输之法行,物价不致为商贾所操纵,而有甚贵甚贱之虞,其价较可驱于画一,故公家有余,恩及小民也。

《管子·国蓄篇》云:“万物之满虚,随时准平。”又云:“凡五谷者,万物之主也。谷贵则万物必贱,谷贱则万物必贵,两者为敌,则俱不平。故人君御谷物之秩(注,秩,积也。)相胜,而操事于其不平之间。”又云:“物多则贱,寡则贵,散则轻,聚则重。人君知其然,故视国之羡不足,而御其财物,谷贱则以币予食,布帛贱则以币予衣,视物之轻重而御之以准。故贵贱可调,而君得其利。”又云:“岁有凶穰,故谷有贵贱;令有缓急,故物有轻重,人君不治,则蓄贾游市,乘民之不给,百倍其本。智者有什倍之功,愚者有不赓本之事,(注,赓,犹偿也。)人君不能调,故民利有百倍之失。民有饥饿不食者,谷有所藏也;(谓藏谷以待贵。)人事不及用不足者,利有所并也。故善者委施于民之所不足,操事于民之所有余。民有余,则轻之,故人君敛之以轻;民不足,则散之,故人君散之以重。故君必有什倍之利,而财之横可平。人君知其然,故守之以准平;大贾蓄家,不得豪夺吾民矣。”

此即平准之法所由本也。战国时，魏文侯臣李悝，曾用此法，以平粜。《汉书·食货志》引其语云："今一夫挟五口治田百亩，岁收亩一石半，为粟百五十石，终岁用不足。是故善平粜者，必谨观岁有上中下熟。上熟，其收自四，（谓四倍百五十石，得六百石，用二百石方足。）余四百石。中熟自三，（三倍得四百五十石，用百五十石。）余三百石。下熟自倍，（倍百五十石为三百石，用百五十石。）余百石。（当云百五十石。）小饥，则收百石；中饥，七十石；大饥，三十石。故大熟，则上粜三而舍一；（谓余四百石中粜其三百石。）中熟，则粜二；（谓余三百石中粜其二百石。）下熟，则粜一。（谓余百五十石中粜其百石。）使民适足价平则止。（不使谷多而价甚贱，甚贱伤农。）小饥，则发小熟之所敛；中饥，则发中熟之所敛；大饥则发大熟之所敛，而粜之。故虽遇饥馑水旱，粜不贵而民不散。（谓不使谷少而价甚贵，甚贵伤民。）取有余以补不足也。行之魏国，国以富强。"李悝之平准法，仅用之于谷；桑弘羊之平准法，则用之于一切商品，此其不同也。

总之均输所以调剂空间上物价之不平；平准兼以调剂时间上物价之不平，二者可以单独各用；亦可以同时并用。观桑弘羊先单用均输，后并用平准，可以知其目的之不同矣。

二

均输之置，始于元鼎二年。《汉书·百官公卿表》，大司农属官有均输令。此盖太初元年官制，元鼎时未有也。其法，《史记·平准书》集解引孟康曰："谓诸当所输于官者，皆令输其土地所饶，平其所在时价,官更于他处卖之。输者既便,而官有利。”案均输之法,谓就诸郡国所当输于官者,无论其为钱为物,皆当改折以当地出产最多最廉之物品输官;官为转输于他处价贵之区售之,国家不费资本,就各地应出之贡赋租税,以购所饶;转辗贸易,而其价数倍,此所以民不加赋而国用饶。是时赵王彭祖擅权于其国,使使即县为贾人榷会,入多于国租税。以是赵王家多金钱。(《汉书·景十三王传》)亦师此法也。《盐铁论》反复申明均输之利,兹录于左:

陇、蜀之丹漆旄羽,荆、扬之皮革骨象,江南之楠梓竹箭,燕、齐之鱼盐旃裘,兖、豫之漆丝絺纻,养生送死之具也。待商而通,待工而成。故圣人作为舟楫以通川谷,服牛驾马以达陵陆,致远穷深,所以交庶物而便百姓。是以先帝开均输以足民财,罢之不便也。(《本议篇》)

东方丹章有金铜之山,南方交趾有大海之川,西方蜀、陇有名材之林,北方幽都有积沙之地,此天地所以均有无而通万物也。今吴、越之竹,隋、唐之材,不可胜用;而曹、魏、梁、宋,采棺转尸。江湖之鱼,莱黄之鲐,不可胜食;而邹、鲁、周、韩,藜藿蔬食。天下之利无不赡,而山海之货无不富也。然百姓匮乏,财用不足;多寡不调,而天下财不散也。(《通有篇》)

山居泽处,蓬蒿垅埆,财物流通,有以均之。是以多者不独衍,少者不独馑。若各居其处,食其食;则是橘柚不鬻,朐卤之盐不出,旃罽不市,而吴、唐之材不用也。(《通有篇》)

今山泽之财,均输之藏,所以御轻重而役诸侯也;汝、汉之金,纤微之贡,所以诱外国而钓羌、胡之宝也。夫中国一端之

> 缦，得匈奴累金之物，而损敌国之用；是以赢驴馲驼衔尾入塞，驒騱騵马，尽为我畜，鼲鼦狐貉，采旃文罽，充于内府，而璧玉珊瑚琉璃，咸为国之宝。是则外国之物内流，而利不外泄也。异物内流，则国用饶；利不外泄，则民用给矣。（《力耕篇》）

由此观之，均输之法，不但经营国内商业，兼以经营国外商业，规模弘远，势力雄厚，其时边用足而国库充，皆由此道也。

平准之法，始于元封元年。《百官公卿表》，大司农属官有平准令。此亦太初元年官制，元封时未有也。其法《史记·平准书》云："置大农部丞数十人，分部主郡国，各往往县置均输盐铁官，令远方各以其物贵时商贾所转贩者为赋，而相灌输。（谓其物在本地产多价贱，在远方产少价贵时，商贾所欲转贩者，以为赋，官为转输贸易也。）置平准于京师，都受天下委输。召工官治车诸器，皆仰给大农。大农之诸官尽笼天下之货物，贵即卖之，贱则买之。"案平准之法，国家尽笼天下之货物，为制定物价公平之标准，时其贵贱而为之操纵买卖。如此则可以革除以前单行均输时代如《平准书》所谓"诸官各自市，相与争，物故腾跃，而天下赋输，或不偿其僦费，"（服虔云，雇载云僦言所输物不足偿其雇载之费也。）诸弊；又可以"使富商大贾无所牟大利，则反本而万物不得腾踊。"如此不特可以富国，抑且可以绝兼并之路。惟当时交通机关未发达，以汉代疆域之大，京师偏于西垂恐一隅不能平全国之价。当时必有救济之法，史不详载。王莽承其法以立五均。《汉书·食货志》云："五均者，所以齐众庶抑兼并也。遂于长安及五都立五均官，更名长安东西市令，及洛阳、邯郸、临甾、宛、成都市长，皆为五均司市师。东市称京，西市称畿，洛阳称中，余四都各用东西南北为称，皆置交易丞五人。诸司市常以四时中月,实定所掌,为物上中下之价,各自用为,其市平,毋拘他所。众民卖买五谷、布帛、丝棉之物,周于民用而不售者,均官有以考检厥实,用其本价取之,毋令折钱。万物昂贵过平一钱,则以平价卖与民;其价低减平者,听民自相与市,以防贵庾者。”(注,庾,积也。谓听民自与官府相市,以防富商收买积聚以待贵价也。)弘羊之均输平准,史称其历宣、元、成、哀、平五世,无所改变。(见《汉书·食货志》)则弘羊时,京师必已有长安东市令、长安西市令,洛阳、邯郸、临甾、宛、成都五都,皆已有市长。王莽改长安东市令,为京五均司市师;长安西市令,为畿五均司市师;洛阳市长,为中五均司市师;临甾市长,为东五均司市师;成都市长,为西五均司市师;宛市长,为南五均司市师;邯郸市长,为北五均司市师。此其彰明较著者。平准不专在京师,五大都各自有之,庶足以各得其平而不误时机。《盐铁论·力耕篇》云:“自京师东西南北,历山川,经郡国,诸殷富大都,无非街衢五通,商贾之所臻,万物之所殖者。故圣人因天时,知者因地财。”亦足以证明京师之外东西南北各大都,各有因天时因地材之标准矣。《盐铁论》又反复申明平准之益,录于左:

王者塞天财,禁关市,执准守时,以轻重御民。丰年岁登,则储积以备乏绝;凶年恶岁,则行币物。流有余以调不足也。(《力耕篇》)

贵贱有平而民不疑,县官设衡立准,人从所欲,虽使五尺童子适市,莫之或欺。今罢去之,则豪民擅其用而专其利,决市闾巷,高下在口吻,贵贱无常,端坐而民豪,是以养强抑弱而藏于蹠也。强养弱抑,则齐民消。(《禁耕篇》)

水有猵獭而池鱼劳，国有强御而齐民消，故茂林之下无丰草，大块之间无美苗。夫理国之道，除秽锄豪，然后百姓均平，各安其宇。张廷尉论定律令，明法以绳天下，诛奸猾，绝兼并之徒；而强不凌弱，众不暴寡。大夫各运筹策，笼天下利，以排富商大贾，损有余，补不足，以齐黎民；是以兵革东西征伐，赋敛不增而用足。(《轻重篇》)

平准之法，富国而足民，惟不利于富商大贾。盖虽为经济政策，实即一种社会政策。当此时也，所以能维持均输平准，使国营商业，臻于巩固，不为私商大贾所动摇者，又有三种政策为之辅助也：一曰征商，二曰专卖，三曰以富人为吏。

三

国营商业之辅助政策，首曰征商。征商之法二：一曰缗钱税，二曰车船税。元光六年，初算商车；元狩四年，初算缗钱。《汉书·食货志》云："诸贾人末作，贳贷，卖买，居邑，贮积诸物，及商以取利者，虽无市籍，各以其物自占，(注，占，隐度也。各隐度其财物多少，而为名簿，送之于官也。)率缗钱二千而算一。(注，"率计二千钱者则出一算。"《汉书·景帝纪》后元二年注，"服虔曰，訾万钱算百二十七，"然则此亦一算百二十七钱。)诸作有租，及铸，(注，以手力所作而卖之者。)率缗钱四千而一算。"此所谓缗钱税也。又云："非吏比者，三老，北边骑士，轺车一算。(注，比，例也。身非为吏之例，非为三老，非为北边骑士，而有轺车，皆令出一算。)商贾人轺车二算。船五丈以上一算。"此所谓车船税也。又云:"匿不自占,占不悉,戍边一岁没入缗钱。有能告者,以其半畀之。"(注,畀,与也。)又云:"贾人有市籍及家属,皆无得名田,(注,一人有市籍,则身及家内,皆不得有田也)。以便农。敢犯令,没入田。"(《汉书·惠帝纪》注,"应劭引《汉律》,人出一算,算百二十钱;唯贾人与奴婢倍算。"则限制商人,汉初已然。)据此,则商贾之家,既不许名田以收租,以为经商失败退步,或为商业补助副产;(在政府方面,是防其借资本而兼并,形成大农,役使奴婢。)又有倍算及舟车缗钱之税,以加增其营业成本,减少其营业收入。结果非加增商品价值,不足以偿本。然一方有国营商业与之竞争,既无舟车缗钱之税,则其商品价值,当然减轻。故富商大贾,势不能牟大利,遑能摇撼国营商业?

次曰专卖。专卖之品三:一曰盐,二曰铁,三曰酒。盐铁之法,创于东郭咸阳孔仅,在元光六年。《平准书》云:"募民自给费,因官器作鬻盐,官与牢盆。私铸铁器鬻盐者,钛左趾,没入其器物。不出铁者,置小铁官,使属在所县。"又云:"使仅咸阳乘传举行天下盐铁,作官府。元封元年,桑弘羊为大农令,尽代仅干天下盐铁,郡国各往往置盐铁官。"(案小铁官各县有之,盐铁官必在出铁及出盐之处有之。《汉书·地理志》郡国有盐官者三十六,有铁官者五十。)酒酤之法,创于天汉三年,见《汉书·武帝纪》,此亦为桑弘羊所创。昭帝始元六年,始罢酒榷。王莽时复酒榷。据此,则国家既有三大宗专卖品,以为均输平准之活动资本,故其势力雄厚;国家征伐,及一切大费用,皆仰给大农不匮。《平准书》所谓"大农以均输调盐铁助赋,故能赡之。"(此时未兴酒榷,故不及。)足见均输盐铁酒互相调剂,以为资本,故能周转无穷也。

再次曰以富人为吏。卖官鬻爵，本为一种弊政。汉初仅有鬻爵而无卖官。其始晁错首创入粟县官，得以拜爵，得以除罪。文帝从其言，令民入粟边，六百石，爵上造；稍增至四千石，为五大夫；万二千石，为大庶长，各以多少级数为差。其后又入粟郡县。（见《食货志》。案汉仍秦制，爵二十等。）武帝元朔六年，有司奏请置武功赏官。《平准书》，"令民得买爵及赎禁锢免减罪，请置赏官，命曰武功爵。"（《集解》引《茂陵中书》"有武功爵：一级曰造士，二级曰闲舆卫，三级曰良士，四级曰元戎士，五级曰官首，六级曰秉铎，七级曰千夫，八级曰乐卿，九级曰执戎，十级曰左庶长，十一级曰军卫。此武帝所制，以宠军功。）级十七万。诸买武功爵官首者，试补吏先除。"自此买爵至第五级即得为吏，开卖官之例。东郭咸阳孔仅为大农丞，领盐铁事，乘传举行天下盐铁，作官府，即除故盐铁家富者为吏。桑弘羊为大农丞，置均输始令吏得入谷补官郎至六百石。及为大农令，置平准于京师，又请令吏得入粟补官。案盐铁均输，非素习为其事，不能处理。当时设立官府于郡国，及京师若以寻常官吏当此必致失败。故盐铁之事，必除盐铁家富者为吏，东郭咸阳以大煮盐进，孔仅以大冶进，即其例也。桑弘羊本贾人子，以计算用事。其用均输平准诸官吏，自必择曾为商贾且为富商大贾者以当之，始能胜任。故此时鬻官，以富人为吏，其目的自不专在得金得粟。以专门之人材为专官，冀以用当其才，亦其一大原因也。若以贤良文学之士为之，非特不能胜任，且必厉行反对。观卜式谓弘羊令吏坐市列肆，贩物求利，欲烹弘羊。卜式以田畜进，且出此言，况其他乎？

四

弘羊之国营商业政策,其志固在足国用,而尤以助边费及绝兼并为最要目的。助边费。所以除外患而巩国防;绝兼并,所以杜内乱而济民生。此其意《盐铁论》常屡言之矣,兹分别录之以见其志:

大夫曰:"匈奴背叛不臣,数为暴于边鄙,备之则劳中国之士,不备则侵盗不止。先帝哀边人之久患,苦为虏所系获也,故修障塞饬烽燧屯戍以备之。边用度不足,故兴盐铁,设酒榷,置均输,蕃货长财,以佐助边费。"(《本议篇》)

大夫曰:"王者包含并覆,普爱无私。今俱是民,安危劳佚不齐,独不当调耶?缘边之民,处寒苦之地,距强胡之难,烽燧一动,有没身之累。故边民百战,而中国恬卧者,以边郡为蔽扞也。《诗》云:'莫非王事,而我独劳,'刺不均也。是以圣王怀四方独苦,兴师推却胡越远寇,国安灾散。中国肥饶之余,以调边境,边境强,则中国安。中国安,则晏然无事,何求而不得也?"(《地广篇》)

大夫曰:"汤武之伐,非好用兵也;周宣王辟国千里,非贪侵也,所以除寇贼而安百姓也。故无功之师,君子不行;无用之地,圣王不贪。先帝举汤武之师,定三垂之难,一面而制敌。匈奴遁逃,因河山以为防;故去沙石咸卤不食之地,故割什辟之县,弃造阳之地,以与胡。省曲塞,据河险,守要害,以宽繇役,保士民。由此观之,圣主用心,非务广地以劳众而已。"

(《地广篇》)

丞相史曰:"大夫难罢盐铁者,忧国家之用,边境之费也。使边境无寇虏之灾,租税尽为诸生除之,何况盐铁均输乎?"

由此观之,弘羊以助边费为第一目的,可以见矣。综弘羊之世,为侍中者十五年,为大农丞者五年,为大司农者十四年。其间边境大事,仰其资给以得胜利者,有宜综计之要焉。

(一)侍中时代十五年(元光六年—元鼎二年)　此时弘羊与东郭咸阳孔仅同列,兴盐铁之利,算舟车缗钱。时匈奴屡入寇,卫青七出塞,击收河南地,置朔方五原郡。霍去病六出塞,击匈奴右地,降浑邪王筑令居以西,置酒泉、武威、张掖、敦煌四郡。

(二)大农丞时代五年(元鼎二年—元封元年)　此时弘羊创均输之法,调盐铁以足军国之用。时南越反,杀汉使,路博得将楼船十万人平之,以其地为南海、苍梧、郁林、合浦、交趾、九真、日南、珠崖、儋耳郡。定西南夷,以为武都、牂柯、越嶲、沈黎、文山郡。

(三)大司农时代十四年(元封元年—天汉四年)　立平准于京师,设盐铁均输官于各郡国。榷酒沽。遣将军郭昌等发巴蜀兵平西南夷未服者,以为益州郡。朝鲜王攻杀辽东都尉,杨朴等击之,以其地为乐浪、临屯、玄菟、真番郡。遣徐自为筑五原塞外列城,西北至卢朐,千余里列亭障。李广利西征大宛斩其王首,自敦煌西至盐泽起亭障;屯田于轮台渠黎(以上皆见《汉书·武帝纪》及《匈奴》、《西南夷》、《两粤》、《朝鲜》、《西域》等传)

综计三十四年之内,开辟疆土,视高惠文景时,几至一倍。用兵十年之久,其军费之浩大,二三计臣,能供给而不匮;尤以弘羊之力为独多。民不加赋,而国用饶,此则令人实可惊叹者也。

复次,论其绝兼并。其一,曰杜内乱。《盐铁论》云:

"今意总一盐铁,非独为利入也;将以建本抑末,离朋党,禁淫侈,绝兼并之路也。浮食豪民,好欲擅山海之货,以致富业,役利细民。铁器兵刃,天下之大用也,众庶所宜事也。往者豪强大家,得管山海之利,采铁鼓铸煮盐。一家聚众至千余人,大氐尽收放流人民也,聚深山穷泽之中,成奸伪之业,遂朋党之权,其轻为非亦大矣。"(《复古篇》)

"异时盐铁未笼,布衣有朐邴,人君有吴王,皆盐铁初议也。吴王专山泽之饶,薄赋其民,赈赡穷小,以成私威;私威积而逆节之心作。夫不早绝其源,而忧其末,若决吕梁,沛然,其所伤必多矣。太公曰:'一家害百家,百家害诸侯,诸侯害天下,王法禁之。'令放民于权利,罢盐铁以资暴强,遂其贪心,众邪群聚,私自成党;则强御日以不制,而兼并之徒奸形成也。"(《禁耕篇》)

武帝之世,诸王国无弄兵谋反者,虽因国土分小之故;然无利权以为之资,不能养私威,实为最大原因。加以大兵屡耀于国外,内乱自因而戢。其他群盗亦鲜,惟天汉二年,泰山琅邪群盗徐勃等,阻山攻城不久即灭。《左传》曰,"外宁必有内忧,"汉室君臣,必有以鉴之。此其杜内乱之效也。

其二,曰济民生。《盐铁论》云:

"交币通施民事不及,物有所并也。计本量委,民有饥者,谷有所藏也。知者有百人之功,愚者有不更本之事,人君不调，民有相妨之富也。此其所以或储百年之余，或不厌糟糠也，非散聚均利者不齐。故人主积其食，守其用，调其不足，禁溢羡，厄利涂，然后百姓可家给人足也。”（《错币篇》）

家给人足，为经济家最大目的；贫富不均，为社会上最要问题。《食货志》云：“庶人之富者累钜万，而贫者食糟糠；有国疆者兼州域，而弱者丧社稷。”贫富相悬，其祸害有不可胜言者。汉代政治家，屡以绝兼并为重要政策，诚为知政治之本。高祖时，惟重租税以困辱贾人。孝惠高后时，复弛商贾之律。文帝之世，纵民得铸钱冶铁煮盐。吴王擅鄣海泽，邓通专西山，钱布天下，经济政策放任之极，不但酿成吴楚七国之内乱，而社会之不宁，亦有不可终日之势。兹录当时名人之言，以见其一班。

司马迁云：“富商大贾，或蹛财役贫，转毂百数，废居（注，废，出卖。居，停蓄。言其乘时射利。）居邑，（居贱物于邑中以待贵。）封君皆低首仰给。冶铸煮盐，财或累万金，而不佐公家之急，黎民重困。”（《平准书》）

董仲舒云：“富者田连仟陌，贫者无立锥之地。又专山泽之利，管山林之饶，荒淫越制，逾侈以相高，邑有人君之尊，里有公侯之富。小民耕豪民之田，见税什五。故贫民常衣牛马之衣，而食犬彘之食。”（《食货志》）

由此言之，弘羊之经济政策，其所以绝兼并之计，取干涉主义，一反孝、惠、文、景时代之放任主义，其用意亦可谓深远矣。

桑弘羊年表

余既为桑弘羊之经济政策一文,因思国富则兵强,汉武帝开辟疆土,视高、惠、文、景时,几至一倍,其武功可谓盛矣。然无计臣为之理财,则亦不能如此得志。主父偃谓“兴师十万,日费千金”(见《汉书·主父偃传》。汉制黄金一斤,为一金,一金直万钱。见《食货志》)。可以知矣。观《盐铁论》谓“往者匈奴据河山之险,擅田牧之利,民富兵强。行入为寇,则勾注之内惊动,而上郡以南咸城。文帝时虏入萧关,烽火通甘泉,群臣惧,不知所出,乃请屯京师以备胡。”则知卫青、霍去病之为功大焉。《汉书·食货志》云:“于是大司农陈藏钱经用赋税既竭不足以奉战士。”(武帝元朔中)《史记·平准书》云:“是时(武帝元狩中)财匮,战士颇不得禄。”则知东郭咸阳、孔仅、桑弘羊之为功大焉。今《史记》、《汉书》有卫、霍等传,而无东郭、孔仅等传,故其功不显。加以吾国儒者讳言利,故一言及彼,即有不齿之意。东郭咸阳、孔仅之事迹,犹可不究其终始而置之。至若桑弘羊之经济政策,同时即为一种社会政策,非有年经事纬以细密观察,不足以综其始末,明其效验。余故为之粗立年表,以补《史记》《汉书》之阙焉。

《盐铁论·贫富篇》:“大夫曰,余结发束修,年十三,幸得宿卫给事辇毂之下,以至卿大夫之位,获禄受赐,六十余年矣。”案《盐铁论》系记载汉昭帝始元六年诏使丞相御史与所举贤良文学语。此所谓大夫,即御史大夫桑弘羊。《汉书·昭帝纪》“元凤元年,九月,鄂邑长公主、燕王旦与左将军上官桀,桀子票骑将军安,御史大夫桑弘羊,皆谋反,伏诛”。案桑弘羊于昭帝始元六年,与贤良文学辩论,云年六十余,则至少当为六十一岁。明年,为元凤元年,则为六十二岁。证之平准书,东郭咸阳、孔仅、桑弘羊同时入官。咸阳仅为大农令郑当时所荐。百官公卿表,元光五年,郑当时始为大农令。元光六年,弘羊年十三,与彼二人同入官,其年代与此正相应。今据此立表。

景帝后三年,一岁,《史记·平准书》云:"桑弘羊,雒阳贾人子。"时大农令惠。(《汉书·百官公卿表》)

武帝建元元年,二岁。

建元二年三岁,

建元三年,四岁,韩安国为大农令,三年迁。(《百官公卿表》)

建元四年,五岁,

建元五年,六岁,

建元六年,七岁,大农令殷。(《百官公卿表》)

元光元年,八岁,

元光二年,九岁,

元光三年,十岁,

元光四年,十一岁,

元光五年,十二岁,郑当时为大农令,十一年免。(《百官公卿表》)

元光六年,十三岁,《史记·平准书》云:"年十三,侍中。"《盐铁论》亦谓"年十三,幸得宿卫给事辇毂下"。《平准书》又云:"弘羊以计算用事,侍中;以东郭咸阳、孔仅为大农丞,领盐铁事。"案《汉书·食货志》,"董仲舒言秦田租口赋盐铁之利,二十倍于古。汉兴,循而未改"。则盐铁为国家专卖,自秦已然。《史记·货殖传》:"猗顿,用盬盐起;而邯郸郭纵,以铁冶成业,与王者埒富。"此在六国时秦未统一也。惟《盐铁论》谓"文帝之时纵民铸钱冶铁煮盐"。据《平准书》"咸阳,齐之大煮盐,孔仅,南阳大冶,皆致生累千金,故郑当时进言之"。则其时盐铁尚未为国家专卖。《百官公卿表》郑当时为大农令,在元光五年,则东郭咸阳、孔仅之为大农丞,当在元光六年,与桑弘羊同进。故《平准书》叙三人事于一处,而云故三人言利事,析秋毫矣。初算商车。(《武帝纪》。注,李奇曰:“始税商贾车船,令出算。”)

元朔元年,十四岁,

元朔二年,十五岁,

元朔三年,十六岁,

元朔四年,十七岁,

元朔五年,十八岁,

元朔六年,十九岁,《汉书·武帝纪》,“元朔六年,六月,有司奏请置武功赏官,以宠战士”。

元狩元年,二十岁,

元狩二年,二十一岁,

元狩三年,二十二岁,

元狩四年,二十三岁,《汉书·郑当时传》,“汉征匈奴,招四夷,天下费多,财用益屈。当时为大司农,任人宾客,僦入多逋负。司马安为淮阳太守,发其事。当时以此陷罪,赎为庶人”。《汉书·百官公卿表》,“大农令颜异,二年坐腹诽诛”。武帝纪,“造白金及皮币以足用。…初算缗钱”。

元狩五年,二十四岁,

元狩六年,二十五岁,大农令颜异诛(事详《平准书》)大农令正夫(《百官公卿表》)。《平准书》,“大农上盐铁丞孔仅、咸阳言,‘山海,天地之藏也,皆宜属少府。陛下不私,以属大农佐赋。愿募民自给费,因官器作煮盐,官与牢盆。浮食奇民,欲擅管山海之货,以致富羡,役利细民,其沮事之议,不可胜听。敢私铸铁器煮盐者,铁左趾，没入其器物。郡不出铁者，置小铁官，(《集解》邓展曰铸故铁)使属在所县'。使孔仅、东郭咸阳乘传举行天下盐铁，作官府，除故盐铁家富者为吏。孔仅之使天下铸作器，三年中，拜为大司农，列于九卿；而桑弘羊为大农丞。"据此，大农上盐铁丞孔仅、咸阳言，当在此年。

元鼎元年，二十六岁，

元鼎二年，二十七岁，大农令孔仅。(《百官公卿表》)《平准书》，"桑弘羊为大农丞，管诸会计事，稍稍置均输以通货。"又"始令吏得入谷补官郎至六百石。"

元鼎三年，二十八岁，

元鼎四年，二十九岁，大农令客。(《百官公卿表》)

元鼎五年，三十岁，九月，御史大夫石庆为丞相。(《百官公卿表》)

元鼎六年，三十一岁，大农令张成。(《百官公卿表》)《汉书·两粤传》，"元鼎五年，南粤反。……明年秋，东粤王余善发兵距汉道。汉使大司农张成将屯，不敢击，坐畏惧诛。"齐相卜式为御史大夫。(《百官公卿表》)《食货志》"汉连出兵三岁，诛羌，灭两粤，番禺以西至蜀南者，置初郡十七；且以其故俗治，无赋税。南阳汉中以往，各以地比，给初郡吏卒奉食币物传车马被具。而初郡又时时小反，杀吏，汉发南方吏卒往诛之，间岁万余人。费皆仰大农。大农以均输调盐铁助赋，故能赡之。"

元封元年，三十二岁，《平准书》"元封元年，卜式贬秩为太子太傅，而桑弘羊为治粟都尉(《汉书·食货志》同。补注，引刘敞曰："大司农，旧治粟内史耳，弘羊为搜粟都尉也。"案《百官公卿表》，治粟内史，秦官，景帝后元年，更名大农令，武帝太初元年，更名大司农。骢粟都尉，武帝军官不常置。刘说是也。)领大农，尽代仅管天下盐铁。(案孔仅时已不为大农令,或仍为丞管盐铁也。)弘羊以诸官各自市,相与争,物故腾跃;而天下赋输,或不偿其僦费。(《索隐》引服虔云:“雇载云僦,言所输物不足偿其雇载之费也。”)乃请置大农部丞数十人,分部主郡国,各往往县置均输盐铁官,令远方各以其物贵时商贾所转贩者为赋,而相灌输。(《汉书·食货志》,“贵时”作“如异时”,不可通。盖指远方贵时,此地贱时。)置平准于京师,都受天下委输。召工官治车诸器,皆仰给大农。大农之诸官,尽笼天下之货物,贵即卖之,贱则买之。如此,富商大贾无所牟大利,(《集解》如淳曰:牟,取也。)则反本而万物不得腾踊。故抑天下物,名曰平准。天子以为然,许之。……于是天子北至朔方,(《汉书·帝武纪》“元封元年,冬十月,置十二部将军,亲帅师,行自云阳,北历上郡西河五原,出长城,北登单于台至朔方,临北河,勒兵十八万骑,旌旗径千余里,威振匈奴,还,祠黄帝于桥山,乃归甘泉。”)东封太山(《武帝纪》“元封元年,春正月,行幸缑氏,用事华山,至于中岳行遂东,巡海上,夏四月,癸卯,上还,登封泰山,至于梁父,行所巡至博、奉高、蛇丘、历城、梁父民田租逋赋贷已除,加年七十以上孤寡帛人二匹。四县无出今年算。赐天下民爵一级,女子百户牛酒。”)巡海上,旁北边以归。(《武帝纪》“元封元年,行自泰山,复东巡海上,至碣石,自辽西历北边九原归于甘泉。”)所过赏赐用帛百余万匹,金以巨万计,皆取足大农。……

弘羊又请令吏得入粟补官,及罪人赎罪。令民能入粟甘泉各有差,以复终身,不告缗。他郡各输急处。而诸农各致粟。山东漕益岁六百万石。一岁之中,太仓、甘泉仓满,边余谷,诸物均输帛五百万匹。民不益赋,而天下用饶。于是弘羊赐爵左庶长,黄金再百斤焉。是岁,小旱,上令求雨。卜式言曰,“‘县官当食租衣税而已。

今弘羊令吏坐市列肆，贩物求利，烹弘羊天乃雨。'"（案卜式为御史大夫时，以不便县官作盐铁及船算，乃因孔仅言船算事，武帝由是不悦。明年，贬卜式而用弘羊，心滋不悦，故有烹弘羊之议。）

元封二年，三十三岁，

元封三年，三十四岁，

元封四年，三十五岁，

元封五年，三十六岁，

元封六年，三十七岁，

太初元年，三十八岁，改大农令为大司农。（《百官公卿表》）

太初二年，三十九岁，正月，丞相石庆薨，大仆公孙贺为丞相。（《百官公卿表》）《汉书·石庆传》"庆为丞相，时桑弘羊等致利，王温舒之属峻法，儿宽等推文学，九卿更进用事，事不关决于庆。"案汉代自景帝以前，权在丞相。武帝时，权在天子所亲用之人。昭宣以后，则在领尚书事。桑弘羊之得以致利，亦恃天子亲信，大权在握，故也。

太初三年，四十岁，

太初四年，四十一岁，

天汉元年，四十二岁，《百官公卿表》"大司农桑弘羊。四年贬为搜粟都尉。"案表自元鼎六年，大农令张成后，无大农令者十一年。《平准书》、《食货志》均谓桑弘羊以治粟内史领大农。或系兼领大农令，犹后世之署理，故《表》无其名。至天汉元年，始即真为大司农耳。

天汉二年，四十三岁，

天汉三年，四十四岁，初榷酒酤。（《汉书·武帝纪》）沈钦韩曰："《盐铁论·轻重篇》'大夫，君以心计策国用，构诸侯，参以酒榷'则酒榷亦弘羊所建也。"案《盐铁论·忧边篇》云:"群臣尽力毕议,策兹国用,故少府丞令,请建酒榷。"然则此策建自少府丞令,而弘羊决定采而实行耳。

天汉四年,四十五岁,贬为搜粟都尉。(《百官公卿表》)

太始元年,四十六岁,《百官公卿表》大司农。(下阙人名。)

太始二年,四十七岁,

太始三年,四十八岁,

太始四年,四十九岁,

征和元年,五十岁,

征和二年,五十一岁,

征和三年,五十二岁,

征和四年,五十三岁,六月,大鸿胪田千秋为丞相,封富民侯。以赵过为搜粟都尉。(见《汉书·车千秋传》《百官公卿表》《食货志》)

后元元年,五十四岁,

后元二年,五十五岁,《百官公卿表》,"二月丁卯,侍中奉车都尉霍光为大司马大将军。二月乙卯,搜粟都尉桑弘羊为御史大夫。"《汉书·霍光传》,"后元二年春,上游五柞宫,病笃,以光为大司马大将军,金日磾为车骑将军,及太仆上官桀为左将军,搜粟都尉桑弘羊为御史大夫,皆拜卧内床下,受遗诏辅少主。明日,武帝崩。"《武帝纪》"后元二年,二月,行幸盩厔五柞宫。乙丑,立皇子弗陵为皇太子。丁卯,帝崩于五柞宫。"据此,则《百官公卿表》二月丁卯、二月乙卯,皆当为二月丙寅。大将军长史杨敞为搜粟都尉。(见《霍光传》)

昭帝始元元年,五十六岁,

始元二年，五十七岁，

始元三年，五十八岁，

始元四年，五十九岁，

始元五年，六十岁，六月，令三辅太常举贤良各二人，郡国文学高第各一人。（《汉书·昭帝纪》）

始元六年，六十一岁，二月，诏有司问郡国所举贤良文学民所疾苦，议罢盐铁榷酤。……秋七月，罢榷酤官，令民得以律占租，卖酒升四钱。（《汉书·昭帝纪》）《食货志》“昭帝即位六年，诏郡国举贤良文学之士，问以民所疾苦，皆对愿罢盐铁酒榷均输官，毋与天下争利。弘羊难以为此国家大业，所以制四夷，安边足用之本，不可废也，乃与丞相千秋共奏罢酒酤”。（《盐铁论》盐铁取下篇云：“奏曰：‘贤良文学，不明县官事，猥以盐铁而为不便，请且罢郡国榷酤关内铁官。’奏可。”《食货志》又云：“宣、元、成、哀、平五世无所变改，元帝时，尝罢盐铁官，三年而复之。”则均输平准终西汉世不废矣。）班固曰：“所谓盐铁议者，起始元中，征文学贤良，皆对愿罢郡国盐铁酒榷均输。御史大夫弘羊以不可废。当时相诘难颇有其议文。至宣帝，汝南桓宽次公，治《公羊春秋》举为郎，至庐江太守丞，博通，善属文；推衍盐铁之议，增广条目，极其论难著数万言。（案即今所行《盐铁论》十卷是也。）当此之时，贤良茂陵唐生，文学鲁国万生之徒，六十有余人，咸聚阙庭，舒六艺之风，陈治平之原。中山刘子推言王道。九江祝生，讥公卿。桑大夫据当世，合时变，上权利之略。车丞相当轴不言，容身而去。若夫丞相御史两府之士，阿意苟合，以说其上，斗筲之徒，何足选也？”（见《汉书·车千秋传》末。所载《盐铁论》辩论之人，亦见《盐铁论》末。）案桓宽治公羊，著《盐铁论》，袒儒生而刺计吏，固其所也。《汉书·杜延年传》,“延年见国家承武帝奢侈师旅之后,数为大将军光言,‘年岁比不登,流民未尽还,宜修孝文时政,示以俭约宽和,’光纳其言,举贤良,议罢酒榷盐铁,皆延年发之。”其后议论盐铁,桑大夫辨论最多,颇有渺视贤良文学之意,甚则互相诟病,论离其本,(如《盐铁论·刺权》、《刺复》、《刺议》、《利议》、《国疾》等篇,贤良文学以“蔽贤妒能”,“以禄骄人,”及“为桀敛不仁”等以詈大夫等;而大夫等又以“诸生阘茸无行,多言而不用,情貌不相副,若穿窬之盗”及“文学守死溷滓之语而终不移”等詈贤良文学。)卒之弘羊与车丞相议,仅罢酒榷;杜延年之计败,明年,燕王旦谋反,杜延年首发其谋,牵连桑弘羊。其父周逐捕桑弘羊等,史称其刻深,亦足以见杜氏之阴谋倾陷也。

元凤元年,六十二岁,《昭帝纪》,“元凤元年九月,鄂邑长公主、燕王旦与左将军上官桀、桀子票骑将军安、御史大夫桑弘羊皆谋反,伏诛。”《汉书·燕刺王旦传》:“旦壮大就国,为人辨略,博学经书杂说,好星历数术倡优射猎之事,招致游士。及卫太子败,齐怀王又薨,旦以次第当立,上书求入宿卫。上怒,下其使狱。后坐臧匿亡命削三县,武帝由是恶旦。后遂立少子为太子。帝崩,太子立,是为孝昭帝(时年八岁)。旦曰:‘我亲为武帝长子反不得立;上书请立庙,又不听,立者疑非刘氏。’久之,旦姊鄂邑盖长公主、左将军上官桀父子,与霍光争权,有隙,皆知旦怨光,即私与燕交通;旦遣孙继之等前后十余辈,多赍金宝走马,赂遗盖主上官桀及御史大夫桑弘羊等,皆与交通,数记疏光过失与旦,令上书告之。昭帝觉其有诈,遂亲信霍光而疏上官桀等。桀等因谋共杀光,废帝,迎立燕王为天子。”《杜延年传》,“左将军上官桀父子,与盖主、燕王谋为逆乱,假稻田使者燕仓知其谋,以告大司农杨敞,敞以语延年,延年以闻。桀等伏辜,封延年为建平侯。"《杜周传》,"周为执金吾,逐捕桑弘羊、卫皇后昆弟子,刻深,迁为御史大夫。"(周即延年父,竟代弘羊为御史大夫。)《霍光传》,"燕王旦自以昭帝兄,常怀怨,及御史大夫桑弘羊建造酒榷盐铁为国家兴利,伐其功,欲为子弟得官(弘羊之罪状,不过伐功及欲为子弟得官二语,《盐铁论·刺权篇》大夫所言"官尊者禄厚,木美者枝茂,故文王德而子孙封,周公相而伯禽富,水广者鱼大,父尊者子贵"等语,皆可以上二罪罗织之。)亦怨恨光。于是盖主、上官桀、安及弘羊皆与燕王旦通谋。"《车千秋传》,"千秋与霍光、桑弘羊等并受遗诏,辅少主,居丞相位,终不肯有所言。光以此重之。桑弘羊为御史大夫八年,自以为国家兴权管之利,伐其功,欲为子弟得官,怨望霍光,与上官桀谋反,遂诛灭。"《杜延年传》,"治燕王狱时,御史大夫桑弘羊子迁亡,过父故吏侯史吴,后迁捕得伏法,会赦,侯史吴自出系狱。廷尉王平与少府徐仁杂治反事,皆以为桑迁坐父谋反,而侯史吴藏之,非匿反者,乃匿为随者也。即以赦令除吴罪。后侍御史治实,以桑迁通经术,知父谋反而不谏争,与反者身无异。侯史吴故三百石吏,首匿迁,不与庶人匿随从者等,吴不得赦;奏请覆治,劾廷尉少府纵反者。少府徐仁,即丞相车千秋女婿也,故千秋数为侯史吴言,恐光不听,千秋即召中二千石博士会公车门议问吴法。议者,知大将军指,皆执吴为不道。明日,千秋封上众议。光于是以千秋擅召中千石以下,外内异言,遂下廷尉平少府仁狱。朝廷皆恐丞相坐之。延年乃奏记光争,以为'吏纵罪人有常法,今更诋吴为不道,恐于法深。又丞相素无所守持,而为好言于下,尽其素行也。(注,师古曰:"言非故有所执持,但其素行好与在下人言议耳。")至擅召二千石,甚无状。延年愚,以为丞相久故,及先帝用事,非有大故,不可弃也。间者民颇言狱深,吏为峻诋。今丞相所议,又狱事也。如是以及丞相,恐不合众心,群下讙哗,庶人私议,流言四布;延年窃重将军失此名于天下也。'光以为廷尉少府,弄法轻重,皆论弃市,而不以及丞相,终与相竟。"(注,师古曰:"谓终丞相之身无贬黜也。")案霍光之举贤良文学,议罢盐铁酒榷均输,皆自杜延年发之。丞相车千秋当轴不言,容身而去;御史大夫桑弘羊独争以为不可废。其后仅罢酒榷,而杜延年之计不售,未必不怀恨于心。燕王之反,延年首发其谋,桑弘羊以论盐铁伐其功,故遭波及。车千秋容身不言,乃得独免。桑迁、侯史吴之狱,延年独救千秋。余深疑弘羊之罪,为杜氏所罗织牵入,故班固讥其刻深,每书弘羊之狱,必加及字以别之。余故刺取《汉书》中关于此狱之文,具陈其本末于此,以待识者之辨别焉。

十五年七月作于北京

(原载《国立北京大学社会科学季刊》第4卷第1、2期,1926年)

西魏赐姓源流考

自西魏赐杨忠姓普六茹氏，赐李虎姓大野氏，世人遂有误以赐姓与复姓相混者，以为杨忠本姓普六茹，而杨则其初所改之汉姓，《隋书·高祖纪》"高祖姓杨，讳坚，弘农华阴人，汉太尉震八代孙，忠即皇考也"，此忠之冒为弘农杨氏也。李虎本姓大野氏，而李则其初改之汉姓，《唐书·高祖纪》"高祖姓李氏，讳渊，其先陇西狄道人，凉武昭王七代孙也，皇祖虎"，此虎之冒为陇西李氏也。杨忠、李虎本为胡人，自其子孙为帝王，始以魏孝文帝时所改胡姓为汉姓，而皆冒为华族之子孙，以诳耀中国臣民，使不以外族相嫌，实则隋唐祖先皆外国人也。以此相矜为明察，实为不察之甚，此余所以作《西魏赐姓源流考》也。盖其本姓赐姓，皆必考其源，而因何赐姓，因何又复本姓，亦必究其流也。

今造此文，有二事先须辩明者，一赐姓与复姓不可相混，二复姓有二次亦不可相混。所谓"赐姓与复姓不可相混"者，因大统复姓及其时赐姓皆胡姓，故易于相混。实则太和改姓，改胡人复姓为单姓，故十之八九同于汉姓。大统复姓，去单姓而复胡人复姓，亦可言去汉姓而复胡姓。至于赐姓，应分为二种，有赐汉人以胡姓者，有赐胡人以胡姓者，且赐姓与赐名同，皆易其原姓原名，决不可与复姓相混，此皆不可不辨也。征之史实，《魏书·高祖纪》太和二十年正月丁卯，诏改姓本姓拓跋。为元氏。陈毅《魏书官氏志疏证》考定此事在太和十八年，《魏书》误。《通鉴·齐纪》建武三年，魏诏诸功臣自代来者，姓或重复，皆改之。陈毅考定此事在魏太和十九年，即齐建武二年，《通鉴》误。于是魏收《魏书·官氏志》罗列百二十姓，并拓跋氏在内，志首列九姓，与帝室为十姓，是也。而未改姓者六氏，宇文、慕容二氏，及吐谷浑氏、贺若氏、那氏、庾氏皆依旧，故此六姓实未改。其余百十有四姓，皆改复姓为单姓。盖当时改姓，不过改从汉人单姓形式，未必有意改从汉姓，与汉人相混也，观其帝室之姓拓跋氏改为元氏，而中国本无此姓，即可知之。然既改单姓，自不免与汉姓相同，如刘、陆、周、于等八十余姓，皆本为汉姓是也，故或谓太和改胡姓为汉姓，亦无不可，惟不可概其全耳。至西魏大统十五年五月，又诏代人复其旧姓，见《通鉴纲目》。即去单姓仍复胡人复姓，或谓去汉姓仍复胡姓亦可。凡魏收《魏书》所列人名，其姓氏大都从太和新改之姓，而《周书》所载代北各姓，多从大统复旧之姓，而南朝诸史，如《宋书·索虏传》、《齐书·魏虏传》中所载魏人姓名，其姓氏尚多仍太和以前旧姓，故汉胡姓氏，不致混淆。若以此数书及《北齐书》、南北史、《隋书》、《唐书》，将代北人名，作一对照表，则改姓复姓之迹，乃显然可见。至于赐姓，西魏及周初皆有之，其所赐之姓，例取胡人复姓。有赐其同种之人者，有赐汉人者，有赐其他种族者，或一人前后赐以二姓者，有数不同姓之人而共赐一姓者，总以易其本姓为主，此与复姓之事截然不同者也。

所谓“复姓有二次亦不可相混”者，盖复姓之举有二：一因太和改姓，于是有大统复姓，前所引大统十五年五月诏代人复其旧姓是也。二因西魏以来赐姓，至周静帝时，又诏凡赐姓者均复旧姓，《周书·静帝纪》载其诏云：

《诗》称不如同姓,《传》曰异姓为后,盖明辩亲疏,皎然不杂,太祖受命,龙德犹潜,箓表革代之文,星垂除旧之象,三分天下,志扶魏室,多所改作,冀允上玄,文武群官,赐姓者众,本殊国邑,实乖胙土。不歆非类,异骨肉而共蒸尝;不爱其亲,在行路而叙昭穆。诸改姓者,悉宜复旧。

观此,则知赐姓必异其本姓,所谓"不如同姓",所谓"异姓为后",所谓"不歆非类,异骨肉而共蒸尝;不爱其亲,在行路而叙昭穆",皆谓赐以异姓也。若指复本姓为赐姓,诏文何必如此说耶!时杨忠之子坚为大丞相,隋国公,将进爵为王,以十郡为国,欲行禅让事,恶周文帝时赐其父胡姓,故欲复其汉姓,此诏盖坚为之也,凡《周书》、《隋书》、《唐书》所载赐姓之人,皆称其旧姓,或复其汉姓,或复其胡姓,皆此诏之力也。总之大统时之复姓,皆胡人;周静帝时之复姓,大都皆汉人,而胡人仅占少数,此其不同者也。

西魏之时,宇文泰专政,赐姓之事,大都皆泰主之,欲以牢笼人心,收为己用,故赐姓拓跋氏者,仅二人,而赐姓宇文氏者,以余所知,已有二十六人之多,周静帝诏所谓"太祖受命,龙德犹潜,三分天下,志扶魏室,多所改作,冀允上玄,文武群官,赐姓者众",此其证也。今其赐姓见于《周书》、《北史》、《隋书》、《唐书》者,尚有六十余人,其不见于史者,必尚多也,类而聚之,足以觇其源流,别其华戎,其不知者,盖阙如也。

赐姓拓跋氏者二人

王盟,字子仵,明德皇后之兄也。其先乐浪人,六世祖波,前燕太宰。祖珍,魏黄门侍郎,乐浪公。父罴,伏波将军,以良家子镇武川,因家焉。太祖将讨侯莫陈悦,征盟赴原州,以为留后大都督,镇高平。魏孝武至长安,封魏昌县公。魏文帝东征,以留后大都督,行雍州事,节度关中诸军事。赵青雀之乱,盟与开府李虎,辅魏太子出顿渭北,进爵长乐郡公,赐姓拓跋氏。《周书》二十五《王盟传》。

李穆,字显庆,《周书》三十《李穆传》。兄贤,字贤和,其先陇西成纪人也。曾祖富,魏太武时以子都督讨两山屠各,殁于阵,赠宁西将军、陇西郡守。祖斌,袭领父兵,镇于高平,因家焉。《周书》二十五《李贤传》。太祖入关,穆便给事左右,深被亲遇,遂处以腹心之任,出入卧内,当时莫与为比。及侯莫陈悦害贺拔岳,太祖自夏州赴难,而悦党史归据原州,犹为悦守,太祖令侯莫陈崇轻骑袭之,穆先在城中,与兄贤远等据城门应崇,遂擒归,以功授都督。从迎魏孝武,封永平县子。河桥之战,太祖所乘马中流矢惊逸,太祖坠于地,军中大扰,敌人追及之,左右皆奔散,穆乃以策抶太祖,因大骂曰:"尔曹主何在!尔独住此!"敌人不疑是贵人也,遂舍之而过,穆以马授太祖,遂得俱免,是日微穆,太祖已不济矣。自是恩眄更隆,进爵武安郡公。久之,太祖美其志节,乃叹曰,"人之所贵,唯身命耳,李穆遂能轻身命之重,济孤之难,虽复加其爵位,赏之以玉帛,未足为报也"。乃特赐铁券,恕以十死,寻进位大将军,赐姓拓跋氏。《周书》三十《李穆传》。

案拓跋氏为魏之国姓,《魏书·高祖纪》太和二十年正月丁卯,诏改姓为元氏。《魏书·序纪》云,"黄帝有子二十五人,昌意少子,受封北土,国有大鲜卑山,因以为号,黄帝以土德王,北俗谓土为拓,谓后为跋，故以为氏。”《南齐书·魏虏传》云，“魏虏，匈奴种也，姓拓跋氏。初，匈奴女名拓跋，妻李陵，胡俗以母名为姓，故虏为李陵之后。”北魏自言为鲜卑，而中国则称之为匈奴，二者孰是？余弟子姚薇元撰《魏书官氏志广证》，谓：“《魏志·鲜卑传》注引鱼豢《魏书》云，鲜卑檀石槐，分其地为中东西三部，从右北平以东至辽东，接夫余貊，为东部，二十余邑，其大人曰弥加阙机素利槐头。从右北平以西至上谷为中部，十余邑，其大人曰柯最阙居慕容等，为大帅。从上谷以西至敦煌，西接乌孙，为西部，二十余邑，其大人曰置鞬落罗日律推演宴荔游等，皆为大帅。而制属檀石槐。”《魏书·序纪》，后魏宣帝，讳推寅，据《通鉴》胡三省注此鲜卑西部大人推演，即后魏宣帝推演，而中部大人慕容，即慕容部之始，东部大人槐头即宇文部酋莫槐，此推演与槐头慕容，既同为檀石槐之部落大人，自属同一时代之人，证以《官氏志》东方宇文慕容氏，即宣帝时东部案慕容为中部，宇文为东部，然在西部视之，则中部东部，皆可云东部。之语，知其人即后魏宣帝推演无疑。是托跋氏之先，本檀石槐时代鲜卑西部中之一部落，而鲜卑西部，本匈奴亡奴婢，魏志末注引《魏略·西戎传》云，赀虏，本匈奴也，匈奴名奴婢为赀，始建武时，匈奴衰，分去，其奴婢匿在金城、武威、酒泉北，黑水西河东西，有数万，不与东部鲜卑同也，其种非一，有大胡有丁令，或颇有羌杂处，由本匈奴亡奴婢故也。据此，是后汉初赀虏亡匿之地，即在上谷以西至敦煌间，参以下文不与东部鲜卑同之语，知此赀虏即其后檀石槐时代后汉献帝时。之鲜卑西部，其种杂有大胡疑系大月支胡之简称。丁令即高车。西羌等，盖本匈奴统治之鲜卑，及其他杂类，自单于北遁后，皆统号鲜卑。托跋既起西部，非纯粹鲜卑族可知。《魏书·铁弗刘虎传》云，铁弗刘虎，南单于之苗裔，左贤王去卑之孙，北人谓胡父鲜卑母为铁弗,因以为号。据此,匈奴与鲜卑之合种,名曰铁弗,古读轻唇音为重唇音,托跋亦译秃发,托跋既号鲜卑,又称匈奴,疑托跋即铁弗之异译,虏族重母故托跋自称鲜卑也。姚氏推本拓跋氏之来源,说颇精确,盖拓跋魏起于盛乐,铁弗夏起于朔方,秃发南凉起于河西,皆在上谷以西至敦煌之间,为檀石槐西部鲜卑之地,其为一族,而译音转为三氏,自属可能,余故采其说于此。王盟李穆,皆周太祖宇文泰心腹之臣,有功于周,而赐姓以拓跋氏者,初入关时,尚假魏国姓之重,以激厉其下也。惟盟为高句丽乐浪人,家于武川,穆为陇西成纪人,家于高平,初非拓跋氏而改姓王与李也,王与李皆可赐姓拓跋氏,则赐姓之性质可知已。或谓乐浪王氏,本姓拓王,为高丽族,涵芬楼景宋百衲本《周书·王盟传》作赐姓拓王氏,此其证也。考景元大德本《北史·王盟传》,则作赐姓拓跋氏,清殿本《周书·王盟传》,亦出宋本,与《北史》同,凡赐姓与赐名同,皆易其旧姓旧名,所以示特宠也,若改姓而复其本姓,则为当然之事,有何恩宠可言！故谓本姓拓王,而更赐姓拓王,实为复姓,而非赐姓,故谓王盟本姓拓王,实无确据。若据《姓纂》十九铎《氏族略》五拓王氏下引《王氏家状》云,"乐浪人,远祖罴,后魏伏波将军,镇武川,赐姓拓王氏",此《家状》之谬也,王罴即王盟之父,《周书》明言赐姓拓王氏者为王盟,而《家状》误以其父罴为赐姓拓王氏,或者不察,竟据此谓王盟之父已姓拓王,遂断定乐浪王氏,本姓拓王,《广韵》十九铎谓《周书》王秉王兴,赐姓拓王,考《周书》并无王秉王兴其人,后世姓氏之书,误谬荒陋,如此者甚多,故信姓氏书而不信正史,亦一蔽也。况王盟在西魏初,以留后之勋,允宜赐姓拓跋为是,故不从拓王之说。或又谓:"李穆与下李和,皆出于高车泣伏列氏,泣伏列或称叱列,或称叱李,叱李后改为李氏,《隋书·高祖纪》开皇二年六月,以上柱国叱李长义为兰州总管,此即北齐叱利平之子长义。石刻隋《郭伯俊造像记》碑阴题名,有叱李显和,《周书·李和传》,本名庆和,与叱李显和疑为兄弟行,李穆自云陇西成纪人,汉李陵后,陵没匈奴,子孙代居北狄,其后随魏南迁,复归汧陇,周司空李贤即其兄,疑穆与贤,皆虏族也。"考李贤字贤和与叱李显和似亦为兄弟行,以其下和字同也,而李穆字显庆,亦似为兄弟行,以其上显字同也,然名号上下字相同者多矣,以此即谓为兄弟,恐不足据。况隋以前如《魏书》、《周书》、《北齐书》有叱列氏、叱利氏、叱吕氏,而无叱李氏,叱李氏之称起于隋,李穆、李和,皆西魏后周时人,何可追改其姓李为叱李氏乎!日本人又谓西魏李虎亦为叱李之李,此皆所谓追改,毫无实据,而漫然称之为虏族,恐近于诬矣,余故不惮烦言而为之辩别也。

赐姓宇文氏者二十六人

李和,本名庆和,其先陇西狄道人也,后徙朔方。父僧养,以累世雄豪,善于统驭,为夏州酋长。贺拔岳作镇关中,引和为帐下督,稍迁征北将军,赐爵思阳公。大统初,累迁至侍中,骠骑大将军,开府仪同三司,赐姓宇文氏。太祖尝谓诸将曰,宇文庆和智略明赡,立身恭谨,累经委任,每称吾意,遂赐名意,隋初复旧名而去庆字。《周书》二十九《李和传》。

王杰,金城直城人也。高祖万国,魏伏波将军,燕州刺史。父巢,龙骧将军,榆中镇将。杰善骑射,有膂力。魏孝武初,起家子都督,后从西迁,赐爵都昌县子,太祖奇其才,擢授扬烈将军,羽林监,寻加都督,复潼关,破沙苑,争河桥,战邙山,皆以勇敢闻,亲待日隆,于是赐姓宇文氏。《周书》二十九《王杰传》。

唐瑾，字附邻。父永，博涉经史，雅好属文，周文闻其名，乃贻永书曰："闻公有二子，曰陵，从横多武略，瑾，雍容富文雅，可并遣来朝，孤欲委之以文武之任。"因召拜尚书员外郎，相府记室，参军事，军书羽檄，瑾多掌之。从破沙苑，战河桥，并有功。于时魏室播迁，庶务草创，朝章国典，瑾并参之。迁户部尚书，进位骠骑大将军，开府仪同三司，赐姓宇文氏。时燕公于谨，勋高望重，朝野所属，白文帝，言瑾学行兼修，愿与之同姓，结为兄弟，庶子孙承其余论，有益义方。文帝叹异者久之，更赐姓万纽于氏。《周书》三十二《唐瑾传》。

李昶，顿邱临黄人也。祖彪，名重魏朝，为御史中尉。昶幼年已解属文，有声洛下，初谒太祖，太祖深奇之，令入太学，兼二千石，郎中，典仪注，虽处郎官，太祖恒欲以书记委之，于是以昶为丞相府记室参军，著作郎，修国史，转黄门侍郎，封临黄县伯，又奏昶为御史中尉，岁余，加使持节，车骑大将军，仪同三司，赐姓宇文氏。《周书》三十八《李昶传》。

崔谦，字士逊，博陵安平人也。祖辩，魏平远将军，武邑郡守。父楷散骑常侍，光禄大夫，殷州刺史。谦孝昌中，解褐著作佐郎。贺拔胜出镇荆州，以谦为行台左丞，胜虽居方岳之任，至于安辑夷夏，纲纪众务，皆委谦焉。及魏孝武将备齐神武之逼，乃诏胜引兵赴洛，军至广州，帝已西迁。胜乃迟疑，将旋所镇，谦谓胜曰："公受方面之重，总宛叶之众，若杖义而动，首倡勤王，倍道兼行，谒帝关右，然后与宇文行台，同心协力，电讨不庭，则桓文之勋，复兴于兹日矣。"胜不能用，还未至州，州民邓诞引侯景军奄至，胜与战，败绩，遂奔梁，谦亦俱行。至梁，乞师赴援，梁武帝虽不为出军，而嘉胜等志节，并许其还国，乃令谦先还，且通邻好，魏文帝见谦甚悦，太祖素闻谦名，甚礼之。大统三年，从太祖擒窦泰，战沙苑，并有功。四年，从太祖解洛阳围，仍经河桥战，十五年，又破柳仲礼于随郡，讨平李迁哲于魏兴，并有功，进骠骑大将军，开府仪同三司，赐姓宇文氏。《周书》三十五《崔谦传》。

崔谌，本名士约，谦弟。膂力过人，尤工骑射，贺拔胜出牧荆州，以谌为假节冠军将军，防城都督，又随胜奔梁，复自梁归国，从太祖复弘农，战沙苑，皆有功，进爵为侯，累迁通直散骑常侍，大都督，车骑大将军，仪同三司，都官尚书，赐姓宇文氏。并赐名谌焉。《周书》三十五《崔谌传》。

薛端，字仁直，河东汾阴人也。本名沙陀。魏雍州刺史汾阴侯辨之六世孙，代为河东著姓。高祖谨，秦州刺史，内都坐大官，涪陵公。曾祖洪隆，河东太守，以隆兄洪祚尚魏文帝女西河公主，有赐田在冯翊，洪隆子麟驹，徙居之，遂家于冯翊之夏阳焉。麟驹拜中书博士，兼主客郎中。父英集，通直散骑常侍。端励精笃学，太祖征赴阙，以为大丞相府户曹参军，从擒窦泰，复弘农，战沙苑，并有功，端性强直，每有奏请，不避权贵，太祖嘉之，故赐名端。自居选曹，先尽贤能，虽贵游子弟，才劣行薄者，未尝升擢之，太祖大悦。大统十六年，加授车骑大将军，仪同三司，进授吏部尚书，赐姓宇文氏。《周书》三十五《薛端传》。

薛善，字仲良，河东汾阴人也。祖瑚，魏河东郡守，父和南，青州刺史。魏孝武西迁，东魏攻河东，围秦州，以善为别驾，大统三年，齐神武败于沙苑，留善族兄崇礼守河东，太祖遣李弼围之，崇礼固守不下，善密谓崇礼曰，高氏戎车犯顺，致令主上播越，不如早归诚款，崇礼持疑不决，善从弟馥，妹夫高子信为防城都督，守城南面，善即令弟济将门生数十人，与信、馥等斩关引弼军入，太祖嘉之，以善为汾阴令，寻征为行台郎中。时欲广置屯田，以供军费，乃除司农少卿，领同州夏阳县二十屯监。又于夏阳诸山置铁冶，复令善为冶监，每月役八千人，营造军器，善亲自督课，兼加慰抚，甲兵精利，赐爵龙门县子，迁河东郡守，进骠骑大将军，开府仪同三司，赐姓宇文氏。《周书》三十五《薛善传》。

郑孝穆字道和，荥阳开封人。魏将作大匠浑之十一世孙，祖敬叔，颍川濮阳郡守。父琼，范阳郡守。孝穆未弱冠，涉略经史，魏孝武西迁，从入关，除司徒左长史，大统五年，行武功郡事，迁使持节大将军，行岐州刺史，当州都督，在任未几，有能名，每岁考绩，为天下最，太祖赐书嘉之，于是征拜京兆尹。十五年，梁雍州刺史岳阳王萧詧称藩来附，时议欲遣使盛选行人，太祖历观内外，无逾孝穆者。十六年，乃假孝穆散骑常侍，持节，策拜詧为梁王，使还，称旨，进车骑大将军，仪同三司。是年，太祖总戎东讨，除大丞相府右长史，封金乡县男，军次潼，命孝穆与左长史长孙俭等分掌众务，仍令孝穆引接关东归附人士，并品藻才行而任用之。孝穆抚纳铨叙，咸得其宜，拜中书令，赐姓宇文氏。《周书》三十五《郑孝穆传》。

刘雄，字猛雀，临洮子城人也。少机辩，慷慨有大志，大统中，起家为太祖亲信，寻授统军宣威将军，给事中，除子城令，加都督，辅国将军，中散大夫，兼中书舍人，赐姓宇文氏。《周书》二十九《刘雄传》。

崔猷，字宣猷，博陵安平人，汉尚书寔之十二世孙也。祖挺，魏光州刺史。父孝芬，左光禄大夫，仪同三司，兼吏部尚书，为齐神武所害。猷少好学，有军国筹略，普泰初，除征虏将军，司徒从事中郎。既遭家难，遂间行入关，以本官奏门下事。大统二年，加中军将军，擒窦泰，复弘农，破沙苑，猷常以本官从军，典文翰。五年，除司徒左长史加骠骑将军，与卢辩等创修六官。十二年，加骠骑大将军，仪同三司。十六年，以疾去职。属大军东征，太祖赐以马舆，命随军，与之谋议。十七年，进侍中，骠骑大将军，开府仪同三司，赐姓宇文氏。《周书》三十五《崔猷传》。

令狐整，字延保，敦煌人也，本名延世，为西土冠冕。曾祖嗣，祖诏安，并官至郡守。父虬，早以名德著闻，仕历瓜州司马，敦煌郡守，郢州刺史。整学艺骑射，并为河右所推。魏孝武西迁，河右扰乱，及邓彦窃瓜州，拒不受代，整与开府张穆等密应使者申徽，执彦送京师。太祖嘉其忠节，表为都督，寻而城民张保又杀刺史成庆，与凉州刺史宇文仲和构逆，规据河西，晋昌人吕兴等复害郡守郭肆以应保。初，保等将图为乱，虑整守义不从，既杀成庆，因欲及整，以整人之望也，复恐其下叛之，遂不敢害，虽外加礼敬，内甚忌整。整亦伪若亲附，而密欲图之，阴令所亲说保曰，“君与仲和结为唇齿，今东军渐逼凉州，彼势孤危，恐不能敌，宜分遣锐师，星言救援，二州合势，则东军可图。”保然之，而未知所任，整又令说保曰：“历观成败，在于任使，令狐延保兼资文武，才堪统御，若使为将，蔑不济矣。”保纳其计，且以整父兄等并在城中，弗之疑也，遂令整行，整至玉门郡，召集豪杰，说保罪逆，驰还袭之，先定晋昌，斩吕兴，进军击保，州人素服整威名，并弃保来附，保遂奔吐谷浑，具以状闻。诏以申徽为刺史，征整赴阙，授寿昌郡守，封骧武县男。太祖谓整曰“卿少怀英略，早建殊勋，今者官位未足酬赏，方当与卿共平天下，同取富贵”。遂立为瓜州义首。整以国难未宁，常愿举宗效力，遂率乡亲二千余人入朝，随军征讨，尽其力用，寻除骠骑大将军，开府仪同三司，太祖又谓整曰：“卿勋同娄项，义等骨肉，立身敦雅，可以范人。”遂赐姓宇文氏，并赐名整焉，宗人二百余户，并列属籍。《周书》三十五《令孤整传》。

聋允，安定人，本姓牛氏。有器干，知名于时，历官侍中，骠骑大将军，开府仪同三司，工部尚书，临泾县公，赐姓宇文氏。失其事，故不为传。允子弘，博学洽闻，宣政中，内史下大夫，仪同大将军。大象末，复姓牛氏。《周书》三十七《裴文举传》。

以上十三人赐姓，皆在西魏文帝大统中。

张轨，字元轨，济北临邑人也。永安中，从尔朱荣讨元颢，尔朱氏败，策杖入关，贺拔岳以为记室参军，典机务。及岳被害，太祖以轨为都督，从征侯莫陈悦。悦平，使于洛阳，见领军斛斯椿，椿曰：“高欢逆谋，已传行路，人情西望，以日为年，未知宇文何如贺拔也？”轨曰：“宇文公文足经国，武可定乱，至于高识远度，非愚管所测。”椿曰：“诚如卿言，真可恃也。”太祖为行台，授轨郎中。魏孝武西迁，封寿张县子，加左将军，兼著作佐郎，修起居注。废帝元年，进车骑将军，仪同三司。二年，赐姓宇文氏。《周书》三十七《张轨传》。

申徽，字世仪，魏郡人也。六世祖钟，为后赵司徒。冉闵末，中原丧乱，钟子邃，避地江左。曾祖爽，仕宋，位雍州刺史。祖隆道，宋北兖州刺史。父明仁，郡功曹，早卒。徽少与母居，好经史，遭母忧，丧毕，乃归于魏。孝武初，徽以洛阳兵难未已，遂间行入关，见文帝，文帝与语，奇之。文帝临夏州，以徽为记室参军，察徽沉密有度量，每事信委之，乃为大行台郎中。时军国草创，幕府务殷，四方书檄，皆徽之辞也。以迎孝武功，封博平县子。大统初，进爵为侯。四年，拜中书舍人，修起居注。十年，迁给事黄门侍郎。先是，东阳王元荣为瓜州刺史，其女婿刘彦随焉。及荣死，瓜州首望表荣子康为刺史，彦遂杀康而取其位。属四方多难，朝廷不遑问罪，因授彦刺史。频征不奉诏，又南通吐谷浑，将图叛逆。文帝难于动众，欲以权略致之，乃以徽为河西大使，密令图彦。徽轻以五十骑行，密谋执彦。使还，迁都官尚书十二年，瓜州刺史成庆为城人张保所杀，都督令狐延等**案《周书·令狐整传》，整本名延世，太祖表为都督。此云都督令狐延，延下脱世字。**起义逐保，启请刺史，以徽信洽西土，拜假节瓜州刺史。十六年，征兼尚书右仆射，加侍中，骠骑大将军，开府仪同三司，废帝二年，进爵为公，赐姓宇文氏。**《周书》三十二《申徽传》。**

柳敏，字白泽，河东解县人，晋太常纯之七世孙也。父懿，魏车骑大将军，仪同三司，汾州刺史。敏性好学，涉猎经史，阴阳卜筮之术，靡不习焉。文帝克复河东，见而器异之，乃谓之曰，今日不喜得河东，喜得卿也。即拜丞相府参军事，掌记室，每有四方宾客，恒令接之，爰及吉凶礼仪，亦令监综，又与苏绰等修撰新制，为朝廷政典。及尉迟迥伐蜀，以敏为行军司马，军中筹略，并以委之。益州平，**案平益州，在魏废帝二年，见《周书》本**

纪。进骠骑大将军，开府仪同三司，加侍中，迁尚书，赐姓宇文氏。《周书》三十二《柳敏传》。

以上三人赐姓，皆在西魏废帝二年。

韦叔裕，字孝宽，京兆杜陵人也，少以字行，世为三辅著姓。文帝自原州赴雍州，命孝宽随军，及克潼关，从擒窦泰，与独孤信入洛阳城守，破东魏将任祥尧雄于颍川，又从战河桥，时大军不利，乃今孝宽以大将军行宜阳郡事，寻迁南兖州刺史，东魏据宜阳，孝宽出奇兵掩袭，崤渑遂清。大统五年，进爵为侯。八年转晋州刺史，寻移玉壁，进授大都督。十二年，齐神武倾山东之众，志图西入，以玉壁冲要，先命攻之，连营数十里，至于城下，尽其攻击之术，孝宽咸拒破之，神武苦战六旬，伤及病死者十四五，智力俱困，因而发疾，其夜遁去，后因此忿恚，遂殂。文帝嘉孝宽功，授骠骑大将军，开府仪同三司，进爵建忠郡公。恭帝元年，以大将军与燕国公于谨伐江陵，平之，以功封穰县公，还拜尚书右仆射，赐姓宇文氏。《周书》三十一《韦叔裕传》。

韦瑱，字世珍，京兆杜陵人也，世为三辅著姓。曾祖惠度，姚泓尚书郎，随刘义真过江。仕宋，为镇西府司马，顺阳太守，行南雍州事。后于襄阳归魏，拜中书侍郎。祖子雄，略阳郡守。父英，代郡守。瑱于孝昌中，累迁谏议大夫，冠军将军。太祖为丞相，加前将军，从复弘农，战沙苑，加卫大将军。大统八年，齐神武侵汾绛，瑱从太祖御之，进车骑大将军，仪同三司。恭帝二年，赐姓宇文氏。《周书》三十九《韦瑱传》。

李彦，字彦士，梁郡下邑人也。祖先之，魏淮南郡守。父静，南青州刺史。彦好学慕古，从魏孝武入关，兼著作佐郎，修起居注。大统初，转仪曹郎中，十五年进号中军将军，兼尚书左丞。魏废帝初，拜尚书右丞，转左丞。彦在尚书十有五载，属军国草创，庶务殷繁，留心省阅，未尝懈怠，断决如流，略无疑滞。台阁莫不叹其公勤，服其明察。迁给事黄门侍郎，仍左丞，寻进车骑大将军，仪同三司，赐姓宇文氏。《周书》三十七《李彦传》。

以上三人赐姓皆在西魏恭帝时。

李贤，字贤和，其先陇西成纪人也。卒赠使持节，柱国大将军，大都督泾原秦等十州诸军事，原州刺史，谥曰桓。高祖及齐王宪之在襁褓也，以避忌不利居宫中，太祖令于贤家处之，六载乃还宫，因赐贤妻吴姓宇文氏，养为侄女，赐与甚厚。《周书》二十五《李贤传》。

以上汉人赐姓宇文氏者十九人，中有女子一人。

叱罗协，本名与高祖讳同，案《周书》本纪，高祖武皇帝讳邕。又案《魏书·官氏志》，叱罗氏后改为罗氏，至周已复姓叱罗。后改焉。历仕二京，详练故事，又深自克励，太祖颇委任之，封冠车县男，寻进爵为伯，迁大都督，仪同三司。废帝元年，授南岐州刺史。时东益州刺史杨辟邪据州反，二年，协率所部兵讨之，辟邪弃城走，协追斩之，群氐皆伏。以功授开府，仍为大将军，尉迟迥长史，率兵伐蜀，贼数有反叛，协辄遣兵讨平之。魏恭帝三年，太祖征协入朝，论蜀中事，乃赐姓宇文氏。《周书》十一《晋荡公护传》。

以上外族人赐姓宇文氏者一人。

上述赐姓宇文氏者，凡二十一人，虽皆在西魏文帝、废帝、恭帝之时，其实皆宇文泰主之，欲以为己羽翼，倾覆皇室，故赐姓宇文氏，以示亲昵。其中以军略战功著绩者，则有李和、王杰、崔谦、崔谌、薛善、令狐整、韦叔裕、韦瑱、叱罗协，而令狐整之戡定河西，叱罗协之谋画蜀事，薛善之营屯田、造军器，韦叔裕之智御齐神武，使之忿恚而殂，尤其武功之最著者也。以文章政治著绩者，则有唐瑾、李昶、薛端、郑孝穆、崔猷、张轨、賨允、申徽、柳敏、李彦，或掌军书羽檄，或创朝章国典，若唐瑾、崔猷、柳敏，或以风骨显，或以器干称，若薛端、賨允，或以循吏使才擅令名，或以铨叙理繁显政绩，若郑孝穆、李彦，而著作国史，修起居注，掩饰篡窃事迹，宣扬开国光华，则李昶、张轨、申徽、李彦，尤其文治之最著者也。他若刘雄以亲信著，李贤妻吴氏以阿保显，则其赐姓酬庸之心，更显而易见者也。至其甚者，令狐整宗人二百余户，并列属籍，则皆赐姓宇文氏矣。继宇文泰而以宇文氏赐功臣为姓者，则有周孝闵帝及明帝，今附录于下：

王悦，字众喜，京兆蓝田人也。太祖初定关陇，悦率募乡里从军，屡有战功，大统元年，除平东将军，封蓝田县伯，四年，东魏将侯景攻围洛阳，太祖赴援，悦又率乡里千余人从军，至洛阳，所部尽力，斩获居多。十三年，侯景据河南来附，仍请兵为援，太祖先遣韦法保贺兰愿德等帅众助之，悦言于太祖曰，

“侯景之于高欢，始则笃乡党之情，末乃定君臣之契，位居上将，职重台司，论其分义，有同鱼水。今欢始死，景便离二，岂不知君臣之道有亏，忠义之礼不足，盖其所图既大，不恤小嫌。然尚能背德于高氏，岂肯尽节于朝廷，今若益之以势，援之以兵，非唯侯景不为池中之物，亦恐朝廷贻笑将来也。”太祖纳之，乃遣行台郎中赵士宪追法保等，而景寻叛。**案周文帝不纳侯景，赖王悦一言，不然，侯景不亡梁而亡周矣。由此观之，梁武帝所以不及周文，朱异所以不及王悦也。**十四年，率所部兵从大将军杨忠征随郡安陆，并平之。时悬军深入，悦支度路程，勒其部伍，节减粮食，及至竟陵，诸军多有匮乏，悦出廪米六百石分给之，太祖闻而嘉焉。寻拜京兆郡守，加使持节，车骑大将军仪同三司，迁大行台尚书。又领所部兵，从达奚武征梁汉，及梁州平，太祖即以悦行刺史事。魏废帝二年，征还本任，属改行台为中外府，尚书员废，以仪同领兵还乡里，私怀怏怏，除名。及于谨伐江陵，平，悦从军展效，因留镇之。孝闵践祚，依例复官，授郢州，寻拜使持节，骠骑大将军，开府仪同三司，大都督，进爵蓝田县侯，迁司宪中大夫，赐姓宇文氏。《周书》三十三《王悦传》。

柳庆，字更兴，解人也。五世祖恭，仕后赵，为河东郡守，后以秦赵丧乱，乃率民南徙，居于汝颍之间，故世仕江表。祖缙，宋同州别驾，宋安郡守。父僧智，齐奉朝请，魏景明中，与豫州刺史裴叔业据州归魏，历北地颍川二郡守。庆幼聪敏，博涉群书，不治章句。魏孝武将西迁，除庆散骑侍郎，驰传入关，庆至高平，见太祖，共论时事，太祖即请奉迎舆驾，仍命庆先还复命，时贺拔胜在荆州，帝屏左右，谓庆曰：“高欢已屯河北，关中兵既未至，朕欲往荆州，卿意何如？”庆对曰：“关中金城千里，天下之强国也，宇文泰忠诚奋发，朝廷之良臣也，以陛下之圣明，仗宇文泰之力用，进可以东向而制群雄，退可以闭关而固天府，此万全之计也，荆州地非要害，众又寡弱，外迫梁寇，内拒欢党，斯乃危亡是惧，宁足以固鸿基！”帝深纳之。入关，除相府东阁祭酒，领记室。魏废帝初，除民部尚书。魏恭帝初，进位骠骑大将军，开府仪同三司，尚书右仆射，转左仆射，领著作。六官建，拜司会中大夫，孝闵帝践祚，赐姓宇文氏。《周书》二十二《柳庆传》。

韩雄，字木兰，河南东垣人也，祖景，魏孝文时，为赭阳郡守。雄少敢勇，膂力绝人，工骑射，有将率材略。及魏孝武西迁，雄便慷慨有立功之志。大统初，遂与其属六十余人于洛西举兵，数日间，众至千人，与河南行台杨琚，共为犄角。每抄掠东魏，所向克获，徒众日盛。太祖在弘农，雄至上谒，太祖嘉之，封武阳县侯，遣还乡里，更图进取。雄乃招集义众，进逼洛州，东魏洛州刺史元湛委州奔河阳，其长史孟彦，举城款附，俄而领军独孤信大军继至，雄遂从信入洛阳。时东魏将侯景等围蓼坞，雄击走之，又从太祖战河桥邙山，除东徐州刺史。太祖以雄劬劳积年，乃征入朝，屡加赏劳。除河南尹，进爵为公，寻进骠骑大将军，开府仪同三司，侍中。孝闵帝践祚，进爵亲义郡公，赐姓宇文氏。《周书》四十三《韩雄传》。

以上三人赐姓皆在周孝闵帝时。

赵昶，字长舒，天水南安人也。曾祖襄，仕魏，至中山郡守，因家于代。昶少有志节，大统十五年，拜安夷郡守，带长蛇镇将。氐族荒犷，世号难治，昶威怀以礼，莫不悦服。又与史宁破宕昌羌、僚二十余万，拜武州刺史。魏恭帝初，加骠骑大将军，开府仪同三司。世宗初，凤州人仇周贡魏兴等反，自号周公，有众八千人，破广化郡，攻没诸县，分兵西入，围广业修城二郡。广业郡守薛爽、修城郡守杜杲等请昶为援，昶至，合战破之。昶自以被拔擢居将帅之任，倾心下士，虏获氐羌，抚而使之，皆为昶尽力。太祖尝曰，不烦国家士马，而能威服氐羌者，赵昶有之矣。世宗录前后功，进爵长道郡公，赐姓宇文氏。《周书》三十三《赵昶传》。

刘志，弘农华阴人，本名思，汉太尉宽之十世孙也。高祖隆，宋武帝平姚泓，以宗室首望，召拜冯翊郡守。后属赫连氏入寇，避地河洛，因家于汝颍。祖善，魏大安中，举秀才，拜中书博士，后至弘农郡守，北雍州刺史。父瓌，汝南郡守。志少好学，博涉群书，兼有武略，永熙二年，除安北将军，广州别驾，三年，齐神武举兵入洛，魏孝武西迁，志据城不从东魏，潜遣间使奉表长安。魏孝武嘉之，授襄城郡守。后齐神武遣兵攻围，志力屈城陷，潜遁得免。大统三年，太祖遣领军将军独孤信复洛阳，志纠合义徒，举广州归国，封华阴县男，加大都督、抚军将军。世宗出牧宜州，太祖以志为幕府司录，世宗雅爱儒学，特钦重之。事无大小，咸委于志，志亦忠恕谨慎，甚得匡赞之体。太祖嘉之，尝谓志曰，卿之所为，每会吾志，于是遂赐名志焉。世宗迁莅岐州，又令志以本官翊从。及世宗即位，除右金紫光禄大夫，车骑大将军，仪同三司，进爵武乡县公，仍赐姓宇文氏。《周书》三十六《裴果传》。

以上二人赐姓，皆在周明帝时。

右赐姓宇文氏者，共二十六人，其中二十五人为汉族，惟叱罗协一人，不知属于何族，姚薇元《魏书官氏志广证》，谓："叱罗疑即薛罗，叱薛音近，叱干亦译薛干，薛罗或即叱罗之异译。《晋书·苻坚载记》云，坚将苻洛举兵叛坚，分遣使者征兵于鲜卑、乌丸、高勾丽、百济及薛罗、休忍等诸国，并不从，薛罗国与高勾丽、百济同举，可知薛罗即新罗，疑后魏叱罗部属，本新罗种人之降附者。"是亦可备一说。而宇文氏则为匈奴族，《魏书·官氏志》，东方宇文慕容氏，即宣帝时东部。《魏书·宇文莫槐传》云，匈奴宇文莫槐，出于辽东塞外。其先南单于远属也，世为东部大人。《周书·文帝纪》云，太祖文皇帝，姓宇文氏，其先有葛乌菟者，雄武多算略，鲜卑慕之，奉以为主。然则宇文氏为匈奴族而为鲜卑东部大人可知也，以不同族之人而赐以匈奴姓，则赐姓之源流更皎然可知矣。

赐姓步六孤氏者一人

陆通，字仲明，吴郡人也。曾祖载，从宋武帝平关中，军还，留载随其子义真镇长安，遂没赫连氏。魏太武平赫连氏，载仕魏，任中山郡守。父政，性至孝，其母吴人，好食鱼，北土鱼少，政求之常苦难，后宅侧忽有泉出而有鱼，时人以为孝感所致。文帝为行台，以政为行台左丞，赐爵中都县伯，大统中，卒。通少敦敏，好学有志节，文帝在夏州，引为帐内督，贺拔岳为侯莫陈悦所害，时有传兵军府已亡散者，文帝忧之，通以为不然，居数日，问至，果如所策。自是愈见亲礼，遂昼夜陪侍，家人罕见其面。而通难处机密，愈自恭谨，文帝以此重之。后以迎孝武功，封都昌县伯，大统元年，进爵为侯，从禽窦泰，复弘农，沙苑之役，力战有功。又从解洛阳围，从平青雀，录前后功，进爵为公，徐州刺史。与于谨讨刘平伏，加大都督，从文帝援玉壁，进仪同三司。九年，从若干惠战于邙山，进授骠骑大将军，开府仪同三司，太仆卿，赐姓步六孤氏。《周书》三十二《陆通传》。

案《魏书·官氏志》“步六孤氏，后改为陆氏”，此为代郡陆氏，《魏书·陆俟传》、《周书·陆腾传》均称代人是也。后迁洛阳，称河南陆氏，《唐书·萧颖士传》附《陆据传》云“据，河南人，后周上庸公腾六世孙”是也。陆通为吴郡陆氏，与代郡陆氏、河南陆氏皆不相涉，不可以赐姓步六孤氏而遂以为代郡或河南陆氏也。考步六孤为后魏部落之名，《魏书·陆俟传》云，曾祖干，祖引，世领部落，父突，太祖时率部民随从征伐，则步六孤为鲜卑姓可知也。

赐姓贺兰氏者三人

苏椿，字令钦，绰弟，绰，武功人，魏侍中则之九世孙也。累世二千石，父协，武功郡守。椿性廉慎，沉勇有决断，正光中，关右贼乱，椿应募讨之，授荡寇将军。大统初，拜镇东将军，金紫光禄大夫，赐姓贺兰氏。《周书》二十三《苏绰传》。

梁台，字洛都，长池人也。父去斤，魏献文时，为陇西郡守。台少果敢，有志操，贺拔岳引为心膂，岳为侯莫陈悦所害，台与诸将议翊戴太祖，从讨悦，破之，拜天水郡守。大统初，复除赵平郡守，又与太仆石猛破两山屠各，转平凉郡守，复与于谨破刘平伏，录前后勋，授颍州刺史，赐姓贺兰氏。《周书》二十七《梁台传》。

裴文举，字道裕，河东闻喜人也。祖秀业，魏中散大夫，天水郡守，父邃，安东将军，正平郡守，卒官。文举少忠谨，涉猎经史。大统十年，起家奉朝请，迁丞相府墨曹参军。时太祖诸子年幼，盛简宾友，文举以选与诸公子游，雅相钦敬。迁威烈将军，著作郎，中外府参军事，魏恭帝二年，赐姓贺兰氏。《周书》三十七《裴文举传》。

案《魏书·官氏志》"贺赖氏后改为贺氏"，又云"北方贺兰氏后改为贺氏"，贺兰盖贺赖之异译，其实本一氏也。姚薇元《广证》谓："《魏书·太祖纪》云，登国元年。刘显逼南境，帝虑内难，乃北逾阴山，幸贺兰部，阻山为固，可知贺兰部居阴山之北麓，志称北方贺兰氏是也。《晋书·匈奴传》记入塞匈奴凡十九种，中有贺赖种，又《慕容俊载记》云，匈奴单于贺赖头，率部落二万五千降于俊，拜宁西将军，云中郡公，处之于代郡平舒城，则贺赖氏乃匈奴种，前燕时代郡已有此族。"据此，则贺兰氏亦为匈奴种而为后魏部落，后以为氏，与苏氏、梁氏、裴氏皆不相涉者也。

赐姓独孤氏者二人

高宾，渤海修人也。其先因官北边，遂没于辽左。祖暠，以魏太和初，自辽东归魏，官至安定郡守，卫尉卿。父季安抚军将军，兖州刺史。宾少聪颖，有文武干用，仕东魏，历官至龙骧将军，谏议大夫，立义都督。同列有忌其能者，谮之于齐神武，宾惧及于难，大统六年，乃弃家族，间行归阙。太祖嘉之，授安东将军，迁抚军将军，大都督。世宗初，除咸阳郡守，政存简惠，甚得民和，世宗闻其能，赐田园于郡境。宾既羁旅归国，亲属在齐，常虑见疑，无以取信，乃于所赐田内，多莳竹木，盛构堂宇，并凿池沼以环之，有终焉之志。朝廷以此知无二焉，加使持节，车骑大将军，仪同三司，散骑常侍，赐姓独孤氏。《周书》三十七《裴文举传》。

李屯，不知何许人也。从齐神武帝与周师战于沙苑，齐师败绩，因为柱国独孤信所擒，配为卒伍，给使信家，渐得亲近，因赐姓独孤氏。子楷，隋文帝为丞相，领亲信兵，及受禅，拜右监门将军，进封汝阳郡公，炀帝即位，转并州总管。《北史》七十三《独孤楷传》。

案《魏书·官氏志》，“独孤氏后改为刘氏”，姚薇元《广证》谓：“独孤乃屠各之异译，《晋书·刘元海名渊载记》称元海为匈奴冒顿单于之后，《晋书·匈奴传》谓入塞匈奴凡十九种，以屠各最贵，得为单于，《晋书·李矩传》称刘元海屠各小丑，是刘渊为屠各部人也。《魏书·刘库仁传》建国三十九年，昭仁暴崩，太祖未立，苻坚以库仁与卫辰分国部众而统之，于是献明皇后携太祖及卫秦二王，自贺兰部来居焉，库仁尽忠奉事。《魏书·贺讷传》，昭仁崩，诸部乖乱，献明后与太祖及卫秦二王依讷，会苻坚使刘库仁分摄国事，于是太祖还居独孤部。二传所记，同为一事，而《刘库仁传》谓太祖自贺兰部来居库仁部，《贺讷传》则谓自讷部还居独孤部，考贺纳为贺兰部酋长，本姓贺兰；可知独孤部即刘库仁部，刘库仁当即独孤部酋长，其本姓必为独孤矣。《魏书·刘尼传》，刘尼，代人也，本姓独孤氏，《宋书·索虏传》之独孤侯尼须，即刘尼之原姓名也。代北之刘，本姓独孤，此其证矣，《周书》之独孤信，即刘尼之孙也。《魏书·刘库仁传》云，刘虎之宗也。《晋书·赫连勃勃载记》云，刘元海之族也。按赫连勃勃即刘虎之曾孙，是刘库仁与刘渊本同族，然则独孤即屠各，此为确证矣。独与屠，孤与各，皆一声之转耳。至屠各之改为刘氏，始于刘渊，《晋书·刘元海载记》述其改姓之由云，初，汉高祖以宗女为公主，以妻冒顿，约为兄弟，故其子孙遂冒姓刘氏。至于后魏，为三十六部之一，号独孤部，以部为氏，孝文南迁，依旧改为刘氏，魏末又复旧姓，而亦有未复者，故匈奴刘氏与独孤氏，并见史册，为北朝盛族。”据此，独孤氏为匈奴种，与高氏、李氏不相涉者也。

赐姓万纽于氏者二人

唐瑾已见上“赐姓宇文氏”条。

樊深，字文深，河东猗氏人也。弱冠好学，负书从师于三河，讲习五经。魏孝武西迁，樊王二姓举义，为东魏所诛，深父保周，叔父欢周，并被害，深因避难，坠崖伤足。改易姓名，游学于汾晋之间，习天文及算历之术。太祖平河东，赠保周郢州刺史，欢周仪同三司，深归葬其父。寻于谨引为其府参军，令在馆教授子孙，除抚军将军，转从事中郎，于谨拜司空，以深为谘议。太祖置学东馆，教授诸将子弟，以深为博士，后除国子博士，赐姓万纽于氏。《周书》四十五《樊深传》。

案《魏书·官氏志》，“勿忸于氏，后改为于氏”。《广韵》十虞引《后魏书》作万忸于氏。《周书·唐瑾传》及《樊深传》，皆言因于谨而赐姓万纽于氏，则于谨本姓万纽于氏可知，作万者为萬之或体，《官氏志》作勿，或因音近异译，或竟形近误书耳。姚薇元《广证》云：“北周《华岳颂》末署萬纽于瑾造。万纽于瑾，即萬纽于瑾，即唐瑾也。《金石录·后周延寿公碑颂跋》引《于烈碑》云远祖之在幽州，世首部落，阴山之北，有山号万纽于者，公之弈叶居其原址，遂以为姓，暨高祖孝文皇帝时，始赐姓为于氏焉。”然则此族原居万纽于山，因山为部，复以部为氏，为鲜卑种，与唐氏、李氏不相涉也。

赐姓尉迟氏者一人

> 陈忻，字永怡，宜阳人也。少骁勇，魏孝武西迁，忻乃于辟恶山招集勇敢少年数十人，寇掠东魏，仍密遣使归附。大统元年，授持节，伏波将军，羽林监，立义大都督。常随崤东诸将，镇遏伊洛间，每有功效。魏恭帝二年，进位骠骑大将军，开府仪同三司，加侍中，其年赐姓尉迟氏。《周书》四十三《陈忻传》。

案《魏书·官氏志》“西方尉迟氏，后改为尉氏”。姚薇元《广证》谓：“《魏书·太祖纪》云天兴六年，春正月辛未，朔方尉迟部别帅率万余家内属，入居云中，可知尉迟本为部落之号，初为魏之附庸，继有一部投魏，入居云中，遂以部名为氏焉。然《太祖纪》称朔方尉迟部，与《官氏志》西方之说抵牾，实则《太祖纪》仅就入居云中部而言，其族原居地，则远在西方也。《晋书·乞伏国仁载记》云，乞伏利那讨尉迟渴灌于大非川，收众三万余落，考大非川即今青海布哈河，见《方舆纪要》陕西西宁镇下。尉迟部落，当在其附近，与《志》称西方合。《唐书·于阗传》于阗王，姓尉迟氏，考大非川在吐谷浑境内，吐谷浑曾侵入于阗国，其所属之尉迟部，盖留镇于阗，为其统主，是代郡尉迟氏，与于阗尉迟氏，盖同出一族，而为西部，鲜卑族。”据此，则尉迟氏与陈氏不相涉也。

上列步六孤氏、贺兰氏、独孤氏、万纽于氏、尉迟氏五姓，后改为陆、贺、刘、于、尉，为《官氏志》太和十九年诏所称勋臣八姓之五，诏云:“穆、陆、贺、刘、楼、于、嵇、尉八姓,皆太祖已降,勋著当世,位尽王公,且下司州吏部,勿充猥官。”西魏赐姓除拓跋、宇文外,宜以此数姓为最贵者也。

赐姓若口引氏者二人

寇俊,字祖俊,上谷昌平人也。祖赞,魏南雍州刺史。父臻,安远将军,郢州刺史。俊有识量,好学强记。大统二年,东魏授俊洛州刺史,俊因此乃谋归阙。五年,将家及亲属四百余口入关,拜秘书监。时军国草创,坟典散逸,俊始选置令史,抄集经籍,四部群书,稍得周备,加镇东将军,封西安县男。十七年,除车骑大将军,仪同三司,加散骑常侍,魏恭帝三年,赐姓若口引氏。《周书》三十七《寇俊传》。

寇和,洛子。洛,上谷昌平人也。累世为将吏,父延寿,和平中,以良家子镇武川,因家焉。贺拔岳西征,从岳获贼帅尉迟菩萨于渭水,破侯莫侯元进于百里细川,擒万俟丑奴于长坑,洛每力战,并有功,加龙骧将军。侯莫陈悦既害岳,欲并其众,时初丧元帅,军中惶扰,洛于诸将之中,最为旧齿,素为众所信,乃收集将士,志在复仇,遂全众而反,既至原州,众咸推洛为盟主,统岳之众,洛自以非才,乃固辞,与赵贵等议迎太祖,魏帝以洛有全师之功,除武卫将军。太祖至平凉,以洛为右大都督,从讨侯莫陈悦,平之,寻进位骠骑大将军,仪同三司。大统初,魏文帝诏加开府,进爵京兆郡公。三年,加侍中,与独孤信复洛阳,移镇弘农,四年,从太祖与东魏战河桥,军还,洛率所部镇东雍,五年,卒于镇,谥曰武子。子和嗣,世宗二年,录勋旧,以洛配享太祖庙庭,赐和姓若口引氏,改封松阳郡公。《周书》十五《寇洛传》。

案《魏书·官氏志》"若口引氏，后改为寇氏"。则寇俊、寇和赐姓若口引氏，似胡族也。姚薇元《广证》云："上谷寇氏，乃汉姓，非虏族，《隋寇奉叔墓志》云，作周司寇，即因之以命氏，为汉金吾，乃应天之列宿，高祖修之，曾祖赞。《姓纂》五十候寇氏条云，卫康叔为周司寇，支孙以官为氏，秦灭卫，君角家于上谷，八代孙恂，后汉执金吾雍奴侯，曾孙荣，荣孙孟，玄孙循之修之之误生赞。可知赞乃汉人，道家寇谦之，即赞之弟也。"案寇俊、寇和，皆上谷人，俊即赞之孙，则与若口引氏所改之寇姓，不相涉也。

赐姓叱罗氏者二人

张羡，河间鄚人也。少好学，多所通涉，仕魏，为荡难将军，从孝武帝入关，累迁银青光禄大夫。周文引为从事中郎，赐姓叱罗氏。历应州刺史，仪同三司，典国史，甚为当时所重。撰《老子》、《庄子》义名《道言》，五十二篇，子煚。《北史》七十五《张煚传》。

以上一人赐姓在西魏时。

郭衍，字彦文，自云太原介休人也。父崇，以舍人从魏孝武帝入关，位侍中。衍少骁武，善骑射，建德中，以军功累迁仪同，大将军，又从周武帝平并州，以功加开府，封武强县公，赐姓叱罗氏。《北史》七十四《郭衍传》。

以上一人赐姓在周武帝时。

案《魏书·官氏志》“叱罗氏后改为罗氏”。陈毅《官氏志疏证》云:“《姓氏辩证》三十五引《志》斛瑟罗氏改为罗氏,《通志略》五亦称魏改罗氏者,有斛瑟罗氏,斛瑟罗即叱罗声之变也。北朝读叱如薛,叱罗氏即《晋书·苻坚载记》之薛罗国。”姚薇元《广证》谓薛罗国即新罗国,引见上“叱罗协赐姓宇文氏”条叱罗氏盖出于新罗,与张氏、郭氏不相涉也。

赐姓普六茹氏者二人

杨忠,弘农华阴人也,小名奴奴。高祖元寿,魏初为武川镇司马,因家于神武树颓焉。父祯,以军功除建远将军,属魏末丧乱,避地中山,结义徒以讨鲜于修礼,遂死之,保定中,以忠勋追赠柱国大将军,少保,兴城郡公。忠武艺绝伦,识量深沉,有将帅之略,年十八,客游泰山,会梁兵攻郡,陷之,遂被执至江左,在梁五年,从北海王颢入洛,除直阁将军。从独孤信破梁下溠戍,平南阳,并有功。及齐神武举兵内侮,忠时随信在洛,遂从魏孝武西迁,进爵为侯。仍从平潼关,破回洛城。东魏荆州刺史辛纂据穰城,忠从独孤信讨之,斩纂以徇,城中慑服。居半岁,以东魏之逼,与信奔梁,梁武帝深奇之,以为大德主帅,关外侯。大统三年,与信俱归阙,太祖召居帐下,从禽窦泰,破沙苑,河桥之役,忠与壮士五人,力战守桥,敌人遂不敢进。又与李远破黑水稽胡,并与怡峰解玉壁围。侯景渡江,梁武丧败,朝廷因之,将经略汉沔,乃授忠都督三荆二襄二广南雍平信随江二郢浙十五州诸军事,镇穰城。攻梁齐兴郡,及昌州皆克之。梁雍州刺史岳阳王萧詧虽称藩附,而尚有二心,忠自樊城观兵于汉滨，詟惧而服焉。梁司州刺史柳仲礼率兵骑一万，寇襄阳，太祖令忠帅众南伐，攻梁随郡，克之，所过城戍，望风请服。忠乃进围安陆，仲礼闻随郡陷，恐安陆不守，驰归赴援，忠亲自陷陈，擒仲礼，悉俘其众。安陆降。梁元帝逼其兄邵陵王纶，纶北度，谋送质于齐，欲来寇掠，梁元帝密报太祖，太祖乃遣忠督众讨之，擒纶，杀之。忠间岁再举，尽定汉东之地。魏恭帝初，赐姓普六茹氏。**《周书》十九《杨忠传》，案忠子坚，即隋文帝。《隋书·高祖纪》高祖文皇帝，姓杨氏，弘农郡华阴人也，汉太尉震八代孙，忠即皇考也。**

杨尚希，弘农人也。祖真，魏天水太守，父承宝，商直淅三州刺史。尚希龆龀而孤，年十一，辞母请受业长安，范阳卢辩，见而异之，令入太学，专精不倦，同辈皆共推服。周文帝尝亲临释奠，尚希时年十八，令讲《孝经》，词旨可观，文帝奇之，赐姓普六茹氏，擢为国子博士。**《北史》七十五《杨尚希传》。**

案《魏书·官氏志》"普陋茹氏后改为茹氏"。《通志·氏族略》云"普六茹氏，疑与普陋茹同"。北音读六如陋，自为一姓无疑。惟茹氏有二族，普陋茹之改为茹氏，为代郡茹氏，又蠕蠕入中国，亦为茹氏，见《姓纂》九御"茹氏"条，后别为雁门茹氏，见《唐忠武将军茹义忠碑》，皆与杨氏无涉者也。

赐姓乌丸氏者一人

王德，字天恩，代郡武川人也。少善骑射，从贺拔岳讨万俟丑奴，平之，封深泽县男。及侯莫陈悦害岳，德与寇洛等定议，翊戴太祖，加征西将军，平凉郡守。及魏孝武西迁，以奉迎功，进封下博县伯，行东雍州事，赐姓乌丸氏。《周书》十七《王德传》。

案《魏书·官氏志》，“乌丸氏后改为桓氏”。陈毅《疏证》云，“丸桓声通，故氏改为桓，《三国志》乌丸，《后汉书》作乌桓，《广韵》十一模周上开府乌丸泥，《姓解》三作乌桓泥，皆其证。”案陈说是也。或谓：“代郡王氏，本姓乌丸，鲜卑人也，《旧唐书·王珪传》云，在魏为乌丸氏，曾祖神念，自魏奔梁，复姓王氏，此其证也。”案或说非也，《梁书·王神念传》，“神念，太原祁人”，与代郡王氏不相涉，且北魏之初，征四方良家子镇武川者甚多，亦未必本为代郡武川人，更不能证明其本姓为乌丸。王德若本姓乌丸，则在孝文时应改姓为桓氏，在西魏大统时，应复姓乌丸，更不能再赐姓乌丸矣，至周静帝时复姓，又当为桓氏，或谓“桓王声近而误”，孝文慕汉，既改汉姓，形已固定，何得有误，况桓王声亦非近耶！

赐姓叱利氏者一人

杨绍，字子安，弘农华阴人也。祖兴，魏兴平郡守，父国，中散大夫。绍少慷慨，有志略，魏永安中，授广武将军。魏孝武初，迁卫将军。大统元年，进爵为公，累迁车骑将军。四年，出为鄜城郡守，稽胡恃众与险，屡为抄窃，绍率郡兵，从侯莫陈崇讨之，匹马先登，破之于默泉之上，加帅都督，除燕州刺史。累迁大都督，车骑大将军，仪同三司。复从大将军达奚武征汉中，时梁恒农侯萧循，固守梁州，绍请为计诱，设伏待之，循果出兵，绍率众伪退，城降，以功授辅国将军。又从柱国燕国公于谨围江陵，进骠骑大将军，开府仪同三司，除衡州刺史，赐姓叱利氏。《周书》二十九《杨绍传》。

案《魏书·官氏志》“叱利氏后改为利氏”。陈毅《疏证》云，“当作叱列氏后改为列氏，利列形似，又涉后叱吕而误。《广韵》五质、《性解》一，并称《志》有叱列氏，《叱列延庆传》云，代郡西部人，世为酋帅，《北齐书·叱列平传》同，《周书·叱列伏龟传》，‘代西部人，世为部落大人，魏初入附，遂世为第一领民酋长’，《通志略》五云，叱利一云叱列，西部大人，世为酋帅，与诸传合，是《志》在唐宋间，有作利作列二本，故渔仲知叱列即叱利，而不能订利为列讹也。”又“叱吕氏后改为吕氏”条《疏证》云，“叱吕，即叱利也，《志》分为二氏，盖系字讹。《姓氏辩证》二十一引《志》叱李氏改为李氏，李吕声转。”陈氏谓《志》叱利氏改为利氏，当为叱列氏改为列氏之形似而误，而叱吕氏改为吕氏，与叱利氏改为利氏，叱李氏改为李氏，实为一氏，吕利李一声之转也。考《魏书》、《北齐书》、《周书》仅有叱列氏，皆为代西部人，必与代甚近，自当别为一部。而叱吕、叱利、叱李声尤相近，皆为叱吕引或俟吕邻之省译，其部落在高平苦水河，亦当别为一部，陈说甚是。或谓：“叱利亦译叱李、叱列、叱伏列，即高车十二姓中之泣伏利也。《氏族略》五叱利氏一云叱列氏，《魏书·叱列延庆传》云，代郡西部人也，世为酋帅，延庆兄子平，武定末封廮陶县，开国侯，按《北齐书·叱利平传》，平于魏孝庄初，封廮陶县伯，武定八年，进爵为侯，是叱列即叱利之证。《隋书·高祖纪》云，开皇二年六月，以上柱国叱李长乂为兰州总管，此叱李长乂即《北齐书》叱利平之子长乂，《北齐书·叱利平传》云，叱利平，代郡西部人也，次子长乂，隋开皇中上柱国，是叱李即叱利之证。《广韵》五质，《姓纂》五质，《姓解》一，《氏族略》五，皆有叱伏列氏，按叱伏列，即泣伏利之省译，《周书·叱伏列龟传》云，代郡西部人也，世为部落大人，魏初入附，遂世为第一领民酋长，可知叱列即叱伏列之省译，叱利即泣伏利之省译，并为一族，姓氏诸书，分叱利、叱列、叱伏列为三氏，误。”案此说未尽然，《北齐书·叱列平传》殿本惟目误作叱利平，本传不误，仍作叱列平，与《魏书·叱列延庆传》合，是不可以为叱列即叱利之证，一也。《隋书·高祖纪》开皇二年之叱李长乂，谓即《北齐书》叱利平之子长乂，今考《北齐书》作叱列平，其子自当作叱列长乂，《北齐书·后主纪》天统五年，《周书·静帝纪》大象二年，皆作叱列长文文为乂之误，《周书·萧岿传》作吒叱之误列长乂，则长乂自姓叱列氏，《隋书·高祖纪》误作叱李耳，是不可以为叱李即叱利之证，二也。《周书北史》皆有《乞列伏龟传》而无乞伏列龟传，或谓“姓氏诸书，皆作叱伏列龟，知此氏当作乞伏列，《周书》列伏二字，误倒”。考《周书》、《北史》，皆作乞列伏龟，何可信后出淆乱之姓氏诸书而不信正史！乞列伏龟，字摩头陁，《北齐书·任延敬传》有叱列陁，当即其人，是其姓为叱列氏，称摩头陁为陁，亦犹称伏龟为龟矣，是不可以叱列伏龟为叱伏列氏之证，三也。今从陈说，则叱利氏与杨氏不相涉也。

赐姓叱吕引氏者一人

杨纳仕周，历八州刺史，傥城县公，赐姓叱吕引氏。子雄，观德王，高祖杨坚族子也。《隋书》四十三《观德王雄传》。

案《魏书·官氏志》，“叱吕氏后改为吕氏”。陈毅《疏证》云：“叱吕即叱利，利吕同声相假，《姓氏辩证》二十一引《志》叱李氏改为李氏,李吕声转,姓氏等书分为三氏,误。叱吕本号叱吕引杨纳赐姓叱吕引是也。《志》省引字,叱或误为七声,引读若辰详“若口引”条,七,俟,辰,邻,音各相近,《姓纂》六止俟吕邻氏,即此氏之变音。《魏书·高祖纪》太和十三年二月,有蠕蠕别帅叱吕勤率众内附,又《蠕蠕传》有豆仑妻侯吕陵氏,侯是俟误,说详“侯莫陈”条。是氏本出蠕蠕,号俟吕邻,入魏,随方音变为叱吕引,后乃改为吕也。高车传有侯吕邻部,盖氏因部名,始入蠕蠕,后入魏。高祖《比干墓文》碑阴有直阁武卫中俟吕阿倪,俟吕邻省邻字,与《志》叱吕引省引字,合。《通志略》五称代北三字俟吕陵氏,改为吕氏,又与《志》叱吕改吕合,即其证。”案叱吕引即俟吕邻,叱吕引省引而改吕,俟吕邻省邻而改吕,陈氏称为一姓,是矣。姚薇元《广证》云:“《蠕蠕传》又有侯吕邻部,登国中,其大人叱伐为寇于苦水河,八年夏,太祖大破之。《太祖纪》登国八年三月,车驾西征侯吕邻部,夏四月,至苦水,大破之。《水经·河水》注,苦水发县高平东北百里山,流注高平川,即今甘肃清水河上游一支流,在固原县即高平县东北。杨守敬说。可知俟吕邻部之原住地。当在今甘肃固原县附近业山中。”据此,则叱吕、叱利、叱李、俟吕,实即一姓,在苦水河,与叱列之在代郡西与代郡相近者,截然不同。而叱吕引氏之与杨氏,侯吕陵之与韩氏,皆不相涉者也。

赐姓侯吕陵氏者一人

韩褒,字弘业,其先颍川颍阳人也,徙居昌黎。祖瓌,魏镇西将军,平凉郡守,安定郡公。父演,征虏时军,恒州刺史。褒少有志尚,好学而不守章句,及长,涉猎经史,深沉有远略。魏建明中,起家奉朝请,迁太中大夫。属魏室丧乱,褒避地于夏州。时太祖为刺史,素闻其名,待以客礼。及贺拔岳为侯莫陈悦所害，诸将遣使迎太祖，太祖问以去留之计，褒曰，方今王室凌迟，海内鼎沸，使君天资英武，恩结士心，贺拔公奄及于难，物情危骇，寇洛自知庸懦，委身而托使君，若总兵权，据有关中之地，此天授也。且侯莫陈悦乱常速祸，乃不乘胜进取平凉，反自遁逃，屯营洛水，斯乃井中蛙耳，使君往必擒之，不世之勋，在斯一举，太祖纳焉。太祖为丞相，引褒为录事参军，赐姓侯吕陵氏。《周书》三十七《韩褒传》。

案侯吕陵氏，不见于《魏书·官氏志》，实即叱吕引氏也，说已见上“叱吕引”条。

赐姓莫胡卢氏者一人

杨纂，广宁人也。父安仁，魏北道都督，朔州镇将。纂少习军旅，慷慨有志略，年二十，从齐神武起兵于信都，以军功稍迁安西将军，武州刺史。自以功高赏薄，志怀怨愤，大统初，乃间行归款，授征南将军，大都督，封永兴县侯，加通直散骑常侍。从太祖解洛阳围，经河桥邙山之战，纂每先登，累迁使持节，车骑大将军，开府仪同三司，加侍中，进爵为公，赐姓莫胡卢氏。《周书》三十六《杨纂传》。

案《魏书·官氏志》“莫那娄氏后改为莫氏”。陈毅《疏证》云：“《通志略》代北三字姓，有莫胡卢、莫侯娄、莫且娄三氏，并代人，胡即那声之转也，《左传》宣二年，弃甲则那，《注》云，那，犹何，《书·太甲》正义，胡，何，方言之异，胡转为侯，侯或转且。”案陈说是也。莫胡卢氏即莫那娄氏，那与胡，娄与卢，皆一声之转，同为一氏而异译耳,又《广韵》及《姓纂》十三末《姓解》三皆有末那楼氏,末与莫,楼与娄,皆同声字,亦为莫那娄之异译。姚薇元《广证》引《魏书序纪》:"昭帝四年,东部未耐娄大人倍斤入居辽东。"未当为末之误,末耐娄亦即莫那娄。则此部始居辽东,后徙代郡,与杨氏不相涉也。

赐姓纥干氏者一人

> 田弘,字广略,高平人也。膂力过人,敢勇有谋略。太祖初统众,弘求谒见,乃论世事,深被引纳,即处以爪牙之任。又以迎魏孝武功,封鹑阴县子。太祖尝以所着铁甲赐弘云,天下若定,还将此甲示孤也。大统三年,转帅都督,进爵为公。从太祖复弘农,战沙苑,解洛阳围,破河桥阵,弘功居多,累蒙殊赏,赐姓纥干氏。《周书》二十七《田弘传》。

案《魏书·官氏志》"纥干氏后改为干氏"。陈毅《疏证》云:"《五代史·寇彦卿传》谓其左右为俚语云,纥干山头冻死雀,《御览》四十五引《郡国志》载此语,作纥真山,云山北十里,有白登山,又引《冀州图经》云,纥真山,在城东北,登之望桑干代郡数百里内宛然,是纥干本依山为部,后即氏之,若綦连贺兰之类。"《元和郡县志》云州"云中县"条,谓:"纥真山,在云中县东三十里,虏语纥真,汉言三十里,其山夏积霜雪。"寻唐云中县,即今山西大同县,然则纥干氏与田氏,不相涉也。

赐姓侯伏侯氏者一人

> 侯植,字仁干,上谷人也。燕散骑常侍龛之八世孙。高祖

恕，魏北地郡守，子孙因家于北地之三水，遂为州郡冠族，父欣，泰州刺史。植少倜傥，武艺绝伦，从贺拔岳讨万俟丑奴，每有战功。及齐神武逼洛阳，植从魏孝武西迁。大统元年，授骠骑将军，都督，赐姓侯伏侯氏。从太祖破沙苑，战河桥，进大都督，凉州刺史。宇文仲和据州作逆，植从开府独孤信讨擒之。拜车骑大将军，仪同三司，封肥城县公，又赐姓贺屯。《周书》二十九《侯植传》。

案《魏书·官氏志》，“俟伏斤氏后改为伏氏”。陈毅《疏证》云：“《魏书·尔朱天光传》万俟丑奴有太尉侯伏侯元进，亦见《贺拔胜传》，《隋书·经籍志》‘《孝经》’类云，魏氏迁洛，未达华语，孝文帝命侯伏侯可悉陵以夷言译《孝经》之旨。又‘小学’类，有《国语物名》四卷，《国语杂物名》三卷，并魏侯伏侯可悉陵撰。彼两侯氏并当为俟，俟伏俟，即俟伏斤音之变也，《广韵》六止云，俟又音祈，祈音从斤，是其证矣。”案陈说是也，俟伏俟或俟伏斤，皆与侯氏不相涉。

赐姓尔绵氏者一人

段永，字永宾，其先辽西石城人，晋幽州刺史匹磾之后也。曾祖愢，仕魏黄龙镇将，因徙高陆之河阳焉。永幼有志操，魏正光末，六镇扰乱，遂携老幼避地中山。后赴洛阳，拜殿中将军，稍迁平东将军，封沃阳县伯。魏孝武西迁，永时不及从，大统初，乃结宗人潜谋归款，密与都督赵业等，袭斩西中郎将慕容显和，传首京师，以功别封昌平县子，除北徐州刺史。从禽窦泰，复弘农，破沙苑，并有战功，进爵为公。河桥之役，永力战先登，授南汾州刺史，累迁大都督，散骑常侍，骠骑大将军，开府仪同三司，赐姓尔绵氏。《周书》三十六《段永传》。

案《魏书·官氏志》，“尔绵氏后改为绵氏”。陈毅《疏证》云：“《世祖纪》真君十年，二月，蠕蠕渠帅尔绵他拔等率其部落千余家来降，《姓纂》四纸引蠕蠕帅止作绵他拔，云他拔来降，改为绵氏，案《世祖纪》尔作爾，《蠕蠕传》及《广韵》四纸《姓氏辩证》九引《志》并作尔，尔，古爾字也。”尔绵为蠕蠕部落，后改为氏，与段氏不相涉也。段永为匹磾后，《晋书·段匹磾传》云：“匹磾，东郡鲜卑人也，种类劲健，世为大人。”

赐姓乙弗氏者二人

赵贵，字元贵，《北史》作元宝。天水南安人也。曾祖达，魏库部尚书，祖仁，以良家子镇武川，因家焉。贵少有节概，从贺拔岳平关中，赐爵魏平县伯，及岳为侯莫陈悦所害，将吏奔散，莫有守者，贵谓其党曰，吾闻仁义岂有常哉！行之则为君子，违之则为小人，朱伯厚王叔治感意气微恩，尚能蹈履名节，况吾等荷贺拔公国士之遇，宁可自同众人乎？涕泣歔欷，于是从之者五十人，乃诣悦诈降，悦信之，因请收葬岳，言辞慷慨，悦壮而许之，贵乃收岳尸还，与寇洛等纠合其众，奔平凉，共图平悦。贵首议迎太祖，太祖至，以贵为大都督，领府司马，悦平，行秦州事。魏孝武西入关，拜车骑大将军，兼右卫将军，又以预立魏文帝勋，进爵为公。从太祖复弘农，战沙苑，拜侍中，骠骑大将军，开府仪同三司，进爵中山郡公，除雍州刺史。从战河桥，贵与怡峰为左军，战不利，先还，与东魏人战邙山，贵为左军,失律,坐免官。寻复官爵,拜柱国将军赐姓乙弗氏。

赵肃,字庆雍,河南洛阳人也,世居河西,及沮渠氏灭,曾祖武始归于魏,赐爵金城侯。肃早有操行,知名于时,永安初,授廷尉,天平二年,转监,后以母忧去职,起为廷尉正,以疾免。大统三年,独孤信东讨,肃率宗人为乡导,授司州治中,转别驾,监督粮储,军用不匮,太祖闻之,谓人曰,赵肃可谓洛阳主人也。七年,加镇南将军,十三年,除廷尉少卿,封清河县子,十六年,除廷尉卿,加征东将军。肃久在理官,执心平允,凡所处断,咸得其情,廉慎自居,不营产业,时人以此称之。十七年,进位车骑大将军,仪同三司,散骑常侍,赐姓乙弗氏。先是太祖命肃撰定法律,肃积思累年,遂感心疾,去职卒于家。《周书》三十七《赵肃传》。

案《魏书·官氏志》"乙弗氏后改为乙氏"。姚薇元《广证》云:"《晋书·秃发乌孤载记》乌孤讨乙弗折掘二部,大破之。《傉檀载记》傉檀议欲西征乙弗。可知乙弗本部落之名,其居地在南凉之西,按《北史·魏文皇后乙弗氏传》其先世为吐谷浑渠帅,居青海,号青海王,是乙弗乃吐谷浑所属之别部,所居青海,正当南凉之西。《魏书·吐谷浑传》云,吐谷浑北,有乙弗敌国,风俗与吐谷浑同,不识五谷,惟食鱼及苏子,苏子状若中国枸杞子。《通典·边防》云,乙弗敌,在吐谷浑北,国有屈海,其海周回千余里,众有万落,风俗与吐谷浑同,观此二书所记乙弗敌国,即乙弗部落,乙弗乃乙弗敌之省译,乙弗部聚居青海沿岸,以渔樵为生,此族既为吐谷浑别部,风俗又相同,必与吐谷浑同种,《晋书·乞伏炽盘载记》称乙弗鲜卑,可知乙弗氏实鲜卑吐谷浑之支族也。"又云:"《北史·乙弗朗传》云,其先东部人也，世为部落大人，与魏徙代，后因家上乐焉。按乙弗部居青海，在魏西，东当为西之误。”余谓姚前说是而后说非也，乙弗有东部西部之分，乙弗朗之先为东部人，东非西之误，鲜卑种其初皆在东部，自吐谷浑率部属七百户而西，乙勿部人或亦有从之而西者，故东西皆有乙弗部也。至陈毅《疏证》谓：“《魏书·高句丽传》位宫玄孙乙弗利，利子钊，与慕容相攻，据《晋书·慕容载记》，吐谷浑为廆之庶长兄，高句丽为皝之臣属国，盖乙弗氏先入前燕，其支属因有分入吐谷浑者，《北史·乙弗朗传》亦云，其先东部人，世为部落大人，皆其证。”余谓陈说是，然亦间有误者，高句丽之乙弗利，乃人名，高丽金富轼《三国史记·高句丽本纪》一，“始祖姓高氏”，《本纪》五，“美川王讳乙弗”，《本纪》六“故国原王讳斯由一作讳刘”。案《魏书》之乙弗利，即《高句丽·本纪》之乙弗，又乙弗利子钊，亦即乙弗之子或作刘而《魏书》又误作钊者，故乙弗乃人名，若加以姓，则曰高乙弗，与鲜卑种之乙弗部不相涉，而赵氏与乙弗氏亦不相涉也。

赐姓侯莫陈氏者一人

刘亮，中山人也，本名道德，祖祐连，魏蔚州刺史，父持真，镇远将军，领民酋长。亮少倜傥，有从横计略。普泰初，以都督从贺拔岳西征。侯莫陈悦害岳，亮与诸将谋迎太祖，悦平，悦之党豳州刺史孙定儿，仍据州不下。泾秦灵等诸州悉与定儿相应，众至数万，推定儿为主，以拒义师。太祖令亮袭之，斩定儿，于是诸州群贼，皆即归款。及太祖置十二军，简诸将以将之，亮领一军。大统元年，以复潼关功进位车骑大将军，寻加侍中，从擒窦泰，复弘农，及沙苑之役，亮并力战有功，迁开府仪同三司，大都督，进爵长广郡公。亮以勇敢见知，为时名将，兼屡陈谋策，多合机宜，太祖乃谓之曰，卿文武兼资，即孤之孔明也，乃赐名亮，并赐姓侯莫陈氏《周书》十七《刘亮传》。

案《魏书·官氏志》，“侯莫陈氏后改为陈氏”。《周书·侯莫陈崇传》：“崇代武川人，其先魏别部，居库斛真水，世为渠帅，祖允镇武川，因家焉。”或谓《魏书·太祖纪》，天兴二年三月，遣建义将军庾真等讨破侯莫陈部。侯莫陈部落，原居库斛真水。“《庾子山集》有《侯莫陈道生墓志铭》云，君讳道生，字某，朔州武川人也，本系阴山，出自国族，降及于魏，在秦作刘，大统九年，更姓侯莫陈氏，铭曰，身胄汉祚，门承魏绪。据《志铭》所述，其人盖本独孤氏，入魏改刘氏，独孤本匈奴，实北周之国族也，《周书·刘亮传》本名道德，赐姓侯莫陈氏当即其人，道德或为道生之误。”案或说非也，刘道德刘道生决非一人，道德，中山人，道生，武川人，道德父持真镇远将军，道生父少兴，武川镇将，道德从贺拔岳西征，道生随贺拔胜入关，寻《周书》与庾《志》，凡道德道生官爵事功卒年，皆截然不同，何可并为一人？且此二人，皆非独孤之刘氏，道德籍隶中山，与独孤部不相涉，道生《志铭》明言身胄汉祚，亦非出自独孤氏。且独孤氏为匈奴族。亦未可谓拓跋氏之国族？庾氏谓出自国族者，即指侯莫陈氏耳。惟道德赐姓在大统初，而道生更姓在大统九年，或道生依附道德，谬托同宗，因随而改姓耳，此与梁御改姓纥豆陵氏，同其热中者矣！《疏证》又言侯莫陈为俟莫陈之误，例证甚多，其说是也。

赐姓大利稽氏者一人

蔡佑，字承先，其先陈留圉人也。曾祖绍，为夏州镇将，徙居高平，因家焉。祖护，魏景明初，为陈留郡守。父袭，名著西州，正光中，万俟丑奴寇乱关中，袭乃背贼弃妻子，归洛阳。及魏孝武西迁，仍在关东，后始拔难西归，除岐夏二州刺史。佑性聪敏，及长，有膂力便骑射。太祖在原州，召为帐下亲信，及侯莫陈悦害贺拔岳，诸将遣使迎太祖，将赴夏州，首望弥姐元进等阴有异计，太祖召元进等入计事，佑乃叱元进而斩之，并其党并伏诛，于是与诸将结盟，同心诛悦，太祖以此知重之，乃谓佑曰，“吾今以尔为子，尔其父事我！”从讨悦，破之。又从迎魏孝武于潼关，擒窦泰，复弘农，战沙苑，皆有功。又从太祖战河桥，战邙山，所向无前。俄授青州刺史，转原州刺史，寻除大都督。十三年，遭父忧，请终丧纪，弗许，加骠骑大将军，开府仪同三司，侍中，赐姓大利稽氏，进爵怀宁郡公。《周书》二十七《蔡佑传》。

案《魏书·官氏志》“次南太洛稽氏后改为稽氏”。陈氏《疏证》云：“《姓纂》十一暮，太作大，《通志略》同，《姓解》三称大利稽、大俗嵇、大落稽并见《后魏书》，皆此氏。”案利洛落双声，俗盖洛之误，稽嵇字同，三氏皆大洛稽之异译。或谓：“《姓纂》列大洛稽于十一暮，大非暮韵字，必有讹误，检《广韵》十一暮，有伏字，汉隶伏作伏，疑《姓纂》大字，乃隶书伏字之脱误。伏与步音极近，阿伏干作阿步干，步六孤作伏鹿孤，是其证，伏洛稽，即步落稽之异译。《元和郡县志·丹州下》云，春秋时白狄地，今其俗云，丹州白室，胡头汉语，白室，白狄语讹耳，近代号为步落稽胡，自言白狄之后。《周书·稽胡传》云，稽胡，一曰步落稽，自离石以西，安定以东，方七八百里，居山谷间。离石，即今山西离石县，安定，在甘肃泾川县北五里，又

《元和志》丹州，即今陕西宜川县，故此族居地，当在今陕西北部绥德宜川肤施一带山间，其地当魏代都西南，与《志》称次南合。”案或说未尽然，《志》称太洛稽，诸书皆作大，大洛稽与步落稽，是否为一族，别无他证，未为定论，尚宜详考，盖稽胡为匈奴别种，或云山戎赤狄之后，语类夷狄，因译乃通，皆见《周书·稽胡传》，与《元和志》所称白狄之后，胡头汉语，又不相合，然无论大洛稽、步落稽，皆与蔡氏不相涉也。

赐姓和稽氏者一人

耿豪，巨鹿人也，本名令贵。其先避刘石之乱，居辽东，因仕于燕。曾祖超，率众归魏，遂家于神武川。豪少粗犷，有武艺，好以气凌人。贺拔岳西征，引为帐内，岳被害，归太祖，以武勇见知。从讨侯莫陈悦，及迎魏孝武，迁征虏将军。从擒窦泰，复弘农，豪先锋陷阵，加前将军。沙苑之战，豪杀伤甚多，进爵为公。九年，从战邙出，大呼独入敌人，锋刃乱下，死伤相继。十三年，论前后战功，进授车骑大将军，仪同三司，赐姓和稽氏。《周书》二十九《耿豪传》。

案《魏书·官氏志》“和稽氏改为缓氏”。《姓纂》九鱼引缓作绫，《姓氏辩证》二十五引作如稽绫与缓，如与和，皆形近而误。和稽部落，在于何处，《疏证》、《广证》，皆无发明，盖已无可考矣，而与耿氏必不相涉也。

以上十二氏，皆见于《魏书·官氏志》，特依其次叙排列，尚有不见于《官氏志》诸氏，则列于后。

赐姓大野氏者二人

李虎，字文彬，成纪人。七世祖凉武昭王暠子歆为沮渠蒙逊所灭，曾祖重耳始仕魏，为弘农太守。祖熙，金门镇将，戍武川，因家焉。父天赐，为幢主。虎少倜傥，有大志，好读书，尤善射，深为贺拔岳所重，从岳留镇陇西，累迁东雍州刺史，左厢大都督。岳死，虎奔荆州，说岳兄胜，收岳众复仇，不从，闻宇文泰统岳众，乃还，至阌乡，为高欢将所获，送洛阳。帝方收关右，见虎甚喜，拜卫将军，使就泰。以迎帝功，拜骁骑将军，加仪同三司，灵州刺史。曹泥党于高欢，虎往讨之，招谕费也头之众，并力攻泥，四旬而克。阿至罗断其归路，虎袭击，破之。从破沙苑，斩级居多。贼师梁企定据河州作乱，虎以本官兼尚书左仆射，为陇右行台，讨之。部将乌军长命潜与贼应，虎斩之，贼闻大惧，遁走河北。虎师将济河，贼率众降，获男女数万口，进位开府仪同三司。师还，击南岐州反兵杨盆生、马僧等，破之，俘盆生以归。寻授岐州刺史。莫折后炽寇秦州，虎讨降之，后进封赵郡公，历渭秦二州刺史。复击叛胡，平之，徙封陇西公。十四年，拜太尉，迁右军大都督，柱国大将军，少师公，十六年，为八柱国之一，赐姓大野氏。**谢启昆《西魏书》十八《李虎传》案《周书》无《李虎传》，其事迹散见于本纪列传中，两《唐书·高祖本纪》记载皇祖虎事，亦甚略，谢氏所撰《李虎传》，本《周书》、《唐书》，又据《太平御览》引《典略》补，故较详，兹节录之。**

阎庆，字仁庆，河南河阴人也。曾祖善，仕魏，历龙骧将军，云州镇将，因家于云州之盛乐郡。祖提，使持节，车骑大将军，敦煌镇都大将，父进，有谋略，正光中，拜龙骧将军，盛乐郡守。庆幼聪敏，齐神武举兵入洛，魏孝武西迁，庆谓所亲曰，高欢跋扈，将有篡逆之谋，遂以大统三年，自宜阳归阙，拜中坚将军。河桥之役，以功拜前将军。及邙山之战，先登陷陈，拜抚军将军，大都督，进爵为伯。累迁使持节骠骑大将军，开府仪同三司，加侍中，赐姓大野氏。《周书》二十《阎庆传》。

案大野氏不见于《魏书·官氏志》，其部落原住地所在，已不可考。《周书·文帝纪》，"魏氏之初，统国三十六，大姓九十九，后多灭绝，至是以诸将功高者为三十六国后，次功者为九十九姓后"。合之当得一百三十五姓，西魏赐姓范围，当不出此，然《官氏志》所载，仅有一百十八姓，故《志》云，"今举其可知"，则当北齐魏收时，已不能尽知，大野氏以下八氏，盖皆在不能知之列。赐姓大野氏者有二，即李虎、阎庆，而李虎为唐高祖之祖，虎之曾祖重耳，陈寅恪先生作《李唐氏族之推测》一文，以为李重耳即李初古拔，为鲜卑族，余曾作《驳李唐为胡姓说》以正之，载于《东方杂志》第三十三卷十五号。兹不赘述。总之大野氏与李氏阎氏皆不相涉也。陈寅恪先生文中谓"谢懿亦赐姓大野氏"，此说尚可疑，未为定论，故不取。

赐姓徒何氏者一人

李弼，字景和，辽东襄平人也。《北史·李弼传》作陇西成纪人。六世祖根，慕容垂黄门侍郎，祖贵丑，平州刺史，父永大中大夫，赠凉州刺史。弼少有大志，膂力过人，永安元年，尔朱天光辟为别将，从天光西讨，破赤水蜀，又与贺拔岳讨万俟丑奴，皆破之。天光赴洛，弼因隶侯莫陈悦，除南秦州刺史。及悦害岳，弼知悦必败，会太祖军至，弼背悦来降，悦由此遂败。以本官镇原州，寻拜秦州刺史。太祖率兵东下，征弼领右军，攻潼关，及回洛城，克之，进位骠骑大将军，开府仪同三司。从平窦泰，平弘农，与齐神武战于沙苑，弼率军居右，而左军为敌所乘，弼呼其麾下六十骑，身先士卒，横截之，贼遂为三，因大破之，以功拜特进，爵赵郡公，又与贺拔胜攻克河东，略定汾绛。四年，从太祖东讨洛阳，弼为前驱，又从太祖与齐神武，战于河桥，深入陷阵。五年，迁司空。六年，侯景据荆州，弼与独孤信御之，景乃退。九年，从战邙山，转太尉。十四年，北稽胡反，弼讨平之。迁太保，加柱国大将军。魏废帝元年，赐姓徒何氏。《周书》十五《李弼传》。

案徒何氏不见于《魏书·官氏志》。《魏书·徒何慕容廆列传》云："其本出于昌黎，曾祖莫护跋，魏初率诸部落，入居辽西，从司马宣王讨平公孙渊，拜率义王，始建国于棘城之北。父涉归，以勋拜鲜卑单于，迁邑辽东。涉归死，廆代领部落，以辽东僻远，徙于徒何之青山。"《周书·豆卢宁传》，"昌黎徒何人，其先本姓慕容氏，前燕支庶。"然则徒何部落，即在昌黎，亦为慕容氏支庶矣。李弼为辽东襄平人，其先则为陇西成纪人，辽东襄平之有李氏，盖在燕慕容廆之世，《晋书·慕容廆载记》云，"廆刑政修明，虚怀引纳，流亡士庶，多襁负归之，乃立郡以统流人，冀州人为冀阳郡豫州人为成周郡，青州人为营邱郡，并州人为唐国郡。"弼六世祖根，慕容垂黄门侍郎，则亦在燕时入辽东。弼父永，太中大夫，以其本为陇西人，故赠凉州刺史。况襄平在辽东，徒何在辽西，故徒何氏与李氏不相涉也。

赐姓可频氏者一人

王雄，字胡布头，太原人也。父岂，以雄“杰”杰系衍文著勋，追赠柱国大将军，少傅，安康郡公。雄少有谋略，永安末，从贺拔岳入关，除征西将军。魏孝武西迁，授都督，大统初，进爵为公，进大都督，迁开府仪同三司，加侍中。出为岐州刺史，进爵武威郡公，进位大将军。十七年，雄率军出子午谷，围梁上津魏兴。明年，克之，其地为东梁州，魏恭帝元年，赐姓可频氏。孝闵帝践祚，授少傅，进位柱国大将军。武成初封庸国公。《周书》十九《王雄传》。

案可频氏不见于《魏书·官氏志》。或有强列王雄于河南王氏者，谓“《姓氏辩证》云，河南王氏，其先代人，姓拓王，随魏南徙，居中国，始改为王氏，后魏安康公王瑜是也。《周书·王雄传》云，父岂，以雄杰著勋，追赠安康郡公，岂字亦书作岭，与瑜字近似，当是一字之讹，可知王雄本姓拓王氏。”案或说非也，《姓氏辩证》谓后魏安康公王瑜河南王氏，本姓拓王，而王雄为太原王氏其父岂，以雄著勋，原作以雄杰著勋，衍杰字。在后周时，始追赠安康郡公，郡望时代既不同，名字又相异，不可附会为一人，而指为本姓拓王也。《北齐书·斛律光传》有周庸国公可叱雄《北史·斛律光传》作庸公王雄，雄赐姓可频氏，可叱盖可频之误，与太原王氏不相涉也。

赐姓贺屯氏者一人

侯植已见上“赐姓侯伏侯氏”条

案贺屯氏不见于《魏书·官氏志》，考《志》有贺赖、贺楼、贺葛、贺若、贺儿、贺拔、贺兰凡七氏，而贺赖、贺兰二氏，并云后改为贺氏。

陈毅《疏证》"贺赖氏"条云,"《姓氏辩证》三十三引唐孔至《姓氏杂录》称改贺氏者为贺敦氏。唐人传本,或有异同,彼敦字当读如槃敦之敦,即赖字声近致讹,非别有一氏也。"余谓贺敦氏与贺屯氏声甚近,则贺屯氏或亦贺赖或贺兰之变音,与侯氏更不相涉也。

赐姓普毛氏者一人

辛威,陇西人也。祖大汗,魏渭州刺史。父生,河州四面大都督。威少慷慨,有志略,初从贺拔岳征讨,有功,假辅国将军,都督。及太祖统岳之众,见威奇之,引为帐内,寻授羽林监。从迎魏孝武,因攻回洛城,功居最。大统元年,进爵为侯,从擒窦泰,复弘农,战沙苑,并先锋陷敌,以前后功,授抚军将军。从于谨破襄城,又从独孤信入洛阳。经河桥阵,加持节,进爵为公。五年,授扬州刺史,加大都督。十三年,迁骠骑大将军,开府仪同三司,赐姓普毛氏。《周书》二十七《辛威传》。

案普毛氏不见于《魏书·官氏志》。《隋书·周摇传》云,其先与后魏同源,初为普乃氏,普乃与普毛形声均不相近,且《志》惟云普氏后改为周氏,故普乃与普毛,皆不可考也,然与辛氏盖亦不相涉耳。

赐姓库汗氏者一人

王勇,代武川人也,本名胡仁,少雄健,有胆决,便弓马,膂力过人。从侯莫陈悦贺拔岳征讨,功每居多,拜别将。及太祖为丞相,引为帐内直荡都督,加后将军。大统初,进爵为侯。从擒窦宪,复弘农,战沙苑,所当必破,进爵为公,授师都督。从讨赵青雀,平之,论功居最,除卫大将军,殷州刺史。邙山之战，大军不利，惟勇及王文达耿令贵三人，力战皆有殊功。军还，皆拜上州刺史，勇得雍州，文达得岐州，令贵得北雍州，仍赐勇名为勇，令贵名豪，文达名杰，以彰其功。十三年，授大都督。十五年，进侍中，骠骑大将军，开府仪同三司。魏恭帝元年，从柱国赵贵征茹茹，破之，进爵新阳郡公，仍赐姓库汗氏。《周书》二十九《王勇传》。

案库汗氏不见于《魏书·官氏志》，《志》惟有厍狄氏，厍音舍，与库别。或谓“王勇为河南王氏，此氏其先代人，姓拓王，又云乐浪王氏本姓拓王高丽族也，又云，代郡王氏，本姓乌丸皆相矛盾”。王勇虽为代人，其先本姓拓王，或本姓乌丸，史无明文，且武川诸族，皆各郡良家子镇戍移居，未必本为代人，其为汉族亦未可知，与库汗氏亦不相涉也。

赐姓拓王氏者一人

王康父思政，太原祁人，汉司徒允之后也。自魏太尉凌诛后，冠冕遂绝。思政有筹策，大统十四年，拜大将军，旋陷于齐。康沉毅有度量，后为周文亲信。思政陷后，诏以因水城陷，非战之罪，以康袭爵太原公，除骠骑大将军，侍中，开府仪同三司。十六年，王师东讨，加康使持节，大都督，以思政所部兵皆配之。魏废帝二年，随尉迟迥征蜀，镇天水郡，寻赐姓拓王氏。《北史》六十二《王思政传》。

案拓王氏不见于《魏书·官氏志》，或谓乐浪王氏，本姓拓王，高丽族也，引《周书》王盟乐浪人赐姓拓王氏为证。然既云赐姓，则非其本姓可知，况《北史·王盟传》称其赐姓拓跋乎，故拓王氏出于何地，不可考也，其与太原祁县王氏，决不相涉也。

赐姓车非氏者一人

> 周摇，字世安，河南洛阳人也。其先与魏同源，初姓普乃，及居洛阳，改为周氏。曾祖拔拔，祖右六肱，俱为北平王，父恕延，历行台仆射，南荆州总管。摇少刚毅，有武艺，仕魏，为开府仪同三司，周闵帝受禅，赐姓车非氏。《北史》七十三《周摇传》。

案车非氏不见于《魏书·官氏志》，《志》云，献帝次兄为普氏，后改为周氏，则周摇与魏同源，信矣。《姓氏辩证》十二称献帝次兄改周氏者为车非氏，考《周摇传》周闵受禅，赐姓车非，隋高受禅，复姓周，邓名世盖误以周赐之氏，为魏初所受之氏也，姓氏书之不足据，此又其一例矣。

以上八氏均不见于《魏书·官氏志》。

附赐姓之可疑者四人

> 王轨太原祁人也。小名沙门，汉司徒允之后，世为冠族，累叶仕魏，赐姓乌丸氏。父光，有将帅才略，每从征讨，频有战功，太祖知其勇决，遇之甚厚，位至骠骑大将军，开府仪同三司，平原县公。轨高祖时进位柱国，拜徐州总管七州十五镇诸军事。《周书》四十《王轨传》。

案乌丸氏已见上王德赐姓乌丸氏条，此云累叶仕魏，赐姓乌丸氏，似王轨之祖宗，在北魏已赐姓乌丸氏矣，此疑误也，若在北魏已赐姓乌丸，则孝文已改乌丸为桓氏，大统复姓，仍称乌丸，则《周书》当称乌丸轨或称桓轨，不得称王轨也，故王轨传之赐姓乌丸，必为其父王光时之赐姓，或轨自身之赐姓，否则其祖宗时或改姓乌丸，后复姓王耳。或谓："王轨本姓乌丸，为鲜卑族，《永乐大典》辑本宋项安世《项氏家说》云，柳芳《唐历》言王珪曾祖神念，在魏为乌桓氏，仕梁为将，祖梁太尉僧辨，遂为王氏。《旧唐书·王珪传》亦云在魏为乌丸氏，曾祖神念，自魏奔梁，复姓王氏。《魏志·牵招传》有乌桓归义侯王同王寄，《晋书·慕容盛载记》有乌桓王龙之，明乌丸本有王氏，《官氏志》乌丸氏改为桓氏，桓与王北音近似，疑《志》原作王。"案或说非也，魏晋之间，乌丸固有王氏，但此王氏，不过为乌丸人，其姓则非乌丸也，故不得云王氏本姓乌丸。《唐书·宰相世系表》乌丸王氏罔后魏度支尚书，护乌丸校尉，广阳侯，因号乌丸王氏，生神念。然则柳芳《唐历》及《旧唐书》称神念在魏为乌丸氏者，不过因其父罔曾为乌丸校尉，自号乌丸王氏，而误以为本姓乌丸耳。《梁书·王神念传》，神念，太原祁人，此《王轨传》亦云太原祁人，汉司徒允之后，盖与神念同族，遂亦误以其祖宗为赐姓乌丸矣，衡之于改姓复姓及赐姓复姓诸事实，皆不合也。

窦炽，字光成，扶风平陵人也，汉大鸿胪章十一世孙。章子统，灵帝时为雁门太守，避窦武之难，亡奔匈奴，遂为部落大人。后魏南徙，子孙因家于代，赐姓纥豆陵氏，累世仕魏，皆至大官。父略，平远将军。炽性严明，少从范阳祈忻受《毛诗》、《左氏传》，略通大义，善骑射，魏孝武帝与齐神武搆隙，以炽堪处爪牙之任，拜阁内大都督，朱衣直阁，遂从帝西迁。大统元年，以从驾功，封真定县公，除东豫州刺史。从擒窦泰，复弘农，破沙苑，皆有功，又从太保李弼讨白额稽胡，破之，十三年，进使持节骠骑大将军，开府仪同三司，加侍中。出为泾州刺史，进授大将军。魏废帝元年，除大都督。魏恭帝元年，进爵广武郡公。属茹茹寇广武，炽率兵与柱国赵贵分路讨之，茹茹引退，炽度河至麹使川，追及与战，大破之，斩其酋帅郁久闾是发，获生口数千，及杂畜数万头。武成二年，拜柱国大将军。保定四年，授大宗伯。齐平之后，进位上柱国。《周书》三十《窦炽传》。

案《魏书·官氏志》"次南有纥豆陵氏，后改为窦氏"。陈毅《疏证》云："《唐书·宰相世系表》，窦出姒姓，统以窦武难，入鲜卑拓跋部，使居平城，号没落回部大人。生宾，二子，异、他。他为魏神元所杀，并其部落。他生勤，穆帝复使领部落，命为纥豆陵氏。勤生子真，真生朗，朗二子，滔、佑，佑三子，提、拓、岩，拓为魏侍中，岩从孝武孝武当作太武徙洛阳，遂为河南洛阳人，三子，那、敦、略，略字六头，孝文世，复为窦氏，略五子，兴、拔、岳、善、炽。据周传《唐表》，是纥豆陵本由窦改，后复本氏，《序纪》称宾为没鹿回部大人，《皇后传》神元后窦氏，没鹿回部大人宾女，皆与《唐表》合，然《唐表》谓略字六头，则非，六头或作漏头，《世祖纪》，真君四年，辽东王窦漏头薨，不得复生于孝文之世，据《姓纂》五十候云，状称纥豆陵六代孙漏头，辽东王，孙略。是六头乃略祖佑之字也。"

案《唐表》谓穆帝使窦勤复领没落回部，命为纥豆陵氏，是可疑者有二：鲜卑以部落为氏，当为没落回氏，不当为纥豆陵氏，一也。《姓纂》五十候引状称纥豆陵六代孙漏头，辽东王，则纥豆陵乃穆帝所赐之名，而非所赐之姓，二也。纥豆陵为窦勤所易新名，生真，真生朗，朗生佑，佑生岩，岩生略，是纥豆陵六代孙为略，略字六头，《唐表》不误；若据《姓纂》所引之状，纥豆陵六代孙漏头，漏头孙略，则是《唐表》脱略二代，故陈说谓六头乃略祖佑之字，亦误也。或谓："纥豆陵乃部落之名，即没落回所改，既有此部落之名，即有以此为姓氏者，《魏书·孝庄纪》有纥豆邻步藩，《出帝纪》有纥豆邻伊利，即其证也。"然《唐表》称命为纥豆邻氏，乃指姓氏；《姓纂》引《状》称纥豆邻六代孙漏头，乃指人名；则改为部落之说，于二书皆不可通。窃谓窦氏本出汉族，窦勤于穆帝时，实赐名而非赐姓，汉族多以祖宗之名号为氏，以分别支派非若胡人以部落为姓也，勤之子孙，即以其所赐之名为氏，以与胡人复姓相合，迨孝文时，崇尚单姓，始复改为窦氏，故《官氏志》云纥豆陵氏后，改为窦氏也。《魏书·后妃传》神元皇后窦氏，没落回部大人宾女，斯时窦氏未改为纥豆陵氏，乃其本姓。世祖太武皇帝封皇太后窦氏弟漏头为辽东王，见于《明元皇后杜氏传》，其时窦氏已改为纥豆陵氏，《魏书》亦称窦氏者，乃魏收例以孝文新改之姓书之，故亦称窦氏，实非当时之姓。《周书·窦炽传》谓其祖先赐姓纥豆邻氏，实为《唐表》所本，然此乃窦氏自改之姓，而非赐姓，惟以所赐之名为姓，故后人或以为赐姓耳，此赐姓之说所由来也。至西魏大统复姓，又称纥豆邻氏，《隋书·王劭传》之纥豆邻恭，即《周书·窦炽传》炽第二子恭，《隋书·李德林传》之纥豆陵毅，即《周书·窦炽传》炽兄子毅，可证，至周静帝时又诏复姓，故《周书》纥豆陵氏，皆改书窦氏，此皆踪迹之可寻者。纥豆陵氏在魏孝文以前，既为外戚，又封王爵，故改姓纥豆陵氏者颇多，上所举纥豆陵步藩等是也；至西魏大统复姓以后，纥豆陵氏仍多贵族，故梁御等亦改姓纥豆陵氏，见《周书》十七《梁御传》。由此观之，窦氏乃汉族而久仕胡廷，益可信矣。况鲜卑吐谷浑氏，亦以人名而为姓氏，则纥豆陵先为人名而后为姓氏即在鲜卑亦非无此例也。

高琳，字季珉，其先高句丽人也。六世祖钦，为质于慕容廆，遂仕于燕，五世祖宗，率众归魏，拜第一领民酋长，赐姓羽真氏。祖明，父迁，仕魏，咸亦显达。魏孝武西迁，琳从入关，至溱水，为齐神武所追，拒战有功。大统三年，从太祖破齐神武于沙苑，累迁卫将军。四年，从擒莫多娄贷文，仍战河桥，琳先驱奋击，勇冠诸军，太祖嘉之，谓之曰，公即我之韩白也。寻镇玉壁。复从太祖战邙山，加大都督，车骑大将军，开府仪同三司，侍中。孝闵帝践祚，进爵犍为郡公。天和六年，进位柱国。建德元年，薨。《周书》二十九《高琳传》。

案羽真氏不见于《魏书·官氏志》，《周书》、《隋书》、《高丽传》皆云："其先出自夫余，始祖朱蒙建国，自号高句丽，以高为氏。"则高琳之为高丽族，盖无疑义。惟谓赐姓羽真氏，在其五世祖宗时，则必在魏孝文以前，孝文改姓，必为单姓，至大统复姓，必仍称羽真，既非西魏或后周之赐姓，必不在孝静复姓之列，则《周书》当称羽真琳，不称高琳矣，故疑此羽真氏，或亦为高琳自身之赐姓，否则为其祖宗之改姓，与王轨、窦炽例同。《周书·怡峰传》，"峰高祖宽，燕辽西郡守，魏道武时，率户归朝，拜羽真赐爵长蛇公"，疑羽真为官名，高琳五世祖宗率众归魏，疑亦拜羽真，子孙以官为氏，后人误以为赐姓耳。

豆卢宁，字永安，昌黎徒何人，其先本姓慕容氏，前燕之支庶也。高祖胜,以燕皇始初归魏,授长乐郡守,赐姓豆卢氏,或云避难改焉。父长,柔远镇将。宁少骁果,永安中,随尔朱天光入关。天光败,从侯莫陈悦,悦反,太祖讨悦,宁与李弼率众归太祖。魏孝武西迁,以奉迎勋,封河阳县伯,寻进爵为公。从太祖擒窦泰,复弘农,破沙苑,除武卫大将军,兼大都督,寻进车骑大将军。七年,从于谨破稽胡帅刘平伏于上郡。梁企定反,以宁为军司,监陇右诸军事。贼平,进位侍中,使持节,骠骑大将军,开府仪同三司。九年,从太祖战于邙山,拜大将军。魏恭帝二年,改封武阳郡公,迁尚书右仆射。孝闵帝践祚,授柱国大将军,保定五年,薨。《周书》十九《豆卢宁传》。

案豆卢氏不见于《魏书·官氏志》,《周书·豆卢宁传》,仅载赐姓及避难改姓二说,《北史·豆卢宁传》则云:"高祖胜,以'燕'皇始为魏年号,燕字疑衍皇始初归魏,赐姓豆卢氏,或云北人谓归义为豆卢,因氏焉,又云,避难改焉,未详孰是。"姚薇元《魏书官氏志·广证》:"吐伏卢氏后改卢氏"条云,"《旧唐书·豆卢钦望传》云,祖宽,即隋文帝之甥也,高祖以宽曾祖苌魏太和中例称单姓,至是改宽为卢氏,永徽元年,卒,又复姓为豆卢氏。据此,豆卢氏改为卢氏,与吐伏卢氏改为卢氏,实为一氏而异译,吐与豆音近,而伏则省略,吐伏卢省为吐卢,与阿伏干省作阿干例同,是吐卢即豆卢也。豆卢氏本姓慕容,《魏书·太祖纪》及《慕容白曜传》,慕容降人,曾于天赐六年谋叛,诛夷三百余人,其遗免者,皆不敢复姓。可知本出慕容之豆卢氏,当系此时避难而改,《庾子山集》、《周柱国慕容宁碑》即豆卢宁云,因魏室之难,改姓豆卢,可证《周书》宁传赐姓说之不确。"案姚说是也。陈毅《疏证》云:"《隋书·豆卢勣传》云,本慕容后,中山败，归魏，北人谓归义为豆卢，因氏焉。”案归义之说，与避难改姓之说，不相冲突，考避难改姓，当时甚多，《周书·厍狄峙传》云，“其先辽东人，本姓段氏，匹磾之后也，因避难改焉，后徙居代，世为豪右。”《周书·怡峰传》云：“辽西人也，本姓默台，因避难改焉。”然则豆卢氏因避难改姓，亦有佐证矣。

以上赐姓者共六十七人。史称赐姓在西魏以前者，四人，王轨、窦炽、高琳、豆卢宁是也。赐姓在西魏以后者，八人，王悦、柳庆、韩雄在周孝闵帝时，赵昶、刘志、高宾、寇和在周明帝时，郭衍在周武帝时，而西魏之赐姓，实为五十五人，从其多数言，故本文定名为《西魏赐姓源流考》。

此六十七人中，赐姓为宇文氏者二十六人，贺兰，三人，拓跋、独孤、万纽于、若口引、叱罗、普六茹、乌丸、乙弗、大野，各二人，步六孤、尉迟、莫胡卢、叱利、叱吕引、侯吕陵、纥干、侯伏侯、尔绵、纥豆陵、侯莫陈、大利稽、和稽、徒何、可频、贺屯、普毛、厍汗、拓王、车非、羽真、豆卢，各一人，共三十二姓，而宇文氏独占多数，既可知赐姓用意之所在，又可为赐姓非复姓之明证。

有一人而赐二姓者，唐瑾赐姓宇文氏，又赐姓万纽于氏；侯植赐姓侯伏侯氏，又赐姓贺屯氏，此亦可为赐姓非复姓之确证。

有赐姓而兼赐名者凡八人，李和本名庆和而赐名意，崔谌本名士约而赐名谌，薛端本名沙陀而赐名端，令狐整本名延世而赐名整，刘志本名思而赐名志，刘亮本名道德而赐名亮，耿豪本名令贵而赐名豪，王勇本名胡仁而赐名勇。他若王文达赐名杰，见《周书·王勇传》。陆彦赐名逞，《周书·陆通传》。裴协赐名侠，《周书·裴侠传》。卢恭祖赐名诞，《周书·卢诞传》。伊灵赐名尹，《周书·伊娄穆传》。长孙庆明赐名俭，《周书·长孙俭传》，独孤如愿赐名信，《北史·独孤信传》。诸如此类，实繁有徒，此赐名而不赐姓，与赐姓而不赐名，及姓名兼赐者，虽恩遇不同，皆所以鼓舞功臣，非有类物辨族之意，而赐姓以复其本姓也。

凡赐姓之汉人，有久居胡中，为其部落酋长，或镇戍边塞，累世习染胡风，娶胡妻，姓胡姓，名胡名。如窦炽之先，避窦武难，亡奔匈奴，遂为部落大人；高宾本渤海人而没辽左；耿豪本巨鹿人而迁辽东；阎庆本河阴人而迁盛乐；李弼本陇西人而迁辽东；蔡佑本陈留人而徙高平；刘亮本中山人而父为领民酋长；李和本陇西人而祖徙朔方，父为夏州酋长。他若镇戍榆中者，有金城王杰之父；镇戍高平者，有陇西李穆之祖；镇戍武川者，有上谷寇和之父，天水赵贵之祖，弘农杨忠之曾祖，陇西李虎之祖，尤其显著者也。窦炽祖先；改姓纥豆陵氏，梁御祖先；亦改姓纥豆陵氏，其他赐胡姓者，皆安之若素。薛端本名沙陀，刘雄字曰猛雀，韩雄之字木兰，杨忠小名奴奴，王勇本名胡仁，王雄字胡布头，梁台父名去斤，李弼祖名贵丑，辛威祖名大汗。凡斯戎狄之化，皆因久家边塞，或与胡族通婚，故渐渍胡风，几类其族；然能一洗两晋积弱之习，擅朔漠雄豪之气，隋唐之弘图，皆为此辈所开创。不可以其习染胡风，而疑其皆为胡人，其种姓源流，历史具在，彰彰可考也。

西魏之赐姓，皆周太祖宇文泰主之，周静帝时之复姓，皆隋高祖杨坚主之。宇文泰之赐姓，以汉人为多，确可认为外族者，惟周摇、段永、豆卢宁为鲜卑人，王盟、高琳为高句丽人，叱罗协盖为新罗人，共为六人而已。其他六十一人，虽亦有疑其为外族者，如窦氏、高氏、刘氏、王氏、李氏为尤多，然皆属附会，毫无确据，信误谬百出之姓氏书，而蔑弃正史，皆未足为定论，故仍列于汉人中。则赐姓之举，不过笼络汉人，以统治汉土，使专为己用，不为反侧而已。此隋文帝所以发愤复姓，既为汉族洗污辱，又为汉族复国权，隋唐光荣之历史，皆为当时赐姓之杨忠李虎子若孙所创造，安可昧其源而乱其流，而漫称之为外族哉！

中华民国二十五年十月十五日撰成于南京晒布厂寓庐

（原载《张菊生先生七十生日纪念论文集》，

商务印书馆，1937 年版）

驳李唐为胡姓说

余友陈寅恪先生曾撰《李唐氏族之推测》一文，断定李唐为后魏拓跋氏弘农太守李初古拔之后裔，李唐自称西凉王李暠孙李重耳后裔为伪托，其文载于国立中央研究院《历史语言研究所集刊》第三本第一分。其弟子刘盼遂君本其师说，撰《李唐为蕃姓考》，其文载于国立女子师范大学《学术季刊》第一卷第四期及第二卷第一期。其后寅恪先生又撰《李唐氏族之推测后记》一篇，载于《集刊》第三本第四分，则又谓李唐先世本系汉族，始为赵郡李氏，而后冒为陇西李氏，然谓为李初古拔之后裔，则仍未改也。及日本金井之忠氏撰《李唐源流出于夷狄考》，载于日本东北帝国大学文科会编辑之《文化》第二卷第六号。于是寅恪先生又撰《三论李唐氏族问题》一篇，载于《集刊》第五本第二分，仍持李唐为赵郡李氏之说，驳金井氏"代北叱李为李"说之非。然既云李唐为李初古拔之后裔，则无怪刘氏指为蕃姓，金井氏指为出于夷狄，详言之，则李唐祖先，实为东胡、鲜卑种耳。此与指明成祖为元顺帝子，同其谬误。若依此等说，则自唐以来，惟最弱之宋，尚未有疑为外族者，其余若唐若明，皆与元、清同为外族入居中夏，中夏之人，久已无建国能力，何堪承袭疆土，循其结果，暗示国人量力退婴，明招强敌加力进取。若果历史确实如此，余亦可无异议，然谛察之，实有不然者，此余所以不得不辩驳也。

余为此文，当先有所声明，余前为《明成祖生母记疑辩》，有人评余“过信官书”，且有人谓余“非官书不取”者。余今此文，言李唐氏族，仍断为西凉王李暠孙李重耳之后裔，正寅恪先生所谓李唐伪造之官书，详言之，即所谓唐太宗重修《晋书》，于《凉武昭王传》中伪造“士业子重耳，脱身奔于江左，仕宋，归魏为弘农太守”一节也。寅恪先生所以疑此为伪造者，谓李重耳乃李初古拔之化名。余谓李重耳与李初古拔，皆有其人，确有证据，不可混而为一，其说详下，故余宁受非官书不取之讥，而决不肯将事实抹杀。且余尝为《后金国汗姓氏考》矣，载《庆祝蔡元培先生六十五岁论文集》。不信清代官书姓爱新觉罗一说，而信明代及朝鲜官私记载姓佟一说，此题与李唐氏族问题相同，固未尝非官书不取也。

一　李重耳与李初古拔混而为一之非

凡研究历史，必察其史料之是否真确，此为寅恪先生最注意之事。然甲乙二史料苟相冲突，甲之史料，固须考其真确与否；乙之史料，亦须详考，苟其真确性超过于甲，然后可以推倒甲而从乙。若对于乙未加详考其真确与否，漫然以乙之异说，强诬甲为不真确，则未见其可也。寅恪先生云：

> 唐代重修《晋书》，特取张轨为同类陪宾，不以前凉、西凉列于《载记》，而于《凉武昭王传》中亦窜入“士业子重耳，脱身奔于江左，仕于宋，归于魏，为恒农太守”一节，藉以欺天下后世。（见《李唐氏族之推测》己条）

案《晋书》凉武昭王李玄盛及张轨所以不列于《载记》者，以二国皆汉族，且其初皆遵守晋室官职，故入于《列传》；其他十四国，则所谓五胡也，故列于《载记》。今世俗称五胡十六国，其实五胡仅有十四国，十六国不尽属五胡，故将五胡十六国成为一名词，实非谛当。寅恪先生岂亦震于五胡十六国一名词，而以张、李为胡族耶？故必欲入之《载记》，方明唐室之无私。刘盼遂君云：

> 《旧唐书·高祖本纪》"高祖，姓李，讳渊，陇西狄道人，凉武昭王暠七代孙也，暠生歆"，是李歆为唐高祖六代祖也。再考魏收《魏书·私署凉王李暠传》附李歆传云："歆，字士业，自称凉州牧、凉公，与沮渠蒙逊战于酒泉，为蒙逊所杀。歆之未败，燉煌父老令狐炽梦一白头公帢衣而谓曰：'南风动，吹长木，胡桐椎，不中毂。'言讫，忽然不见，歆小字桐椎，至是而亡。"夫称桐椎而冠以胡字，虽托之神言，然实舆诵童谣之流，足称信史，是当时燉煌酒泉人民，群知李氏实出鲜卑，非我族类，故诵言攻之为胡矣。（见《李唐为蕃姓考证》之八）

案以"胡桐椎"之神话，而附会为胡族，证据太属渺茫。又云李氏实出鲜卑，则又似出于寅恪先生李初古拔一说，因此上推，故亦指李暠一族为胡姓也。然考《十六国春秋纂录》云：

> 李暠，陇西狄道人也，汉前将军广十六世孙，广子侍仲敢之后，李氏世为西州右姓，祖父弇，前凉武卫将军，天水太守，安西亭侯。

《十六国春秋纂录》十卷，见于《隋书·经籍志》，为崔鸿百卷节本，未经唐太宗窜改，必属可信，则李暠出于汉族，既有确证，何可因李重耳为李初古拔化名，而并诬为胡族耶！寅恪先生初亦或持此说，故刘君承之，证以李暠应入《载记》一说，颇非无因，惟后为《李唐氏族之推测》一文，发表于《李唐为蕃姓考》之后，则不言李暠一族为胡姓，而言李唐为李初古拔之后，而冒承李暠孙李重耳之后，较前说已审慎多矣。由此观之，凉武昭王李暠，必非胡族，不列入《载记》而列入《列传》，非全由唐太宗之私心，而出于内中国而外夷狄之旧见，昭昭然也。

李歆子重耳脱身奔于江左仕于宋，归魏为弘农太守一节，李延寿《北史·序传》亦载之，此盖出于崔鸿《十六国春秋》，因当时崔书百卷尚在，众目昭彰，何能伪造此事，插入《凉武昭王传》，载于《北史·序传》耶！惟今鸿书百卷已亡，无可证明，而李重耳之所以见疑为李初古拔所伪托者，全由于宋吕夏卿《唐书·宗室世系表》，而吕《表》之前，尚有宋王钦若《册府元龟》一说（撰成于祥符六年），其言曰：

> 歆子重耳，奔于江南，仕于宋，为汝南郡守，复归于魏，拜弘农太守，赠豫州刺史。

此说盖出于唐人谱牒，故知仕宋为汝南郡守，后仕魏赠豫州刺史也，其说必可信。

案宋武帝永初元年夏六月，即皇帝位，其年西凉亡。重耳奔宋，当在永初二年，即仕宋为汝南郡守。其归魏，当在宋少帝景平元年，时宋武帝初崩，魏主侵宋，悉定司兖豫诸郡县，置守宰以抚之，十一月，许昌溃，颍川太守李元德奔项，戊辰，魏人围汝阳，汝阳太守王公度亦奔项（均见《通鉴》卷一百十九），胡三省《通鉴》注云："《晋太康地志》，王隐《地道记》，无汝阳郡，应是江左分汝南立汝阳。"（同上）时李重耳守汝南，北境与颍川汝阳相接，内既丧英明之主，外又逼强盛之敌，故即弃城归魏，而魏即以为弘农太守也。若待至宋文帝元嘉二十七年魏拔悬瓠逼汝南时降魏，则重耳在宋，已三十年，岂仅一任汝南郡守而已哉？抑岂任汝南郡守至二三十年之久哉？知其必不然矣。至其归魏为弘农太守，亦必在景平元年或元嘉元年，亦决不能迟至元嘉二十七年也。

宋吕夏卿《唐书·宗室世系表》，则颇妄加事实，其《序》云：

> 歆字士业，西凉后主，生八子，勗、绍、重耳、弘之、崇明、崇产、崇庸、崇祐。重耳字景顺，以国亡奔宋，为汝南太守。后魏克豫州，以地归之，拜恒农太守，复为宋将薛安都所陷，后魏安南将军、豫州刺史。

寅恪先生言：

> 此表所载，必为唐室自述其宗系旧文。（见《李唐氏族之推测》丙条）

案此《表序》言李重耳事，可分四组：第一，"歆生八子"，及"重耳字景顺"，盖亦出于唐人谱牒，故得详明如是。第二，"重耳以国亡奔宋，后为魏恒农太守"，此见于《晋书·凉武昭王传》及李延寿《北史·序传》。第三,"仕宋为汝南太守",归魏为恒农太守、"豫州刺史",此见于《册府元龟》,惟脱一"赠"字,似为实官,非为赠官,亦大有出入。第四,为汝南太守,"后魏克豫州,以地归之",拜恒农太守,"复为宋将薛安都所陷,后魏南安将军",则为吕夏卿所加。今案其所加部分,错误纠纷,不可究诘。如云"后魏克豫州以地归之",夫魏克豫州,第一次,即在宋少帝景平元年,假定李重耳此时为汝南太守,弃地归魏,则有之,以地归魏,则汝南当时未尝入魏,直至宋文帝元嘉二十七年,魏始一度拔悬瓠,逼汝南,然汝南城亦始终未失。先是汝南、新蔡二郡太守徐遵之去郡,由陈宪行郡事,婴城固守,太祖嘉宪固守,诏曰,全城摧寇,宜加显擢(见《宋书·索虏传》),则所谓"李重耳以地归魏",无论在景平元年,在元嘉二十七年,皆无其事,此吕氏所加史事,其荒谬不足据,一也。又云"拜恒农太守,复为宋将薛安都所陷"。案李重耳归魏,在宋景平元年,无由为宋将薛安都所陷。若在元嘉二十七年归魏,则必先为弘农太守后为汝南太守而后可,且必先归魏而后归宋而后可,考《通鉴》卷一百二十五,柳元景攻弘农,擒弘农太守李初古拔。薛安都留屯弘农,在元嘉二十七年十月,魏永昌王攻悬瓠项城,拔之,逼汝南,在十一月,此其证也。时汝南太守徐遵之去郡,由陈宪行郡事,李重耳早已不为汝南太守而归于魏矣。既不在元嘉二十七年归魏,则必在景平元年归魏。由景平元年,至元嘉二十七年,已阅二十八年,李重耳由汝南郡守归魏时,魏必即授以弘农太守,以嘉其来,夫为弘农太守,决无留至二十七八年之久,则元嘉二十七年时,李重耳必早已去职,或早已卒,则其时薛安都所陷弘农太守为李初古拔,与前弘农太守李重耳,决为二人,不能混而为一。而吕氏乃以薛安都所陷李初古拔事,加于李重耳,其荒谬不足据,二也。

吕夏卿《唐书·宗室世系表》又云：

> 重耳生献祖宣皇帝熙，字孟良，后魏金门镇将。

《宋书·柳元景传》云：

> （元嘉）二十七年八月，（随王）诞遣振威将军尹显祖出赀谷，奋威将军鲁方平、建武将军薛安都、略阳太守庞法起，入卢氏。闰（十）月，法起、安都、方平诸军入卢氏。法起诸军进次方伯堆，去弘农城五里，诸军造攻具，进兵城下，伪弘农太守李初古拔婴城自固，法起、安都、方平诸军鼓噪以陵城，时李初古拔父子据南门，督其处距战，安都军副谭金、薛系孝率众先登，生禽李初古拔父子二人。安都顿军弘农，法起进军潼关，殿中将军邓盛，幢主刘骖乱，使人入荒田，招宜阳人刘宽纠率合义徒二千余人，共攻金门坞，屠之，杀戍主李买得，古拔子也，为虏永昌王长史，勇冠戎类，永昌王闻其死，若失左右手。

案李重耳为魏弘农太守，其子李熙为魏金门镇将；李初古拔亦为魏弘农太守，其子李买得为魏金门坞戍主，同系姓李，同为弘农太守，其子又同为金门镇戍，于是吕氏遂误记李初古拔父子事为李重耳父子事，因于重耳为弘农太守，下附记"复为宋将薛安都所陷"一句，遂使后人误以为李重耳即李初古拔，唐代祖宗本为汉种，遂一变而为鲜卑种，此其淆乱史实之过，实足惊人而有不可恕者。

吕夏卿淆乱史实之过，尚有一事与此正相类者，《唐书·宰相世系表》云：

> 萧氏出自姬姓，宋戴公生子衎，字乐父，裔孙大心平南宫长万有功，封于萧，以为附庸，子孙因以为氏。

沈炳震《唐书宰相世系表订讹》云：

> 按乐氏世系云（亦见《唐书·宰相世系表》），宋戴公子衎，字乐父，子孙以王父字为氏，与此正同，则此之裔孙，乃乐大心，非萧叔大心也。按《春秋》宋万（即南宫长万）弑闵公，在庄公十三年，《左传》昭公七年，乐大心见于《传》，自庄公十三年，至昭公七年，相去一百四十五年，无缘乐大心得与平宋万功，封于萧也。又按庄公十三年《传》，萧叔大心及武宣穆庄之族，以曹师杀南宫牛于师，杜氏曰，叔萧，大夫名，《正义》曰，此是宋萧邑大夫，以此年有功，宋人以萧邑别封其人，为附庸，故二十三年萧叔朝公，杜氏直曰萧附庸国。据《春秋传》及《杜注》、《正义》，萧叔不详世系，则萧国固非子姓，即姬姓亦未的也。故以萧叔大心为萧氏之始祖则可，若指乐父之裔孙大心为萧叔大心，则谬之甚矣。

案吕夏卿作《宰相世系表》时，误以乐大心为萧叔大心，又误以南宫牛为南宫长万。盖萧叔大心与乐大心，南宫牛与南宫长万，其名或姓相同，而吕氏遂误记乐大心平南宫长万封于萧，而乐大心与萧叔大心遂混而为一。正犹吕氏作《宗室世系表》时，误以李初古拔为弘农太守之事，为李重耳为弘农太守之事。盖李初古拔为弘农太守，子李买得为金门坞戍主，李重耳为弘农太守，子李熙为金门镇将，其事相类，而吕氏遂误记李重耳为弘农太守，复为宋将薛安都所陷，而李重耳与李初古拔遂混而为一。寅恪先生信吕夏卿误记之《宗室世系表》，谓唐室祖宗，为鲜卑种之李初古拔，唐太宗冒凉武昭王李暠贵族之姓，特撰《晋书·凉武昭王传》，伪造李重耳之事，窜入于内，故《宗室世系表》所载，必为唐室自述其宗系之旧文。然则亦可信吕夏卿误记之《宰相世系表》，谓齐、梁、萧氏，为萧叔大心之子孙，齐高祖、梁高祖等冒宋戴公裔孙乐大心贵族之姓，遂有此等记载，故《宰相世系表》所载萧氏之事，必为齐、梁二帝室自述其宗系之旧文。且齐、梁二高祖，不及唐太宗假冒之周密，毁灭一切旧《晋书》及《十六国春秋》，特造《新晋书》，以一手掩尽天下后世目；若使唐太宗为齐、梁二高祖，必能毁灭旧《左传》，特撰一新《左传》，窜入此事，亦可一手掩尽天下后世目。此说恐寅恪先生亦不以为然也。

《宋史》卷三百三十一《吕夏卿传》云：

> 吕夏卿，泉州晋江人，学长于史，贯穿唐事，博采传记杂说数百家，折衷整比，又通谱学，创为《世系》诸《表》，于《新唐书》最有功云。

案吕氏撰《唐书·宗室世系表》及《宰相世系表》，谬误百出，乾隆殿本《唐书考证》，已摘举两表之误数十条，沈炳震且为《唐书宰相世系表订讹》十二卷，可以知此二表大半不足据矣。

由上各证观之，则唐室决非李初古拔后裔，而李重耳实为唐室祖宗，其所以致人怀疑者，全由吕夏卿误以李初古拔事混合于李重耳，证据既明，则《晋书·凉武昭王传》李重耳一节，非由唐太宗伪造窜入明矣。

二　《法琳别传》言拓跋达阇唐言李氏之非

寅恪先生又举唐释彦悰所撰《唐护法沙门法琳别传》中法琳对唐太宗之言，以为：

> 唐初人固知其皇室氏族冒认陇西，此李唐自称为西凉后裔之反对证据，可以解人颐者也。（见《李唐氏族之推测》乙条）

刘盼遂君亦言：

> 贞观时，法琳之言，可为唐帝胡种之铁证（见《李唐为蕃姓考》）。

今观《法琳别传》卷下云：

> 贞观十一年春，帝亲降问法师曰："朕本系老聃，东周隐德，末叶承嗣，起自陇西，何为诡刺师资，妄陈先后，无言即死，有说即生。"法师对曰："琳闻拓跋达阇，唐言李氏，陛下之李，斯即其苗，非柱下陇西之流也。"

案达阇氏，寅恪先生谓即大野氏（见《李唐氏族之推测》乙条），其说是也。盖达与大音近，阇与野韵同，阇读如都，野读如墅，墅与署音同，从者从野，古音皆读如都也，野与舒皆从予声，《史记·建元以来侯者年表·序》荆荼是征，索隐荼音舒，则舒亦可音荼，予与余音同，从余之字，如荼如涂如塗如途，古亦读如都也，故达阇氏即大野氏。唐之祖先李虎，在西魏时，赐姓大野氏，赐姓非复姓，寅恪先生亦已言之矣，盖汉人赐以鲜卑姓，与鲜卑姓改为汉姓后复去汉姓复其鲜卑姓，大不相同也。汉人李氏，在西魏时，有赐姓大野氏者，李虎是也，有赐姓徒何氏者，李弼是也，有赐姓揄拔氏者，李穆是也。同一李氏，非皆赐姓大野氏也，所谓拓跋达阇，唐言李氏，其非一矣。有非姓李而亦赐姓大野氏者，如阎庆赐姓大野氏，谢懿赐姓大野氏，同一大野氏，亦非专赐李氏也，所谓拓跋达阇，唐言李氏，其非二矣（李弼、李穆、阎庆、谢懿四人赐姓事证，均见寅恪先生《李唐氏族之推测》丁条）。况以汉人而赐以外族之姓，其子孙亦自觉其非，《周书·静帝纪》载其赐姓复改旧姓诏曰：

> 《诗》称不如同姓，《传》曰异姓为后。盖明辨亲疏，皎然不杂。太祖受命，龙德犹潜，三分天下，志扶魏室，多所改作，冀允上玄，文武群官，赐姓者众，本殊国邑，实乖胙土，不歆非类，异骨肉而共蒸尝，不爱其亲，在行路而叙昭穆，诸改姓者，悉宜复旧。

于是杨忠赐姓普六茹氏，其子孙复姓杨，隋高祖即其裔也。李虎赐姓大野氏，其子孙复姓李，唐高祖即其裔也。其他汉人去赐姓复旧姓者甚多，见于《周书》，指不胜屈，不可谓此等汉人，本为拓跋族，皆冒为汉姓者也。

《法琳别传》又云：

> 谨案老聃之李，牧母所生，若据陇西，乃皆仆裔。何者，《敦煌宝录》云，桓王三十九年，幸闲预廷，与群臣夜论古今，王

曰，老聃父何如人也，天水太守橐绥对曰，老聃父姓韩名虔，字元卑，癃跛下践，胎即无耳，一目不明，孤单乞贷，年七十二无妻，遂与邻人益寿氏宅上老婢，字曰精敷，野合怀胎，而生老子。

案此节引《敦煌宝录》，先释“老聃之李，牧母所生”也。考西凉刘昞撰《敦煌实录》十卷，即记凉武昭王历史，昞仕西凉，武昭王甚尊重之，曰：“吾与卿相值，何异孔明之会玄德。”则昞撰《敦煌实录》，何致斥辱李氏远祖，且昞学冠西凉，何致云老聃为牧母所生，为此不经之谈？以此知《敦煌宝录》不可与《敦煌实录》相混也。《敦煌宝录》，必为释子凭空虚构，以报道家诟辱佛祖之书。《南史·顾欢传》云：

欢以佛道二家教异，学者互相非毁，乃著《夷夏论》曰，夫辩是与非，宜据圣典，《道经》云，老子入关，之天竺维卫国，国王夫人，名曰净妙，老子因其昼寝，乘日精入净妙口中，后年四月八日夜半时，剖右腋而生，坠地即行七步，于是佛道兴焉。(《南史》卷七十五)

《老子化胡经》云：

胡王不信老子，老子神力服之，方求悔过，自髡自剪，老子大悲，悯其愚昧，为说权教，随机诫约，皆令头陀乞食，制凶顽之心，赭服偏衣，挫强梁之性，割毁形貌，示为黥劓之身，禁约妻房，绝其勃逆之种。(引见俞正燮《癸巳类稿》卷十五《释迦文佛生日生年决定具足论》)

道家诬释迦文佛为老子与妙净所生，于是释家报之以老子为乞丐韩虔与老婢精敷野合所生（李延寿《北史·序传》云，老聃父曰李乾，娶于益寿氏女，曰婴敷。彦悰盖附会此说，改李乾曰韩虔，改益寿氏女婴敷曰益寿氏宅上老婢精敷）。道家詈“头陀乞食，割毁形貌”，于是释家报之以“韩虔孤单乞贷，癃跛下践，胎即无耳，一目不明”，此等互相侮辱之辞，何足据为典要？其所云桓王三十九年，此周桓王耶？则周桓王仅二十三年，且其时何有天水太守？此汉桓帝耶？则桓帝亦仅二十一年。知其所构事实，全为子虚乌有之辞矣。《法琳别传》又云：

> 又王俭《百家谱》云，李姓者，始祖皋繇之后，为舜理官，因遂氏焉，因称姓李，李氏之兴，起于聃也，以李树下生，乃称李姓。至汉成帝时，有李隐抗烈，毁上被诛，徙其族于张掖，在路暴死，其奴隶等，将其印绶，冒凉得仕，所谓陇西之李，自此兴焉。

案此释“若据陇西乃皆仆裔”也。《隋书·经籍志》、《唐书·艺文志》有王俭《百家集谱》十卷，非名《百家谱》，唐李延寿《北史·序传》自述其得姓之原曰：“李氏之先，出自帝颛顼高阳氏，当唐尧之时，高阳氏有才子曰庭坚（即皋陶），为尧大理，以官命族为理氏。”此云“李姓者始祖皋陶之后，为舜理官，因遂氏焉”，与延寿说合，盖出《百家集谱》。下云“汉成帝时，有李隐抗烈，毁上被诛，徙其族于张掖，在路暴死，其奴隶将其印绶，冒凉得仕，所谓陇西之李，自此兴焉”，此说必非出于王俭《集谱》，盖仆裔之说，亦彦琮所虚构。夫既曰李隐被诛，则其族必不得带印绶而徙张掖，徙其族于张掖云者，犹言流其族于张掖也，故以印绶冒凉之说，不足深辩，所谓仆裔，亦如老子为老婢野合之子，同为侮辱之词，可以推知。唐李延寿为陇西嫡裔，《北史·序传》引《史记·李将军列传》云："其先自槐里徙居陇西成纪。"考《史记·李将军列传》云："李将军广者，陇西成纪人也，其先曰李信，秦时为将逐燕太子丹者也，故槐里，徙成纪。"此则陇西之李，何待至汉成帝时始由仆冒姓而始兴耶！《十六国春秋纂录》云："西凉李暠，陇西狄道人也，前汉将军广十六世孙、广子侍中敢之后。李氏世为西州右姓，祖父弇，前凉武卫将军、天水太守、安西亭侯，父昶，世子侍讲。"《北史·序传》言之更详，不必赘述，则陇西李氏，自秦汉以来确皆有征，彦琮不学，欲一概毁弃，其妄甚矣！又云：

> 窃以拓跋元魏，北代神君，达阇达系，阴山贵种。经云以金易鍮石，以绢易缕褐，如舍宝女，与婢交通，陛下即其人也，弃北代而认陇西，陛下即其事也。

案上引法琳对唐太宗语，疑未必实有其事，盖系彦琮伪托，以讥唐以老子为远祖，封玄元皇帝，俨然以道教为国教，而有害于释教也。《法琳别传》卷首，有陇西处士李怀琳撰《琳法师别传序》一篇，中有云："有弘福寺琮上人者，每以琳公雅作，分散者多，询诸耆旧，勒成卷轴，分上中下，目之《别传》，删补有则，亦僧中之良史也。"据此，则《法琳》之言，多系询诸耆旧，琳公雅作，既已分散，有补有删，全非真相。不特此也，即陇西处士李怀琳之《序》，亦系伪托，传中既言陇西李氏，出于仆系，李怀琳见此辱其祖宗之言，何肯为之作序？且曰"李怀琳"，明指有怀法琳而作，其名必系伪名，实亦彦琮所自撰，所以必托之李氏者，言陇西李氏，已自认为仆裔，以明非诬言耳。此等诬谤讹托之书,而引以为李唐蕃姓之铁证,知其于史料考订之学,实未尝加之意也。

三　李冲不认李熙为同族说之无稽

寅恪先生又以李冲不认李熙为同族,证明李熙非西凉王李暠后裔,其言曰:

《魏书·广阳王深传》,论六镇疏云:"昔皇始以移防为重,盛简亲贤,拥麾作镇,配以高门子弟,以死防遏,不但不废仕宦,至乃偏得复除,当时人物,忻慕为之。及太和在历,仆射李冲,当官任事,凉州土人,悉免厮役,丰沛旧门,仍防边戍,自非得罪当世,莫肯与之为伍,征镇驱使,但为虞候白直,一生推迁,不过军主。然其往世房分,留居京者,得上品通官,在镇者,便为清途所隔,或投彼有北,以御魑魅,多复逃胡乡。乃峻边兵之格,镇人浮游在外,皆听流兵捉之,于是少年不得从师,长者不得游宦,独为匪人,言者流涕。"

《旧唐书·高祖本纪》云,重耳生熙,为金门镇将,领豪杰镇武川,因家焉。(《新唐书·高祖本纪》略同)

今依李冲世系(《魏书·李宝传》、《李冲传》、《北史·序传》),及唐室自称之世系(两《唐书·高祖本纪》及《新唐书·宗室世系表》),综合推计,列为一表,以见其关系:

李暠{歆——重耳——熙
　　 翻——宝——冲

据此，则重耳与宝为共祖兄弟，熙与冲为共曾祖兄弟，血统甚近。魏太和之世，冲宗族贵显，一时无比（《新唐书·高俭传》云，魏太和中，定四海望族，以陇西李宝等为冠），熙既与冲为共曾祖兄弟，所生时代，前后相差必不能甚远。当太和之世，六镇边戍，乃莫肯与之为伍之人，李熙一族，留家武川，则非凉州土人，而为丰、沛旧门可知，是李冲即陇西李氏，不认之为同宗，自无疑义。李唐自称为西凉后裔之反对证据中，此其最强有力者也。（《李唐氏族之推测》乙条）

案上列各证，与寅恪先生《李唐氏族之推测后记》，有自相矛盾一点，此据《唐书·高祖本纪》李熙为金门镇将，移镇武川，为莫肯与之为伍之人，而《后记》则言镇将位极尊崇，以此而观，安见李冲不认之为同宗乎？况李冲族既繁盛，即其共祖子弟，亦未能尽援为上品高官，观《北史·序传》，即可知之，岂亦不认其为同宗耶！此犹就普通常情论之耳，再细察李冲与李熙所生时代，亦相去颇远，魏太和中，冲贵显时，熙盖早已卒矣。今将寅恪先生所据各史料，重立一表，为之说明如下：

李暠
- 歆（第二子）——重耳——熙——天锡
- 翻（第六子）——宝——
  - 承
  - 茂
  - 辅
  - 佐
  - 公业
  - 冲（少孤）

考李重耳归魏为弘农太守，必在宋少帝景平元年，即魏明元帝泰常八年;而李宝归魏,在魏太武帝太平真君五年(宋文帝元嘉二十一年),拜外都大官,转镇南将军、并州刺史(见《魏书》本传),时距重耳为弘农太守,已二十余年,熙为金门镇将,金门即在弘农郡东南洛水之上,其地相去甚近,父为太守,子为镇将,其时亦相去不远,或且同时。至宋元嘉二十七年,李初古拔为弘农太守,为宋所擒,其子李买得为金门坞戍主,为宋所杀,其时重耳盖已早卒,熙亦已去官为武川镇将矣。《册府元龟》云:"熙以良家子镇于武川,都督军戎百姓之务,终于位,因家焉。"《魏书·李宝传》:"宝于魏文成帝兴安元年(宋文帝元嘉二十九年),代司马文镇怀荒,改授镇北将军,太安五年,卒。"(宋孝武帝大明三年)观熙与宝,官位虽略有高下,不必互相依傍,且其年岁相去亦不远,故熙之卒,亦当与宝之卒年月相差无几,至李冲贵显,熙盖已卒矣。由此观之,李重耳之为弘农太守,李熙之为金门镇将,皆与李宝无甚关系。惟李熙之镇武川,与李宝之镇怀荒,同在朔方,虽熙镇武川在前,宝镇怀荒在后,且一东一西(《通鉴》卷一百四十九,魏元孚持白虎幡劳阿那环于柔玄、怀荒二镇之间,《注》:怀荒镇在柔玄镇之东。案武川镇更在柔玄镇之西),然能相遇于代京,而叙族谊,亦未可知也。

又考《魏书·李冲传》云:

冲,宝少子也,少孤,为长兄荥阳太守承所携训,显祖末(献文帝皇兴四年),为中书学生(时距其父宝卒已十一年),高祖初(孝文帝延兴元年,时帝五岁,文明太后专政),以例迁秘书中散,典禁中文事,以修整敏惠,渐见宠待,迁内秘书令中书令,冲为文明太后所幸,恩宠日盛,赏赐日至数十万,进爵陇西公,密致珍宝御物,以充其第,外人莫得而知焉,冲家素清贫,于是始为富室。

《魏书·后妃传》云：

文成文明皇后冯氏，高宗（文成帝）践极，选为贵人，后立为皇后，高宗崩，显祖即位，尊为皇太后，显祖年十三，太后临朝听政，及高祖生（显祖皇兴元年八月），太后躬亲抚养，是后罢令不听政事，太后行不正，内宠李奕，显祖因事诛之，太后不得意，显祖暴崩，时言太后为之也，承明元年（孝文帝即位之六年），尊曰太皇太后，复临朝听政，威福兼作，震动内外，王叡出入卧内数年，便为宰辅，赏赉财帛，以千万亿计，李冲虽以器能受任，亦由见宠帏幄，密加赐赉，不可胜数，太和十四年，后崩。

又《高祖本纪》云：

太和十五年，正月，帝始听政。

据此，则李冲之贵显，由于邪佞，太和十四年以前，李熙（盖已卒）、李天锡方懔于李奕之诛，宁镇戍朔方，以避其祸，寅恪先生谓李冲不认李熙为同宗，吾恐李熙、李天锡反不欲认李冲为同宗耳！故迁洛之后，李冲虽幸免于祸，依然贵显，而天锡甘为幢主于武川，直至六镇兵乱，乃始南迁于南赵郡焉。

又案寅恪先生引《新唐书·高俭传》言“魏太和中，定四海望族，以陇西李宝等为冠”，以证明李冲贵显，一时无比，其不援李熙为上品高官，可见其非同宗。考高俭之说，亦属无稽之言，《魏书·

官氏志》载太和十九年制定姓族诏曰：

> 穆、陆、贺、刘、楼、于、嵇、尉八姓，皆太祖已降，勋著当世，位尽王公，灼然可知者，且下司州吏部，勿充猥官，一同四姓。

考《通鉴·齐纪》："建武三年，魏主雅重门族，以范阳卢敏、清河崔宗伯、荥阳郑羲、太原王琼四姓，衣冠所推，咸纳其女，以充后宫。诏穆、陆、贺、刘、楼、于、嵇、尉八姓，一同四姓。"胡三省《注》云："四姓，卢、崔、郑、王。"案八姓为胡姓所改，四姓为汉姓望族，然则当时李姓，尚不能冠于四海望族，高俭之言，岂足信哉！

四　李熙与李买得混而为一之非

寅恪先生又疑李熙为金门镇将，必为李买得为金门戍主所附会，与李重耳为弘农太守，必为李初古拔为弘农太守所附会，其事正同。其言曰：

> 《册府元龟·帝系门》所载李天锡（案此为李熙之误）起家金门镇将，必是附会李买主（案《宋书·柳元景传》作李买得，此云李买主，亦误）曾为金门戍主之事，作成夸大之词。考《魏书·地形志》有两金门，一为金门郡，兴和中置，一为宜阳郡属之金门县，亦兴和中置，《宋书·柳元景传》载李买主为金门戍主（案《柳传》言金门坞戍主李买得，此脱坞字，得误为主），依当日南北战争所由之路线推之，自是宜阳郡属之金门县，但当

> 北朝太平真君之世，其地尚未置县，何从而有镇？后魏镇将，位极尊崇，李天锡（李熙）更何从起家而得为此高官乎？

案谓北朝太平真君之世，宜阳郡属之金门，尚未置县，何从而有镇？此说不然。周一良君《北魏镇戍制度考》（《禹贡》半月刊第三卷第九期）云：

> 镇之种类约有二别：或设于全不立州郡之地；或设于州郡治所。南北咸在交界之地置戍，亦所以固边防。

其例证至多，可覆按也。金门镇与金门坞戍，实为两地而相近，先置镇戍，后改为金门郡金门县，《魏书·地形志》汾州注云："延和三年为镇，太和十二年置州，治蒲子城。"此先有镇而后置州之例也。金门郡在今河南永宁县界洛水之南，《水经注》卷十五《洛水篇》云：

> 洛水又东北，过蠡城邑之南。《注》云，城西有坞，水出北四里山上，原高二十五丈，故黾池县治，南对金门坞，水南五里，旧宜阳县治也。洛水右会金门谿水，水南出金门山（孙星衍校云，金门山，见《山海经》，在今宜阳西六十里），北迳金门坞，西北流，入于洛。

据此，则金门郡当在金门谿水入洛之会，金门镇所在也。金门坞则更在其南，与金门山相近，金门坞戍所在也。郦道元《水经注》在东魏兴和以前，已有金门之地，然则未有金门郡县以前，先有金门镇戍，不足疑也，况镇尚有设于全不立州郡之地乎？

《北魏镇戍制度考》又云：

> 镇戍之设官，《官氏志》惟云："旧制，缘边皆置镇，都大将统兵备御，与刺史同，城隍仓库，皆镇将主之。"今综《纪》、《传》所见镇戍之官，镇有都大将、都将、大将、将、都副将、副将、监军、长史、司马、录事参军。戍有戍主、戍副。镇将或都督数州数镇诸军事，或兼其镇所在之刺史。戍主或以州参军郡太守带之，然亦有以县令兼者。

据此，则同一镇将，都大将固位绝尊崇，与刺史相等，将则最下矣，不过与郡太守相等耳。戍主固亦有郡太守带之者，亦有以县令兼者，则专为戍主，不过与县令相等耳。然则金门镇将，与金门坞戍主。其高下固相判也，何可混而为一？且李熙、李买得，虽皆仕金门，一生一死，更不可相混！

至云"李熙何从起家而得为此高官"？则熙乃西凉王歆孙，其父重耳，得以太守起家，其子何不可以镇将起家乎！况此镇将，非都大将，以非州之所在，未必位极尊崇乎！观李抗以西凉王孙至宋，以太守起家（见《北史·序传》），李宝之弟怀达，先以西凉王孙降魏，亦以太守起家（见《晋书·凉武昭王传》），普通镇将，与太守等，有何不可！惟李宝在凉，已受魏敦煌郡公之封，故虽同为西凉王孙，其至魏即以外内都大官起家，其为怀荒镇将，必为都大将，此则位较尊崇矣。然则李熙先为金门镇将，迁为武川镇将，亦不足疑也。

五 李唐先世为赵郡李氏未尝家于武川说之非

寅恪先生又疑李熙、李天锡同葬于南赵郡广阿，为赵郡李氏，未尝家于武川，其《李唐氏族之推测后记》云：

> 前篇疑李买主（得）既已战死，何能复镇武川，又家于其地；今知李氏父子，皆葬广阿，实无家于武川之事。然则李唐之自称来自武川者，或是睹贺拔岳、宇文泰皆家世武川，因亦诡托于关西霸主乡邑之旧耶？以李唐世系改易伪托之多端，则此来自武川一事之非史实，亦不足为异矣！

案寅恪先生必欲以李熙附合于李买得，而李买得既战死于金门坞，何能复镇武川，因将李熙镇武川等事，一笔抹杀，此盖等于削足适履，似不足为训。案《北齐书·魏兰根传》云：

> 因说［李］崇曰，缘边诸镇，控摄长远，昔时初置，地广人稀，或征发中原强宗子弟，或国之肺腑，寄以爪牙。

据此，则当时镇戍武川者，除国之肺腑外，大都征发中原强宗子弟，观《周书》家武川者，如《文帝纪》云，宇文陵归魏，天兴初，徙豪杰于代都陵随例迁武川。《王盟传》，父罴，以良家子镇武川。《赵贵传》，祖仁，以良家子镇武川。《寇洛传》，父延寿，以良家子镇武川。诸如此类，不可胜举，李熙亦为强宗子弟之一，《册府元龟》谓其以良家子镇武川，又何疑乎！

李熙终于武川，其子天锡为幢主，迨六镇兵乱，乃南迁于南赵郡之广阿，因家焉。同时家于武川者，如隋之祖先杨忠，家于武川，忠父祯，以军功除建远将军，属魏末丧乱，避地中山（见《周书·杨忠传》），中山在南赵郡北，杨祯由武川避地中山，与李天锡由武川避地广阿，必在同时，杨祯之子忠，与李天锡之子虎，乃同仕西魏，虎为八柱国之一，忠为十二大将军之一，其事相同也（《北史·王盟传》，父罴，以良家子镇武川，因家焉，正光中，流寓中山，与此亦同）。又如赵贵，天水南安人，祖仁，以良家子镇武川，因家焉，魏孝昌中，天下兵起，率乡里避难南迁，属葛荣陷中山，遂被拘逼（见《周书·赵贵传》）。赵贵后亦与李虎同仕西魏，为八柱国之一，赵贵由武川率乡里避难南迁中山，与李天锡由武川携父骨避难南迁广阿，其情亦相同也。天锡既葬其父熙于广阿，不久即卒，时其子虎未贵，又值避乱，无力别营坟墓，因合葬其父于祖茔，此即唐代所谓建初陵（熙墓）、启运陵（天锡墓）也。若谓李熙卒于武川，何能葬于广阿，则李买得死于金门坞，独可葬于广阿乎！则知此不足疑也。

寅恪先生又谓：

李熙、李天锡父子共茔而葬，《光业寺碑》颂词有"惟王桑梓"之语，则李氏累代所葬之地，即其家世居住之地。李氏父子葬地，旧属巨鹿郡，与山东著姓赵郡李氏居住之旧常山郡，壤地相接，李虎之封赵郡公（《册府元龟·帝王部·帝系门》，太祖景皇帝虎，封赵郡公，徙封陇西公，周受魏禅，录佐命功，居第一，追封唐国公），即由于此，又《汉书·地理志》载中山国唐县有尧山，《魏书·地形志》载南赵郡广阿县，即李氏父子葬地，又有尧台，李虎死后，追封唐国公，其唐国之名，盖止取义于中山、巨鹿等地所流传之放勋遗迹，并非如通常广义兼该太原言也。

案南赵郡广阿，仅李熙、李天锡两代葬此，可谓一时迁居之地，非其自远祖以来皆葬于此，而为其家世恒久居住之地，此甚彰明较著者也。郡公、国公之封，非必封以家乡之地也，而国公尤不能拘，李虎之封唐国公，与李弼之封赵国公，不过皆封以大国耳。《周书·杨忠传》，忠，弘农华阴人，封陈留郡公，进封隋国公；《赵贵传》，贵，天水南安人，封中山郡公，进封楚国公；《于谨传》，谨，洛阳人，封新野郡公，进封燕国公；《王雄传》，雄，太原人，封武威郡公，进封庸国公。诸如此类，不胜枚举，此其封爵，皆何关于其家乡耶！即以家乡而论，李虎始封赵郡公，为其祖父以来新迁之家乡，进封陇西公，为其高曾以上原籍之家乡，则正可证明其原为陇西郡之李氏矣。然吾所以不取者，以李弼为辽东襄平人，初亦封赵郡公，其弟树，封汝南郡公，可见赵郡、汝南郡，皆非以乡里封之也。

寅恪先生又谓：

李虎追封时，与赵郡有关之古代国名，为赵、魏、中山、晋及唐，魏为拓跋氏之国号，自不可以封，李弼由赵郡公进封赵国公，同时自不得以赵国公追封李虎，中山为王爵封号，晋国已封宇文护，故欲于旧时封地之名有所保存联系者，则舍唐国莫属，此李虎所以追封唐国公之故也。(《三论李唐氏族问题》)

案李虎、李弼既同时封为赵郡公，则何不可以同时进封为赵国公，魏虽为拓跋国号，然李弼卒后，追封魏国公，则赵、魏二国，当时皆可择一追封李虎，以保存联系旧时封地之名，然而终封唐国公者，可见于乡里及旧时封地，并无关系，不然，何取乎尧山、尧台隐僻之古典，以为保存联系之也？《汉书·地理志》云："河东土地平易，本唐尧所居，《诗·风》唐魏之国也，吴季札闻唐之歌，曰，思深哉！其有陶唐氏之遗民乎！"又云："成王灭唐而封叔虞，唐有晋水，及叔虞子燮，为晋侯云。"然则唐国自当指有晋水之太原言也。

寅恪先生又云：

> 李弼与李虎，同为周室佐命元勋，《周书·李弼传》及《新唐书·宰相世系表》俱以弼为辽东襄平人，《唐表》又载弼封陇西公，《北史》以弼为陇西成纪人，则必依据弼家当日所自称无疑，盖贺拔岳、宇文泰初入关之时，其徒党姓望，犹系山东旧郡之名，迨其后东西分立之局既成，内外轻重之见转甚，遂使昔日之远附山东旧望者，皆一变而改称关右名家矣，此李唐所以先称赵郡后改陇西之故也。（《李唐氏族之推测后记》）

案据寅恪先生之意，李弼本辽东襄平人，李虎为李初古拔之孙、李买得之子，皆先冒称赵郡李氏，故皆封赵郡公，迨东西魏既分，遂使昔日之远附山东旧望者，皆一变而改称关右名家，故又改封陇西公，此盖毫无证据，全属冤诬古人！盖冒称赵郡李氏而封赵郡公者，在西魏，冒称陇西李氏而封陇西公者，亦在西魏，岂有同在一朝廷，而前后谎报郡望，变更爵位，何以取信于人耶！况封爵全由朝廷命名，大都不关姓望，故此种推测，实非当时真相。

考远东襄平之有陇西李氏，盖在燕慕容氏之世，《晋书·慕容廆载记》云：

> 廆刑政修明，虚怀引纳，流亡士庶，多襁负归之，乃立郡以统流人，冀州人为冀阳郡，豫州人为成周郡，青州人为营邱郡，并州人为唐国郡，河东裴嶷，代郡鲁昌，北平杨耽，北海逢羡，广平游邃，西河宋奭，平原宋该，安定皇甫岌，会稽朱左车，泰山胡毋翼，或为谋主，或任枢要，或以宿德清望，请为宾友。

据此，则其时江南、河北、山东、关西之人咸备。《周书·李弼传》，“六世祖根，慕容垂黄门侍郎”，则亦在燕时入辽东。又弼父永，太中大夫，赠凉州刺史，以其为陇西李氏，故赠凉州刺史也；《周书·李弼传》书为辽东襄平人，据最近所居书之也；《北史·李弼传》书为陇西成纪人，据其祖籍书之也。李虎先世，出于西凉李暠，故据祖籍，则称陇西，若据最近所居书之，则称李熙为武川人，李天锡、李虎为南赵郡人，亦无不可。李延寿亦为西凉李暠裔孙，其撰《北史》，于李弼不书辽东襄平人，而书陇西成纪人，盖必有谱牒可凭，故改书之也。或谓李弼为佐命元勋，李延寿妄攀为同族耳，此犹《北史·序传》谓李重耳为皇室七庙之始，妄攀皇室为同族耳。余谓不然，《周书·李贤传》，“贤陇西成纪人也”，亦为佐命元勋，其兄弟子侄，封国公者数人，而《北史·李贤传》则云“贤，自云陇西成纪人”，必以谱牒无可凭，故不敢径行承认其为陇西李氏也。不然，同一佐命元勋，延寿何以于弼则妄攀之，于贤则屏除之耶！《北史·序传》叙李重耳为其同宗者，亦必有谱牒可凭，不然，何敢妄攀皇族为同宗耶！且代远者易冒，世近者难伪，若仅称陇西李氏，则汉李广以前，已有之矣，冒承陇西固难辨别，若凉武昭王，去唐高祖不过七世，其子孙仕宋、仕魏、仕齐、仕周、仕隋者甚多，即至唐初，其世系昭然，垂诸谱牒，何容他人紊乱！若谓李重耳、李熙父子，果为李初古拔、李买得父子伪托，而为外族，则李虎身仕外族拓跋宇文之朝，托于同一族类，尤易相亲，则直自认为鲜卑贵族可矣，何必更冒汉姓！且既冒赵郡又冒陇西耶？若李重耳、李熙父子，果非外族，而为赵郡李氏，则亦为名族，与隋祖杨忠之出自弘农，亦可以相颉颃，何必再冒陇西。况既为帝王，又何必冒认同姓非宗之人，称为祖宗，以为荣耀耶？此言不合情理之尤。寅恪先生既认李唐为李初古拔之子孙，又引《法琳别传》为之证明，则非谓之为鲜卑种不可，何怪日本金井氏谓李唐为"叱李为李"之李也！今又言李唐为汉族，初为赵郡李氏，后冒陇西李氏，将何以自圆其说耶！

六　结论

寅恪先生读书心细，又善触类旁通，实可令人钦佩。如《唐书·宗室世系表》言"李重耳为魏弘农太守，后又为宋薛安都所陷"，夫此等语句，读者往往不加留意，易为蒙混。寅恪先生则必详为考核，知为薛安都所陷者，舍李初古拔莫属，又有《法琳别传》为之旁证，所谓"拓跋达阇，唐言李氏，陛下之李，斯即其苗"，于是李唐为胡姓之说，确然以定。刘君盼遂之《李唐为蕃姓考》，日本金井之忠氏之《李唐源流出于夷狄考》，皆由此推衍而来。刘君之文，惟寅恪先生所举出之《法琳别传》，较为有力之证据，其余仅据胡貌胡语胡俗，以为胡姓之证，不免失于薄弱。盖唐初三世，娶于鲜卑，若李昞之独孤氏，李渊之窦氏，李世民之长孙氏，三代母族，皆为胡人，宜其子孙有胡貌胡语胡俗之特征，正犹今日留学生娶外国妇者，其子女之容貌言语习俗，皆不免有变态，此不能即指其父系为外国种也，故不足辩。金井氏据郑樵《通志·氏族略·变夷篇》记代北人随后魏迁河南改胡姓为汉姓事，其中有"叱李为李"之语，及邓名世《古今姓氏书辩证》有"河南李氏，《后魏书·官氏志》有叱李氏改为李氏"之文，遂断定李唐源出于叱李氏。案郑、邓二氏所谓叱李为李，盖皆本于《魏书·官氏志》，今各本《魏书·官氏志》，仅有"叱利氏后改为利氏及叱吕氏后改为吕氏(《周书·杨绍传》，赐姓叱利氏，《魏书·高祖纪》叱吕勤率众内附)"之文，无所谓"叱李氏改为李氏"也。叱利亦有作叱列者，《北齐书》卷二十，叱列平，代郡西部人也，世为酋帅，《魏书》卷八十，叱列延庆，代西部人也，世为酋帅；《周书》卷二十，叱列伏龟代郡西部人也，世为部落大人，魏初入附，遂世为第一领民酋长，是其证也。《元和姓纂》卷十，叱伏列氏，引《周书》云，"代郡西部人，其先第一领民酋长，周恒州刺史龟"，此盖误叱列伏龟为叱伏列龟矣，《北史》亦有叱列伏龟《传》可证。然则宋以前皆作叱利氏，或作叱列氏，或作叱吕氏，无所谓叱李氏也，故金井氏之说，不足凭也。寅恪先生后得唐开元十三年象城县尉杨晋撰《光业寺碑》文，始改其李唐胡姓之旧见，而以李初古拔、李买得为汉人，不过汉其姓而胡其名耳。唐人称李初古拔为李重耳，称李买得为李熙，李熙葬于南赵郡，实为赵郡李氏，其称为陇西李氏者，实冒其姓望耳。此寅恪先生今日以前之持论如是。寅恪先生尝言：

> 考证之业，譬如积薪。后来者居上，自无胶守所见一成不变之理。寅恪数年以来，关于此问题先后所见，亦有不同，按之前作二文，即已可知；但必发见确实之证据，然后始能改易其主张，不敢固执，亦不敢轻改。惟偏蔽之务去、真理之是从，或者李唐氏族问题之研讨，因此辩论得有更进一程之发展乎！此则寅恪之所甚希望也。（《三论李唐氏族问题》）

余本寅恪先生坦白之襟怀，故敢作此文以驳之，非必有所争胜之心。盖寅恪先生所举为凭证者，一为宋吕夏卿之《唐书·宗室世系表·序》，一为唐释彦悰《法琳别传》，此等史料，亦须先用史料批评学方法，考证其有误与否，确实与否，而后可用以为论断之前提。如其有误而不确实，不如维持原说之为是，质之寅恪先生，当不以此法为毫无价值，而漫称为过信官书也。

中华民国二十五年五月十九日作于南京竺桥桃源新村寓庐

（原载《东方杂志》第33卷第15号，1936年）

再驳李唐氏族出于李初古拔及赵郡说

余前作《驳李唐为胡姓说》，载于《东方杂志》第三十三卷第十五号。嗣陈寅恪先生又撰《李唐武周先世事迹杂考》，载于国立中央研究院《历史语言研究所集刊》第六本第四分，仍持李唐祖先为李初古拔及由赵郡冒陇西说。今再分别驳之：

一 驳李唐氏族出于李初古拔说

寅恪先生以李初古拔为李唐祖先，其证据有二：一《唐书·宗室世系表》，二《南史·柳元景传》。《唐书·宗室世系表》，余前已驳之，寅恪先生未有反驳。兹则专以《南史·柳元景传》为证，牢持前说，振振有词，其言曰：

> 寅恪前数年曾据《宋书·柳元景传》及《新唐书·宗室世系表》，推证李唐为李初古拔之后裔，自信或不致甚远于事实。今岁偶翻卢文弨《读史札记》"南史·柳元景传"条云：
>
> "《南史·柳元景传》，殊不成文，如以为后人转写讹落，则可；若出延寿所删，此手何可作史？书北侵事，删削过多，节次全不明晓，书庞法起军'去弘农城五里'，便诎然而止。若得弘

农可不书，则此‘去弘农’之语，亦属孤赘。（希祖案：《南史》原文云：“法起诸军进次方伯堆，去弘农城五里，安都顿军弘农，法起进据潼关。”然则法起诸军何尝诎然而止？去弘农城五里时，未尝得弘农也，安都顿军弘农，始得弘农矣。文理明显，卢氏自属误解，反讥文不明晓。）又云‘魏城临河为固，恃险自守，季明、安都、方平各列阵于城东南以待之’云云，中间脱去魏洛州刺史张是提率众二万度崤来救一段，则所云待者，不知何指？（希祖案：此则延寿删节时失于修正之处，卢氏所谓节次全不明晓，指此则可。）岂以延寿而如此愦愦乎？”

寅恪案：全部《南史》何以独柳元景一《传》“殊不成文”？何以柳元景全《传》独书北侵一事“删削过多，节次全不明晓”？李延寿作史，必不如此愦愦，卢氏于此致疑，诚有特识。但若以为由于“后人转写讹落”，则后人转写之时，于全部《南史》何以独于柳元景一《传》，而于柳元景全《传》何以独于北侵一事讹落若是之多且甚乎？是真事理之不可通，而别有其故，断可知矣。盖李氏作《南史》时，其《柳元景传》本据《宋书·柳元景传》。其书北侵必与《宋书》相同，悉载李初古拔父子被擒杀之始末。逮书成以后，奏闻之际，或行世之时，忽发觉李初古拔即当代皇室之祖先，故急遽抽削，以避忌讳，而事出仓卒，自不及重修，复无暇详改，遂留此罅穴疵病，如抱经先生所擿发者也。李初古拔父子事迹所以不见于《南》、《北史》之故。（《魏书·薛安都传》记李拔即李初古拔事，而《南史》、《北史·薛安都传》亦俱不载。）并足以证鄙说虽甚创，而实不诬也。世有谓《新唐书·宗室世系表》中“复为宋将薛安都所陷”之语乃宋人臆增者，请以此质之。

余案李延寿修《南》、《北史》，若知李唐祖先为李初古拔，则其修《北史》撰《序传》时，安肯载“世子重耳，奔于江左，遂仕于宋，后归魏，位弘农太守，即皇室七庙之始也”云云，以自乱其族姓？若谓攀附皇室，以自光宠，岂有皇室氏族而可妄自攀附乎？即谓唐室攀附陇西李氏，则延寿《序传》，本叙其直系祖宗，何必迂途叙及李初古拔伪托之李重耳，以自乱其谱系乎？盖李延寿系西凉贵胄，北魏华宗，其家自有谱牒，若李唐伪造谱牒，攀附彼族，延寿岂有不知之理？若知之而承认之，《序传》中且载伪李重耳，则《南史·柳元景传》中李初古拔事迹，必早从容删削，以为皇室讳，何致“书成以后，奏闻之际，或行世之时，始发觉李初古拔即当代皇室之祖先，而急遽抽削，以避忌讳，事出仓卒，不及重修，复无暇详改”，如寅恪先生所云乎？且为皇室讳，则抽削李初古拔父子事迹足矣，何以又抽削洛州刺史张是提耶？张是提非皇室祖先，而亦在抽削之列，则知《柳元景传》之删削，非必为避忌讳，而别有他故矣。今分三层言之：

一、《南》、《北史》转辗迻录翻刻，皆有脱文，王懋竑《读书记疑》卷八《南史》篇云：

> 《梁书》蕃王进号，凡五国。《南史》止书其三，安西将军、宕昌王梁弥颉进号镇西将军，镇西将军、河南王吐谷浑休留代进号征西将军，两条不书，此脱文。

钱大昕《十驾斋养新录》卷六“诸史残阙”条云：

《北史·魏孝文六王传》广平王怀全篇阙佚，仅存三十二字，汝南王悦篇亦多脱文，京兆王愉之子为西魏文帝，清河王怿之孙为东魏孝静帝，而传末皆不见其名。知此卷文字脱漏多矣。

《南》、《北史》迻录翻刻，脱漏甚多，以上二条，不过略举其例，《南史·柳元景传》是否为写刻脱漏，虽未可定；若有脱漏，自不免有"殊不成文"之处，卢抱经但见于此而不见于彼耳。寅恪先生谓"全部《南史》何以独柳元景一《传》殊不成文"，若未将全部《南史》逐一校勘，恐未便下此断语也。

二、李延寿增减南北八朝史而成《南》、《北史》，其文章自较各朝原史为简，故其删削之时，偶不经意，自不免有"殊不成文"之处，且不免有"删削过多，节次全不明晓"者，此不但延寿然也，宋祁撰《新唐书》，删削《旧唐书》，往往"殊不成文"，"删削过多，节次全不明晓"，前人议之多矣，班固增减《史记》，亦有不能免此病者，何独尤夫延寿！即以延寿论，全部《南史》，类此者甚多，王懋竑《读史记疑·南史》篇云：

永初元年《复租布诏》，先言彭、沛、下邳三郡，其下分言之，彭城本乡，故比丰、沛优复，此《汉纪》所谓"世世无有所与"者，而沛郡、下邳，则限以三十年。《南史》删彭、沛数语，既失其意；又去优复之制四字，改"可复"为"各复"，似彭城与沛、下邳，俱复三十年矣，当据《宋书》改正。

《徐湛之传》，父逵之，讨司马休之，临阵为鲁轨所害，故轨子爽来奔，湛之以为不敢苟伸私怨，乞屏归田里。《南史》于逵之但云“临阵见害”，则湛之所云，几不可解。

延寿《南史》“删削过多，节次全不明晓”，且有“殊不成文”之处甚多，前人举之累数十条，岂“独柳元景一《传》”然耶！

三、作史自有体裁，《宋书》记一朝之事，不妨委曲详尽，《南史》记四朝之事，自当删繁就简。《宋书·柳元景传》过于繁琐，《南史》此《传》，前后删削，不止一二人、一二事。就事而论，北征魏虏之事，删削固多，南征群蛮之事，删削更多，“《柳元景传》全部”何尝“独删削北侵一事”耶？征魏之事，凡魏虏州郡县坞军主，不书；如虏洛州刺史张是提被斩，不书；虏弘农太守李初古拔父子被获，不书；虏卢氏县令李封被斩，不书；虏金门坞成主李买得被杀，不书，盖其书体例然也，此正是李延寿长于断制之处。若此敌人偏稗将领，必一一详书，则《南史》卷数，必且加倍而不足。寅恪先生仅见郡守坞主之李初古拔父子删削，以为为皇室讳，则州刺史张是提，县令李封，岂亦为皇室讳耶？

寅恪先生又谓：“《魏书·薛安都传》记李拔，即李初古拔事，而《南史》、《北史·薛安都传》亦俱不载。”案《魏书·薛安都传》记载弘农之得失，故因薛安都而顺叙李拔，在魏固视为重要也。《宋书·薛安都传》，已不载李初古拔事，因已见于《柳元景传》，《宋书·柳元景传》记斩洛州刺史张是提，亦属薛安都军，《南史》、《北史·薛安都传》亦皆不载，可见被删削者又不止李初古拔也，其例与《柳元景传》同。且《南史》删削《宋书》各《传》中无关重要之人甚多，试两相对照，即可知之，寅恪先生何以皆不致疑耶？抑他《传》中被删削之人皆未见，《柳元景传》中李初古拔父子之外，被删削之人亦未见耶？

总之读史固贵乎怀疑，然必须以科学方法，归纳论理，综合观察，以下判断，庶不致误。若断章取义，附会饰说，不顾事实，专重推测，此则贻误孔多，须郑重以出之也。

二　驳李唐先世由赵郡改称陇西说

寅恪先生仍持李唐祖先由赵郡改称陇西之说，否认其为西凉王李暠之子孙，以巩固其李重耳为李初古拔假名之说，引《隋书·经籍志·谱系类序》云：

> 后魏迁洛，有八氏十姓，咸出帝族。又有三十六族，则诸国之从魏者，九十二姓，世为部落大人者，并为河南洛阳人。其中国士人，则第其门阀，有四海大姓、郡姓、州姓、县姓。及周太祖入关，诸姓子孙有功者，并令为其宗长，仍撰谱录，纪其所承，又以关内诸州为其本望。
>
> 寅恪案：李唐之称西凉嫡裔，即所谓"为其宗长，仍撰谱录，纪其所承"。其由赵郡改称陇西，即所谓"以关内诸州为其本望"。鄙说于此，似皆一一证实矣，考据之业，其旧文新说若是之符合无间者，或不多见。兹特标出，敬求疑难鄙说者教正。

希祖案：《隋书·经籍志·谱系类序》，寅恪先生完全误读。《序》中"及周太祖入关，诸姓子孙有功者，并令为其宗长，仍撰谱录，纪其所承，又以关内诸州为其本望"云云，非指中国士人诸姓，盖等第中国士人门阀，事在北魏，非在周太祖时，故下文有及周太祖入关云云也。所云诸姓子孙,乃除帝族八氏十姓外之诸姓,即上文“又有三十六族,则诸国之从魏者,九十二姓,世为部落大人者,并为河南洛阳人”,今则旧称“河南洛阳人”者,概以“关内诸州为其本望”。此事《周书·本纪》有其事实可证,魏恭帝元年条云:

> 魏氏之初,统国三十六,大姓九十九,后多绝灭,至是以诸将功高者,为三十六国后,次功者,为九十九姓后,所统军人,亦改从其姓。(《周书》卷二,《文帝纪》下)

《隋志》言“周太祖入关,诸姓子孙有功者,并令为其宗长,仍撰谱录,纪其所承”者,因当时三十六国九十九姓,后多灭绝,故以诸将功高者为其后,故须“仍撰谱录纪其所承”也。所统军人,亦改从其姓,故云“有功者为其宗长”也。后魏迁洛之时,此三十六族九十二姓,皆称河南洛阳人,周太祖时迁都关中,故以“关内诸州为其本望”。此事至周明帝时,又稍有改正,《周书·明帝纪》云:

> 二年三月庚申,《诏》曰,三十六国,九十九姓,自魏氏南徙,皆称河南之民,今周室既都关中,宜改称京兆。(《周书》卷三)

此《诏》盖嫌当时三十六族九十九姓,纷纷以关内诸州为其本望,凌乱无章,故以改称京兆画一之,犹魏迁洛时诸姓皆称河南也。由此观之,《隋志》之《序》,文理甚明,事实甚著,而寅恪先生猥欲附会李唐先世由赵郡改称陇西,强以“关内诸州为其本望”句,属之中国士人诸姓。案中国士人诸姓,当时不过第其门阀,未尝强其以关内诸州为其本望也,故下文云,有四海大姓、郡姓、州姓、县姓,即门阀之等第也;且皆各有本望,非若三十六族九十九姓,向无本望,迁都河南,则称河南人,迁都京兆,则称京兆人,随国都为转移,不若中国士人皆以祖宗所自出之地为本望,后虽迁移,皆未尝改也。若当周太祖之时,强中国士人诸姓皆以关内诸州为其本望,则中国姓氏史上,实为一重大变局,何以自来学者皆不知此事乎?若指此句专为李氏而设,则与上文文理不通,不知寅恪先生何以有此解释也?

尚有一事为寅恪先生根本忘却者,即西魏之赐姓是也。当西魏之初,周文帝宇文泰执政之时,唐室祖先李虎,已赐姓大野氏,当时姓名,必称大野虎,不称李虎,其李氏已废而不用,其他中国士人之赐姓者皆然,直至周末静帝时,隋文帝杨坚执政,始诏废去赐姓,复其本姓。则当周文帝时,以关内诸州为诸姓之本望者,指其赐姓则可,指其本姓则不可,此等由赵郡改称陇西之附会,直等诸捕风捉影之谈而已。

寅恪先生又谓:

> 寅恪之设此假设,意不仅在解决李唐氏族问题,凡北朝、隋、唐史事与此有关者,俱欲依之以为推证,以其所系者至广且巨。

案寅恪先生以此种误解,附会李唐祖先由赵郡改称陇西,已觉滋误不浅;若更欲以此推证"凡北朝、隋、唐史事与此有关者",则错误范围,愈广且巨,甚望郑重下笔也。

二六、三、四,作于南京文昌桥晒布厂寓庐

(原载《东方杂志》第34卷第9号,1937年)

金开国前三世与高丽和战年表

序

金开国之初，记载阔略，事迹鲜少。当其崛起金源，灭辽剪宋，凌驾中原，荐食南国，而无后顾之忧者，赖先奠定曷懒，震慑高丽，故能长驾远御，迈往直前，而无牵制其后者也。当穆宗康宗之世，高丽经略曷懒甸，新筑九城，骎骎乎有北侵之势，其时女真若安于退让，则真金太祖阿骨打所谓"若不举兵，岂止失曷懒甸，诸部皆非我有也"！迨康宗投袂兴师，战胜高丽，撤九城之戍兵，复所侵之故地，自斯以后，终金之世，高丽不敢一矢以相加遗，则此一役也，实为灭辽之始基，剪宋之嚆矢，正犹清太宗将欲灭明，必先征服朝鲜，前金后金，开国鸿谟，若合符节，其关系如是其巨。然《金史》记录此事，语焉不详，世纪既不备载，《高丽传》又甚疏略，此役有功将帅，若石适欢、若斡塞、若斡鲁、若斜卯阿里，或有传而不详叙其战绩，或并传而无之。反观《高丽史》，则记经营曷懒甸之事，铺张扬厉，夸饰无伦，其将帅若尹瓘、若吴延宠等传，既详赡而美丽，其写战将拓俊京辈，活跃声容，如现于纸。《金史》既失之疏略，《高丽史》又失之夸饰，皆不足以觇其真象。余故取金穆宗、康宗及太祖收国以前三世，与高丽和战事端，编次年月，排比事迹，立为一表，上列《金史》，下列《高丽史》，对比而观，则可以《高丽史》之详，补《金史》之疏略；又可以《金史》之质，正《高丽史》之文饰。其间考正错误，推阐隐微，则取日本池内宏《金史世纪之研究》及《完颜氏之经略曷懒甸与尹瓘九城之役》两文，剌取其长，而匡正其短，盖池内氏之文，关于年月之先后，及人物之音译，亦不免有谬误也。表中载东女真朝贡事，似与金室无关，然高丽所谓东女真，大部即指曷懒甸地方之女真，观《高丽史》肃宗六年二月癸卯条，东女真乃巴只村及弓汉伊村云云，此等村名，皆在曷懒甸，《尹瓘传》可证也：《高丽史》称金穆宗为东女真太师盈哥，称康宗为东女真酋长乌雅束，则东女真之朝贡，实与完颜氏经略曷懒甸有关，故备列之。此表所以名《金开国前三世与高丽和战年表》者，因太祖收国元年，始建立国号，建国以后，与高丽交涉事，皆见于《金史·交聘表》，《交聘表》记事，始于收国元年，高丽一表，收国以前，仅载医者一事，以志始与高丽通好，此表正所以补《交聘表》之未备也。表既告成，爰为小序，世之君子，幸纠正焉。

中华民国二十一年五月二十七日，朱希祖作于北平。

宋	辽	女真金	高丽
哲宗绍圣元年甲戌	道宗大安十年	穆宗元年（女真节度使盈歌） 肃宗波剌淑三年八月，卒，弟盈歌袭节度使。（《金史·世纪》）	宣宗十一年五月壬寅，王薨，献宗昱即位。（《高丽史·宣宗世家》）

续表

宋	辽	女真金	高丽
绍圣二年乙亥	寿隆元年	穆宗二年	献宗二年 二月甲申，东女真怀化将军所罗等二十八人来献马。（《高丽史·献宗世家》） 丁亥，东女真奉国将军豆门等四十八人来献马，王御宣政殿赐见，命近臣崔弘嗣问边宜，赐酒食、衣带、布帛。（同上） 十月己巳，禅位文宗第三子颙，是为肃宗。（同上）
绍圣三年丙子	寿隆二年	穆宗三年	肃宗元年 正月戊戌，东女真阿夫汉、高兰昆、豆门等一百七十九人来献土物。（《高丽史·肃宗世家》）六月丁丑，东女真荣孙等十七人来朝。（同上） 八月丙子，东女真卧突、乙古马要等来朝，引见于重光殿，访问蕃事，赐酒食锦绢。（同上）
绍圣四年丁丑	寿隆三年	穆宗四年	肃宗二年 二月壬申，东女真卧突等来朝。（同上） 闰二月己巳，东女真卧英等七人来朝。（同上） 七月壬申，东女真贼船十艘寇镇溟县，东北面兵马使金汉忠，遣判官姜拯与战，克之，获船三艘，斩首四十八级。（同上）

续表

宋	辽	女真金	高丽
			八月庚寅，东女真未英等二十四人来朝。（同上） 九月乙卯，东女真沙好罗等二十三人来朝。（同上） 十月辛巳朔，东女真令波等二十五人来朝。（同上） 壬寅，东女真阿夫等二十五人来朝。（同上）
元符元年戊寅	寿隆四年	穆宗五年	肃宗三年 二月壬寅，东女真昌昆等来朝。（同上） 三月丙寅，东女真要真等来朝。（同上） 四月，东女真古豆等来朝。（同上）
元符二年己卯	寿隆五年	穆宗六年	肃宗四年 十月丙辰，东女真阿老火等二十六人来朝。（同上）
元符三年庚辰	寿隆六年	穆宗七年	肃宗五年 正月甲申，东女真将军表于乃等六十人来朝。（同上）
徽宗建中靖国元年辛巳	天祚帝乾统元年	穆宗八年	肃宗六年 正月癸酉，东女真余罗弗沙温等七十五人来献土物。（同上） 二月癸卯，东女真乃巴只村归德将军甫马，弓汉伊忽村都领麻浦，广滩村将军骨夫等，五十五人请入朝，许之。（同上）

续表

宋	辽	女真金	高丽
			乙巳，东女真伊位村都领怪夫等三十人来朝。（同上） 六月辛丑，定州长今男，盗官库铁甲四部卖与东女真，事觉，伏诛。（同上） 八月乙巳，诏曰，“朕自御神器，居常小心，北交大辽，南事大宋，又有女真倔强于东，军国之务，安民为急，宜罢不急之役，以安斯民”。（同上）
崇宁元年壬午	乾统二年	穆宗九年 初有医者善治疾，本高丽人，不知其始自何而来，亦不著其姓名，居女直之完颜部。穆宗时，戚属有疾，此医者诊视之，穆宗谓医者曰，“汝能使此人病愈，则吾遣人送汝归汝乡国”，医者曰，“诺”，其人疾果愈，穆宗乃以初约归之。乙离骨岭仆散部胡石来勃堇，居高丽、女直之两间，穆宗使族人叟阿招之，因使叟阿送医者归之高丽境上。医者归至高丽，因谓高丽人，女直居黑水部者，部族日强，兵益精悍，年谷屡稔，高丽王闻之，乃通使于女直。既而胡石来来归，遂率乙离骨岭东诸	肃宗七年 二月庚戌，东女真安旦分那老等十八人来朝。（同上） 四月甲辰，东女真酋长盈歌遣使来朝。（同上）

续表

宋	辽	女真金	高丽
		部皆内附。(《金史·高丽传》,又略见《金史·世纪》及《金史·交聘表》) 案乙离骨岭东诸部皆内附,东字当为西字之误,说详日本池内宏《金史世纪之研究》。 穆宗命胜管、丑阿等抚定乙离骨岭注阿门水之西诸部居民。(《金史·世纪》) 案池内宏《金史世纪之研究》云:"丑阿,即叟阿,胜管,为金昭德皇后之曾祖,《金史·昭德皇后传》云,'曾祖胜管,康宗时累使高丽',惟《世纪》系此条记事于穆宗七年庚辰以前,约当高丽肃宗五年,此为年代上之错误,盖此条记事,与《高丽传》所载叟阿记事,同在穆宗九年,高丽肃宗七年也"。此说甚是,今从之。池内氏又云,"此为穆宗第一次使高丽"。	
			十一月,癸巳,东女真霜昆等三十人来献马。(同上)
		穆宗十年癸未,阿疏自辽使其徒达纪来说曷懒甸人,曷懒甸人执之,穆宗以达纪送高丽谓高丽王曰,"前此为乱于汝鄙者,皆此辈也"。(《金	丁未,东女真盈歌遣使请银器匠,许之。(同上)

续表

宋	辽	女真金	高丽
		史·高丽传》,又略见《金史·世纪》) 阿疎在辽无所归,后二年,使其徒达纪至生女真界上,曷懒甸人畏穆宗,执而送之。(《金史·阿疎传》) 案《世纪》穆宗七年庚辰,阿疎犹在辽,则《阿疎传》所谓阿疎在辽后二年,至早必在穆宗九年壬午,适当高丽肃宗七年,《金史·高丽传》列于穆宗十年癸未,误也。池内氏谓"此为穆宗第二次使高丽"与《高丽史》肃宗七年十一月丁未盈歌遣使一事相当,说亦可通。	十二月壬申,东女真酋长古罗骨等三十人来献马。(同上)
崇宁二年癸未	乾统三年	穆宗十年 及破萧海里,使斡鲁罕往高丽报捷,高丽亦使使来贺。(《金史·高丽传》) 二月,高丽始来通好(《金史·世纪》) 案破萧海里在穆宗九年冬,见《金史·世纪》,斡鲁罕往高丽报捷,必在十年正月,《高丽史》肃宗八年正月,东女真高罗骨来朝,	肃宗八年 正月己丑,东女真高罗骨等三十人来朝。(同上)

续表

宋	辽	女真·金	高丽
		即其人也。斡鲁罕与高罗骨为一声之转,来朝即系献捷;高丽亦使使来贺,《金史·世纪》穆宗十年二月,高丽始来通好,即指此事。池内宏《金史世纪之研究》,误以斡鲁罕使高丽报捷,与《高丽史》肃宗八年七月甲辰东女真太师盈歌遣使来朝一条相当,是为穆宗第三次使高丽,则高丽亦遣使来贺,何以反在二月乎?此可见其不合者矣。又《金史·高丽传》,叙阿疎使达纪事于破萧海里事前,破萧海里在九年冬,则执达纪送高丽亦必在九年冬以前,此又可为上文一证者也。	
			二月丙辰,东女真将军豆门小等三十人来献土物。(同上) 东女真将军高夫老等三十人来献马。(同上) 己巳,东女真豆门恢八等九十人来朝。(同上) 七月乙未,东女真酋长昆豆遣人献黄毛一万条。(同上)
		使斜葛与斡鲁罕往聘,高丽王曰'斜葛,女直之族弟	甲辰,东女真太师盈歌遣使来朝,有本国医者,居完颜

续表

宋	辽	女真金	高丽
		也，其礼有加矣'，乃以一大银盘为谢。(《金史·高丽传》)	部，善治疾，时盈歌戚族有疾，盈歌谓医者曰，"汝能治此人病，则吾当遣人归汝乡国，"其人果愈，盈歌如约，遣人送至境上。医者至，言于王曰，"女真居黑水者，部族日强，兵益精悍，"王乃始通使，自是来往不阻。盈歌既破萧海里，报捷于我，我复使人贺之，盈歌遣其族弟斜葛报聘，王待之甚厚。(同上) 案此条纪事，以斜葛来报聘为主，即报本年二月高丽始来通好也。此云七月甲辰，东女真太师盈歌遣使来朝，所遣之使，即下文之斜葛，《金史·高丽传》所谓复使斜葛与斡鲁罕往聘者也。池内宏《金史世纪之研究》，以此为穆宗第三次使高丽，而不知已不止三次矣。又此条有本国医者一段，事在肃宗七年，已见上金穆宗九年下，此乃追叙法，非谓此事在本年也。惟云因医者之言，王乃始通使，又云盈歌既破萧海里，报捷于我，我复使人贺之，似高丽两次使金，其实前者始通使云

续表

宋	辽	女真金	高丽
			云,乃虚叙,所以申明通使之原因;我复使人贺之云云,系实叙,实即始通使,而云复者,承上文金报捷于我,故我复使人贺之,复与亦义通,《金史·高丽传》此句正作"高丽亦使使来贺",可证也。盖综观《金史·高丽史》惟《金史·世纪》言穆宗十年二月高丽始来通好,其余概未之见,可见使人贺与始通好,实一事也。
		十月二十九日,穆宗卒。自景祖以来,两世四主,志业相因,卒定离析,东南至于乙离骨、曷懒、耶懒、土骨论,东北至于五国、主隈、秃答,金盖盛于此。 兄子康宗讳乌雅束,袭节度使。(《金史·世纪》)	
		康宗元年(节度使乌雅束)	
			十一月丙申,东女真太师盈歌遣古洒率夫、阿老等来献土物。(同上) 案盈歌之卒,在十月二十九日,此云十一月丙申,盈歌遣使来献土物,据使者到高丽之日言也,其遣使之日,当在十月二十九日以前。池内宏《金史世

续表

宋	辽	女真金	高丽
			纪之研究》,以此为穆宗第四次使高丽,实已不止四次矣。池内氏既误以此为第四次,故以上文斜葛与斡鲁罕聘高丽一事与此条相当,竟以古洒为斜葛译字之转倒,阿老为斡鲁罕之略译,不知七月甲辰条既明云斜葛报聘,未尝转倒,译为古洒,何以仅隔四月,竟尔健忘若此乎?此牵强附会之甚者也。
		穆宗末年,阿疎使达纪诱扇边民,曷懒甸人执送之,穆宗使石适欢抚纳曷懒甸,未行,穆宗卒,至是遣焉。先是高丽通好,既而颇有隙,高丽使来请议事,使者至,高丽拒而不纳,五水之民附于高丽,执团练使十四人。(《金史·世纪》) 曷懒甸诸部尽欲来附,高丽闻之,不欲使其来附,恐近于己而不利也,使人邀止之。斜葛在高丽,及往来曷懒道中,具知其事,遂使石适欢往纳曷懒甸人,未行而穆宗没,康宗嗣,遣石适欢以星显统门之兵往,至乙离骨岭,益募兵趋活涅水,徇地曷懒甸,收	

续表

宋	辽	女真金	高丽
		叛亡七城。高丽使人来告曰,事有当议者。曷懒甸官属,使斜勒详稳治刺保详稳往,石适欢亦使盃鲁往,高丽执治刺保等而遣盃鲁,曰,无与尔事,于是五水之民,皆附于高丽,团练使陷者十四人。(《金史·高丽传》) 案《朝鲜历史地理·尹瓘征略地域考》云,五水者自咸兴以至北青间河流之总称,即城川江之二支流,洪流傍之新翼水,及其北之要原水,北青之大川。	
崇宁三年甲申	乾统四年	康宗二年 高丽来攻,石适欢大破之,杀获甚众,追入其境,焚略其戍守而还。(《金史·高丽传》) 案高丽来攻者为林干。	肃宗九年 正月辛巳,东女真男女一千七百五十三人来投。(同上) 东女真酋长乌雅束与别部夫乃老有隙,遣公兄之助发兵攻之,骑兵来屯定州关外,癸未,王以门下侍郎平章事林干判东北面行营兵马事,御宣政殿授铁钺,往备之,又以直门下省李玮为西北面行营兵马使,卫尉卿金德珍为东北面行营兵马使。(同上) 二月壬子,林干与女真战于定州城外,败绩。(同上) 乙丑,以枢密院使尹瓘为东

续表

宋	辽	女真金	高丽
			北面行营兵马都统。(同上)
		四月,高丽复来攻,石适欢以五百人御于辟登水,复大破之,追入辟登水,逐其残众逾境。(同上) 案高丽复来攻者,为尹瓘,四月,据《高丽史》当作三月。	三月丁丑,尹瓘与女真战,斩三十余级,我军死伤陷没者过半。(同上) 七年,(当为九年之误)女真来屯定州关外,疑其图我,诱执酋长许贞及罗弗等,囚广州,拷问,果谋我也,遂留不遣。会边将李日肃等奏,女真虚弱不足畏,失今不取,后必为患。乌雅束又与别部夫乃老有隙,发兵攻之,来屯近境。王命林干往备之,干邀功,引兵深入,击之,败绩,死者大半,女真乘胜,阑入定州、宣德关城,杀掠无算,乃以瓘代干为东北面行营都统,授铁钺遣之。瓘与战,斩三十余级,我军陷没死伤
		于是高丽王曰"告边衅者皆官属祥丹、傍都里、昔毕罕辈也,十四团练六路使人在高丽者,皆归之",遣使来请和。遂使斜葛经正疆界,至乙离骨水、曷懒甸、活祢水,留之两月,斜葛不能听讼,每一事辄至杖蔓,民颇苦之,康宗召斜葛还,而遣石适欢往。石适欢立幕府于三潺水,其尝阴与高丽往来为乱阶者,即正	者过半,军势不振,遂卑辞讲和,结盟而还。王发愤告天地神明,愿借阴扶,扫荡贼境,仍许其地创佛宇。瓘迁参知政事判尚书刑部事兼太子宾客,奏,曰"臣观贼势,倔强难测,宜休徒养士,以待后日,且臣之所以败者,贼骑我步,不可敌也"。于是建议始立别武班,自文武散官吏胥至于商贾仆隶及州府郡县,凡有马

续表

宋	辽	女真金	高丽
		其罪，余无所问，康宗以为能。（《金史·高丽传》） 案斜葛经正疆界至乙离骨水、曷懒甸、活祢水，即恢复前五水之地也，活祢水即仁川江，石适欢立幕府于三潺水，此水即北青之大川。	者为神骑，无马者为神步，跳荡梗弓精弩发火等军，年二十以上，男子非举子皆属神步，西班与诸镇府军人，四时训练，又选僧徒为降魔军，遂练兵畜谷，以图再举，进中书侍郎同平章事。（《高丽史·尹瓘传》） 六月甲寅，东北面兵，马都统奏女真自毁场塞，公兄之助等六十八人扣关乞和。（《高丽史·肃宗世家》） 案《尹瓘传》明言卑辞讲和，结盟而还，《金史·高丽传》载高丽王乞和之言，即所谓卑辞讲和也，是乞和一事，明明发于高丽，而此言女真公兄之助等扣关乞和，人言《高丽史》多饰辞，此类是矣。
崇宁四年乙酉	乾统五年	康宗三年	肃宗十年 十月丙寅，王薨，子俣立，是为睿宗。（同上） 睿宗即位，以丧未遑出师。（《高丽史·尹瓘传》）十一月壬戌，遣内侍祇候智禄延，注簿同正殷元忠，司天少监许茂卿、崔资颢等，巡视东界山川。（《高丽史·睿宗世家》）

续表

宋	辽	女真金	高丽
			十二月壬申，以右散骑常侍柳子维为东界加发兵马使，内侍祗候崔弘正为判官。（同上） 乙亥，召宰枢于乾明殿问东界边事。（同上） 己卯，以吴延宠为东界行营兵马使，金奇鉴知兵马使，任申幸为兵马副使，林彦为别监，金晙为判官，智禄延、金仁硕为长州分道，郭景谌为宣德分道，庾翼、拓俊京、俞莹若为兵马禄事，崔资颢、朴成正为军候。（同上） 案肃宗末年，与女真卑辞乞和后，仍思备兵雪耻，夺回曷懒甸，观《伊瓘传》所谓王发愤告天地神明，并于重光殿佛龛藏誓疏，而尹瓘亦谓休徒养士，以待后日，并训练神骑、神步等军，可知其未尝一日忘曷懒甸也。迨肃宗卒，睿宗立，虽云因丧未遑出师，然观其遣使巡视东界山川，召宰枢问东界边事，布置东界兵事将吏，及加发兵马使等，可知其积极备战矣。

续表

宋	辽	女真金	高丽
崇宁五年丙戌	乾统六年	康宗四年 高丽遣黑欢方石来贺袭位，遣盃鲁报之。（《金史·世纪》） 案池内宏《完颜氏之曷懒甸经略》与《尹瓘九城之役》篇，以为黑欢方石非为贺完颜氏之使，实为报睿宗嗣立之使。 康宗使盃鲁报聘，且寻前约，取亡命之民，高丽许之，曰，“使使至境上受之”。康宗以为信然，使完颜部阿聒，乌林答部胜昆，往境上受之，康宗畋于马纪岭乙只村以待之。（《金史·高丽传》，又略见《金史·世纪》） 案盃鲁报聘在康宗四年春，其时欲寻前约，取亡命之民，高丽许之，曰，使使至境上受之，迨盃鲁还，康宗以为信然，即遣阿聒、胜昆往境上受之，其间至多不出三阅月，当在康宗四年春夏之间。	睿宗元年 正月辛亥，东蕃公牙等十人来朝，王引见于宣政殿，赐酒食例物。初，林之出师也，酋长延盖使之训等逆击之，我师败绩，至是，之训遣公牙来朝，王欲于正殿备礼待之，杂端崔纬等奏，自古虏人之来，未尝于正殿引见，请依旧制待于便殿，从之。（同上） 案池内宏谓“公牙即黑欢方石之报使，故公牙或即盃鲁或为其同行者之名，延盖与乌雅束字音不合，盖指盈歌，盈歌又作杨割，与延盖音近，之训似为石适欢之讹”，考此等人名，其音完全不能比合，即来往年月，亦有不符，若依池内氏说，则黑欢方石之来，不当列于康宗四年，当列于三年冬，若在四年，则盃鲁报聘，不当在高丽睿宗元年正月辛亥，《高丽史》不载黑欢方石之使女真，《金史》不载公牙之使高丽，当时使者来往频繁，似不可两相附会，惟延盖即杨割，音颇近之，然与林出师年月，亦不相接，此等

续表

宋	辽	女真金	高丽
			皆当阙疑可也。 三月丁酉，东北面兵马使奏，东女真之训，率骑二千，来屯关外纳款，曰，“往年之战，非新王所知，公牙之朝，谕以此意，厚赏遣归，上恩至渥，岂敢忘背，愿至子孙，恭勤朝贡”。（同上） 丁未，以东蕃纳款，召还东界加发兵马使金德珍，副使任申幸。（同上） 十一月癸巳，尹瓘、吴延宠阅神骑、神步军于崇仁门外。（同上）
大观元年丁亥	乾统七年	康宗五年	睿宗二年 三月己亥，遣户部侍郎柳台树于西北道，右副承宣林彦于东北道，巡视诸城。（同上） 闰十月壬寅，以将伐女真，御顺天馆南门阅兵，以尹瓘为元帅，吴延宠为副元帅。（同上） 边将报女真强梁，侵突边城，其酋长以一胡芦县雉尾，转示诸部落以议事，其心叵测。王闻之，出重光殿佛龛所藏肃宗誓疏，以示两府大臣。大臣奉读流涕，曰，“圣考遗旨，深切若此，其可忘诸！”乃

续表

宋	辽	女真金	高丽
			上书请继先志伐之。王犹豫未决，命平章事崔弘嗣筮于大庙，遇《坎》之《既济》，遂定议出师，以瓘为元帅，知枢密院事吴延宠副之。瓘奏“臣尝奉，圣考密旨，今又承严命，敢不统三军，破贼垒，拓我疆土，以雪国耻”。延宠颇以为疑，微语，瓘慨然曰，“微公与我，谁能出万死之地，以雪国家之耻，策已决矣，又何疑焉”，延宠默然。王幸西京，御威凤楼，赐铁钺遣之。（《高丽史·尹瓘传》） 尹瓘《献功表》云，“冬十一月二十四日，幸御西京，十二月初一日，于祖（太祖）真殿前亲授臣铁钺，臣受命，分兵四道而行，至十三日，到定州界首，十四日，昧爽，撤去关防，出军急击，大破平定”。（池内宏《完颜氏之曷懒甸经略》与《尹瓘九城之役》，引《东文选》卷四十四） 十二日丙申，尹瓘击女真，大破之，遣诸将定地界，筑雄、英、福、吉四州城。（《高丽史·睿宗世家》） 乙巳，东女真袅乙乃等三千

续表

宋	辽	女真金	高丽
		阿聒、胜昆至境上，高丽遣人杀之，而出兵曷懒甸。（《金史·高丽传》，又略见《金史·世纪》） 案阿聒、胜昆，在康宗四年丙戌春夏之间至境上，高丽遣人杀之，不知在于何时，《高丽史·尹瓘传》，有“给女真酋长以放还许贞、罗弗等而杀古罗等四百余人”，阿聒、胜昆之被杀，殆即在此役中，盖此等诱杀，可一而不可再也。考其时，在康宗五年十一月中旬，据《东文选》尹瓘《献功表》文可知。然自阿聒、胜昆之至高丽境上，以讫被杀，乃阅十七八月，康宗待于马纪岭，亦必闻二使被杀乃归，何以如此延缓？史文阙略，不能知其曲折矣。 高丽出兵曷懒甸，筑九城。康宗归，众咸曰，“不可举兵也，恐辽人将以罪我”。太祖独曰，“若不举兵，岂止失曷	二百三十人来附。（同上） 瓘、延宠至东界，屯兵于长春驿，凡十七万，号二十万，分遣兵马判官崔弘正、黄君裳入定、长二州，给谓女真酋长曰，“国家将放还许贞、罗弗等，可来听命”，设伏以待，酋长信之，古罗等四百余人至，饮以酒，醉，伏发，歼之。其中壮黠者五六十人至关门，持疑不肯入，使兵马判官金富弼，录事拓俊京，分道设伏，又使弘正帅精骑应之，擒杀殆尽。瓘自以五万三千人出定州大和门，中军兵马使左仆射金汉忠，以三万六千七百人出安陆戍，左军兵马使左常侍文冠，以三万三千九百人出定州弘化门，右军兵马使兵部尚书金德珍，以四万三千八百人出宣德镇安海拒防两戍之间，船兵别监吏部员外郎梁惟竦，元兴都部署使郑崇用，镇溟都部置副使甄应图等，以船兵二千六百出道鳞浦。瓘过大乃巴只村，行半日，女真见军势甚盛，皆遁走，唯畜产布野，至文乃泥村，贼入保冬音城，瓘遣兵马铃辖林彦与弘正，率精锐急

续表

宋	辽	女真金	高丽
		懒甸,诸部皆非我有也”。康宗以为然,乃使斡赛将兵伐之,大破高丽兵。(《金史·高丽传》) 高丽筑九城于曷赖懒甸,斡赛将内外兵,劾古、活你茁、蒲察狄古乃佐之,高丽兵数万来拒,斡赛分兵为十队,更出迭入,遂大破之。(《金史·斡赛传》)	攻,破走之。左军到石城下,见女真屯聚,遣译者戴彦谕降,女真答曰,“吾欲一战以决胜否,何谓降欤!”遂入石城拒战,矢石如雨,军不能前。瓘谓俊京曰“日吴!事急,尔可与将军李冠珍攻之!”曰,“仆尝从事长州,过误犯罪,公谓我壮士,请于朝宥之,今日是俊京杀身报效之秋也!”遂至石城下,擐甲持盾,突入贼中,击杀酋长数人,于是瓘麾下与左军合击,殊死战,大破之,贼或自投岩石,老幼男女歼焉,赏俊京绫罗三十匹。又遣弘正、富弼录事李俊阳击伊位洞贼,逆战,久乃克之,斩一千二百级。中军破高史汉等三十五村,斩三百八十级,虏二百三十人。右军破广滩等三十二村,斩二百九十级,虏三百人。左军破深昆等三十一村,斩九百五十级。瓘军自大乃巴只破三十七村,斩二千一百二十级,虏五百人。遣录事俞莹若告捷,王喜,赐莹若爵七品,命左副承旨兵部郎中沈侯,内侍刑部员外郎韩皦如,赐诏奖谕两元帅,

续表

宋	辽	女真金	高丽
			及诸将,赐物有差。瓘又分遣诸将画定地界,东至火串岭,北至弓汉伊岭,西至蒙罗骨岭,又遣日官崔资颢相地,于蒙罗骨岭下,筑城廊九百五十间,号英州,火串岭下,筑九百九十二间,号雄州,吴林金村,筑七百七十四间,号福州,弓汉伊村,筑六百七十间,号吉州,又创护国仁王镇东、普济二寺于英州城中。(《高丽史·尹瓘传》)
大观二年	乾统八年	康宗六年 斜卯阿里父浑坦,穆宗时内附,高丽筑九城于曷懒甸,浑坦攻之,遇敌于木里门甸,力战,久之,阿里挺枪,驰刺其将于阵中,敌遂溃,浑坦与石适欢合兵于徒门水,阿里首败敌兵,取其二城。高丽入寇,以我兵屯守要害,不得进,乃还。阿里追及于曷懒水,高丽人争走水上,阿里乘之,杀略几尽,遂合兵于石适欢,道遇敌兵五万,击走之。又与石适欢遇敌七万,阿里先登,奋击,大败之。石适欢曰,“汝一日之间,三破重敌,功岂可忘”,乃厚赐之。斡塞、乌睹本攻驼吉城,阿里凿	睿宗三年 正月(原作三月)己卯,女真来屯英州城外,官军出战,败之。(《高丽史·睿宗世家》) 案三月己卯,池内宏谓‘当改作正月己卯,《高丽史·世家》误,因雄州之战在二月中,则英州之战必在正月。何则?考女真乌雅束所遣斡塞之兵,在高丽睿宗三年正月下旬,即由尹瓘出征之日四十许日后,逾咸关岭入曷懒甸,与吉州、公崄镇、咸州等高丽兵战,进迫英州,更转向东南海边,至二月上旬,乃攻围雄州,故英州之战,不能后

续表

宋	辽	女真金	高丽
		墉为门,日已暮,不可入,以兵守之,旦日,遂取其城,乌睹本以被甲并乘马赐之。(《金史·斜卯阿里传》) 案池内宏云:"斡塞越乙离骨岭(咸关岭)而来,以至于雄州,其间与高丽兵交战,其次数颇多:《阿里传》之曷懒水,即今之城川江;木里门甸及徒门水,其地盖在瑚琏川上流;阿里首败敌兵,取其二城,即指吉州及公崄镇;阿里追及曷懒水,高丽人争走水上,阿里乘之,杀略几尽,即指咸州之战;道遇敌兵五万,击走之,及遇敌七万,阿里先登,奋击,大败之,虽不详其交战地,然斡塞、乌睹本攻驼吉城云云,盖即《高丽史·尹瓘传》所谓女真兵数万来围雄州者;(驼吉城即雄州,其说详下)唯斡塞之兵,与咸州高丽兵战后,非即直向雄州,盖尝先至英州,《尹瓘传》云,'贼步骑二万来屯英州城南,大呼挑战',此即斡塞之兵来自咸州者。其时瓘与延宠等正驻英州,拓俊京谓'敌	于雄州"。又云,"《尹瓘传》贼步骑二万来屯英州城南,大呼挑战,即指此正月二十八日(己卯)之役"。其说甚是,今从之。 二月壬辰,女真围雄州,崔弘正开门出击,大败之,俘斩八十级,获车马兵仗无算。(《高丽史·睿宗世家》) 甲午,以尚书柳泽为咸州大都督府使,置英、福、雄、吉四州及公崄镇防御使。(同上) 戊申,尹瓘以平定女真,新筑六城,奉表称贺,立碑于公崄镇以为界至。(同上) 瓘、延宠率精兵八千,出加汉村瓶项小路,贼设伏丛薄间,候瓘军至,急击之,军皆溃,仅十余人在,贼围瓘等数重,延宠中流矢,势甚危急,俊京率勇士十余人将救之,弟郎将俊臣止之曰,"贼阵牢不可破,徒死何益"!俊京曰,"尔可归养老父,我以身许国,义不可止"!乃大呼突阵,击杀十余人,弘正、冠珍等自山谷引兵来救,贼乃解围而走,追斩三十六级,瓘等以日晚,还入英州城。瓘涕泣执俊京手曰,"自今我当视汝

续表

宋	辽	女真金	高丽
		兵日增，城中粮尽，外援不至，将若之何'，于是瓘、延宠率诸将会于咸州，咸州位于瑚琏川与东城川江之合流点，阻止完颜氏此处之交通路，此地盖最为其枢要，不若英州偏于曷懒甸之边鄙，非关冲要，故瓘与诸将去此就彼。瓘至咸州后，更遣诸将至雄州者，盖因斡塞之兵往攻而救之也”。此解释《斜卯阿里传》兵事地理颇明晰，今从之。	犹子，汝当视我犹父”，承制授阁门祗候。酋长阿老唤等四百三人诣阵前请降，男女一千四百六十余人又降于左军。贼步骑二万来屯英州城南，大呼挑战，瓘与林彦曰，“彼众我寡，势不可敌，但当固守而已”。俊京曰，“若出不战，敌兵日增，城中粮尽，外援不至，将若之何？前日之捷，诸公不见，今日亦出死力以战，请诸公登城观之”。乃率敢死士出城与战，斩十九级，贼败衄奔北，俊京鼓笛凯还，瓘等下楼迎之，携手交拜，瓘、延宠乃率诸将会于中城大都督府。权知承宣王字之，自公崄城领兵诣都督府，卒遇虏酋史现兵，与战失利，丧所乘马，俊京即引劲卒往救，败之，取虏介马以还。女真兵数万来围雄州，弘正训励士卒，众皆思斗，即开四门齐出，奋击，大败之，俘斩八十级，获兵车五十余两，中车二百两，马四十匹，其余兵仗不可胜记。时俊京在城中，州守谓之曰，“城守日久，军饷将尽，外援不至，公若不出城收兵还救，城中士卒，恐无

续表

宋	辽	女真金	高丽
			噍类”。俊京服士卒破衣，夜缒城而下，归定州整兵，道通泰镇，自也等浦至吉州，遇贼，与战，大败之，城中人感泣。瓘城又英、福、雄、吉、咸州及公崄镇，遂立碑于公崄以为界，遣其子彦纯，奉表称贺，又使林彦记其事于英州厅壁，瓘献俘三百四十六口，马九十六匹，牛三百余头。(《高丽史·尹瓘传》) 案瓘《贺表》略云：“窃以东女真潜伏奥区，实繁丑类，远从尔祖曾之世，尝被我朝家之恩，狼贪浸畜其叛心，犬吠频狺于户外，侵轶关塞，寇攘士民，先皇故愤而欲伐，陛下方继而为图，乃命元戎，亟行大戮，俘虏逾于半万，斩获近于五千”(《高丽史·尹瓘传》)此可以见其兴兵之由，与战争之绩。林彦《英州厅壁记略》云：“女真窥觎边鄙，于肃宗十年，乘隙构乱，多杀我士民，其击缧为奴隶者亦多矣。肃宗赫然整旅，将欲仗大义以讨之，惜乎厥功未集，永遗弓剑。今上嗣位，甫毕祥禫谓左右

续表

宋	辽	女真金	高丽
			曰:‘女真本勾高丽之部落,聚居于盖马山东。世修贡职,被我祖宗恩泽深矣,一日背畔无道,先考深愤焉,朕今肇览国事,盍一洒先君之耻!’乃命尹瓘为行营大元帅,吴延宠为副元帅,率精兵三十万,俾专征讨,暨入贼境,三军奋呼,斩首六千余级,载其弓矢,来降于阵前者五千余口,女真自取灭亡如是。其地方三百里,东至于大海,西北介于盖马山,南接于长、定二州,山川之秀丽,土地之膏腴,可以居吾民,而本勾高丽之所有也,其古碑遗迹,尚有存焉。夫勾高丽失之于前,今上得之于后,岂非天欤!于是新置六城:一曰镇东军咸州大都督府,兵民一千九百四十八丁户;二曰安岭军英州防御使,兵民一千二百三十八丁户;三曰宁海军雄州防御使,兵民一千四百三十六丁户;四曰吉州防御使,兵民六百八十丁户;五曰福州防御使,兵民六百三十二丁户;六

续表

宋	辽	女真金	高丽
			曰公崄镇防御使，兵民五百三十二丁户，选其显达而有贤材，能堪其任者镇抚之。”（《高丽史·尹瓘传》）林彦之记，不无夸饰，如《尹瓘传》言瓘与延宠屯兵十七万，号二十万，此云三十万，此类是也。然其言所得地方三百里，东至于大海，西北界于盖马大山，南接于长、定二州，及新置六城户口，皆甚详明，为他书所不载，故特摘其要附此。 三月庚辰，尹瓘又筑宜州、通泰、平戎三城，徙南界民以实新筑九城。（《高丽史·睿宗世家》） 案尹瓘九城之役，其九城之名，《高丽史·睿宗世家》，二年十二月丙申，筑雄、英、福、吉四州城，三年二月戊申，尹瓘以平定女真新筑六城，据《尹瓘传》，六城为咸州、英州、雄州、吉州、福州、公崄镇，三月，尹瓘又筑宜州、通泰、平戎三城，徙南界民以实新筑九城，是新筑九城，为咸、英、雄、吉、福、宜六州，公崄、通泰、平戎三镇也。

续表

宋	辽	女真金	高丽
			然观《睿宗世家》，四年七月辛酉，女真请还九城，乃始自吉州，以次收入九城战具资粮于内地，壬戌，撤东界崇宁、通泰二镇城，甲子，撤英、福二州真阳镇城，已丑，撤咸、雄二州宜化镇城，则为咸、英、雄、吉、福五州，崇宁、通泰、真阳、宣化四镇，无宜州及公崄、平戎二镇也。二者殊不相同，宜从何说？据池内宏《尹瓘九城之役篇》，则谓“《睿宗世家》四年三月之条，新筑宜州通泰、平戎三城，实本闵渍《编年纲目》之谬说，闵书今亡，引见《高丽史·地理志》，宜从撤兵之九城为是”。余谓公崄一镇，明见于《尹瓘贺表》，宜州、平戎，则不见于《表》，而见于《世家》；反之，崇宁、通泰、真阳、宣化四镇，亦不见于《尹瓘贺表》，而皆见于《世家》，则其城实皆有之。盖曷懒甸实不止九城，故谓新筑九城，当以咸、英、雄、吉、福、宜六州，公崄、通泰、平戎三镇为是，谓撤九城之兵，当以咸、

续表

宋	辽	女真金	高丽
			英、雄、吉、福五州崇宁、通泰、真阳宣化四镇为是，闵渍之说，似未尝误；池内氏强以九城名此役，其涵义本不明了，其所谓九城，如指尹瓘新筑之九城，则正当从闵说，若指撤兵之九城，则不能归之尹瓘，盖撤兵之时，尹瓘已去职矣。正名命题，当云《尹瓘曷懒甸之役》，庶几筑城与战事皆包含无遗，不必以九城缩小其范围，且致新筑与撤兵之九城相混也。 四月戊子，女真设栅围雄州城。（同上） 己丑，尹瓘、吴延宠凯还，王命其鼓吹军卫以迎之。（同上） 癸卯，遣兵马使副元帅吴延宠授铁钺，往救雄州。（同上） 五月癸丑，吴延宠至雄州，击女真，破走之（同上） 女真复来争地，围雄州，王授延宠铁钺，往救之。雄州被围二十七日，都知兵马铃辖使林彦，都巡检使崔弘正，率诸将分兵固守，与战日久，人马困乏，将溃，延宠使文冠、金畯、王字之等，率精锐一万，分

续表

宋	辽	女真金	高丽
			为四道，水陆俱进，至乌音志、沙乌二岭下，贼先据岭头，我兵争登，急击，斩百九十一级，贼奔北，欲复结阵拒战，官军乘胜力战，大败之，斩二百九十一级，贼遂烧栅而遁。延宠入城，责城中将士不待援兵辄出战，多被杀伤，使士气沮丧，罚有差。加攘寇镇国功臣守司徒延英殿大学士。凯还，王引见于文德殿，问边事，赐宴以劳之。（《高丽史·吴延宠传》） 七月乙卯，命行营兵马元帅门下侍中尹瓘复征女真。（《高丽史·睿宗世家》） 癸酉，行营兵马判官御史申显等，以舟师击贼于宁仁镇，斩二十级。（同上） 八月戊子，兵马判官王字之、拓俊京与女真战于咸、英二州，斩三十三级。（同上） 庚寅，行营兵马元帅尹瓘献馘三十级。（同上） 封瓘铃平县开国伯，食邑二千五百户，食实封三百户；加延宠攘寇镇国功臣号。（《高丽史·尹瓘传》） 癸巳，兵马判官庾翼，将军宋忠，神骑军朴怀节等，与女真

续表

宋	辽	女真金	高丽
			战于吉州，死之。（《高丽史·睿宗世家》） 九月癸亥，行营兵马判官王字之、拓俊京，击女真于沙至岭，斩二十七级，擒三人。（同上）
大观三年己丑	乾统九年	康宗七年	睿宗四年 正月己酉，东界行营兵马录事王思谨、河景泽，与女真战于咸州，死之。（同上） 二月戊戌，右谏议大夫李载上疏曰："今东蕃攻战未休，屯兵不去，今诈遣史显来请和好，国家信之，欲遣史告辽，还其九城，甚不可也，请圣鉴裁之"。（同上） 癸卯，遣李汝霖如辽，奏新筑东界九城，赐斑犀带一腰。（同上） 三月辛亥，行营兵马录事张文纬等，与女真战于崇宁镇，斩三十八级。（同上） 乙卯，行营兵马判官许载、金义元等，与女真战于吉州关外，斩三十级，获其铁甲牛马。（同上） 四月戊寅，东界兵马副元帅吴延宠陛辞，王诣景灵殿，亲授铁钺。（同上） 甲辰，东女真复遣史显欵塞

续表

宋	辽	女真金	高丽
			请和。(同上) 五月庚戌,行营兵马奏女真寇宣德镇,杀掠人物。(同上) 癸丑,王将肆赦,召宰枢议,崔弘嗣以为不可,王曰,“顷以左右固请,举兵讨贼,然今贼类未歼,数侵我疆,掠我人民,将卒疲于攻戍,国家之急,政在今日,欲肆赦以安众心,卿独何心以为不可”?宰枢皆惭惧而退,乃下宣旨曰,“东蕃贼类,自祖宗以来附托国势,多被恩赏,今则背恩弃德,招集远贼,凌犯国境,响于甲申年连兵拒战,杀我军民,其或生擒以为仆隶者,不可胜数,近来每至关城,劫夺戍卒衣粮器械,自恃强暴,侵扰边鄙,罪合行讨,不可安忍,故我圣考愤然誓曰,‘今若扫荡丑类,即于贼境筑设城堡,创寺宇恢张佛法’,大功未就,倏尔升遐,寡人嗣承先志,举义发军,置邑筑城,此盖国内名山大川神祇所助也。然余贼尚未尽灭,施设场寨,来攻吉州,欲更励兵奋击,或愿神明更加阴助,三韩功臣,英灵尚在,竟相扶援,扫荡残贼,边境平安,则或崇

续表

宋	辽	女真金	高丽
			爵位,酬赛玄恩,其宣旨前犯流以下,咸自除之”。(同上) 庚申,女真围吉州,吴延宠引兵救之,师大败。(同上) 乙丑,遣东界兵马元帅尹瓘于西北路。(同上)
		六月,高丽率众来战,斡赛败之,进围其城。(《金史·高丽传》)	六月乙酉,尹瓘、吴延宠引兵救吉州,间(间疑作闻)女真请和,还定州。(同上) 案《尹瓘传》,女真围吉州,延宠与战,大败,王又遣瓘救之,瓘、延宠自定州勒兵赴吉州,行至那卜其村,咸州司录俞元胥驰报,女真公兄褭弗、史显等叩城门曰,“我辈昨到阿之古村(阿勒楚喀)太师乌雅束欲请和,使我传告兵马使,然兵交不敢入关,请遣人于我场,庶以太师所谕详实传告”。瓘等闻之,还入城。(定州)翌日,遣兵马记事李管仲于贼场,谓女真将吴舍(斡赛)曰,“讲和非兵马使所得专,宜遣公兄等入奏天庭’,舍(吴舍)大悦,褭弗、史显等复至咸州,告曰,‘我等愿入朝,时方交战,疑惧不敢入关,请以

续表

宋	辽	女真金	高丽
			官人交质"，瓘以孔沃、李管仲、异贤等为质，裹弗等遂来，请还九城地云云，即指此时事。
		斡鲁亦筑九城与高丽九城相对，高丽复来攻，斡赛复败之。（《金史·世纪》） 斡赛母和偎你疾笃，召还，以斡鲁代之。未几，斡赛复至，再破高丽军，进围其城。（《金史·始祖以下诸子传》）	女真复聚远近诸部围吉州，数月，去城十里，筑小城，立六栅，攻城甚急，城几陷。兵马副使李冠珍等训励士卒，一夜更筑重城，且守且战。然役久势穷，死伤者多，延宠闻之，愤然欲行，王复授铁钺，遣之。行至公崄镇，贼遮路掩击，我师大败，将卒投甲，散入诸城，陷没死伤，不可胜数。延宠具状自劾，与瓘勒兵，将再赴吉州，会贼遣使请和，遂还。（《高丽史·吴延宠传》） 丙申，召宰相台谏六部，议还九城，平章事崔弘嗣等二十八人皆曰"可"；礼部郎中朴昇中户部郎中韩相曰"不可"。（《高丽史·睿宗世家》） 己亥，东蕃使裹弗、史显等来朝。（同上） 庚子，御宣政殿南门，引见裹弗、史显等六人，宣问来由。裹弗等奏曰："昔我太师盈歌，尝言我祖宗出自大邦，至

续表

宋	辽	女真金	高丽
			于子孙，义合归附，今太师乌雅束，亦以大邦为父母之国，在甲申年间，弓汉村人不顺太师指谕者，举兵惩之，国朝以我为犯境，出兵征之，复许修好，故我信之，朝贡不绝；不谓去年大举而入，杀我耄倪，置九城，使流亡靡所止归，故太师使我来请旧地，若许还九城，使安生业，则我等告天为誓，至于世世子孙，恪修世贡，亦不敢以瓦砾投于境上"，王慰谕赐酒食。（同上）
		七月，高丽复请和，康宗曰，"事若酌中，则与之和"。高丽许归亡入之民，罢九城之戍，复所侵故地，遂与之和。（《金史·高丽传》）	七月乙巳，会宰枢及台省诸司知制诰侍臣都兵马判官以上，文武三品以上，于宣政殿，宣问还九城可否，皆奏曰"可"。（同上） 丙午，御宣政殿南门，引见裹弗等，许还九城，裹弗感泣拜谢，王赐物遣还，命内侍金珦护送境上，仍诏元帅等谕以还九城之意。（同上） 初，朝以得瓶项，塞其径，狄患永绝，及其攻取，则水陆道路，无往不通，与前所闻绝异，女真既失窟穴，誓欲报复，乃引还地，群酋连岁来争，

续表

宋	辽	女真金	高丽
			诡谋兵械，无所不至，以城险不猝拔，然当战守，我兵丧失者亦多，且拓地大广，九城相去辽远，鸡洞荒深，贼屡设伏，抄掠往来者，国家调兵多端，中外骚扰，加以饥馑疾疫，怨咨遂兴，女真亦厌苦，至是王集群臣议之，竟以九城还女真。（《高丽史·尹瓘传》） 王将伐东女真，大臣皆赞成之，仁存独上疏极谏，不报。及尹瓘等破女真，筑九城，女真失窟穴，连岁来争，我兵丧失甚多，女真亦厌苦，遣史请和，乞还旧地，群臣议多异同，王犹豫未决。仁存言，“土地本以养民，今争城杀人，莫如还其地以息民，今不与，必与契丹生衅”。王问其故，仁存曰，“国家初筑九城，使告契丹，表称女真弓汉里乃我旧地，其居民亦我编氓，近来寇边不已，故收复而筑其城，表辞如是，而弓汉里酋长，多受契丹官职者，故契丹以我为妄言，其回诏云，远贡封章，粗陈事势，其间土地之所属，户口之攸归，已敕有

续表

宋	辽	女真金	高丽
			司,俱行检勘,相次别降指挥,以此思之,国家不还九城,契丹必加责让,我若东备女真,北备契丹,则臣恐九城非三韩之福也”,王然之。(《高丽史·金仁存传》) 丁巳,以中书侍郎平章事任懿,权判东北面兵马事,兼行营兵马使,右谏议大夫金缘副之。(《高丽史·睿宗世家》) 平章事崔弘嗣,金景庸,参知政事任懿,枢密院使李玮,入对宣政殿,极谕瓘、延宠败军之罪,王遣承宣沈侯于中路,取其铁钺,瓘等不得复命,归私第,宰相台谏请治其罪,谏臣金缘、李载等伏阁固争,曰“瓘等妄兴无名之兵,败军害国,罪不可赦,请下吏”。王命沈侯宣谕曰,“两元帅奉命行兵,自古战有胜败,岂为罪哉”?缘等又争不已,王不得已,止免官,削功臣号。(《高丽史·尹瓘传》) 辛酉,行营兵马别监承宣崔弘正,兵马使吏部尚书文冠,谕女真酋长居槧伊等曰,“汝若请还九城,宜如前约,誓告于天”。酋长等设坛咸州门

续表

宋	辽	女真金	高丽
			外,告天誓曰,‘而今已后,至于九父之世,无有恶心,连连朝贡,有渝此盟,蕃士灭亡’,盟讫而退。弘正等始自吉州以次,收入九城战具资粮于内地,狄人喜,以其牛马载还吾民,遗弃老幼男女一无杀伤。(《高丽史·睿宗世家》) 壬戌,撤东界崇宁、通泰二镇城。(同上) 甲子,撤英、福二州真阳镇城。(同上) 乙丑,撤咸、雄二州宣化镇城。(同上) 八月己亥,女真使者史显等来献土物。(同上)
		高丽约以还逋逃之人,退九城之军,复所侵故地,九月,乃罢兵。(《金世·世纪》,又略见《始祖以下诸子传》)	
			十一月庚申,东女真酋长吴老等来朝。(同上) 甲子,御宣政殿,引见平虏、清塞关外蕃长多老居夫等四十五人,史显等七人,赐酒食例物。(同上) 是岁,遣都官郎中李国琼如辽,奏还女真九城。(同上)

续表

宋	辽	女真金	高丽
大观四年庚寅	乾统十年	康宗八年	睿宗五年 二月,癸未,女真酋长万寿等十三人朝。(同上) 十一月丁丑,东女真史显等十二人来朝。(同上) 十二月乙未,御宣政殿,引见东女真史显等,赐物有差。(同上)
政和元年辛卯	天庆元年	康宗九年	睿宗六年 十二月乙卯,宣德镇卒郑珍,定州人白巳,尝得罪亡入女真,与谋寇边,珍母在元兴镇,夜二鼓,珍、巳与女真人骨夫,潜来将窃其母以去,兵马使遣卒捕杀之,并获器仗,赐爵赏有差。(同上)
政和二年壬辰	天庆二年	康宗十年	睿宗七年
政和三年癸巳	天庆三年	康宗十一年 是岁,康宗卒,其弟阿骨打袭位,是为太祖。 案康宗之卒,《金史·世纪》不记月日,惟《太祖本纪》言岁癸巳十月,康宗梦逐狼,屡发不能中,太祖前射中之,旦日,以所梦问僚佐,众曰,'吉兄不能得而弟得之之兆也'。是岁,康	睿宗八年 闰四月庚午,女真乌罗骨、实显等来谢还九城,献名马良金。(《高丽史·睿宗世家》) 案乌罗骨,即上文之古罗骨,高罗骨,《金史》作斡鲁罕;实显,即史显。

续表

宋	辽	女真金	高丽
		宗即世，太祖袭位，据此，则康宗之卒，当在十月后。 太祖元年（节度使阿骨打）	
政和四年甲午	天庆四年	太祖二年	睿宗九年 四月丁巳，东女真古罗骨、史显等十二人来献马。（《高丽史·睿宗世家》） 十月，生女真完颜阿骨打举兵叛辽，东京兵马都部署司牒曰，"近有生女真作过，止差官领兵讨伐，仰指挥高丽国，亦行就便于女真边界道路深入攻讨，应据人口财产房舍，收虏荡除，仍紧切防备，勿令走入彼界险要处所，依据闪避"。（同上） 十二月己酉，御宣政殿南门，引见东蕃使者阿只等。（同上）
政和五年乙未	天庆五年	太祖收国元年 案金自建国以后，与高丽交涉事，皆载《金史·交聘表》。	睿宗十年 正月，生女真完颜阿骨打称皇帝，更名旻，国号金。（同上）

（原载《燕京学报》第15期，1934年）

后金国汗姓氏考

清太祖奴儿哈赤太宗皇太极，始皆称金国汗，或称后金国汗，至太宗崇德元年，始改国号曰清，而讳称金；其未称金国汗以前，先称建州国汗，至太宗天聪时，始追改为满洲国，而讳称建州；其姓氏自其始祖猛哥帖木儿，清官书称为都督孟特穆者，已称其汉姓曰佟，或书其同音字曰“童”，其后或曰“董”，或曰“脱”，或曰“妥”，而太祖以上三代皆曰佟，至太宗天聪时，始追改为爱新觉罗，而讳称佟；至其何以讳称金，讳称建州，讳称佟，则皆有一贯之主张，连带之关系，故欲考其姓氏，先须将其讳称金，讳称建州之事，略一检察，而后可知其底蕴焉。

一、讳金为清之原由

自清太宗改国号为清之后，凡称金及后金之书史遗物，均已毁灭，至乾隆时禁毁尤甚，故世人只知有清，不知有金，日本市村瓒次郎氏《清朝国号考》（见《东洋协会调查部学术报告》）稻叶君山氏《清朝全史》，搜辑明与朝鲜之史籍，及清之奉天崇谟阁各项稿簿所载金国汗及后金国汗等名称，有数十条，又载盛京抚近门之扁额，辽阳剌麻塔之碑文，大石桥娘娘庙之碑文，东京城之扁额，皆有大金等称号，则书史遗物之留遗，仍不能禁毁净尽也。至其讳金之原因，稻叶氏谓：

> 清为金之后裔与否，固不可知？然太宗固亲称为女真大金之后，当其兵入直隶房山县，过金之山陵时，曰，“此我前金皇帝也。”其后何以讳金之国号，而改为清，则以太宗与明和议，前后互十数次不成，明人多以宋金前事为鉴，故国号曰金，深予明人以杀伐武断之象征，太宗鉴于以往二十年折冲之经验，深知恃武力得胜之艰难，故急谋和议，以徐图进取。天聪五年，彼寄明将军祖大寿书有曰：“尔国君臣，惟以宋朝故事为鉴，亦无一言复我，然尔明主非宋之苗裔，朕亦非金之子孙，彼一时，此一时，天时人心，各有不同，尔大国岂无智慧之时流，何不能因时制宜乎！”即此可以为证。
>
> 太宗又常禁其部族称女真，天聪九年十月，有敕曰：“我国原有满洲哈达乌喇、叶赫辉发等名，无知之人，往往称为诸申，诸申乃席北超墨勒恨之裔，与我无涉，今后一切人等，只许称我国满洲原名，其各旗贝勒所属人员，勿称为某旗贝勒家诸申，”此敕所云诸申，即女真之对音，太宗何故讳之，亦不外与大金国号有同一之顾虑。（《清朝全史》第十八章）

余以为清太宗欲去金之国号，及禁其部族之称女真，在消极方面言之，或如稻叶氏之所说；自积极方面言之，盖欲统一中国，必铲除以地方或种族为标帜之色彩，如辽以辽水名，金以金源名，是以地方为标帜也，辽称契丹，金称女真，是以种族为标帜也，然辽金皆不能统一中国，蒙古崛起沙漠，而其统一中国，乃定国号曰元，消除地方及种族之色彩，使异国异族之人，失其外族并吞之观念，此最为当时之妙用也。且中国有唐虞以讫于唐宋，皆以所封之地为一统之国号，自元入主中夏，始以抽象之名词，为建国之名号，于是明清皆师其意，确定国名。明太祖之称明，尚为无意识之摹仿，清太宗之称清，实为有意识之摹仿，盖彼欲师蒙古之统一中国，而泯灭外族并吞之色彩也。

至改金为清，清虽为抽象之名词，究为何义，清室记载亦未标明，市村氏《清朝国号考》，列举三说，而折中于清与金同音相代说，谓“清”之为“金”，犹“福晋”之为“福金”，反复论证，其说较近，然所举第二说谓有“廓清扫清”之意义，亦未尝无之，盖此为抽象名词，与明同义，记言“清明在躬，志气如神”，彼或欲驾明而上之，亦未可知也。

二、讳建州为满洲之原由

当清太祖始建国号时，其对明廷则称建州国汗，而据朝鲜咨报，则称后金国汗，故沈国元《皇明从信录》谓：

> 朝鲜咨报，奴酋移书僭号后金国汗，建元天命，指中国为南朝，黄衣称朕。

王在晋《三朝辽事实录》，茅瑞征《东夷考略》亦同。市村氏《清朝国号考》引《明神宗实录》万历四十八年六月丁巳条云：

> 敕论朝鲜，勉图剿贼，初杨镐奏报，奴贼通和高丽，本王李晖闻报上疏陈白曰，伊以后金为号，而边臣书中却谓建州云者，本其受命于天朝之部名也。

而管葛山人（彭孙贻）《山中闻见录建州篇》云：

> 万历四十四年，太祖自称建州国汗，建元天命。

海滨野史《建州私志》则谓：

> 万历四十六年闰四月，建州归汉人张儒绅等赍夷文请和，自称建州可汗。

据此，则清太祖初建国时，其对明廷请和等文书，则称建州国汗，对朝鲜移书，则称后金国汗，而对其国内则自称金国汗，或称大金国，称明为南朝，故清太宗崇德元年所成《太祖武皇帝实录》（此书近在北平故宫博物院新发见，其中译名及文句，皆与后出改本实录不同）云：

> 三姓人息争，共奉布库里英雄（后有注云"英雄即巴图鲁"，改本《太祖实录》则为布库里雍顺）为主，其国定号满洲，乃其始祖也。（注云"南朝误名建州"）

然则改建州为满洲，实起于清太宗，至其何以讳建州而改满洲，则亦不外以建州为女真族，仍恐引起宋金仇敌之观念，且避去以属官

而反叛宗国之恶名,然此犹就其消极方面言之;而其积极方面,则稻叶氏所谓:

> 满洲国号在太宗崇德以前,未尝闻之,其文书之书"大金"者,悉改为"满洲",太宗之选此新名,殆亦胚胎于对外关系,盖崇德初年,包容种族之范围,于彼等部族外,尚有强大之内蒙古,当太宗改国号时,既弃其"大金"之原名,又撤其"女真"之旧称,是则内对于女真之旧部,外对于新附之蒙古,非择一各部族共通适当之佳名不可,太宗乃采用称太祖为"满洲"(即满珠,亦即文殊)之尊称,以为国号,此尊称盖亙西藏、蒙古、女真及朝鲜皆知之,于当时之人心,必得良好之感应,无可疑也。是故"满洲"者,其意义为"文殊"之化身耳。

案清代所撰《皇朝通志》云:

> "满洲"系"满珠"之转音,亦称"曼殊",我朝龙兴东土,每岁西藏献丹书,称"曼殊师利大皇帝","曼殊"华言"妙吉祥"也,当时"满珠"之称,万里同符矣。

据此,则稻叶氏之说,颇得当时之国情。而或谓满洲系其部族旧称,与建州无关,非太宗捏造,约有二说:

第一说　孟森君《满洲名号考》谓:

> "满洲"即"文殊",或作"满珠",明代书作"满住",系最大酋长之称。建州自李显忠子李满住后,称"满住"者,已非一

> 世，至清太祖仍称“满住”，故知其为酋长之尊称，而非为个人之专名，其后或误为部族之名，最后乃定为国名，故满洲为其本部之旧称，非由太宗所捏造，如日本人之所诬者；且满洲即文殊之佛号，建州女直之尊称其酋长，辄呼为佛，此俗盖终清之世，未之或改。（《清朝前纪》第一篇）

案“满住”既为酋长之尊称，则释加奴子李满住不应以尊称之名，达之明廷，况建州三卫不相统属，何来尊称？故李满住子古纳哈，古纳哈孙完者秃，皆为建州卫长官，未闻其称为“满住”也。（孟氏《清朝前纪》第四篇末误以古纳哈为满住名）清太祖之称满住，或称曼殊，固为“文殊”之译音，且为西藏所尊称为皇帝者，李满住之为“文殊”，犹其父释加奴之为“释迦”，其同时同卫指挥使佟观音奴（见《明实录正统》五年三月条）之为“观音”，皆以佛名为人名，决非他人所尊称，自丹阳唐邦治始以“满住”为满洲之号所由起，孟氏继之，为之考证；然充其说，亦不过为酋长之尊称，而于捏造为国名之说仍不能颠扑而破，况其说为未谛耶！

第二说　市村氏《清朝国号考》谓：

> 满洲，系汉晋以来九夷中满节之对音。（九夷说，本汉应劭《风俗通》梁皇侃《论语义疏》）

案女真为肃慎对音，肃慎为东北最古之国，女真为金源有名之族，清太宗尚欲弃之不用；而反欲以久弃不用之满节小夷自居，恐更远于事情矣。

上言国名之讳金而改为清，部族之讳建州而改为满洲，其原由既可考而知,则其姓氏之讳佟而改为爱新觉罗,其意已可窥见一斑矣。盖其讳称旧有之佟姓而改为爱新觉罗,皆各有其来历与夫所以改之原由,且因其改姓之故,并其祖宗之世系,人亦疑信参半。故必考定其新改之姓氏,而后可杜绝其附会之祖宗;考定其原有之姓氏,而后可确定其真实之祖系;其关系颇大,兹特将其新改之姓与原有之姓,分为二篇,详述如下:

上篇　新改之姓

爱新觉罗,汉言金姓,见于《清太祖武皇帝实录》及《满洲实录图》,此为清太宗所新改之姓,然欲考其祖宗之姓爱新,则在明及朝鲜等国记载中,实不能证明,即清太祖时代之记载中,亦不能证明也。惟太宗时所修《太祖武皇帝实录》,始言爱新之姓,起于始祖布库里英雄,越若干世,始有范察,又越若干世,始有都督孟特穆;然《实录》明言布库里系山名,为仙女就浴之所,英雄为巴图鲁,则为勇士之称,仙女所生布库里,明系神话,本无其人,实指山以造人名耳。范察即凡察,为建州右卫之祖,非太宗直系祖宗,惟都督孟特穆即建州左卫都督猛哥帖木儿,实为清室之始祖,故顺治追王,特上孟特穆为肇祖原皇帝,于布库里范察未尝追王,亦自觉其非真也;于是有附会爱新之姓始于猛哥帖木儿者,有谓爱新本为金代女真白号之姓而为金同族者,又有谓爱新以金之国号为姓者,甚有谓"觉罗姓赵"为宋室之子孙者,余谓猛哥帖木儿自有其姓氏,不姓爱新,其他爱新觉罗各说,皆属附会,兹篇当先一一辩之。

一、爱新之姓起于猛哥帖木儿说

孟森君《清朝前纪》始言爱新之姓始于猛哥帖木儿，猛哥帖木儿即孟特穆，爱新为夹温之双声互转，其言曰：

> 猛哥帖木儿，明纪载作孟哥帖木儿，清纪载言肇祖原皇帝讳都督孟特穆，都督为官名，《元史》名帖木儿者极多，殿板及《钦定三史国语解》皆改作特穆尔。（《肇祖纪》）

言孟特穆即猛哥帖木儿，其说是也。其言爱新之姓，即由夹温双声互转；而猛哥帖木儿之姓夹温，则出于明正统十二年朝鲜人所撰《龙飞御天歌》并注，其原文云：

> 东北一道，本肇基之地也，畏威怀德久矣，远人酋长远至移阑豆漫，皆来服事，常佩弓剑，入卫潜邸，昵侍左右，东征西伐，靡不从焉，（注云，斡朵里、火儿阿、托温三城，其俗谓之移阑豆漫，犹言三万户也，盖以万户三人分领其地，故名之，自庆源府西北行，一月而至。）如女真，则斡朵里豆漫夹温猛哥帖木儿，火儿阿豆漫古论阿哈出，托温豆漫高卜儿阏。（注云，斡朵里，地名，在海西江之东，火儿阿江之西；火儿阿，亦地名，在二江合流之东，盖因江为名也；托温，亦地名，在二江合流之下，二江皆自西北流，三城相次沿江。夹温，姓也，猛哥帖木儿名也；古论姓也，阿哈出名也；高姓也，卜儿阏名也。）（《清朝前纪女真纪》亦节引之）

孟氏本此而为之说曰：

肇祖原皇帝名猛哥帖木儿，为元斡朵怜万户府之后，姓爱新觉罗氏，一云姓夹温，夹温疑即爱新二字之双声互转，金国语称“金”为“斡准”，又作“按春”，又作“按出”，至清代乃自定为“爱新”二字，译其义即“金”字，则原与“斡准”等字音相同，“斡准”互反之，则为“决温”，“夹温”当即出此，以五百年前之方音，又出朝鲜之纪载，“夹”之与“决”，是否同音，抑并系“决”之形误为“夹”，而传译之间，字或互倒，六朝以来，双声互倒之名词，不乏其例。（《肇祖纪》）

案阿哈出为建州卫之始祖，猛哥帖木儿为建州左卫始祖，而阿哈出之姓为古论，猛哥帖木儿之姓为夹温，此皆为女真姓，且此等姓氏，疑皆后起，分支未久，故《金史・百官志》女真九十六姓中，无此二姓，而其原有之姓，据各方事实观之，则阿哈出与猛哥帖木儿似皆姓佟，（说详下篇）今据《龙飞御天歌注》，则阿哈出与猛哥帖木儿同为元末万户，而又同居于三姓附近，《元史・地理志》：

辽阳等处行中书省所属合兰府水达达等路，土地广阔，人民散居，元初设军民万户府五，镇抚北边，一曰桃温，一曰胡里改，一曰斡朵怜，一曰脱斡怜，一曰孛苦江，各有司存，分领混同江南北之地。

《龙飞御天歌》所云“斡朵里豆漫”，即《元志》之“斡朵怜万户”，在今吉林三姓附近，牡丹江与松花江会流之西岸，此猛哥帖木儿万户府之所在，可谓清朝发祥之初地；阿哈出所居之火儿阿，即《元志》之胡里改，在今三姓，适当牡丹江与松花江会流东岸，与斡朵里相对；卜儿阏所居之托温，即《元志》之桃温，在今三姓东北，松花江与屯河会流之西北岸；《龙飞御天歌注》所谓“三城相次沿江”，皆指今松花江，《元志》所谓混同江也。洪武十六年，海西右丞阿鲁来降，二十年兀良哈元臣纳哈出来降，于是各万户始知中国有新朝，洪武二十四年，高丽李成桂废其主王瑶自立，称为朝鲜国王，仍以万户职授猛哥帖木儿等，成桂于建文三年，禅位其子芳远，陞猛哥帖木儿上将军职，其时阿哈出先通于明，永乐元年十月，阿哈出为建州卫指挥使，八年八月，阿哈出子释加奴为都指挥佥事，九年九月，阿哈出次子猛哥不花为毛怜卫指挥使；先是永乐八年，女真寇朝鲜，朝鲜罢孔州，猛哥帖木儿乘虚入据其地，时其同族释加奴从征有功，得宠于明，因得代请，于永乐十年，授建州左卫指挥使，其所居地名斡木河，一名吾音会，亦有斡朵里城，清代官书，因斡木河斡朵里城与鄂漠辉鄂多理城声音相近，在长白山之东，因指为发祥之地，实则非其最初之发祥地也。故因《龙飞御天歌》，而使清朝之祖宗，得一明确之来源，更可证明猛哥帖木儿之为建州左卫指挥使及都督，实因阿哈出及其子释加奴为同僚同族（汉姓同族）之关系而得；若谓爱新一姓，亦起于猛哥帖木儿，为“夹温”之双声互转，则音理上断不可通，今当分数层辩之：

孟氏谓“金国语称金为斡准，斡准互反之，则为‘决温’，夹温当即出此。”案《旧金史国语解》唯云“斡准曰赵”“按春为金”，未尝言“斡准为金”，《乾隆钦定金史语解》亦无“斡准为金”之语，故夹温决不能与按春及爱新双声互转。日本内藤虎次郎氏《清朝姓氏考》谓斡准与爱新音近，附会清室祖宗为赵宋，但据音理，不据事实，犹可言也；孟氏据此，即以斡准为金，无乃不根？且即以“斡准”言之，亦不能与“夹温”双声互转，孟氏乃改“夹”为“决”，且谓朝鲜音或读“夹”为“决”，或“夹”为“决”之形误；考朝鲜音既不读“夹”为“决”，（见下）而“夹”亦非“决”之形误，盖《龙飞御天歌》尚有兀儿忽里猛安夹温赤兀里，注云，“兀儿忽里，地名，”（在珲春江上流）（《朝鲜历史地理》二十一章引）珲春江上流之地，正猛哥帖木儿未入朝鲜之斡木河时所居，则赤兀里必为猛哥帖木儿最近亲族，故同为夹温氏，此足证夹温之非误。就令“夹”可误“决”，孟氏谓“六朝以来，双声互倒之名词，不乏其例”，此仅可就六朝言之，“夹温”二字为明初之音，与今之朝鲜音甚近，决不能以六朝之音，例近世之音也。

德人 W. Gnube《华夷译语女真篇注释》（*Sprache der Jucen*）载女真文，“金”作“斥土”，译其音为“安春温”，日本人石田干之助氏《女真译语》（见《桑原博士还历纪念东洋史论丛》）译其音为“安出”，金史则称“金”为“按春”，亦作“安出”，清代译“金”为“爱新”，余友朝鲜金九经君言“‘按春’朝鲜字作‘안츈’，读如拉丁字母音之‘an chun’，‘爱新’朝鲜字作‘애신’，读如拉丁字母音之‘ai sin’，则其音自相近；‘夹温’朝鲜字作‘협온’，读如拉丁字母音之‘Hiĕp on’与‘按春’‘爱新’音各不相同，”且言“‘夹温’满洲语译其义为方天戟，而朝鲜读汉字皆为音读，‘金’作‘금’，读如拉丁字母音之‘Kûm’与‘夹温’之音亦迥不相同，”故“夹温”二字，其音其义，皆与“金”字渺不相关，决不可以双声互转或二字相切之例，为之沟通也。

二、爱斯本为女真白号之姓为金同族说

或谓“爱新”，本为女真旧姓，《金史·百官志》凡白号之姓八十二，黑号之姓十四，爱新一姓，属于白号，惟《金史·百官志》作“爱申”，乾隆武英殿本《金史》乃改作“爱新”；《乾隆金史语解·姓氏类》亦列爱新一姓。盖“爱申”与“爱新”同一语源，译为汉文，遂异其字。且女真以白为贵，金之国姓完颜，与爱新一姓，同属白号，明其同出一族，故清太宗自言为金之子孙耳。

或谓女真之分白黑，犹蒙古之分黑鞑白鞑，或称黑达达白达达，又如云南之猡猡，亦有白猡猡黑猡猡之分，盖其种族以此分别，各亲其亲也，蒙古太祖出于黑鞑鞑，金太祖出于白女真，则白黑迭有贵贱，不为一定成例，然则清太宗之姓爱新，原为金源白号贵族之姓，而非其所假造明矣。

余按《金史·百官志》所列白号黑号之姓，与元姚燧《牧庵文集》所载金世白号黑号之姓，其说不同，燧有《布色君神道碑》云：

> 金有天下，诸部各以居地为姓，章庙病其书以华言，为文敕有司，定著而一之，凡百姓：金源郡三十有八，广平郡三十，皆白书；陇西郡二十有八，彭城郡十有六，皆黑书。其等而别者甚严，布色氏于金源次第五。

据此，则《金史》所载与姚集颇异，兹比较如下：

金史	姚集
白号之姓	白号之姓
金源郡二十六姓	金源郡三十八姓
完颜第一	
仆散第五	布色第五
广平郡三十姓	广平郡三十姓
陇西郡二十六姓	

爱申（清改爱新）第二十一	
黑号之姓	黑号之姓
	陇西郡二十八姓
彭城郡十四姓	彭城郡十六姓

由此观之，爱申即爱新一姓，属于陇西郡，《姚集》列于黑号之姓，与《金史》相反，且白号黑号以书字之色彩分，其是否以种族之标帜分，尚不能断定，然其等别甚严，亲疏自见，完颜属金源郡，而为白号书，爱申属陇西郡，而为黑号书，则二者之族已疏，其非完颜氏之子孙明矣。

清太宗之改姓爱新，即《金史》之爱申，实无明确之证据，太宗自言“系大金之后，观辽金元三世自晓然矣”，（《清太宗实录》天聪七年《与朝鲜王书》中语）今观辽元二史，实无姓爱申或爱新之人，《金史·哀宗本纪》，正大四年有节度使爱申（清改爱新）《宗室表》有世宗之孙阿辛，（清改爱新）爱申、阿辛皆人名而非姓，爱申不知何姓，阿辛既为世宗孙，自姓完颜，与爱新一姓，皆无涉焉，岂得以此而混为金帝苗裔哉。

三、以国为姓说

本师余杭章先生著《清建国别纪》，中有《清为金裔考》，言爱新觉罗以国为姓，其言曰：

> 《清太祖实录》自本其先，谓长白山东布尔瑚里池有天女感于朱果，生布库里雍顺，姓爱新觉罗氏，主长白山东俄朵里城，此附会生民玄鸟之义为之，盖诞妄不足信据。《太宗实录》天聪七年《与朝鲜王书》有云：“瓦尔喀与我俱女真国大金之后，先是布占泰侵掠我国人民，我两国由此构兵，今索取之由，

盖以实系我国所遗，若谓瓦尔喀与我不系一国，非大金之后，尔国有熟知典故者，可遣一人来，予将以世系明告而遣之，尔试观《金辽元三史》，自晓然矣。”则是自承金裔，与朱果感生之说大殊。先是天聪三年，太宗亲统兵薄北京，十二月辛亥克良乡，是日房山县有生员三人来降，太宗论之曰“闻尔房山县人曾奉祀我前金皇帝，是亦有劳之民也，今天祐我至北京，大业告成，尔皆属我，不成，恐贻尔祸，尔等须杜门安坐，以待事之究竟”，于是赏而遣之，辛酉，遣阿巴泰贝勒祭金太祖世宗陵。（此事亦见《清太宗实录》）其与《朝鲜书》，容有夸诈，若所谕房山三生言，明称“我前金皇帝”，此岂有矫诬耶？以是推之，清为金后，近是也。至天聪天年，《遗祖大寿书》云“尔明主非宋之苗裔，朕亦非金之子孙，彼一时也，此一时也”，此乃以明人惩于宋金和议有为而言，不足以夺其大金国后之证。《世祖实录》顺治十四年六月己丑，立金太祖世宗陵碑文，但称金有功德于天下，未尝指世系所自，此则入关以后，知华人以宋金旧事惎金最深，故不欲显言耳。然其言“金陵在房山者，前我师克取辽东，故明惑于形家，疑与本朝王气相关，遂斫断其地脉，己巳岁，我太宗文皇帝统师入关，念金朝先德，遣王贝勒大臣，诣陵致祭，明复加摧毁，且建立关庙为压胜”，是明人灼然知清为金后，清亦自言金朝先德，先德者何，非其祖则不可言也，若夫金氏完颜，而清氏爱新觉罗，完颜者氏于部落，爱新觉罗者氏于国名，其异也乃其同也；且太祖初建国时，移檄称“后金国汗”，今见王在晋《三朝辽事实录》茅瑞征东夷考略所述《朝鲜咨文》，太祖之称“后金国汗”甚明，清内阁所藏天聪四年入犯京师誓众谕，则太宗犹称“金国汗”，（今朝鲜诸史崇德以后称清，天命天聪皆称金）彼曷为而讳是耶！虽然，爱新觉罗译为金之疏属，其著姓亦后起也，自范察以至太宗，盖八九世，若素氏爱新觉罗者，其族人宜户知之，崇德创制，何得私其姓于近支，而削六祖以下曰觉罗，范察以下，虽觉罗亦不予耶？

谨案章先生说，谓爱新觉罗以国为氏，固属甚允，盖清太祖时，欲自以金之子孙相号召，故自称其国为后金，而认王杲为同族，金世女真各有汉姓，完颜曰王，见于《金国语解》，认王同族，即认完颜为同族也。至于太宗天聪之时，尚承其国号；及至崇德改元，国号曰清，姓曰爱新，仍欲以金之国号为姓，以自炫其为贵族，然考《金史》及《姚燧文集》，则完颜爱新既不同郡，白号黑号又不同部，其于金源实为冒宗，故不如以国为氏之说，较为直捷也。唯谓“爱新觉罗为后起之姓，且私其姓于近支，削六祖以下曰觉罗，六祖以前，则不予以觉罗”；则爱新之姓，即为爱申，在金代已为白号或黑号之著姓，实非后起之姓；至于觉罗，本为氏族之义引申，与宗室同义，唯有亲疏之别，盖同族太多，自当有所区别也，此义前哲多未明察，余将于下文详论之。

四、“觉罗”之字义

“觉罗”初为姓氏之义，引申为宗族，与宗室相对，又引申为赐姓为国姓，《满洲实录图》云：

“爱新”汉语“金”也，“觉罗”“姓”也。

此为乾隆临本，其说已多追改，崇德元年所成《太祖武皇帝实录》，今存于北平故宫者，尚系当时未改原本，作：

"爱新"汉语"金"也,"觉落""姓"也。

则知"觉罗"本为姓氏之义,甚明憭也。

《清太宗实录》天聪九年正月丁丑条云:

命太祖庶子俱称"阿格",六祖子孙称"觉罗",命系红带以别之。

余藏有道光内府写本《帝系》一册,内有二表如下:

兴祖直皇帝（六子）
- 第六子宝实（觉罗）
- 第三子索长阿（觉罗）
- 第一子德世库（觉罗）
- 景祖翼皇帝
- 第二子刘阐（觉罗）
- 第五子包朗阿（觉罗）

景祖翼皇帝（五子）
- 第三子宣献郡王斋堪（觉罗）
- 第一子武功郡王礼敦巴图鲁（觉罗）
- 显祖宣皇帝
- 第二子慧哲郡王额尔衮（无嗣）
- 第五子多罗恪恭贝勒塔堪篇古（觉罗）

表中凡注"觉罗"者,其下各人小传中均云其子孙载于觉罗牒内,而乾隆《大清会典宗人府》条云:

凡天潢宗派,以显祖宣皇帝本支为宗室,伯叔兄弟之支为觉罗,宗室束金黄带,觉罗束红带,生子女周岁,书其年月日时,母某氏,详其嫡庶次第,具册送府,宗室载入黄册,觉罗载入红册。

案乾隆《会典》所称宗室，即太宗时所谓“阿格”，然则宗室觉罗，实皆同姓同族，不过稍分亲疏耳。考《清文鉴君部》云：

ᡠᡴᠰᡠᠨ 乌克苏乌恩 宗室（此为译义）

ᡤᡳᠣᡵᠣ 基依优罗鄂 觉罗（此为译音）

据此“宗室”之译音即为“阿格”，“觉罗”之译义，当为宗族，盖宗室为亲族，宗族为疏族，其为同姓则一也。

由此观之，“觉罗”本为姓氏之义，引申为宗族，详言之，则为疏族，此皆为公名词；而或谓“觉罗”为专名词，亦为姓氏之一，与完颜古论同例，惟其分支多，故爱新觉罗之外，复有他种“觉罗”，《八旗满洲氏族通谱》云：

> “觉罗”为满洲著姓，内有伊尔根觉罗，舒舒觉罗，西林觉罗，通颜觉罗，阿颜觉罗，呼伦觉罗，阿哈觉罗，察喇觉罗。（通谱卷十二）

此云觉罗氏为满洲著姓，与其他某某氏为满洲著姓，同为一例，则其为满洲姓氏之一，而为专名词明矣。

余谓此等“觉罗”，仍有宗族及国姓赐姓之义，当分别观之，例如“瓦尔喀地方伊尔根觉罗氏”，（《通谱》卷十四）即太宗引以为同族者，上文所引《太宗实录》天聪七年与《朝鲜王书》有云：

瓦尔喀与我俱女真大金之后，若谓瓦尔喀与我不系一国，非大金之后，尔国有熟知典故者，可遣一人来，予将以世系明告而遣之。

然则瓦尔喀地方伊尔根觉罗氏，此“觉罗”仍有宗族之义，伊尔根据《清文鉴·人部》，汉语为“民”，此伊尔根觉罗，谓散在民间之宗族，不入觉罗宗室籍者，故其数最多，《通谱》谓：

其氏族蕃衍，各散处于穆溪，叶赫，嘉木湖，兴堪，萨尔湖，呼讷赫，雅尔湖，乌喇，瓦尔喀，松花江，阿库里，佛阿喇，哈达，汪秦及各地方。

其中或为金室之后裔，或为兴祖以上之旁支远族，大抵皆为太祖时所认之觉罗，入关以后，不载入觉罗籍，而任其自为谱牒，同于齐民者也。

又如董鄂氏，《通谱》卷八谓：

董鄂本系地名，因以为姓，其氏族世居董鄂地方。

案董鄂，或作“栋鄂”，或作“佟佳”，本为佟家之转音，即佟家江地方也，此江本名婆猪江，因建州卫佟氏居其地，故名佟家江，太祖自父祖以来，皆以佟姓具表明廷，董鄂氏本为佟氏，故亦有“觉罗”之称，（见《八旗文经作者考》铁保下）又《通谱》卷十九雅尔湖地方佟佳氏下云：

达尔汉侍卫扈尔汉，世居雅尔湖地方，国初随其父扈喇琥来归，太祖高皇帝优遇之，养以为子，赐姓觉罗。

此佟佳氏亦即佟家氏，实即佟氏，与太祖同姓，故认为觉罗，凡此等觉罗，皆为同族义。

由以上数例推之，或为金国之后裔，或为佟氏之宗族，太祖时皆认为觉罗；及太宗时，嫌觉罗之太多，中国亦有“亲亲之杀”之礼，于是乎有限制之谕，此踪迹之可寻者也。

他若舒舒、西林、通颜、阿颜、呼伦、阿哈、察喇等觉罗，其是否为金裔或佟姓之觉罗，今尚不能详考，惟观《通谱》卷十六舒舒觉罗下云：

法都，世居讷殷江地方，国初率族众来归，著有劳绩，太祖高皇帝嘉之，将异姓孟库所管之佐领使统焉。

《通谱》卷十八阿颜觉罗下云：

硕色，世居瓦湖木地方，天聪时来归，将异姓萨尔察等编佐领，使统之。

觉罗本有同姓之义，故云以异姓所管之佐领使统之，则彼等之觉罗，仍有宗族之义。《通谱》卷十七嘉木湖地方伊尔根觉罗氏有佟保；又卷十八阿颜觉罗氏有佟吉库。似又为佟氏之觉罗，然此等孤证，尚不能作为定论，惟观西林、呼伦，皆系地名，而其上又冠其他地名，则此等觉罗，数经迁徙，已为极远之宗族，且其中或有以异姓而赐以国姓者，如汉之赐姓刘，明之赐姓朱，假若西林、呼伦实为异姓，而又称为觉罗，则正如明季郑成功之称为赐姓，或称为国姓耳，故觉罗决非专名词，而为公名词，可断言也。诸书言“赐姓觉罗”，“姓爱新觉罗氏”，此皆汉人撰文，不知彼族字义，故成此不通之词句。若“觉罗”可作为姓，则“宗室”亦可作为姓耶！

五、“觉罗姓赵”说不足信

日本内藤虎次郎氏《清朝姓氏考》，信流俗“觉罗姓赵”之言，谓清为赵宋之后裔，稻叶君山氏《清朝全史》亦采其说，流播北平、辽东，愈坚流俗之信心，至不学之清裔，有改汉姓为赵者，此其言不可不辩也。内藤氏之言曰：

> 住居满洲之旗人，有一种传说，以为“觉罗姓赵”，此爱新觉罗氏与赵氏是否同是一族，此有两种观察：其一，太祖始建国号，称为金国，当其时，彼为满洲各种觉罗之一，特改称为爱新觉罗；其二，据《金史国语解》，“斡准曰赵”，“斡准”与“爱新”音近，《金史国语解》称“金”曰“按春”，不曰“爱新”，然满洲语则转而为“爱新”，自金以来六百余年，“按春”既转为“爱新”，则“斡准”亦可转为“爱新”，然则金代所称赵姓之“斡准”，自可一变而为“爱新”；“爱新”既为赵姓，则清朝之天子，非金之末孙，反为赵宋末孙，此种结论，决非牵强附会，盖“觉罗姓赵”，为满洲旗人无意识之传说，其言必有来历也。
>
> 清嘉庆时，有满洲名人铁保者，字冶亭，《啸亭杂录》记其家世云：“近日董鄂冶亭制府，考其宗谱，乃知其先为宋英宗越王之裔，后为金人所迁，处居董鄂，以地为氏。”据此，则董鄂氏为宋之后，姓赵可知，然铁保之董鄂氏，原为觉罗氏，《八旗文经作者考》云：“铁保，字冶亭，旧谱姓觉罗氏，自称赵宋之裔，

后改董鄂。”铁保之觉罗，非宗室之觉罗，盖为散布满洲各种觉罗之一，要之可为“觉罗姓赵”传说之一证。

内藤氏后有《清朝姓氏考正误》云：

礼亲王《啸亭杂录》记此事有误，《宋史宗室列传》：“越王偲，神宗之第十二子，初授武成军节度使，检校太尉，祁国公；哲宗朝，加开府仪同三司，封永宁郡王，是后累换节钺，历尹牧，封睦王；徽宗朝，历太保太傅，进封定王，邓王，越王。靖康元年，迁太师，授永兴成德军节度使，雍州真定牧；二年，徽宗钦宗蒙尘，徐秉哲以兵卫送王及燕王于金营，北行至韩州而薨。然则越王为神宗子，非英宗子，聊为考补如此。”

案内藤氏之说，出于世俗之讹传，实无根据，兹分条辩驳如下：

“觉罗姓赵”一说，其言本属不词，盖“觉罗”本义，即为姓氏，引申为宗族，与宗室对称，实亦广义之宗室而已，故“觉罗姓赵”云者，无异言“宗室姓赵”，即无异言“爱新姓赵”，内藤氏所以谓《金史·国语解》“斡准曰赵”，即“爱新曰赵”之转音也。然以学理言之，《金史·百官志》，女真白号之姓既有“斡准把”，又有“爱申”，乾隆钦定《金史·语解》，“斡准把”改译为“旺扎卜”，“爱申”改译为“爱新”，则“斡准”与“爱新”本为二姓，实不可以相附会也。以事实言之，满州旗人实不知“斡准曰赵”，而以“爱新”附会之也。余尝问之彼族，彼族多谓不知何意，或谓因汉人《百家姓》一书，以赵氏居第一，彼为皇族，自当以第一姓之赵氏译之，此亦师金人改译汉姓故智，金之皇族完颜氏，译汉姓为王，清之皇族爱新氏，译汉姓为赵，皆取汉姓中之最贵者，此说颇亦言之成理，然究为流俗之传说，实无考据之价值也。

且"斡准曰赵"，此赵氏亦不足证明为汉人，《金史国语解》载完颜汉姓曰王以下三十一姓，斡准曰赵亦在其内，详言之，即斡准汉姓曰赵也，《金史国语解》本条附言云：

> 其后氏族或因人变易，难以遍举，姑载其可知者云。

可见当时金人改汉姓者甚多，非汉人改金姓也。考《金史世宗本纪》：

> 大定十三年五月戊戌，禁女真人毋得译为汉姓。（《金史》卷七）

又《章宗本纪》：

> 明昌二年十一月丙午朔，制女真人不得以姓氏译为汉字。

据此，则"斡准曰赵"，当大定明昌禁译汉姓时，盖已有之，此为女真人改称汉姓之确证，而欲谓为汉族之子孙，是实颠倒其说也。

至谓"铁保本为觉罗，为宋英宗子越王之裔，后为金人所迁，处居董鄂，以地为氏。"此说更属牵强附会，考宋英宗子有吴王、润王、益王，而无越王，内藤氏考定越王为神宗子，虽拟迁居，乃至韩州即薨，即使其子孙，仍至金营，仍当保守原姓，《八旗满洲氏族通谱》卷七十六及卷八十，皆有赵氏，即为宋室之子孙，决无改姓斡准转音为爱新之理，况董鄂为佟佳之转音，“佟佳”即“佟家”，然则铁保祖宗本姓佟，与太祖同姓，故亦有觉罗之称，决非本姓赵也。由此言之，觉罗姓赵，实无凭证，不足相信，内藤氏《清朝姓氏考》之结论，不能成立矣。

下篇　原有之姓

上言爱新一姓，为清太宗新改之姓，其始祖猛哥帖木儿本姓为夹温，然此姓后起，其说已见于上，且仅为猛哥帖木儿入侍高丽大将李成桂时一见；其后朝鲜方面，又称彼为童猛哥帖木儿，于是建州左卫一系，世世以“童”音之字为姓，或音变为“董”为“脱”，而其本字为“佟”，至清太祖以上三世，均称为佟姓，明代建州左卫，可谓全以“佟”姓，世为都督指挥等官，无以爱新一姓，通于明廷者，故明代朝野上下，无不知其为佟姓，却无有知其姓爱新者。而此佟姓，本为北燕以来辽东之著姓，已同化于汉人，故亦可称为汉姓，兹篇搜辑其姓佟之证据，与夫辽东佟氏相互之关系，及其同姓为婚之事实，而揅考太宗讳言姓佟之原由终焉。

一、佟姓起于猛哥帖木儿

猛哥帖木儿之姓佟，亦见于朝鲜之记载，稻叶君山氏《清朝全史》第三章建州左卫最初位置条引朝鲜人所著《东国与地胜览》云：

> 本高句丽旧地，胡言斡木河，本朝太宗朝，斡朵里童孟哥帖木儿乘虚入居，世宗十五年，兀狄哈杀孟哥父子，斡木河无酋长，十六年，别置镇于斡木河，称会宁镇。

所谓斡朵里童孟哥帖木儿，与朝鲜《龙飞御天歌注》所谓斡朵里豆漫夹温猛哥帖木儿，正是一人，《龙飞御天歌注》举其女真姓，《东国与地胜览》举其汉姓，而皆出于朝鲜人之记载，则其姓必非新冒汉人之姓，而为其本姓可知。猛哥帖木儿虽曾为彼国上将军，然对朝鲜人无须冒汉人姓也；况其时女真人姓佟者，尚有三万卫之佟达礼，奴儿干都司之佟答剌哈，皆为猛哥帖木儿之同族，彼此皆有特别关系，（说详下）则猛哥帖木儿之童姓，必为佟姓无疑，况其后裔叫场塔失奴儿哈赤三世，皆以佟姓通于明乎。

《清史稿·阿哈出传》为余同乡某先生所作，余尝与之谈论，知其史料皆出于《明实录》，颇足信据，《阿哈出传》云：

> 永乐十年猛哥帖木儿者，亦女真头人，其弟凡察，与阿哈出并起，明析置建州左卫处之，以为指挥使，宣德元年，正月，进猛哥帖木儿为都督佥事，八年二月，为右都督，是年七姓野人木答忽等纠阿速江等卫头人弗答哈等，杀建州左卫都督猛哥帖木儿及其子阿古，其弟都指挥使凡察告难于明，九年二月，进凡察都督佥事，正统二年，时李满住掌建州卫，凡察掌建州左卫，而故建州左卫都督猛哥帖木儿诸子董山、绰颜，依凡察以居，董山，李满住及朝鲜国王上言，均称童仓，译音异也；是年十一月，以董山为本卫指挥使，六年正月，进董山为都督佥事，董山、凡察争卫印，七年二月，析置建州右卫，凡察、董山皆进都督同知，董山以旧印掌左卫，凡察以新印掌右卫。十一年二月，以董山弟绰颜为副千户。天顺二年二月，进董山右都督。成化三年七月，杀董山，讨建州。五年六月，建州左卫都指挥佟那和箚上章，为董山子脱罗等乞官，宪宗命授脱罗都指

挥同知。弘治初，脱罗进都督。孝宗之世，脱罗三朝。正德元年，脱罗卒，以其子脱原保袭都督佥事，武宗之世，脱原保三朝。嘉靖间，建州左卫都督章成、古鲁哥，见于《明实录》，不知其世，迨嘉靖季年，王杲强，而阿哈出、猛哥帖木儿之族，不复见。

某先生以清太祖非猛哥帖木儿子孙，故以建州卫始祖阿哈出，建州左卫始祖猛哥帖木儿，建州右卫始祖凡察，共立一传，不以都督猛哥帖木儿即为都督孟特穆，不载于《清太祖本纪》之首。然以世系比较之，则有令人不得不认猛哥帖木儿为清太祖祖宗者，兹比较其世系如下：

《清史稿·阿哈出传》世系：

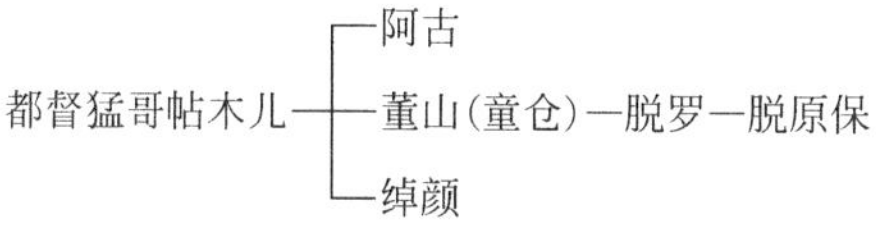

《清太祖实录》世系

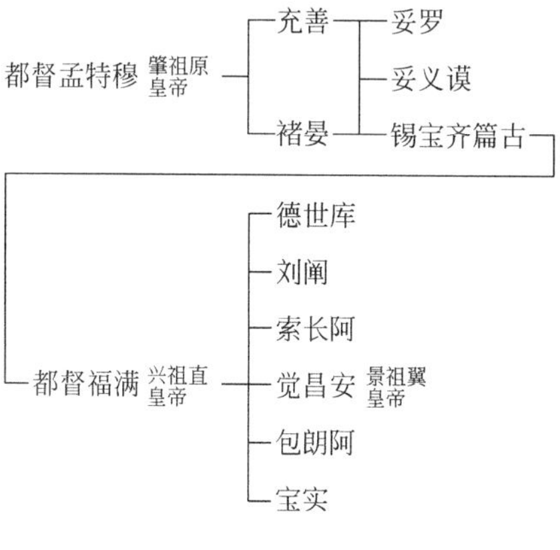

上列二表，其相同之处甚多：一，都督猛哥帖木儿，即都督孟特穆；二，董山或作童仓，即充善；三，绰颜，即褚晏；四，脱罗即妥罗。盖“董”“童”“充”“绰”“褚”“脱”“妥”，多为舌头音，皆由“佟”之音译而异者，观《明实录》宣德六年十二月，有建州左卫都督同知佟塔察儿，成化四年二月，有建州左卫都指挥佟火罗，成化五年六月，有建州左卫都指挥佟那和箚，亦必为童猛哥帖木儿之兄弟子侄，则“童”“董”等之原为“佟”，更可多一证据，某先生断定清太祖非猛哥帖木儿子孙，则何以肇祖以下三代四人译音全同？若谓：

清自述其宗系，而明乃得之于简书，春秋之义，名从主人。(《清史稿·阿哈出传》)

则不知清代所述汉文宗系，乃撰《太祖实录》时汉人从满文中译出，而明人所得简书之名，则为彼时之汉人所译，例如“姓氏”，天聪崇德时译为“觉落”，康熙、乾隆时则为“觉罗”；又如“宗室”，天聪时译为“阿格”，康熙以后，则为“阿哥”，若欲名从主人，则必不用译名，而用满洲原文而后可。不然，一字二译，必不能免，例如今之德国，中国译为德意志，日本译为独逸；又如俄国，中国译为俄罗斯，日本译为露西亚，世人决不谓为德意志与独逸，俄罗斯与露西亚，各为二国也。又谓：

隆庆万历间，建州诸部长未有名近兴祖讳(福满)者。(同上)

案辽东之卫数百，都督甚多，其名不尽见于明人记载，惟与明有重大关系者，则载其名，且一卫有左右二都督，同时亦未必全见其名，例如天顺时，建州左卫右都督为董山，而天顺五年二月有建州左卫都督尚古（见《华夷译语女真篇注释》所载建州海西等卫表文），不见于明人之记载；都指挥有二员，成化时，董山被诛，建州左卫都指挥为佟那和翁，而同时建州左卫都指挥有兀升哈（同上）。盖同为建州都督，董山势盛，则一切均由董山主持，故都督尚古，隐没而无传；都督福满时，章成势盛，则一切均由章成主持，故福满遂亦隐没而无传。日本人"谓福满系清太宗所捏造，欲冒猛哥帖木儿以来赫赫之宗系，实本无其人，"此说固不足训；某先生谓福满因不见于明人记载，与猛哥帖木儿宗系不相连缀，亦不认猛哥帖木儿为其祖宗，则又抹杀清朝自述之宗系，而重视明人简书所得矣，岂非自相矛盾耶！又谓：

> 太祖兵起，明人所论述，但及景显二祖，亦未有谓为董山裔者（同上）。

案明黄道周《博物典汇》云：

> 董山，奴儿哈赤之祖先也。

明茅瑞征《东夷考略》云：

> 奴儿哈赤，佟姓，故建州枝部也。

某先生未检上列诸书，辄谓明人亦未有谓太祖为董山裔者，毋乃近于速断；而《东夷考略》谓奴儿哈赤佟姓，故建州（左卫）枝部，则正合于清室自述之宗系，盖福满以下，为董山支庶之所出也。

余杭章先生《清建国别记》引《明实录》云：

> 嘉靖三十一年六月，有建州左等卫都督古鲁等来朝贡，其年七月，有建州左卫都督柳尚等来朝贡，隆庆元年，柳尚复来朝，柳尚与景祖仲兄刘阐音相似。

案《清史稿·阿哈出传》“谓武宗正德间，脱原保三朝，嘉靖间，建州左卫都督章成古鲁哥，见于《明实录》，”此古鲁哥即嘉靖三十一年来朝之古鲁；然则福满之为都督，必在嘉靖初三十年间，由支庶起，与章成同时，故由章成来朝，彼遂不著名于明人记载，正犹天顺初年建州左卫都督有董山、尚古二人，其时由董山来朝，故尚古亦不著名于明人纪载也。（案《明实录》成化二十年二月，建州卫左都督你哈答子尚古入贡，部议令袭父职，此尚古与建州左卫都督尚古，虽同名，然既不同卫，又不同时，实系二人；犹万历十六年十一月，建州卫都督阿台入贡，万历十一年二月，击杀王杲子阿台，亦同名，而为二人；故天顺时之尚古，实不见于明人纪载）。嘉靖三十一年，都督柳尚来朝，即福满子刘阐同音异译者；而景祖佟教场复为建州左卫都督佥事（见明张鼐《辽夷略》），后升都督；（见明程令名《东夷奴儿哈赤考》）显祖佟塔失为建州左卫指挥，（见《皇明通纪辑要》）则谓太祖非建州左卫都督猛哥帖木儿子孙，而谓其宗系不相连缀，是实欲助太宗之讳出建州左卫而已，非信史也（《清史稿·太祖本纪》既书其部族曰满洲，又书明以太祖为建州卫都督佥事，与《阿哈出传》显有矛盾）。

二、清太祖及其父祖皆称佟姓

上言童猛哥帖木儿之兄弟子侄，有佟塔察儿，佟火罗，佟那和箚，此为建州左卫佟氏原姓之始见于明人记载者，其他皆译为“童”为“董”，为“脱”为“绰”为“妥”为“褚”，皆未能译其原姓之“佟”，至太祖之父祖二代，始译其原姓为佟氏。兹略征其说如下：

明张鼐《实日堂初集》卷二十五《辽夷略》云：

奴（儿哈赤）之祖，曰佟教场，建州左卫都督佥事也，生佟他失。

教场，《东夷考略》作叫场，即清之景祖觉昌安；他失，《东夷考略》作塔失，即清之显祖塔克世。此清太祖父祖二代姓佟之明证，而明人记太祖之姓佟，则更繁多，兹取其习见者若干条，以为证，如《明神宗实录》，万历十七年九月辛未条云：

以建州夷酋佟奴儿哈赤为都督佥事。

此见于稻叶君山氏《清朝全史》之所引，以为“此由太祖表文知之”，然其表文，未必即为中国文，其时未制满文，当为女真文，明制，四夷馆有女真译生通事，《会典》，“女真夷人袭替，先译审明白，兵部赴内阁对原敕底簿，”足见当时表文，必为女真文，惟教场以前，只知其有名，不知其有姓，故或译为“童”为“董”为“脱”，及其他种种同音之字，不拘一例；至教场以下，与建州交涉频繁，始洞悉其有姓，且知其原姓佟，于是定译为佟，历三代而未有变，此亦踪迹之可寻者也。今由女真表文而知天顺时之有建州左卫都督尚古，由清室谱牒而知嘉靖初之有都督福满，此皆不见于《明实录》及其他明人之记载，然明内阁原敕底簿，必有尚古、福满等名，特明代内阁底簿无存，故无由考证。《清史稿·阿哈出传论》以为"隆庆万历间，建州诸部长，未有名近兴祖讳者，"因而不认猛哥帖木儿为其宗祖，此则太重直觉，而轻视推理，实悖论理学之原则者也，因论太祖表文，故附及此。

记载清太祖之姓佟者，尚有茅瑞征之《东夷考略》，董基之《辽事志略》，其言曰：

> 奴儿哈赤佟姓，故建州枝部也，其祖叫场，父塔失，并及阿台之难。

沈国元《皇明从信录》于万历二十三年，加奴儿哈赤龙虎大将军条下，引《建州女直考》，亦与《东夷考略》等文同。海滨野史《建州私志》云：

> 奴儿哈赤佟姓，建州枝部也，祖叫场，父塔失，并从李成梁征阿台，死于阵，成梁雏畜哈赤，哈赤事成梁甚恭，愿为人忍诇多智，幼时已有异志，及长，以祖父故，予指挥职。

于燕芳《剿奴议撮》附《辽阳图》云：

> 建酋，古建州，姓佟，名奴儿哈赤。

奴儿哈赤之姓佟，明人无不知之，不特国史野记，在在可征，即当时文人学士，且形之诗歌，足征其姓名已朝野皆知也。明王思任《避园拟存》咏《辽警》云：

僭元佟哈赤，叛应李家芳。

考《建州私志》“万历四十六年四月，建兵佯令部夷赴抚顺市，潜以劲兵踵其后，突执游击李永芳，永芳降，城遂陷，”所谓“叛应李家芳”者，指李永芳也。又案《东夷考略》“万历四十四年闰四月，奴儿哈赤归汉人张儒绅赍夷文请和，自称建州国汗，四十七年五月，朝鲜咨报奴酋移书声吓，僭号后金国汗，建元天命，”而《清太祖实录》则称“天命元年丙辰，”则在万历四十四年，已建元天命，所谓“僭元佟哈赤”者，即指其僭元天命也。

三、建州三卫始祖疑皆姓佟

建州左卫始祖为佟猛哥帖木儿，其弟凡察为建州右卫始祖，自属佟姓；惟建州卫始祖阿哈出，其女真姓为古论，明代则赐姓为李，故终明之世，表文敕书皆称李而不称古论；然阿哈出孙李满住，所住之婆猪江，后变名为佟家江，而清太祖又引李满住子孙为同姓，故疑阿哈出之流姓亦为佟，此事孟森君《清朝前纪》第九篇，亦尝疑及之，其言曰：

婆猪江自建州卫李满住、凡察先后托足，遂称佟家江，并疑满住亦姓佟，而佟为建州之公姓，爱新觉罗乃斡朵里一族，特自标异之姓。

孟氏虽尝疑李氏亦为佟姓，然无确实之证据，为之说明，遂为日本鸳渊一氏之说所压倒，鸳渊一氏《建州左卫之迁住地》（见桑原博士《还历纪念东洋史论丛》）云：

> 朝鲜《李朝实录》世宗王六年（永乐二十二年），四月辛未条云："李满住率管下一千余户，到婆猪江居住，去年癸卯，蒙圣旨许于婆猪江多回坪等处居住。"《李朝实录》世宗王二十年（正统三年），八月庚申条云："李满住欲移住草河，而未蒙奏准，远徙浑河之上。"
>
> 《皇明实录》（英宗）正统三年六月戊辰条云"建州卫掌卫事都指挥李满住遣指挥赵歹因哈奏，旧住婆猪江，屡被朝鲜国军马抢掠，不得安稳，今移住灶突山东浑河上，（即清兴京）仍与朝廷效力，不敢有违。"
>
> 《皇明实录》（英宗）正统五年九月已未条，指定建州左卫之居地云："今已敕辽东总兵官曹义等，安插三土河及婆猪江，迤西冬古河两界间，同李满住居处。"

据此，则李满住之所居，本名婆猪江，自满住迁居浑河之上，而凡察、董山始安插于三土河及婆猪江迤西，以冬古河为界，则北抵清之兴京以北，南抵今之董鄂河，即冬古河，皆为建州左卫与建州卫合住之地，惟二卫衙署，则同在浑河之上，至英宗正统七年，董山为建州左卫都督，凡察为建州右卫都督，与建州卫李满住，鼎足分立，则其卫所必有迁移。据鸳渊一氏所考定：建州左右卫未分裂之前，三卫皆合住浑河之上，即清之兴京地方；左右卫分裂之后，右卫凡察仍住兴京，董山则再迁至婆猪江李满住原住之地，故得阴附朝鲜，受其正宪大夫中枢院使官职，大振势力，而婆猪江遂由董山而称为佟家江,"佟""董"音近也,而李满住则再迁佟家江南与鸭绿江会流之洞沟,此地亦先由董山居住,故有此名,"洞""董"亦音近也。

观鸳渊一氏之说,则孟氏之说,似已不能成立;然余仍欲申孟氏之说而抑鸳渊一氏之所论,何则?盖婆猪江明人或称为婆猪江,后俗称为佟家江,据齐召南《水道提纲》卷二:

> 佟家江即古盐难水,其西南有支流,自董鄂来,东流注之。

而胡林翼大清一统《舆图》,佟佳江西南有二支流,即大小雅尔浒河是也,其大雅尔浒河上流北源,即董鄂河,疑即明正统五年安插建州左卫时之冬古河,此冬古河名,必先董山西迁时而有,世俗以此支流冬古河之名,移称婆猪江本流而为佟家江,而冬古河则变称为董鄂河,盖冬古河本为佟家河,必由佟姓之人居住其地而名,而始居其地者,厥为李满住。余疑阿哈出当时之女真姓。虽为古论,而其汉姓乃为佟,犹猛哥帖木儿女真姓虽为夹温,而其汉姓亦为佟也。阿哈出以佟姓而为建州卫指挥使,故猛哥帖木儿亦以佟姓之亲,而得建州左卫,凡察亦以佟姓之亲,而得建州右卫,此为其内部亲族关系(其证见下),故分而为三卫;而毛怜卫亦为阿哈出次子所掌,然其对于明廷,其初不以姓通也,故明廷赐阿哈出姓李,其后建州左卫始自以汉姓佟氏之女真表文,达之明廷,而明廷或译为"董",或译为"童",或译为"脱",或译为"佟",其初盖亦不知其为姓也,及称佟教场、佟塔失、佟奴儿哈赤时,始知其为姓氏,而清太祖之引建州卫李氏为同姓,盖亦由佟氏之故,《清太祖实录》卷一(北平故宫博物院文献馆出版)云:

> 甲申正月，先是浑河部兆佳城长李岱引哈达来侵，上曰李岱我同姓兄弟，乃自相戕害，为哈达向导。

浑河李氏为建州卫李氏子孙，其本姓为佟，故太祖称为同姓兄弟也。

又明末佟卜年因敌族被囚，其《辨冤》第三疏（见佟卜年《幽愤录》）以“奴儿哈赤以孙女妻佟养性、李永芳”，证明奴儿哈赤之不姓佟，以图脱其敌族之嫌，则李永芳亦本姓佟，为建州卫李氏子孙，故佟卜年引以为证也。《明实录》：永乐四年十一月，有建州卫指挥佟琐鲁阿；（与阿哈出同时）正统五年三月，有建州卫指挥佟观音奴；（与李满住同时）正德五年三月，有建州卫都督童子。此更可证明建州卫李氏原有汉姓，亦为佟也。

由此推之，建州卫李氏其原有汉姓既为佟，故其所移住之地，称为佟家河，又以音同为冬古河。其洞沟之洞音，若亦以姓得称，则必为李满住及董山先后居住之故；其后婆猪江之称为佟家江，其缘由与之相同；独冬古河在董山未西迁以前，已以佟家得名，则必由李满住先住此地而起；此亦可证建州卫李氏之本姓佟也，而建州三卫及毛怜卫盖皆为一族云。

四、辽东佟氏三派之关系

辽东佟氏，其来甚远，《北燕录》有辽东文士佟万，将军佟寿，盖与慕容氏同为东胡种，而早同化于汉族者，其子孙盖分布于辽东甚众，越在东鄙，鲜通中夏，故其后无闻人。自辽金元以北族崛起，荐食华夏，于是复其东胡本俗，多用名而鲜用姓，然其祖宗以来姓氏，若断若续，尚未全忘也。至于明初，有三万卫之佟氏，有奴儿干都司之佟氏，有建州卫之佟氏，盖皆为近族伯叔昆季也，明季佟卜年

《幽愤录》谓“辽东二十五卫，姓佟者不下数十家，”盖其他各卫，亦必有佟氏为其世袭之官如毛怜卫者。今将三万卫及奴儿干都司之佟氏，分考于下，以求其与建州卫佟氏之关系焉。

三万卫之佟氏

辽东佟氏，以三万卫佟氏官于明为最早，佟卜年《幽愤录》附其子国器佟氏《家谱》(《幽愤录》并《附录》八卷，顺治十一年刊本)云：

始祖讳达礼，洪武十六年亮小旗迤北征进，二十一年，齐开设铁岭卫榜文，前去高丽张挂，升总旗，节次招安奴儿干野人有功，奉钦依升与试百户，调三万卫右所，二十八年，前去忽剌温地面杀死野人一名，元配王氏。

二世祖讳敬，袭授百户，永乐年差往散秃鲁等处，招到野人头目二十五名解京，本年七月，仍差散察等处，招到野人头目二十六名，有功升本卫所副千户，迤北征进到玄冥河，生擒贼一名，升正千户，十三年，征进迤北，追贼到忽剌温地方，擒获野人并马驼解京，十四年，复征天成有功，升本卫指挥佥事，元配王氏。

此佟达礼父子，盖与奴儿干都司之佟答剌哈，及建州卫之阿哈出同族，皆互有极深之关系。考三万卫在明之开原县城，旧为元之咸平府治，元世祖时，移黄龙府之开元路治所于此，遂名开元，(据《满洲历史地理》第二卷四一七至四二三页所考定)至明则改“元”为“原”。天顺大明一统志云：

三万卫在都司城(辽阳)北三百三十里,元为开元路,本朝洪武二十一年,置兀者野人乞例迷女直军民府,二十二年,罢府置卫,有安乐州、自在州,俱永乐七年置,治开元城内,所领新附夷人,后徙自在州于都司城内。

嘉靖《全辽志》云:

三万卫治,洪武二十三年指挥刘显建。(卷一)

三万卫有左右中前后中中前前后后八千户所,掌印千户所各一员,下有掌印各百户。(卷三)

考三万卫之名,前贤未尝言及其义,其建置年月,说亦不同,余甚疑之,考《明太祖实录》云:

洪武二十年十二月庚午,置辽东三万卫指挥使司,以千户侯史家奴为指挥佥事。

二十一年三月辛丑,徙置三万卫于开元(即开原),先是诏指挥佥事刘显等至铁岭立站,招抚鸭绿江以东夷民,会指挥佥事侯史家奴领步骑二千抵斡朵里立卫,以粮饷难继,奏请退师,还至开元,野人刘邻哈等集众屯于溪塔子口,邀击官军,刘显等督军奋杀百余人,败之,抚安其余众,遂置卫于开元。

据此,则三万卫之初设,在洪武二十年十二月,其地在斡朵里,即元斡朵怜万户府,猛哥帖木儿之旧治也,其所以名三万卫者,因其附近有元胡里改桃温斡朵怜三万户府,遂取此名,洪武二十一年三月，始徙置开原，又附设自在、安乐二州，以领新附夷人，故开原之三万卫，实为统辖降夷之所。明周斯盛《阅开原城诗》云：

雉堞连云峙北陆，层山如戟界华夷。

李贡《登开原北城诗》云：

北关迢递几千里，控引入贡诸东胡。（二诗均见嘉靖《全辽志·艺文》）

所谓“地界华夷”“控引东胡”，诚辽东最重要之卫也。其时同城既有安乐、自在二州，以领新附夷人，则佟达礼父子招致之女真头目，必皆聚集于斯，而后入朝，故其与建州卫及奴儿干都司之佟氏，同族提携，其关键皆在于此。

三万卫之《佟氏家谱》，自明初讫清初，其世系及小传皆全，其与建州有关系者，如佟养性、佟卜年等，下文尚须述及，余皆省略。

奴儿干都司之佟氏

奴儿干都司之佟氏，见于《奴儿干永宁寺二碑记》及《明实录·八旗满洲氏族通谱》。内藤虎次郎氏《奴儿干永宁寺二碑补考》，（见内藤氏《读史丛录》）引永乐十一年九月敕修《奴儿干永宁寺碑记》云：

永乐九年春，特遣内官亦失哈等率官军一千余人，巨船二十五艘，复至其国，开设奴儿干都司。

案内藤氏《补考》引《明实录》云：

永乐二年二月癸酉，置奴儿干卫，七年闰四月己酉，设奴儿干都指挥使司。

《碑记》言"永乐九年春，开设奴儿干都司，"岂设立在七年，实行开设在九年耶？抑《碑记》之误耶？又《碑记》末附列人名，有：

镇国将军都指挥同知张旺，都指挥同知康旺，都指挥佥事王肇舟，佟答剌哈　安乐州千户王儿卜，自在州千户□剌□哈弗□的　撰碑记行人铜台邢枢等。

宣德八年，重建永宁寺□□(记碑)，末附人名，有：

都指挥康福　王肇舟　佟胜

内藤氏引《明实录》云：

宣德三年正月庚寅，命都指挥康旺、王肇舟、佟答剌哈往奴儿干之地，建立奴儿干都指挥使司，并赐都司银印一，经历铜印一。

六年六月癸丑，命都指挥同知佟答剌哈侄胜，袭为都指挥佥事，佟答剌哈永乐中在边多效劳勤，升奴儿干都司都指挥佥事，后升都指挥同知，于三万卫带支百户俸而卒，胜告袭行在，兵部言都指挥流官，不应袭，上曰，怀抚远人，勿拘常例，特命袭指挥佥事，仍食百户俸。八年七月壬申，奴儿干都司故都指挥同知佟答剌哈妻王氏来朝，贡马及方物。

奴儿干都司之佟氏，其见于《八旗满洲氏族通谱》者，尚有佟答剌哈之父及其昆季六人，《通谱》卷十九马察地方佟佳氏条云：

初，巴虎特克真生七子，长曰屯图墨图，次曰达尔汉图墨图，三曰颜图墨图，四曰扬嘉图墨图，五曰坦图墨图，六曰额赫礼图墨图，七曰噶尔汉图墨图。

此达尔汉图墨图，内藤氏谓即奴儿干都司之佟答剌哈，其说甚是，佟答剌哈盖无子，以其侄胜袭职，其兄弟之子孙，在清太祖太宗时，亦多为开国功臣，其世系自明初讫清初亦略具，兹亦从略。

三万卫及奴儿干都司之佟氏，其明初之梗概，既皆略述如上；其与建州卫佟氏之关系如何，将于下略述之。

《八旗满洲氏族通谱》云：

佟养正，其祖达尔汉图墨图，于明时同东旺、王肇州、索胜格等，往来近边，遂寓居开原。

《东夷考略》云：

永乐元年，遣行人邢枢招谕奴儿干诸部野人酋长来朝，因悉境附，于是康旺、佟答剌哈、王肇州、琐胜哥四酋率众来降，始设奴儿干都司。

案佟养正为佟卜年伯父，为三万卫佟达礼之八世孙，非奴儿干都司佟答剌哈之子孙，见于《佟氏家谱》甚明，《通谱》误也。《通谱》所谓寓居开原之四人，即《东夷考略》牵众来降之四人，兹比较如下：

《八旗满洲氏族通谱》：	《东夷考略》：
东旺	康旺
佟佳氏达尔汉图墨图	佟答剌哈
王肇州	王肇州
索胜格	琐胜哥

佟达礼父子，皆为三万卫百户，而佟答剌哈初降时，亦为三万卫百户，至其侄胜仍带此百户俸，则此四人，疑皆为佟达礼父子所招致之野人头目，而对于其同族之佟答剌哈尤为尽力，先已荐为百户，与己同列；又佟达礼父子皆娶王氏，佟答剌哈亦娶王氏，即宣德时来朝者，疑皆与王肇州有关系，盖为世交，非偶然相值也，康旺、琐胜哥盖亦为其旧相识者。惟琐胜哥系忽剌温野人头目，佟氏似与之不相洽也，《明实录》永乐元年十二月条云：

忽剌温等处女真野人头目西阳哈琐失哈等来朝，贡马百三十四，置兀者卫，以西阳哈为指挥使，琐失哈为指挥同知。

此琐失哈即琐胜哥，满洲人读“哥”为开口音如“格”，故《八旗满洲》氏族《通谱》作索胜格，“格”与“哈”音近，故知其为一人，《满洲历史地理》第二卷《建州》女直之《原住地及迁地篇》引《明辽东志》云：

建州东濒松花江，风土稍类开原，有河曰稳秃，深山多松木，国朝征奴儿干，于此造船，流至海西，装载赏赉，浮江而下，直抵其地，有敕令兀者卫都指挥琐胜哥督守。

案稳秃河即今吉林城西之温特河，此元代之建州，即在今之吉林城附近，其地在海西境内，为忽剌温野人势力所范围，琐胜哥既为忽剌温野人头目之一，而兀者卫即在其附近，故得督守建州；其督守建州，必在永乐二年以后七年以前，内藤博士《奴儿干永宁寺二碑补考》引《明实录》："永乐七年，设奴儿干都司，以东宁卫（在辽阳北城）指挥康旺为都指挥同知，千户王肇舟等（佟答剌哈亦在其内，观永乐奴儿干永宁寺《碑记》题名可知）为指挥佥事，"其时同寓开原四酋中之康旺、王肇舟、佟答剌哈已各授永宁卫三万卫等职，至七年皆往奴儿干，惟琐胜哥不往，盖其时或受佟氏排斥，而彼别图进取，已守建州矣。

阿哈出为元末胡里改万户，在今三姓附近，离建州甚远，永乐元年十一月来朝，授建州卫指挥使，盖先琐失哈一月来朝，对于建州一卫，可谓捷足先得，否则，必授海西人琐胜哥等矣，此盖其同族佟敬之谋，佟敬父子皆曾杀获忽剌温人，（见上引《佟氏家谱》小传）故汲引阿哈出，先得建州，以杜忽剌温之南侵；不特此也，且引建州部下入居开原，明马文升《抚安东夷记》云：

永乐末，招降之举渐弛，而建州女直先处开原者，叛入毛怜，自相攻杀。

此可证前说之不虚，《朝鲜历史地理》引《皇明实录》云：

永乐七年，改忽儿海卫为弗提卫。

今之瑚尔喀江，元称胡里改江，明称忽儿海江，则忽儿海卫即胡里改万户府所改，阿哈出部族之根据地，故《朝鲜历史地理》以为阿哈出既得建州卫，其子释加奴从征有功，赐名李显忠，方得明宠，又兼得其本部忽儿海卫，永乐九年，其次子建州卫指挥佥事为毛怜卫指挥使，永乐十年，其近族猛哥帖木儿为建州左卫指挥使，永乐十一年，置斡朵伦卫，（亦见上书所引《实录》）此即为猛哥帖木儿之本部斡朵里万户府，盖亦为其所兼得，合前所引永乐七年佟答剌哈为奴儿干都司指挥佥事，永乐十四年，佟敬为三万卫指挥佥事；彼二佟者，皆由百户而超擢至指挥佥事，未始非阿哈出子释加奴互相援引提携之力（上书引《皇明实录》：宣德元年三月条，有建州左卫百户赵锁古奴，本三万卫百户，可为互相援引之证；《佟氏家谱·佟敬传》“遍北征进到玄冥河，”考《明实录》；永乐八年，征本雅失里，平敌斡难河，赐名玄冥河，时佟敬与释加奴同从征有功，可为互相提携之证）。当是时，佟氏势力，自华夷分界之开原卫起，抵松花江造船要地之建州（今吉林），又沿江而北而东至胡里改（今三姓），又沿江而东北至奴儿干（黑龙江口），据水陆数千里之要害，皆为佟氏所管辖，又东南伸其势力于穆陵河（毛怜卫），及朝鲜之会宁（建州左卫）建州卫属地，且扩至今延吉之海兰河，（见《清史稿·阿哈出传》，传作海剌河）宜其或用本姓或隐本姓，以避人之畏忌也。

或谓建州三卫所以得明宠者，乃因明成祖外戚之故，日本稻叶君山《满洲发达史》引朝鲜《李朝太祖实录》四年十二月条云：

庚午，达东总旗张李罗小旗王罗哈等至，上就见于太平馆，李罗等奉帝（明成祖）敕谕，授参政于虚出于建州卫者也，初帝为燕王时，纳于虚出女，及即位，除建州卫参政，欲招谕野人，赐书慰之。

稻叶君山谓“于虚出者，即明建州卫名酋之阿哈出，据此以观，明永乐帝之纳建州女直之女子为妃，可以证实”，盖“于”读为“乌”，“虚”读为“厓”，故与“阿哈”二字相近也。又引《李朝太宗实录》五年九月条云：

计禀使通事曹士德回自京师，启曰，童猛哥帖木儿，皇帝（明成祖）宣谕内，昔日东北面十一处人民二千余口，已皆准请，何惜一猛哥帖木儿乎？猛哥帖木儿，皇后之亲也，遣人招来者，皇后之愿也，骨肉相见，人之大伦也，朕夺汝土地而请之可也，皇亲帖木儿，何开于汝乎？

稻叶君山谓“童猛哥帖木儿即建州左卫之始祖，皇后盖即阿哈出女，备妃嫔于宫廷者，谓之皇后者，误耳。”余谓此启若确，则述皇帝之论，称童猛哥帖木儿为皇后之亲，又称为骨肉相见，则阿哈出与猛哥帖木儿为同姓近族，更可证明。称皇后者，或沿元代旧例，称其妃为第二皇后，第三皇后，朝鲜素明此例，故用是称，亦未可知；然则建州三卫之设，其最初虽为佟达礼父子所招致，其后则更由外戚之亲，从征之勋，增建各卫，扩其势力。

虽然，彼等之祸源，即根于此，琐胜哥别出营求，得督守建州，致阿哈出仍居本部胡里改，而不能至其地，及永乐十年，其子李显忠（即释加奴）始移住建州，（见《朝鲜历史地理》二十一引《皇明实录》）经时不久，因忽剌温野人侵害，屡次迁移，永乐二十二年，显忠子李满住率管下一千余户，到婆猪江居住，（见桑原博士还历纪念《东洋读史论丛建州左卫之迁住地》篇引朝鲜《李朝实录》世宗王六年四月辛未条）正统元年，奏请由婆猪江移居辽阳草河，（同上引《皇明实录》正统元年闰六月壬午条）正统三年，未蒙奏准，远徙浑河之上，（同上引《李朝实录》世宗王二十年八月庚申条）其后又迁于洞沟，（已见上）遂为朝鲜人所杀，此建州卫与忽剌温野人兀者等卫倾轧之大略，佟氏自开原以至奴儿干联络之势，至正统时，盖已全部倾覆矣。然其子孙至明季，三派佟氏又联络为一，三万卫佟氏，如佟卜年之祖登，为辽东挂印总兵官，父养直为开原参将，世袭定辽中卫指挥，其伯父养正与族父养性，首率族人降清，于是开原抚顺，相继沦陷，门户大启，养性身为驸马，养正子图赖为孝康皇太后之父（孝康为清圣祖生母），图赖子国维，为孝懿仁皇后之父，世为国戚，爵冠朝列，其亲族于顺康之际，内而六部九卿，外而各省督抚，无虑数十百人，当时有"佟半朝"之谚；而奴儿干佟氏之后，若巴万理、蒙阿图、科耀、布逊兄弟四人，均为太祖开国功臣，子孙繁衍，爵位煊赫，亦仅亚于三万卫佟氏云。

三万卫佟氏尚有二事，足为建州卫姓佟之证者：

其一，为佟卜年。

卜年为佟达礼九世孙，因系逆族敌族，死于狱，钱谦益《明故山东登莱监军道按察司佥事佟公墓志铭》云：

> 群小之曲杀公也，则有词矣：一则曰，公为养性逆族，法当连坐，不待叛；一则曰，公于建州为同姓，不但养性逆族。李东明上疏曰："卜年实建州族，每岁拜金世宗墓，当伏诛。"

考《山中闻见录》"天启五年五月，经略熊廷弼奏佟卜年为登莱监军佥事"卜年与熊钱二氏同属东林党，故钱氏于逆族敌族，且力为回护，辨其非是，故此墓志非信史也。卜年自撰《幽愤录》，附辨冤三疏，其第三疏云：

> 卜年不幸，与佟养性同族，其事情本末，已具前揭，今欲坐以东边同姓，尤为冤诬之极，盖中外原不同域，口外从来无姓，建州口外，旧有佟奴干都司，乃其地方总名，载在《辽志》可考，犹辽东都司之为辽，非姓也，卜年之姓，如姓张姓王之类，辽东二十五卫姓佟者，不下数十家，已非一族，即北直山东淮浙亦皆有佟姓，而武为世职，文列宦林者，何独于卜年而疑之，且节见塘报，谓"彼以孙女妻佟养性、李永芳称为驸马，"又何以说也。

卜年此揭题天启二年九月，其时奴儿哈赤已建国号，尚存佟姓，未改爱新觉罗也，否则卜年必谓彼姓爱新，不姓佟，此亦可为一反证也。卜年谓口外从来无姓，不称奴儿干都司，而称佟奴干都司，不知佟奴干都司，正以佟氏世袭指挥而得此称，反谓佟系地名，如辽东之辽，全系遁辞；且彼舍其伯父佟养正不言，而以族父佟养性为辨，亦舍重就轻，以图免死；又以奴儿哈赤以孙女妻佟养性、李永芳，明其非姓佟，彼亦不知内阁兵部自有册籍可稽，不能掩其非姓佟也。

其二为佟养甲。

养甲为佟达礼八世孙，清初为两广总督，明崇祯时，变姓名董荚，仕明至总兵，以图避免敌族之嫌，徐鼒《小腆纪年》卷十五云：

> 永历二年十一月，明诛佟养甲，养甲于崇祯年间，诡名董英，由提塘骤迁至总兵，弘光时，以贿马士英，提督南直盐法，王师南下，随贝勒博洛入闽，阁部陈子壮之死也，养甲投其骨于四郊，既归明，朝臣以此相挫辱，养甲悔之，密令人赍表北行，为逻者所得，杀之。

观此，则知彼族以董为佟，皆系隐匿真姓，建州三卫之或匿其姓，或诡姓董，皆此类也。

五、讳佟为爱新之原由

中国姓氏，本由婚姻制度而起，古人以男女同姓，其生不蕃，故娶妻不娶同姓，姓字从女，皆此之由。其后年代久远，人口滋多，姓别太少，不便婚姻，于是一姓之中，又分之以氏，故一变而又同氏不婚，例如“姬”为姓，而若“周”若“鲁”，则为氏，“姜”为姓，而若“齐”若“许”，则为氏，古则“周”“鲁”同姓“姬”，不通婚，其后则“周”“鲁”“姬”皆可通婚，惟“周”“鲁”“姬”自为婚，则不可；古则“齐”“许”同姓“姜”，不通婚，其后则“齐”“许”“姜”皆可通婚，惟“齐”“许”“姜”自为婚则不可；此中国之礼也。女真不禁同姓为婚，故其对于同族无所用其姓，往往仅称名，即有姓亦《金史国语解》所谓“因人变易”，不恒厥制，然与中国有政治关系之时，则立即尊重姓氏，如金入中国，有白号黑号百余姓是也。及蒙古人统中国，而彼女真姓氏又不甚重视，人自为姓，变易不定，如阿哈出猛哥帖木儿本姓佟，而其所变之姓，则阿哈出为“古论”，猛哥帖木儿为“夹温”，譬之中国，佟则其姓也，古论、夹温，则其氏也，及官明代，而阿哈出与猛哥帖木儿仍其习俗，或故为隐匿，以免猜忌，皆不用姓而专用名，于是明赐阿哈出姓李，而猛哥帖木儿未蒙赐姓，故恢复佟姓,盖与中国交际,非用姓不可也,于是终明之世,二家姓氏不变,而其对于本族,则专用名,或兼用姓名,仍无定制,而其同姓为婚,则仍其旧俗不变。至清太宗,欲并吞中国,非尊其礼教,不足以表率臣民,君临其上,而回顾其旧俗,则其父子兄弟间多以佟氏而娶佟氏,又以佟氏而嫁佟氏,是故欲掩其陋俗,非藏匿旧姓,改立新姓不可,此爱新氏之所由来也。

所谓以佟氏而娶佟氏者,如《帝系》(道光内府钞本,盖本《玉牒》)云:

> 太祖元妃佟佳氏,塔本巴晏之女。(《实录》作佟甲氏)
>
> 太祖弟舒尔哈齐,嫡福晋佟佳氏,鄂洛民之女,庶福晋董鄂氏。
>
> 太祖第三子阿拜,继妻佟佳氏,尚书蒙阿图之女。(此即奴儿干都司佟氏之裔)。
>
> 太祖第十四子睿亲王多尔衮继福晋佟佳氏,尚书孟噶图之女。
>
> 太祖第十五子豫亲王多铎侧福晋佟佳氏,轻车都尉雅克泰之女,庶福晋佟佳氏,参领索达塞之女。
>
> 世祖孝康章皇后佟佳氏,都统承恩公图赉之女;(此三万卫佟氏之裔,生圣祖)孝献皇后董鄂氏,内大臣鄂顺之女;妃董鄂氏,轻车都尉巴度之女;庶妃董鄂氏,长史喀济海之女。
>
> 圣祖孝懿皇后佟佳氏,领侍卫内大臣承恩公国舅佟国维之女;(此亦三万卫佟氏之裔)贵妃佟佳氏,亦佟国维女。

所谓以佟氏而嫁佟氏者,如《清史稿·公主表》云:

太祖第一女，元妃佟佳氏生，嫁董鄂何和礼。

《八旗满洲氏族通谱》云：

太祖孙女，嫁佟养性。

上列佟佳氏、佟甲氏、董鄂氏，皆即佟家，实即佟氏也，《八旗满洲氏族通谱》"马察地方佟佳氏，有佟敏、佟斌；雅尔湖地方佟佳氏，有佟启、佟福、佟保；加哈地方佟佳氏，有佟世图、佟泰、佟福、佟玉、佟锡泰；佟佳地方佟佳氏，有佟养正、佟养性、佟图赖、佟国纲、佟国维；各地方佟佳氏，有佟璋、佟琥、佟岱、佟忠、佟海等；"此佟佳氏即佟氏之确证也。而董鄂河之即佟家河，前已证明，不烦再举。由此观之，女真旧俗，本不禁同姓为婚也。

《金史·世戚传》谓：

女真与胡里改，不通婚姻，其故亦莫能诘。

金代帝室，婚姻有恒族，若蒲察氏，若徒单氏，若裴满氏，若唐括氏，若乌古论氏，若乌林氏，此七族者，皆列于世戚，而《世戚传赞》又谓：

金之徒单拿、懒唐括、蒲察、裴满、纥石烈、仆散，皆贵族也，天子娶后必于是，公主下嫁必于是，与周之齐纪无异，此婚礼之最宜者。

金之国姓为完颜氏，终金之世，未闻完颜氏自相婚姻也，清太祖不学无术，不知其先世之良规，至太宗之世，已以满文译出辽金元等史，《太宗实录》天聪七年与朝鲜王书，已以辽金元之史为言，而其时又重用汉人，渐受汉化，知同姓为婚之非礼，于是不得不效法辽金，以就汉人之规范也。

辽之国姓为耶律氏，欧阳修《五代史附录》谓“以所居横帐地名为姓，曰世里，译者谓之耶律”，辽太祖娶述律氏，述律即世里，亦即耶律，亦同姓为婚，至其子太宗，始改述律氏为萧氏，《辽史·外戚表》云：

> 辽太祖娶述律氏，大同元年，太宗自汴将还，留外戚小汉为汴州节度使，赐姓名曰萧翰，由是拔里、乙里已、述律三族，皆为萧姓。

《辽史·外戚表》，皇后萧姓者七人，其原盖皆与耶律为一姓，自辽太宗改外戚之姓为萧氏，始泯其同姓为婚之陋俗。清太宗之销灭佟姓，而改姓爱新，实师辽太宗之意，不过辽则改女族之姓，清则改男族之姓，此其不同耳。盖清太宗之讳姓佟，尚有他意，存乎其中，否则太宗对于女族之姓，不曰佟，而曰佟佳，曰佟甲，曰董鄂，曰栋鄂，已显有力避佟氏之迹；然正如述律之与耶律，同为世里，恐世人尚能知其根底也。

所谓太宗之讳姓佟，尚有他意存乎其中者，无他，盖与讳国号曰金，讳部族曰建州，正同其例，此吾所以未言讳姓曰佟之前，先言讳国号曰金，讳部族曰建州，至言其讳姓之故，已不烦言而解，盖恐一称佟姓，即有连带之观念，所谓建州，所谓后金，即与之同时而出也。

上言爱新为新改之姓，佟为原有之姓，其证据颇觉确实；然或谓爱新固为新造之姓，佟姓亦其冒称，皆非其真姓，稻叶君山氏云：

清朝既称爱新觉罗氏，则谓都督孟特穆为其肇祖，殊不可通；如不废肇祖，则爱新觉罗氏之名可撤。

佟氏从古著闻于辽东，女真人早有冒此姓者，如奴儿干之佟答剌哈，是其证也。建州左卫始祖童姓，据朝鲜纪录所言，童猛哥帖木儿二子，一曰童仓，一曰董山，（此说误，盖一人而异译耳，鸳渊一氏已有辨证），童氏与董氏当同为一姓，盖佟之转音也，建州为董山之裔，不可不以佟姓称，此女真之所以多称佟姓也。太祖之智虑，早见及此，未必非乘佟氏之微弱，袭其谱系，更检《太祖实录》，当彼未成帝业时，先娶佟氏之女，太祖意有所图，故与佟姓通姻，或曰太祖赘于佟氏之家，亦未可知，太祖以此，内可以夸示女真，外藉辽东之著姓，对于明人亦甚有益，是太祖之称佟姓，出于一时权宜之计，实可信也。（《清朝全史》第七章）

案稻叶氏之言，可分二层：一为女真人于明初早有冒姓佟者；二为太祖之冒姓佟，或袭建州左卫佟姓之谱系，或为佟姓之赘婿，当分别辨之于下：

考辽东佟姓，北燕以来已有，本出东胡，女真族亦属东胡，则女真族之姓佟，未必皆为冒姓，且明代辽东著名之佟氏，仅有三派，其远祖必相同也。其他女真尚有百余姓,可见姓佟者,并非占其多数,奴儿干都司之佟答剌哈,其人为百户出身,本属微贱,与三万卫之佟达礼、佟敬同族同僚,安见其为冒姓佟也?

建州三卫之姓佟,其初方且有隐匿姓氏,以避疑忌者,其非出于冒姓,更可断言。太祖为佟氏赘婿一说,毫无凭证,更不足辨。惟冒袭建州左卫之谱系,而权宜姓佟之说,则颇有相当之证据,稻叶氏虽不明言,吾当为采集众证,而加以驳论焉。

余杭章先生《觉昌安塔克世奴儿哈赤事状》云:

> 嘉靖末,王杲以建州都指挥横于边,洊授都督,益为不轨,讫万历初,始戮,依《东夷考略》,王杲之为都指挥,在建州右卫,右卫则范察故封,杲得有之,去卜哈秃亦裁数岁,是时杲则大酋,而清景祖觉昌安(原注《东夷考略》作叫场)显祖塔克世(原注《东夷考略》作塔失,《建州女真考》作他失)太祖奴儿哈赤皆其纲也。《清太祖实录》,景祖兄弟六人,分割赫图阿剌之地,称六贝勒,其莫适为主可知,于是王杲受中朝爵命,而清诸祖处其下,明制羁縻诸卫,皆子孙世官,然《会典》载士官无子弟,其妻或婿为夷民信服者,许令一人袭,其制或推行于东夷,杲于清不知何属别也,称王杲者,似汉姓,顾明初女真附者有王肇州,与杲同时有海西王忠、王台及迤东王兀堂,或借汉族达王官,或赐姓,疑杲为王氏犹是,《清实录》天命十年,太祖命族弟王善征瓦尔喀,是其宗亦有用王氏者,满洲诸部有曰王甲部者,即完颜部异名,杲之氏,或为王甲简称,是数者皆无明验。杲子曰阿台,《清实录》谓之阿太章京,其妻则景祖女孙,《三朝辽事实录》及茅元仪《武备志》,又谓塔失为阿台婿,既

为婚姻，两家种族或有异，不然，夷狄之俗，自同祖而上，皆得为夫妇，亦不可知也。余尝至兴京，见清永陵，正列四祖，前附王杲，问其奉祠官，岁祭且先杲后四祖，逮清末犹然，疑杲为其家尊行云。（《清建国别纪》）

此言清太祖出于建州右卫，为王杲所卵翼，世居赫图阿拉（兴京）为右卫凡察后留居之地，故北关那林勃罗讦建州系王杲遗孽，（见《山中闻见录》卷一）与章先生之说相合，则稻叶氏所谓冒袭建州左卫谱系，其证一也。余谓女真王氏，大都为完颜氏之汉姓，《金史国语解》谓“完颜曰王”，可证，清太祖、太宗自承金室子孙，称后金国汗，则太祖称王善为族弟，亦无不可，非必其宗必有以王为氏者也。王杲自是其姻亲，建州右卫敕书，一时为其所领，景祖、教场、显祖、他失，仍自为左卫世职，（见上）不过依附杲之势力，以为屏蔽耳，其后仍为明乡导，剿王杲，征杲子阿台，死事，《东夷考略》谓：

初奴儿哈赤祖叫场父塔失，并从征阿台，为乡导，死兵火，其后木札河有叛夷克五十走建州，谕建州捕治，奴儿哈赤斩克五十以献，因贡夷马三非，述祖父与图王杲、阿台，有殉国忠，今复身率二十二酋保塞，且钤束建州毛怜等卫，验马起贡，请得升职，长东夷，时开原参政成逊辽东参政栗在庭会勘，本夷（奴儿哈赤）原领敕二十道，系都指挥，伊祖父为乡导，剿王杲，后并死兵火，良然，今奴儿哈赤又有功，得升都督，制东夷，便。

此可证教场、他失、奴儿哈赤非为王杲遗孽也。章先生又言“清太祖之出于建州右卫，以凡察为始祖，其说实不可摇撼”，故《卜哈秃事状》云：

《宪宗实录》“成化六年八月戊申，兵部言建州三卫都指挥恼里呵古里等奏，右卫右都督纳郎哈无子，乞命其叔卜哈秃袭职，授都指挥同知”，寻范察以正统二年奔朝鲜，归长建州右卫，自尔讫于成化六年，已三十四年矣，猛哥帖木儿与范察兄弟二人，不闻有余子，今以纳郎哈之叔卜哈秃袭职，卜哈秃必非范察弟，其为庶子可知也。以是推求，则纳郎哈为范察嫡孙可知也。《清实录》范察与肇祖间一世，其为卜哈秃可知也。《世宗实录》嘉靖三十一年五月乙巳，建州右等卫都指挥卜哈秃等来朝贡，距始袭已八十二年，其人当近百岁矣，子孙或被举为小酋，不当方面，故清所谓肇祖、兴祖者，于中朝无闻焉。（《清建国别纪》）

又《孟特穆福满考》云：

自卜哈秃嗣位八十三年，年几百岁，其子孙亦老耄矣，以父祖在，不能当位为大酋，或本支庶，且先其父祖卒，则没世而中朝无名，《清实录》称“范察再传至肇祖都督孟特穆，孟特穆生充善，充善生锡宝齐篇古，锡宝齐篇古生兴祖都督福满，福满生景祖觉昌安，觉昌安生显祖塔克世，塔克世生太祖奴儿哈赤”。则太祖去肇祖六世，然崇德追王不及充善锡宝齐篇古也。顺治《祭告天地文》称追崇太祖以上四世，高祖泽王为肇祖原皇帝，曾祖庆王为兴祖直皇帝，祖昌王为景祖翼皇帝，考福王为显祖宣皇帝，于充善锡宝齐篇古者，虽尊亲系属，亦削之。今兴京永陵,亦惟四世,其龃龉如此。盖其始谱牒不具,传之口耳,横以充善锡宝齐篇古置肇兴二祖间,后悟其非,乃追正之也。近人或以孟特穆当猛可帖木儿,以充善当董山,锡宝齐篇古之兄妥罗当脱罗,若是,则清不祖范察,而祖猛可帖木儿也。范察行事最显,清人以为祖必无误,不得移以属他人,孟特穆于猛可帖木儿为从孙,不得混为一人。充善之音似董山,妥罗之音似脱罗,清初或以孟特穆与猛可帖木儿混,遂取充善父子以承其世,及后始更正。夫文字彼此无定是,陵墓则踪迹可知也,以永陵无充善锡宝齐篇古,则知前之著录者非,后人胡可遂其非也。孟特穆、福满父子,中朝所以不见者,以其未袭职,清称都督者,或尝赠如子孙官耶?(《清建国别纪》)

据章先生所说,则清太祖之宗系当如左:

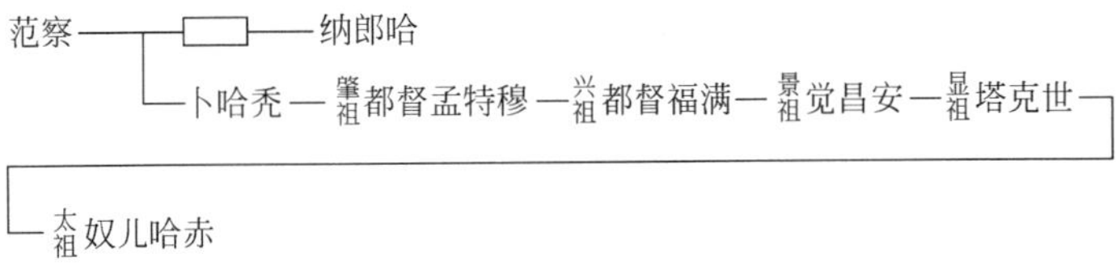

今《清太祖实录》孟特穆下有充善妥罗,正当董山脱罗二世,则稻叶氏所谓冒袭建州左卫谱系,其证二也。余案《清史稿·阿哈出传》据《明实录》而成,谓:

凡察正统后不复见,当已前死,其子不花秃,不与董山之乱,独全,他子阿哈答,尝朝于明,争赐币不及例。成化十四年,马文升上言,“建州左右二卫掌印都指挥脱罗卜花秃等一百九十五人，建州卫掌印都指挥完者秃等二十七人，先后应命，宣敕抚慰遣还"，卜花秃即不花秃，凡察子也，正德二年四月，卜花秃卒，赐祭。嘉靖间，右卫都督阿刺哈、真哥、腾力革辈，见于《明实录》，皆不知其世。

卜花秃与卜哈秃，当即一人，已于正德二年四月卒，则"嗣位八十三年，年几百岁"之说非矣。考四夷馆所辑《藩属来文》，（旧误题《高昌馆课》甲册，明刊本，今藏胶县柯氏）成化间，有建州右卫都督赏哈（《明实录》作尚哈），与卜哈秃同时，其时赏哈为都督，卜哈秃为都指挥，则赏哈亦必为凡察子孙也。《明实录》：建州右卫都督，正德十年四月有牙秃哈，嘉靖二十三年四月有阿刺哈，三十三年五月有真哥，隆庆五年八月有腾力革，则上列右卫谱系，已有不能成立之势；况嘉靖末，又有王杲为右卫都督，隆庆四年，有建州右等卫都督安台失等入朝，万历三年，有建州右卫都督同知台恭孙野里捏奏袭祖父职，（上二人均见《清建国别纪》引《明实录》）《明实录》建州右卫都督，万历三年三月有八当哈，五年十月有来留柱，六年二月有松塔，似右卫自有人为之，不可以都督孟特穆以下数世牵入右卫也；况教场他失为左卫官，自有明文，更不能牵入右卫，故谓太祖为右卫卵翼，则可；谓为右卫子孙，则不可也。总之，建州右卫宗系，自凡察下已不明，中经王杲以他姓来袭，则其世传敕书，业已入于王氏之手，故世代为之不明，致令太宗误认凡察为其远祖，冠于都督孟特穆前数世，编于神话之列也。

至谓崇德追王四代，不及充善锡宝齐篇古，盖悟其非而削之，此是太宗崇德元年四月事，而《太祖武皇帝实录》成于崇德元年十一月，何以不削去充善锡宝齐篇古二世乎？可见无所谓非也。追王三代，仅及兴祖、景祖、显祖，而又上越数世，追王始祖孟特穆为肇祖，肇即始也，义见《尔雅》，何以不追王布库里英雄及范察？此则自制神话，本以愚人，凡察又在传疑之世，此则正悟其非而削之耳。若谓“兴京永陵，亦惟四世，文字则彼此无定是，陵墓则踪迹可知”，不悟清代官书，明言“肇祖卒，葬衣冠于赫图阿拉西北十里之地，顺治五年，尊曰永陵”，（见唐邦治《清皇室四谱》卷一，称清官书云尔）且永陵前附王杲，正列四祖，其制度本无伦类，且肇祖何以仅葬衣冠，此足证明猛哥帖木儿为七姓野人所杀，其尸骸或已遭毁弃，或远葬朝鲜耳。王杲之墓，盖亦仅葬衣冠，其尸骸早暴弃于北京柴市，故永陵之中，实仅有三世兆域，不足据为典要也。

当王杲盛时，建州三卫子孙皆微弱，清太祖之祖若父，虽世袭左卫官职，然亦依附王杲，王杲败，其子阿台依然负固，及明兵攻阿台，叫场他失同死兵火，太祖以祖若父与图王杲、阿台，有殉国忠，故万历十七年升佟奴儿哈赤为都督佥事，据《三朝辽事实录》“李成梁捣阿台巢，虏各家敕书，悉以属奴”，故奴儿哈赤实兼并建州三卫，总称建州，明廷亦以建州卫都督佥事授之，当是时，实无所用其冒袭左卫或右卫之谱系，而权宜称佟姓也。

余谓国号部族，可以新定名词，取舍自由，姓氏亦可新改，惟其祖宗决不肯率意冒称，太宗虽改国号部族姓氏之名，然其祖宗，不承建州卫正系之阿哈出，而承旁支之建州左卫，盖实凭历代世袭之敕书，故自始祖都督猛哥帖木儿以下世系，昭穆分明，完全无缺；其右卫敕书，自王杲时已淆乱散佚，故其世系最不分明，惟自其始祖凡察以来，世居赫图阿拉（兴京），太祖幼居其地，遂亦误认凡察为其始祖以前之远祖，至太宗又附以神话式之初祖布库里英雄，与凡察事相联缀，于是反启人疑，以为彼为王杲遗孽，或为凡察后裔，而冒袭建州左卫佟氏之谱系者。余故反复探讨，不厌辞费，证明其宗系自肇祖孟特穆以前，实属渺茫无稽，不足征信；自孟特穆以下，其宗系全凭历代世袭之敕书，确实无误，故其姓氏为佟，决非冒袭，且为建州三卫之公姓，而建州左卫自其始祖以来，尝用佟姓通于中国，尤为明确。爱新一姓，实清太宗之新造，惜其不学无术，数典忘祖，不复猛哥帖木儿夹温旧氏，致招后世之疑也。

中华民国二十年七月三十一日作于北平。

补考

余去年作《后金国汗姓氏考》，证明清室祖先本姓佟，其始祖为建州左卫猛哥帖木儿，而爱新觉罗乃清太宗新造之姓，反复论证，二万余言。近读日本稻叶岩吉《满洲开国说话之历史的考察》，（见《青丘学丛》第五号第六号）中有引《朝鲜实录》及《燕山君日记》数条，更可确证后金国汗之姓佟，且更得猛哥帖木儿之父母兄弟事迹，而一扩其谱系，兹先将《朝鲜实录》等七条分列于下，而后略加论证焉。

一、《朝鲜世宗实录》十九年（正统二年）七月癸卯条云：

> 传旨承政院，今有献议者云，斡朵里酋长童猛哥帖木儿父子自底灭亡，其弟凡察以奸计获免，朝见上国，受都督佥事，遂为酋长，其部落强从之耳，非心服也，惮凡察苛察，欲以权豆之子为主者，颇或有之。自古夷狄力分，则中国之利也，汉元成

间，五单于争立，匈奴遂衰，中国无边境之虞，今权豆之子年虽幼稚，若授以职，则部落之久事童猛哥帖木儿者，今犹不忘恩爱矣，其附权豆之子，而背凡察者多矣，如此，则斡朵里中自有二酋长，其力必分，诚我国之利也。或云，如此，则凡察必忌，妄怀异心矣，宜宣谕凡察曰，汝兄童猛哥帖木儿父子，久事我国，忽底于亡，予甚愍焉，汝又归顺无二，予乃嘉之，权豆之子，年虽幼稚，授以某职，以赏汝归附之诚，则凡察当感谢之不已矣，如此，则外示以褒嘉之宠，而实分凡察之力也。或曰，权豆之子，未免襁褓，其母所居，距凡察之居三四里，无有一人救护之者，若国家授之以职，而部落归附，则凡察凶狡有余，必阴害之矣，姑停此议，待其壮长，然后议授官职为便。二议何如？启曰，宜从或者之议。

二、《世宗实录》二十年（正统三年）正月己未条云：

以斡朵里都督佥事童凡察子阿下大，童于虚里子所老加茂，为护军，因来朝而请，故授之。

三、《世宗实录》二十年（正统三年）七月条云：

传旨咸吉道都节使金宗瑞，今闻凡察非猛哥帖木儿同父弟，而童仓幼弱之时，犹领管下以为一部酋长，今童仓年满二十，体貌壮大，一部人心，咸归童仓，而轻凡察，卿久在边境，又熟知形势，斡朵里一部人心，果如予所闻欤？备细启达。宗瑞回启：凡察之母，佥伊（官名）甫哥之女也吾巨，先嫁豆万（官名）挥厚，生猛哥帖木儿；挥厚死，后嫁挥厚异母弟容绍（官名）

包奇，生于虚里，于沙哥，凡察；包奇本妻之子吾沙哥，加时波，要知，则凡察与猛哥帖木儿非同父弟明矣。然猛哥帖木儿生时，如有兴兵之事，则必使凡察领左军，权豆领右军，自将中军，或分兵与凡察，故一部之人，素不贱恶；猛哥帖木儿死后，童仓与权豆妻皆被掳未还，凡察乘其隙，亟归京师，受都督佥事之职，又受印信而还，斡朵里一部人心稍附之；及权豆妻与童仓生还，且得遗腹之子，一部人心，皆归于权豆之子与童仓；其后权豆之妻轻薄善骂，詈童仓愚弱，一部稍稍失望，其赴京也，朝廷薄童仓，而厚凡察，赐凡察以玉带，且命凡察曰，汝生时管一部，死后并印信与童仓，以此一部之人，不得已附于凡察，然其心则或附童仓或附权豆之子，时未有定。

由以上三条，稻叶氏乃立猛哥帖木儿家世系如左：

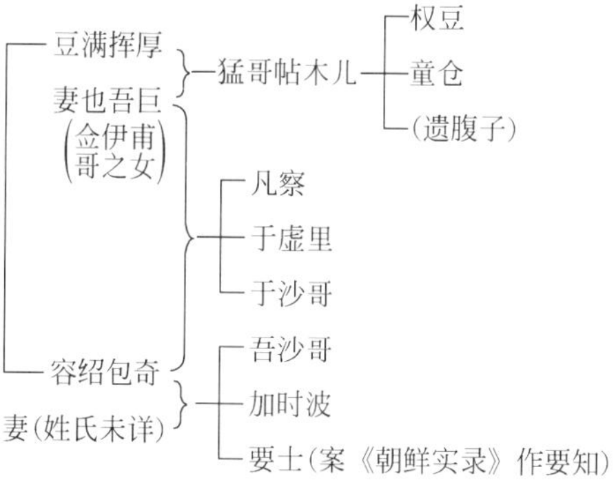

四、《朝鲜世宗实录》正统五年七月辛丑条云：

镜城，系是洪武二十一年间，太祖高皇帝准请公崄镇迤南之地，其童猛哥帖木儿与伊父童挥护(厚)伊弟凡察等，仍居本地，臣先祖臣康献王某授猛哥帖木儿镜城等处万户职事，臣父先臣恭定王某升授上将军三品职事，付籍当差。

差去官报说，凡察等逼勒管下人逃出时分，带去一百六十八户，不肯随去，仍留安业，凡察亲兄斡沙哈、阿哈里、哈失八及管下人等共计一百八十户，其从行者，大半亦云，今虽被驱，终当还业。

五、《世宗实录》正统二年丁巳夏四月条云：

咸吉道监司都节制使启云：斡朵里、童于虚里者，诚心归顺，悉告远近事变，今使其子入朝，宜加殊遇之恩，以劝杂种。

六、《世宗实录》正统四年正月乙未条云：

咸吉道都节制使金宗瑞驰报礼曹曰，吾都里凡察之兄吾沙哈来言，部落浮动，吾今年老，至诚归顺，其情可尚，今送京师，宜加优待。同年七月条，作凡察亲兄斡沙哈。

七、朝鲜《燕山君日记》云：

二年十一月甲辰，童清礼上启：童甫堂介、右乙庄等语臣曰，被虏人随后刷还云云，臣兄童阿亡介语臣云，吾父童所老加茂于世宗朝，受会宁兼牧官印，领百姓，凡防御之事，尽心为之，故其时绝无边患，父死后，吾持此印移居于夫乙乎里地面，其后大国召我，还居会宁，适其时违期，未遂来居云云。

由以上四条，稻叶氏又作斡朵里童氏世系如左：

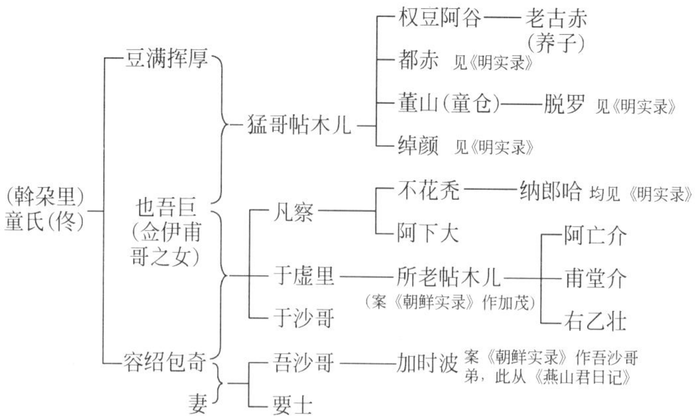

“附注”案《朝鲜实录》有凡察亲兄斡沙哈、阿哈里、哈失八，不见于此表，稻叶氏谓，斡沙哈即吾沙哥，阿哈里即于虚里，然哈失八不能比定何人，不列于此表何也？余谓哈失八即加时波，当从《朝鲜实录》为凡察亲兄，不当从《燕山君日记》为吾沙哥子也。

综观稻叶氏所引朝鲜《世宗实录》及《燕山君日记》，有童挥护（亦作厚），挥护子童猛哥帖木儿、童凡察、童于虚里，猛哥帖木儿子童仓，于虚里子童所老加茂，所老加茂子童阿亡介、童甫堂介、童右乙庄，则其一族之均姓童（其本字当作佟）可知，稻叶氏竟立斡朵里童氏世系表，谓童即佟，其说甚是，稻叶氏又引朝鲜《光海君日记》，万历四十二年条云：

建州酋佟奴儿哈赤本名东狱，我国讹称其国为老可赤，此本酋名，酋本姓佟，其后或称金，以女真种故也，或称雀者，其母吞雀卵而生酋故也，今者国号僭称金，中原人通谓之建州。

《光海君日记》所谓奴儿哈赤本姓佟，更可证明佟为其姓之本字，童为其同音假借字，此等史料，皆一字千金，甚可珍贵，前贤皆不得而见，均未应用于论著，惜稻叶氏此文，以极真确之史料，附会清朝开国之神话，致使金玉仍蒙尘垢，不能发现其光采，如谓：

清之始祖布库里雍顺，布库里即猛哥帖木儿之父挥厚，挥厚一作挥护，与布库里之满文音同，雍顺即凡察之父容绍之转音，谓容绍与雍顺发音相同也，猛哥帖木儿与凡察同母异父，而其前后父挥厚与容绍包奇又为同父异母弟，故编《太祖实录》者，拟定其始祖之名，而为二个名氏之联称。

此等比附，实难赞同，布库里本系山名，发祥之神话甚明，雍顺二字，据最初之《太祖武皇帝实录》作英雄，《注》云，巴图鲁，然则其始祖本属无名，但虚指为布库里山之英雄耳，联二人之名而为一人，岂非太属儿戏乎！稻叶氏之文，类是之附会尚多，如以清开国神话三天女中佛库伦为挥护之转音，恩古伦为容绍之初音，正古伦为佥伊之初音，布库里雍顺妻百格格比定也吾巨，谓“百”与“也”，音近，格格即吾巨，诸如此类，兹不一一辩论，但举其与吾文有关系者，略为匡正，如下：

一、稻叶氏驳金宗瑞之启，颇多谬误，《朝鲜世宗实录》金宗瑞启云：“凡察之母，佥伊（原注官名）甫哥之女也吾巨，先嫁豆万（原注官名）挥厚，生猛哥帖木儿，挥厚死后，嫁挥厚异母弟容绍（原注官名）包奇，生于虚里、于沙哥、凡察。”据此，则挥厚与包奇为同父异母兄弟，自当同姓童（佟），稻叶氏则谓容绍非官，而为姓，即《金史》之颜盏氏，而为女真之大姓。案容绍包奇与豆万（即《龙飞御天歌注》之豆漫）挥厚，皆上二字为官名，下二字为人名，豆万为万户，容绍之官不知何义，若容绍为姓，则豆万亦当为姓，二人既异其姓，何以谓之异母兄弟！此不可通者也。

二、稻叶氏既引《光海君日记》谓奴儿哈赤本姓佟，而又本其旧编《清朝全史》之臆见，谓清太祖奴儿哈赤，未必为建州左卫直系之子孙，而冒姓佟；或入赘佟氏而姓佟，其理由：则谓其祖都督福满，不见于明及朝鲜之记录，一也；福满之父锡宝齐篇古，虽称为脱罗之弟，然锡宝齐者，其义为鹰人，篇古为百户之转音，盖出于鹰人百户之枝派，左卫非其本宗，二也。余谓建州三卫之都督，其不见于明及朝鲜之记录者甚多，岂止福满一人，况左右都督及都督同知都督佥事，皆可称为都督，其人数既多，又无大事足以表见，自不能人人皆见于史传，不能以此断定为无其人，故第一说不足疑也，稻叶氏谓“《永乐大典》站赤部有失宝赤万户，盖即猛哥帖木儿族为之，猛哥贴木儿为斡朵里万户，斡朵里位于忽尔哈河与松花江合流之地，所谓五国头城是也，失宝赤（鹰匠）万户府，定必置于此地”，又谓“脱罗弟锡宝齐篇古，即失宝赤（鹰人）百户”。案锡宝齐与失宝赤，篇古与百户，音各不同，不能相通；即能相通，专以官名作人名，世系中本无此例；且失宝赤万户与百户又不同，即使失宝赤百户即万户之子孙，则既指猛哥帖木儿为失宝赤万户，则此百户仍为猛哥帖木儿直系子孙，何又谓左卫非其本宗乎？此第二说不足疑也。

由是观之，则清太祖之姓佟，本于建州左卫猛哥帖木儿，其说似不能摇撼，盖建州左卫之谱系，实本于明廷之敕书，《殊域周咨录》谓"马文升复检先授官停袭子孙名,令译者审实,请于朝,下兵部,赴内阁考验玺书底簿明白,由是得袭官者复数十人",《大明会典》亦言,"女真夷人袭替,先译审明白,兵部赴内阁对原敕底簿",今北京大学研究所藏有明代卫官底簿,皆各列其祖宗及其子孙世袭履历,可证也,故建州左卫之谱系人名,自猛哥帖木儿以下,皆本敕书,似不可以同音疑似之名,附会而妄乱之也。

然稻叶氏本文,又有二说,足以启发余之意,及匡正余之文者,今亦采录于下,而略加申说焉:

一、《李朝实录》太宗永乐九年三月丙辰条云:

> 东北面吾音会童猛哥帖木儿徙于开元路,吾音会,兀良哈地名也,猛哥帖木儿尝侵庆源,畏其见伐,徙于凤州,凤州即开元,金于虚出(即阿哈出)所居,于虚出即帝三后之父也。

稻叶氏谓"女真之有金姓,盖始于金于虚出,清之爱新觉罗,《太祖实录》称爱新为金,觉罗为姓,盖即出此"。余谓于虚出本姓佟,其在朝鲜称金者,盖自以女真为金国之人,而朝鲜人则误认以为姓;此犹宋称完颜兀术为金兀术,而不知者误认兀术姓金耳。清太宗亦姓佟,而以金为姓,乃别有用意,余前已论之矣。斯二者似皆以国为氏,然一出于他人之误认,一出于自己之改定,截然不能相通,似不能谓清太宗之爱新觉罗,出于金于虚出也。

二、《龙飞御天歌注》云:

> 如女真,则斡朵里豆漫夹温猛哥帖木儿,火儿阿豆漫古论阿哈出,托温豆漫高卜儿阏。《注》称豆漫为万户,夹温,古论,

高，皆为姓。

稻叶氏则谓“夹温、古论、高，皆为官名而非姓，猛哥帖木儿世世以童（佟）为姓，无有言其姓夹温者，夹温与佟实不同音，此盖金代以来边疆之官名，其音为详稳之转讹；阿哈出之古论，即《金史国语解》国论勃极烈之国论；卜儿阏之高，即胡鲁勃极烈之胡鲁；盖三人同为豆漫（万户）官，而别有一种荣爵耳。”（案如清代实官之外，别有虚衔）余案此说甚是，余旧文谓猛哥帖木儿及阿哈出皆姓佟，而猛哥帖木儿又别以夹温为氏，阿哈出又别以古论为氏，亦仍依旧注之误，不如稻叶氏之说，可以削除一切纠葛也。

中华民国二十一年四月三十日，作于北平

（原载于国立中央研究院历史语言研究所集刊外编第一种《庆祝蔡元培先生六十五岁论文集》上册，1933 年版）

金源姓氏考

余于民国二十一年，教授于北平师范大学，得陈生述，笃志著述，坚定弗回。时余为《后金国汗姓氏考》，读《金史·百官志》白号黑号之姓，又读姚燧《牧庵文集》布色君神道碑白书黑书之姓，颇于金源氏族有研究之志。因规画凡例，指陈材料，嘱陈生仿钱大昕《元史氏族表》之例，制《金史氏族表》。越年余，余为广州中山大学文史研究所主任，陈生适成此表，先将例言寄示，颇精审不苟。然相别二年，余读高丽史，又获得女真部落三十姓，恐陈生尚未之见，因作《金源姓氏考》一篇，并陈生《金氏族表》例言，同登于本所月刊，以期世之同志理董焉。

考金源姓氏者，先须考金代所作姓氏谱，金初，有完颜勗女直郡望姓氏谱，金之中业，又有章宗敕有司重撰姓氏谱。《金史》始祖以下诸子传云：

> 勗，字勉道，穆宗第五子。天会六年，诏书求访祖宗遗事，以备国史，命勗与耶律迪越掌之。勗等采摭遗言旧事，自始祖以下十帝，综为三卷，凡部族既曰某部，复曰某水之某，又曰某乡某村，以别识之。皇统元年，所撰祖宗实录成，凡三卷。八年，奏上太祖实录二十卷。正隆二年，薨，年五十九。撰定女直郡望姓氏谱，及他文，甚众。

案完颜勗既撰其祖宗实录及太祖实录，凡部族既曰某部，复曰某水之某，又曰某乡某村，以别识之，则其所撰郡望姓氏谱，必精审无疑。元姚燧《牧菴文集》“布色君神道碑”云：

> 金有天下，诸部各以居地为姓，章庙病其书以华言为文，敕有司定著而一之，凡百姓。

据此，则完颜勗所撰女直郡望姓氏谱，以华文书之，故章宗以为病，敕有司定著而一之，然则章宗敕著之谱，必以女直文书之矣，惜乎此二书今皆不传也。然此二书之大概，今尚可考得而知者，如《金史·百官志》（景元至正刻本）云：

凡白号之姓：

完颜　温迪罕

夹谷　陁满

仆散　术虎

移剌答（元刻本《金国语解》但作移剌，故答字疑衍。然女真姓氏以答收音者，亦常有之，如兀林答散答之类，则此亦未必误。《金国语解》散答曰骆，而志作散答牙，牙非衍字，则此答亦非衍也。）

斡勒　斡准

把（江苏局刻《金史》依乾隆钦定《金史语解》，合斡准及把为一，改译为旺札卜，下注原译为斡准把。余弟子陈述，考得斡准把当分斡准及把为二姓，谓《金史》一百八卷有把《胡鲁传》，又九十八卷《完颜纲传》有把回海，为章化军节度副使，又有把九斤、把思忠等数人；《金史》附国语解姓氏，斡准曰赵，是斡准把为二姓无疑。今从之）

阿不罕　　卓鲁
回特　　黑罕
会兰　　沈谷
塞蒲里　　吾古孙
石敦　　卓陀
阿厮准　　匹独思
潘求古　　谙石剌
石古苦　　缀罕
光吉剌

皆封金源郡（以上二十七姓）

裴满　　徒单
温敦　　兀林答
阿典　　纥石烈
纳兰　　孛术鲁
阿勒根　　纳合
石盏　　蒲鲜
古里甲　　阿迭
聂摸栾　　抹撚
纳坦　　兀撒惹
阿鲜　　把古
温古孙　　耨盌

撒合烈　　吾塞
和速嘉　　能偃
阿里班　　兀里坦
聂散　　蒲速烈

皆封广平郡(以上三十姓)

吾古论　　兀颜
女奚烈　　独吉
黄掴　　颜盏
蒲古里　　必兰
斡雷　　独鼎
尼庞窟(窟亦作古)　　拓特
盍散　　撒荅牙
阿速　　撒刬
准土谷　　纳谋鲁
业速布　　安煦烈
爱申　　拿可
贵益昆　　温撒
梭罕　　霍域

皆封陇西郡(以上二十六姓)

凡黑号之姓

唐括(《旧书》作同古)　　蒲察
术申　　蒙古
蒲速　　粘割
奥屯　　斜卯
准葛　　谙蛮

独虎术鲁　　磨辇

益辇　　帖暖

苏孛辇

皆封彭城郡(以上十五姓)

《金史·百官志》所载,共九十八姓。而姚燧《牧菴文集》"布色君神道碑"则谓:

章庙敕有司定著凡百姓,

金源郡三十有八,广平郡三十,皆白书。

陇西郡二十有八,彭城郡十有六,皆黑书。

其等而别者甚严,布色氏于《金源》次第五。(案布色即仆散,《金志》亦次第五)

姚碑所载共一百十二姓,多《百官志》十四姓。而《金志》陇西郡二十六姓,列于白号,姚碑陇西郡二十八姓,列于黑书,其相异如此。窃疑《金志》九十八姓,及白号黑号之分,本于完颜勗之女直郡望姓氏谱;姚碑一百十二姓,及白书黑书之分,本于金章宗敕有司重定姓氏谱,盖姓氏后来加详,而陇西白黑易位,盖亦以代远而降亲为疏,降贵完贱,所谓等别甚严,故不同也。

金之姓氏谱所以分白黑者,盖以分别贵贱,犹清之谱牒以黄红二色分亲疏也。

乾隆《大清会典》"宗人府条"云:

凡天潢宗派,以显祖宣皇帝本支为宗室,伯叔兄弟之支为觉罗，宗室束黄带，觉罗束红带，生子女具册送府，宗室载入黄册，觉罗载入红册。

清以黄册红册别亲疏，金以白书黑书别贵贱，其情虽殊，其法一也。或谓女真之分白黑，犹蒙古之分黑鞑白鞑，云南猡猡之分白猡猡黑猡猡，盖以此分别，各亲其亲也。蒙古太祖出于黑鞑，金太祖出于白女真，则白黑迭有贵贱，不为一定成例，女真既以白为贵，则黑自较贱而疏矣。

考金源姓氏者，尚有二事必须注意，一为所改汉姓，一为开国前姓氏，今分别述之如下：

《金史·世宗本纪》，大定十二年五月戊戌，禁女真人毋得译为汉姓。又《章宗本纪》，明昌二年十一月丙午朔，制女真人不得以姓氏译为汉字。据此，则女真人入中国后，其改为汉姓者必多，今据其可知者，如《金史》末附《金国语解》（元至正刻本）。云，国姓为某，汉姓为某，后魏孝文以来已有之矣，存诸篇终，以备考索：

完颜汉姓曰王（案白号，金源郡）

乌古伦曰商（案乌《志》作吾，白号，陇西郡）

乞石烈曰高（案乞《志》作纥，白号，广平郡）

徒单曰杜（案白号，广平郡）

女奚烈曰郎（案白号，陇西郡）

兀颜曰朱（案白号，陇西郡）

蒲察曰李（案黑号，彭城郡）

颜盏曰张（案白号，陇西郡）

温迪罕曰温（案白号，金源郡）

石抹曰萧(案不见于《志》)

奥屯曰曹(案黑号,彭城郡)

孛术鲁曰鲁(案白号,广平郡)

移剌曰刘(案《志》作移剌答,白号,金源郡)

斡敕曰石(案白号,金源郡)

纳剌曰康(案《志》作纳兰,白号,广平郡)

夹谷曰仝(案全元至正本作仝,疑误,兹据嘉靖本,白号,金源郡)

裴满曰麻(案白号,广平郡)

尼忙古曰鱼(案《志》作尼庞窟,窟亦作古,白号,陇西郡)

斡准曰赵(案白号,金源郡)

阿典曰雷(案白号,广平郡)

阿里侃曰何(案不见于《志》)

温敦曰空(案白号,广平郡)

吾鲁曰惠(案不见于《志》)

抹颜曰孟(案《志》作抹撚,白号,广平郡)

都烈曰强(案不见于《志》)

散答曰骆(案《志》作撒答牙,白号,陇西郡)

阿不哈曰田(案《志》作阿不罕,白号,金源郡)

乌林荅曰蔡(案《志》作兀林荅,白号,广平郡)

仆散曰林(案白号,金源郡)

术虎曰董(案白号,金源郡)

古里甲曰汪(案白号,广平郡)

其后氏族,或因人变易,难以遍举,姑载其可知者云。

上列女真姓三十一，若石抹、若阿里侃、若吾鲁、若都烈，四姓，皆不见于《志》，合《志》九十八姓，已有一百二姓可知，较姚碑所载一百十二姓，仅少十姓矣。至所改汉姓三十一，编《金源氏族表》者，宜别立为一表。

《高丽史·显宗世家》云，壬子三年春二月甲辰，女真酋长麻尸底率三十姓部落子弟来献土马，三十姓曰：

阿干顿
尼忽
尼方固（疑即尼忙古，又作尼庞窟）
门质老
弗遮利
居质阿
黏闲逸（疑即能偃，凡以逸收音者，可有可无，下仿此）
尼质阿
耶逻多
邀揭啰
要悦逸
郁㖂
乌临大（疑即兀林答，又作乌林答）
蒙骨拽（疑即蒙古，拽，与逸同）
晕底宪（疑原温迪罕）
徒怠（疑即徒单）
耶兀逸
拏乙信

拏乙晏
冬骨逸（疑即唐括，旧作同古）
支阑逸
鱼瑟殷
么乙逸（疑即抹撚，又作抹颜）
涂没尼（疑即陁满）
云突梨
押闲伊
恼一伊
排门异（疑即裴满）
佛徐逸
满尹伊

案高丽显宗三年壬子，为宋真宗大中祥符五年，契丹圣宗开泰元年，时金尚未建国也。其三十姓中，有十姓与《志》音相合，已各注于其姓下，尚有二十姓，可补《金志》姚碑之缺，约可得一百二十二姓。

昔周春作金姓谱，仅录《金史·百官志》及《金史语解》，不过一百二姓；《续通志·氏族略》，金源一代，得一百零八姓；姚碑虽云一百十二姓，然仅载其数，不载其姓，今兹所得，已达一百二十二姓，愿世之研精此学者，更加详考焉。

二十三年二月十日

（原载国立中山大学《文史学研究所月刊》第2卷第3-4期，1934年）

明成祖生母记疑辩

国立中央研究院《历史语言研究所集刊》第四分，有傅斯年君所撰《明成祖生母记疑》一篇；篇首所记，颇与余有关，不得不与傅君分任其过者，兹录之于下：

民国十八年冬，北平一不相熟之书肆携一钞本求售，凡二三十叶，而索价奇昂。其中所记皆杂钞明代笔记之类，不能自成一书，询朱遏先先生此书何如，朱先生谓其皆是零钞他处者，仍应以原书为准，遂还一价，而余赴京，两月归来，此书已为原主取回，今日思之，殊觉可惜。其中有一节，亦钞自明人笔记者，记明成祖生母事甚详，大致谓作者与周王府中人相熟，府中传说，成祖与周王同母，皆非高后产也，故齐黄削藩时，周王受责最重，而燕王自感不安者愈深，及燕王战胜入京，与周王相持痛哭，其后周王骄侈，终为保全，而恩泽所及最重。又记时人侈言成祖实元顺帝之高丽妃所遗之子，并记当时民间歌谣，七言成句，末语谓三十五年，仍是胡人之天下云云，盖靖难举行革除之后，用洪武三十五年之号也，以上是此时尚可追想者，其他不及记忆矣。近读《广阳杂记》等，重见此事，以为甚可注意，再向书肆求此册，则以事隔一年有半，并忘其为何肆送来，费两日力。苦无头绪可寻，原抄录自何书，当时匆匆南行，亦未记下，自己抄写不勤，史料轻轻放过，实不可自恕，记之以志吾过耳。

所谓史料轻轻放过，虽非放自余手，然因余一言参加，致使傅君欲购此书之勇气减杀，以致轻轻放过，此实余之过也。

傅君惜此史料者，以记载“明成祖与其弟周王同母，皆非高皇后子”一事，若言“成祖为元顺帝之高丽妃所遗之子”则傅君已驳正不信；然周王是否为成祖同母弟，此事尚有异说，明李清《三垣笔记》云：

予阅《南京太常寺志》，载懿文皇太子及秦晋二王，均李妃生，成祖则碽妃生，讶之，时钱宗伯谦益有博物称，亦不能决，后以弘光元旦，谒孝陵，予语谦益曰，此事与实录、玉牒左，何征？但本志所载，东侧列妃嫔二十余，而西侧止碽妃，然否，曷不启寝殿验之，及入视，果然，乃知李碽之言有以也，惟周王不载所出，观太祖命服养母孙氏斩衰三年，疑即孙出。（《三垣笔记》附志）

案成祖为碽妃所生，人多信之，以太常寺为官书，又与孝陵寝殿配位相合故耳，由此推之，懿文皇太子及秦晋二王，均李妃生，亦属可信，独周王则志不载所出，似非成祖同母弟矣，李清疑周王为孙氏出，验之《明史》，亦有佐证，《明史·后妃传》云：

成穆贵妃孙氏，洪武七年九月薨。帝以妃无子，命周王橚行慈母服三年，东宫诸王皆期。敕儒臣作《孝慈录》。庶子为

生母服三年，众子为庶母期，自妃始。（《明史》卷一百十三）

假定周王既出为高皇后子，故孙氏有子而无子，然帝仍使周王为孙氏服三年，而史臣特笔缀之曰“庶子为生母服三年，众子为庶母期，自妃始”，是《明史》此传，明明以孙氏为周王生母矣，且称周王曰庶子，是明明以周王非高皇后子，而为孙氏子矣，又称东宫太子曰众子，而不曰冢子，曰嫡子，是明明以懿文皇太子为他妃所生，而非高皇后所生矣，作此传者，盖亦阅过《南京太常寺志》，故为此言耳，据此，则周王似非成祖同母弟也。

傅君《记疑》确信《南京太常寺志》，断定成祖非高皇后子，而为碽妃子，特为高皇后养子耳，因之懿文皇太子及秦晋二王，亦非高皇后子，而不信《明实录》及玉牒，然余窃有疑者，《明史》后妃诸王传及《王世贞别集·同姓诸王表》，皆本之《明实录》及玉牒，何以《南京太常寺志》记载明太祖诸子之生母，无一与传表相同乎，今为立一对照表如下：

《南京太常寺志》（据谈迁《枣林杂俎·彤管篇》所引）	《明史·诸王列传》（《王世贞别集·同姓诸王表》同）
左一李淑妃生	
懿文皇太子	马皇后生（长子）
秦愍王	马皇后生（二子）
晋恭王	马皇后生（三子）
左二皇□妃□氏生	
楚王	胡充妃生
鲁王	郭宁妃生
代王	郭惠妃生

续表

《南京太常寺志》（据谈迁《枣林杂俎·彤管篇》所引）	《明史·诸王列传》（《王世贞别集·同姓诸王表》同）
郢王	刘惠妃生
齐王	达定妃生
谷王	郭惠妃生
唐王	李贤妃生
伊王	葛丽妃生
潭王	达定妃生
左三皇贵妃□氏生	
湘王（傅君引《枣林杂俎》作相王，似误）	胡顺妃生
肃王	郜氏生（傅君引《枣林杂俎》作邱氏，似误）
韩王	周妃生
沈王	赵贵妃生
左四皇贵人□氏生	
辽王	韩妃生
左五皇美人生	
宁王	杨妃生
安王	未详
右一硕妃生	
成祖文皇帝	马皇后生（四子）
无	周王　马皇后生（五子）
无	蜀王　郭惠妃生
无	庆王　余妃生
无	岷王　周妃生
无	赵王　未详
无	皇子楠未详（未封王故王表不列）

观上表所列，明太祖二十六子，《南京太常寺志》仅知有二十子，而周、蜀、庆、岷、赵五王及皇子楠，皆不载其生母，一可疑也。自楚王以下十六子，不知其母姓氏，二可疑也。有位号之妃，仅载李淑妃，其他以皇妃、皇贵妃、皇贵人、皇美人为次，《明史·后妃传》云“诸妃位号，取贤、淑、庄、敬、惠、顺、康、宁为称”。生子之妃，除李淑妃外，岂一概无位号耶，三可疑也。马皇后无子，取他妃子以为子，故《南京太常寺志》存其真，取懿文皇太子及秦晋二王属之李淑妃生，成祖文皇帝属之碽妃生，一矫玉牒及实录之诬；然其他十六王，玉牒所载其生母，岂皆诬耶！何《太常寺志》皆不与之相同也，四可疑也。有此四疑，于是覆核他书所记，复有四疑：

（一）疑高皇后无子之说似不足信也

谈迁《枣林杂俎·彤管篇》云“孝陵阉人俱云，孝慈高皇后无子”，朱彝尊《静志居诗话·沈玄华》下云“高后从未怀妊，岂惟长陵，即懿文太子亦非后生也”，张岱《陶庵梦忆》卷一“钟山”条云“成祖生，孝慈皇后妊为己子：事甚秘”，此皆出孝陵阉人传闻，而不见于他书记载者。《明史·诸王传》及《公主传》皆本之玉牒，《诸王传》云：

高皇后生太子标、秦王樉、晋王㭎、成祖、周王橚。

《公主传》云：

宁国（长）公主，孝慈皇后生。洪武十一年，下嫁梅殷。太祖十六女诸驸马中，尤爱殷。帝春秋高，诸王强盛，殷尝受密命辅皇太孙。及燕师日逼，惠帝命殷充总兵官，镇守淮南，燕兵破何福军，遣使假道于殷。殷割使者耳鼻，纵之，曰："留汝口为殿下言君臣大义。"王为气沮。王即帝位，殷尚拥兵淮上，帝迫公主啮血为书投殷，殷乃还京。永乐二年，都御史陈瑛奏殷畜养亡命，帝曰："朕自处之。"明年冬，殷入朝，前军都督佥事谭深、锦衣卫指挥赵曦挤殷笪桥下，溺死，以殷自投水闻。都督同知许成发其事。帝怒，命法司治深、曦罪，斩之，籍其家。遣官为殷治丧，谥荣定，而封许成为永新伯。初公主闻殷死，谓上果杀殷，牵衣大哭，问驸马安在。帝曰："为主迹贼，无自苦。"寻官殷二子，赐公主书曰："驸马殷虽有过失，兄以至亲不问。比闻溺死，兄甚疑之。都督许成来首，已加爵赏，谋害之人，悉置重法，特报妹知之。"十二月，进封公主为宁国长公主。初，主闻成祖举兵，贻书责以大义。不答。成祖至淮北，贻主书，命迁居太平门外，勿罹兵祸。主亦不答。然成祖故重主，即位后，岁时赐与无算，诸王莫敢望。

安庆公主，宁国公主母妹。洪武十四年，下嫁欧阳伦。

据此，则孝慈高皇后实生五男二女，朱氏言"高皇后从未怀妊"，张氏言"成祖生，孝慈皇后妊为己子，事甚秘"，此二说皆不然矣，若高皇后从未怀妊，而以他人子伪妊为己子，则伪妊一二子足矣，何不惮烦而至六七，伪妊男子足矣，何不惮烦，而伪妊女子至一而再耶。且高皇后五子二女，皆生在洪武元年以前，成祖生于元至正二十年，即宋龙凤六年，时太祖奉宋正朔，为吴国公，长子标已受经学于宋濂（见《明史·太祖本纪》），其时高皇后已有三子，又何所希冀，而必欲伪妊成祖为己子耶，揆之于理，恐亦无此事矣。

（二）疑周王非成祖同母弟之说不足信也

《明史·后妃传》称成穆贵妃孙氏为周王生母，按之本传，实为慈母，李清据实录，则为养母，与生母究有别，是《后妃传》所谓"庶子为生母服三年，自妃始"，其说实非。《明史·黄子澄传》云：

> 子澄曰："今欲问罪，宜先周，周王燕之母弟，削周是剪燕手足也。"

案懿文皇太子薨于洪武二十五年（见《明史·太祖本纪》），秦愍王薨于洪武二十八年，晋恭王薨于洪武三十一年（各见《明史》本传）。其时燕王同母弟，惟有周王，若周王非燕王同母弟，则黄子澄辈何必顾虑及此，且出于敌人之口，宜更足征信。

傅君所记明人笔记，谓成祖与周王同母，是也，谓为非高后产，则成祖与周王岂皆为碽妃子乎？何《南京太常寺志》不言碽妃又为周王生母耶？似此说不足信也。

《明史·周王橚传》云：

> 建文初，以橚为燕王母弟，颇疑惮之。执橚，窜蒙化，诸子并别徙。已，复召还京，锢之。成祖入南京，复爵。永乐元年，诏归其旧封。

《齐王榑传》云：

> 建文初，有告变者。召至京，废为庶人，与周王同禁锢。燕兵入金川门，急遣兵护二王，二王卒不知所以，大怖，伏地哭。已知之，乃大喜。成祖令王齐如故。

明人笔记言齐黄削藩时，周王受责最重，盖谓其先窜云南蒙化，其后乃与齐王同锢京师，受责最重之说可信也。《周王橚传》又云：

> 永乐十八年，有告橚反者。帝察之有验。明年二月，召至京，示以所告词。橚顿首谢死罪。帝怜之，不复问。橚归国，献还三护卫。

《齐王榑传》云：

> 榑骄纵。永乐三年，诏索拱，谕榑改过。是时周王橚亦中浮言，上书谢罪，帝封其书示榑。明年五月来朝，廷臣劾榑罪。榑厉声曰："奸臣喋喋，又欲效建文时耶，会尽斩此辈。"帝闻之不怿，留之京邸。是年八月，召其子至京师，并废为庶人。

以此二传观之，周王示柔，而齐王示刚，故一仍旧封，一废庶人，然亦因周王为成祖同母弟，故独能为保全，明人笔记言"终为保全，恩泽最重"又足信也。若成祖与周王同母，则成祖独为碽妃子，周王又为孙妃子，此二说皆不足信也。

> 附案傅君所记明人笔记，作于何时，已不可考。观其谓成祖、周王皆非高后产，盖已见《南京太常寺志》，必在天启三年以后。此句盖系记者自加，所述周府中传说，除此句外，皆与《明史》合。周府陷于崇祯十五年李自成再围汴决河灌城时，故此记必在天启末崇祯初所作，与张岱盖同时也。

(三)疑碽妃即《广阳杂记》之瓮妃,亦即蒙古源流之洪吉喇氏也

碽妃之说,本于南京奉先殿之配位。若《明诗综》所载沈玄华之《南都奉先殿纪事诗》,若张岱之《陶庵梦忆》"钟山"条,皆得之于目睹,而天启三年之《南京太常寺志》,则首记之于书,若谈迁《国榷》及《枣林杂俎》,若朱彝尊之《静志居诗话》、《康熙字典》之"碽字"条(以上皆傅君所已引者),若李清之《三垣笔记》,若朱彝尊之《南京太常寺志·跋》,若徐乾学之《读礼通考》,若《字汇补》之"碽字"条,若朝鲜韩致奫之《海东绎史》"明太祖碽妃"条(以上皆傅君所未引者),皆本之《太常寺志》,《志》之所本,亦出于南京奉先殿之配位;然此配位之次序及所生之皇子,与明代官私典籍记载,完全不同,而碽妃之来历,更无根据,此殆出于阉人之传闻,私自变更配位,此辈不学无术,但凭流传之野闻,不顾事实之真相,如刘献廷《广阳杂记》卷二所载:

> 明成祖非马后子也,其母瓮氏,蒙古人,以其为元顺帝之妃,故隐其事。宫中别有庙藏神主,世世祀之,不关宗伯。有司礼太监为彭躬菴言之,余少每闻燕之故老为此说,今始信也。

余疑南京所祀之碽妃,即北京所祀之瓮氏,皆凭阉人口耳之流传,而不关于太常正式之典礼。此等传闻,完全出于蒙古人,《蒙古源流》卷八云:

> 先是蒙古托衮特穆尔乌哈噶图汗(案即元顺帝),岁次戊申(明洪武元年),汉人朱葛诺延(案即朱元璋),年二十五岁

(案《明史·太祖本纪》,至正十二年壬辰,太祖年二十四,至洪武元年戊申,年已四十岁,误一),袭取大都城,即汗位(案太祖于洪武元年正月即帝位,八月,始克大都,误二),称为大明朱洪武汗。其乌哈噶图汗之第三福晋,系洪吉喇特托克托太师之女,名格呼勒德哈屯(案盖指元顺帝之三皇后弘吉喇氏),怀孕七月,洪武汗纳之。越三月,是岁戊申生一男(案成祖生于至正二十年,时年九岁),朱洪武降旨曰,从前我汗曾有大恩于我,此乃伊子也,其恩应报,可为我子,尔等勿以为非,遂养为己子,与汉福晋所生之子朱代(案此朱代盖即朱棣即成祖名)共二子。朱洪武在位三十年(案在位三十一年,误三),岁次戊寅,五十五岁卒(案《明史·太祖本纪》崩年七十有一,误四)。大小官员商议,以为蒙古福晋之子虽为兄,系他人之子,长成不免与汉人为仇,汉福晋之子虽为弟,乃嫡子,应奉以为汗(案汉福晋盖指高皇后,蒙古福晋即元顺帝之三皇后洪吉喇氏,此云朱代乃嫡子,盖指皇太子标,实为太祖长子,误五)。朱代庚戌年生(庚戌为洪武三年),岁次戊寅,年二十九岁(案戊寅为洪武三十一年,时成祖三十九岁,皇太子标已薨,皇太孙允炆时二十二岁,无一相合,误六),即位,在位四越月十八日即卒,于是年无子(案此又以皇太孙允炆为朱代,建文在位四年,且有子,此云在位四越月十八日即卒,无子,误七)。其蒙古福晋所生之子,于己卯年三十二岁即位(案己卯为建文元年,时成祖年四十岁,误八)。

《蒙古源流》记载之误谬如此,而以元顺帝之三福晋洪吉喇氏,为成祖之母,此盖蒙古人历世相传之词。而汉人则简称洪吉喇氏为洪氏，一变而为瓮氏，再变而为碽氏，以别于汉姓。南北两京之阉人，遂据为典故，私立祠庙，私改配位。明季士大夫亦蒙然不察，竟载之官书，腾之歌咏。私家记载，相率转录，后世学者，亦多信之。傅君虽已辨正成祖非元顺帝妃之子，而为碽妃之子，依然信之。窃谓碽妃即瓮氏，亦即洪吉喇氏之简称，三福晋洪吉喇氏即《新元史·后妃传》之三皇后弘吉剌氏，《新元史·后妃传》云：

> 帝（顺帝）多内嬖，其皇嫔可考者，有龙、程、张、戈、支、祁诸妃。又有木纳失里皇后，称三皇后弘吉剌氏，居隆福宫，至正三年卒。

案《蒙古源流》所谓之福晋洪吉剌氏，必即为三皇后弘吉剌氏，然此弘吉剌氏，至正三年已卒，决无生明成祖之理。考元顺帝皇后有四：一答纳失里皇后钦察氏，元统三年，为伯颜酖死；二为伯颜忽都皇后弘吉剌氏，至正二十五年八月崩；三为完者忽都皇后奇氏（《庚申外史》作祁氏），高丽人，生皇太子爱猷识理达猎，伯颜忽都皇后崩，册为皇后，至正二十八年，从帝北奔，（以上见《元史·后妃传》）二十九年崩（见《新元史》）。奇氏又称第二皇后（见《元史·奇皇后传》），对皇后弘吉剌氏而称也，又称第三皇后（见《元史·伯颜忽都皇后传》），对皇后钦察氏而称也；四为木纳失里皇后弘吉剌氏，称三皇后，因当时伯颜忽都皇后弘吉剌氏、完者忽都皇后奇氏，与木纳失里皇后弘吉剌氏同时，故别称木纳失里皇后弘吉剌氏为三皇后。世传三皇后弘吉剌氏，后为明太祖妃，生成祖，又混三皇后为第三皇后奇氏，遂又误以为高丽人，此碽妃为高丽人之说所由来也。

若使碽妃果为成祖生母，李淑妃果为懿文皇太子及秦晋二王生母，则李淑妃既载于玉牒及实录，而《明史·后妃传》本之，亦有《李淑妃传》，何以明代官书除《南京太常寺志》外，从未记载碽妃乎？成祖既为天子，何以不敢表彰其生母，使之淹没无传，而在北京私于宫中立庙祀之，在南京私于陵寝别立配位尊之，不敢关于太常乎？若为高后讳，则于李淑妃又何解乎？若讳已为庶子，则汉文帝常言，朕为高皇帝侧室之子，又何伤乎？况皇太子标等皆属庶出，根本无嫡子争位，又何必讳乎（反之，成祖为高皇后产，故成祖于靖难时，每自称曰，朕高皇帝高皇后第四子也，时太子及秦晋二王皆已薨，则第四嫡子应得继立，故为此言）？若为高皇帝讳，谓娶元顺帝妃，而已为妃生，则时代错误，已如傅君所辨，此知其必无是事者一也。

若碽妃果为高丽人，则太祖高丽妃韩氏载之《明史·公主传》，亦必本于玉牒，《公主传》云：

> 含山公主，母高丽妃韩氏，洪武二十七年，下嫁尹清，建文初，清掌后府都督事（《明史》卷一百二十一）。

韩氏生女，尚有记载，碽氏生男，且为天子，何以反无记载乎，此知其必无是事者二也。

若高丽果有碽氏，为太祖妃，为成祖母，则高丽史、朝鲜史亦必大书特书，载其家世，如元顺帝皇后奇氏矣。且明太祖妃韩氏，明成祖权妃、任顺妃、李昭仪、吕婕妤、崔美人，明宣宗吴皇后，皆能详其家世（均见《海东绎史》卷七十），独碽妃则高丽及朝鲜史皆无记载，《海东绎史》虽载明太祖碽妃，然亦转载《南京太常寺志》，及朱彝尊《明诗综》沈玄华诗、《静志居诗话》等，其按语谓“我国无碽姓”，今采其按语如下：

按《字汇补》，“碽姓，《太常寺志》明祖妃碽氏”，《集韵》“音公，击石声”，《盎叶记》曰：“历考万姓统谱及我国氏族诸书，元无碽字姓。近世罗杰入燕，见博明，问碽妃事。明曰，即故元元妃，见明《太常寺志》云。明，蒙古人，元世祖之后也，官主事，博学多著辑，工书，曰故元元妃者，亦有所据，盖庚申君时，与奇氏同入，元亡后，为太祖之妃，而国史讳之。”或是贡姓，而加以石旁欤？

案《海东绎史》引《盎叶记》，盖亦为朝鲜人所作，蒙古人博明谓“碽妃为元元妃，见《太常寺志》”，记称与“奇氏同入”，皆属臆测之词，毫无根据，高丽既无碽姓，此知其必无是事者三也。

（四）疑天启《南京太常寺志》之不根据典礼也

余未见天启《南京太常寺志》，朱彝尊《南京太常寺志·跋》云：

海宁谈迁《枣林杂俎》中，述孝慈高皇后无子，不独长陵为高丽碽妃所出，而懿文太子及秦晋二王，皆李淑妃产也，闻者争以为骇，史局初设，彝尊常以是质诸总裁前辈，谓宜因实录之旧，今观天启三年《南京太常寺志》，大书孝陵高皇后主，左配生子妃五人，右只碽妃一人，事足征信，然则实录出于史臣之曲笔，不足从也，《志》凡四十卷，嘉善沈若霖编。（《曝书亭集》卷四十四）

考《南京太常寺志》有二：一为嘉靖时汪宗元撰，凡十三卷；一为天启时沈若霖撰，凡四十卷。汪《志》余亦未见，其记载奉先殿之配位，恐尚未有碽妃，否则此《志》流传，嘉靖万历时人必先有记载碽妃之事者，然今世所见明人笔记转引此《志》者，大都在明末清初，其为沈《志》作始可知。余旧藏明钞本《太常寺考》二十卷，不著撰人名氏，曾为北京大学录一副本，藏之图书馆。观明钞本字体，盖为万历时写本，不言太祖妃嫔配位有碽妃也。太常职掌全国祀典，当时既不记载此事，则作始于沈《志》，又无疑也。清《四库全书总目》又有《太常续考》八卷，不著撰人名氏，《提要》谓书中所录，盖明崇祯时太常寺官属所辑，其书职官题名，终于崇祯十六年，余亦未见其书，所以不能断其有无记载碽妃之事，世有藏汪《志》、沈《志》及崇祯本《太常续考》者，可参阅明钞本《太常寺考》，而一究明代《太常寺志》之源流，且可定记载碽妃配位始于何志也。

余观各家所引沈氏《南京太常寺志》，其中最可疑者，即碽妃配位之高下与左右妃嫔之数目，与崇祯时张岱所目睹，又有迁移及增减之不同，谈迁《枣林杂俎》引《太常寺志》云：

> 孝陵享殿，太祖高皇帝高皇后南向，左李淑妃以下生子妃共五人，俱东列，碽妃独西列。

此天启时之配位也。张岱《陶庵梦忆》云：

> 壬午（崇祯十五年）七月，朱兆宣簿太常。中元祭期，岱观之，飨殿深穆，暖阁去殿三尺，黄龙幔幔之，列二交椅，褥以黄锦孔雀翎织，正面龙甚华重，席地以毡，走其上，必去舄轻趾，

稍咳，内侍辄叱曰，莫惊驾。近阁下一座稍前为碽妃（南向乎，西列东向乎，惜未详言），是成祖生母，再下，东西列四十六席，或坐或否。

据此，则崇祯十五年之配位，必又为内侍重行排列，最高级为高皇帝高皇后二位，第二级为碽妃一位，第三级东西列各妃四十余位，是此时配位，与天启时所志西列仅碽妃一人与东列各妃对等不同也。又李清《三垣笔记》引《南京太常寺志》，东侧列妃嫔二十余，而西侧止碽妃；张岱则谓碽妃下，东西列四十六席；明林时对亦谓孝陵四十妃嫔祔葬，陵设神宫监（见《荷牐丛谈》一），是张氏目睹时配位之数目，与天启时所志仅东侧妃嫔二十余，又不同也。可证配位次叙及数目，全由内侍阉人随意排列，且时有更变，不拘典礼。沈若霖仅据一时所见，不考之于典礼，竟载之于《太常寺志》，垂为定制（沈氏若作为笔记，为私家记载，备为一说可也，著之官书不可也），假定此事记载始于沈氏不误，则沈氏可谓非诬即愚矣。嗟乎，作史志者，所以贵有学有识也，谈迁、李清、朱彝尊、徐乾学辈，尚为彼所淆惑；惟卓识之万斯同，断然不从此说，故《明史》龚除扩清，无碽妃一字之记载，斯真超出于流俗者也。

中华民国二十二年十月三十日作

此篇作成后，又在中山大学图书馆得睹万历二十年萧彦所撰《太常纪》二十二卷，崇祯九年李日宣增补，就原版附刻，仍为二十二卷。其卷四“李陵条”为万历原刻，其言曰：“太祖高皇帝后，葬南京钟山，尊号为孝陵，四十妃嫔皆祔。永乐时，设孝陵卫并神宫监。嘉靖中，封其山为神烈。岁正旦、清明、中元、冬至、帝后愍忌及圣旦，勋戚大臣一人奉祀事，国有大事，遣大臣祭告，祀礼隶南京，祭则太常掌之。”据此，则四十妃嫔，因无特别掌故如所谓成祖生母硕妃者，故不详纪，而管理陵寝，属于神宫监，则阉人掌之也，祭则太常掌之，太常奉行故事，而陵寝布置，则阉人擅之矣，此亦可为吾文之一佐证。

十一月二十三日附记

（原载《文史学研究所月刊》第2卷第1期，1933年）

再驳明成祖生母为碽妃说

明成祖为高皇后第四子，明初本无异说。自蒙古人以明成祖为元顺帝第三皇后洪吉喇氏所生，且为元顺帝子，此等故事，流传既久，于是在蒙古方面，有《蒙古源流》洪吉喇氏之记载，在中国方面，有《广阳杂记》瓮妃之记载，有天启《南京太常寺志》碽妃之记载，皆为洪吉喇氏之简译，实为一人。夫元代亡时，明成祖已生，其非为元顺帝子，彰彰明甚。今学者不信洪吉喇氏及瓮妃为明成祖生母，而仍信碽妃为明成祖生母，则究其源，仍为元顺帝之子而已。此与李唐为胡姓之说，同为诬辱之尤，淆乱种族，颠倒史实，杀国民自强之心，助眈眈者以张目，此不可不重为辩驳者也。

民国二十一年，傅斯年君因陈寅恪先生最先发见《枣林杂俎》、《陶庵梦忆》及《明诗综》等所载明成祖为碽妃子一说，乃增加材料，作成《明成祖生母记疑》一文（载于中央研究院《历史语言研究所集刊》第二本第四分）。余读之颇怀疑，二十二年十月，作《明成祖生母记疑辩》（载广东中山大学《文史研究所月刊》第二卷第一期）。二十四年七月，吴晗君申傅驳余，作《明成祖生母考》（载清华大学二十四年上半年《清华学报》）。李晋华君继之，作《明成祖生母续考》，后改为《明成祖生母问题汇证》，傅斯年君又为《汇证》跋文，重申己说（李、傅二君文仍登中央研究院《历史语言研究所集刊》已付印，余先得其晒印者）。余乃更作此文，以申旧说，兼答吴、傅、李三君。

一、自申前辩

天启《南京太常寺志》谓懿文皇太子及秦晋二王为李淑妃生，成祖〔周王〕为碽妃生，与玉牒高皇后生懿文以下五子说相戾，夫懿文皇太子为太祖嫡长子，早为全国所周知，不能诬为庶子，说见下辩高后无子条。李晋华君亦言："懿文为高后出，本是事实，今观《长陵诏策》与《燕王令旨》，燕王上书建文，或诏告天下，凡所责难建文，诋毁建文者，无微不至，独不敢攻懿文非嫡子，建文非嫡孙，诚以懿文本嫡长，天下共知，而不容否认也。"李君原注，余别有《懿文太子生母考》。夫懿文既为嫡长，则懿文虽薨，犹有其嫡子嫡孙在，大宗未绝，固不容他子之篡夺也，成祖庶出，固不容篡夺，成祖嫡出，亦不容篡夺，观方孝孺折成祖之言，大义昭然矣！《明史·方孝孺传》云："成祖欲使草诏，召至，悲恸声彻殿陛。成祖降榻劳曰：'先生毋自苦，予欲法周公辅成王耳。'孝孺曰：'成王安在?'成祖曰：'彼自焚死。'孝孺曰：'何不立成王之子?'成祖曰：'国赖长君。'孝孺曰：'何不立成王之弟?'"此可见以伦叙言，成祖虽嫡，仍不免篡夺之罪；以政治言，国家事大，宗族事小，唐太宗之先例在，犹不致尽失人心也。若冒嫡子而灭生母，则更增不孝之名，加欺诈之罪，贻口实，失人望，成祖以英豪自命，决不若琐琐之徒，肯为此无益有损之事也。自无名氏所造《天潢玉牒》出，欲为成祖洗篡夺之名，始言成祖、周王为高后生，懿文太子、秦晋二王为诸母生，吴君所引《皇明世系》，即出于此，说见下。欲以媚成祖得位之正，于是懿文太子、秦晋二王为李淑妃子说，乘之而起。自蒙古人以成祖为元顺帝第三皇后洪吉喇氏之子，于是传之北京，宫中始有瓮妃别庙；传之南京，孝陵始有碽妃祔位。于是成祖生母，始有洪吉喇氏、瓮妃、碽妃三种传说，皆由译音转变而来，笔之于《蒙古源流》者为洪吉喇氏；笔之于《广阳杂记》者，为瓮妃；笔之于天启《南京太常寺志》及《陶庵梦忆》者，为碽妃。自天启《南京太常寺志》出，于是以李淑妃为懿文太子、秦晋二王生母，以碽妃为成祖〔周王〕生母，于是南京阉人，始有高后无子之传说。明代北京阉人，尚无高后无子之传说。自明季以来，士大夫先信此阉人之传说，以为三百年来无字之口碑，绝胜史官曲笔之记载，不察此种传说发生之历史，而漫然信之，于是遂有种种纷歧之记载、相反之辩论，此余所以亦不能已于言也。

二、答吴晗君

高皇后无子说，余前《辩》已驳之，吴晗君《明成祖生母考》，又有“高皇后无子”一条，辩论甚长，其扼要之处，谓：

> 《明史·兴宗孝康皇帝传》，标，太祖长子也，母高皇后，元至正十五年，生于太平陈迪家。明《太祖实录》，乙未九月乙亥，皇长子生。《明史·高皇后传》，太祖克太平，后率将士妻妾渡江。据《实录》言，懿文生于九月丁亥（案吴君原文，乙亥丁亥自歧误），而太祖自五月定计渡江，六月克太平，以后太平即被元兵包围，元兵于十六年二月第二次大败，方全师撤退，则高后绝不能于九月丁亥以前，渡江至太平，则懿文太子自非

高后所生，既非高后所生，则《南京太常寺志》所记淑妃李氏生懿文皇太子、秦愍王、晋恭王，碽妃生成祖事，当属可信。

案《明史·兴宗孝康皇帝传》及《高皇后传》，记载稍有疏略，吴君疑之是也。然有较详之记载，足以释此疑者，毛奇龄《彤史拾遗记》此记据《自序》言，多本旧藏《宫闱纪闻》。"高皇后"条云：

太祖渡江，后多智，恐元兵蹑其后，必相隔，不俟太祖命，急率诸校妻（诸校疑将校之误）过太平（案时太平被围，故过而不能入），止繁昌陈迪家，而元兵果扼渡，如后虑，遂于迪家生皇长子焉。

据此，《明史》言懿文太子生太平陈迪家，虽不误，然详言之，当云生太平路繁昌县陈迪家，繁昌为太平属县，亦可称太平，然与被围之太平路城究易相混。《明史·高皇后传》："太祖既克太平，率将士妻妾渡江。"此句亦不误，盖太祖克太平，在乙未六月，高后率将士妻妾渡江，即在六月克太平之后、元兵未扼渡之前，惟其时太平已被围，故过而不能入，至繁昌止焉。《明史·兴宗孝康皇帝传》云："太祖为吴王，立为王世子，太祖令出旁近郡县，访求起兵渡江时事，以知创业之不易，过太平，访迪家，赐白金五十两。"此所谓过太平访迪家，亦必指过太平至繁昌，访迪家也。《明史》疏略，使人致疑，即在此。今观此《记》，则懿文非高后所生之疑，可以消释矣。

吴君又谓：

《明史》记淑妃李氏，寿州人，高后薨〔崩〕后，摄六宫事，

〔郭〕宁妃是渡江时姬侍，李妃摄宫，在郭妃前，则李妃之归太祖，必更在郭妃前，军行以诸妃随侍，则在太平生懿文太子者，为李淑妃无疑。

案《彤史拾遗记》“郭宁妃”条云：“妃，临淮郭山甫女也。山甫善相人，上尝游临淮，过山甫家，见上，跽曰，公非常人也，乃遣其二子从龙渡江，而亲饰女纳乙室，侍孝慈皇后行间。”据此，则当时诸姬侍，从高后行间，非必从太祖围城中也。《明史》言李妃摄宫在郭妃前，《彤史拾遗记》言李妃摄宫在郭妃后，证之《天潢玉牒》，则以《彤史拾遗记》为是，《天潢玉牒》云：

〔洪武〕三十一年闰五月十日，上崩于西宫，是月十六日，葬孝陵，淑妃李氏殉葬。

李淑妃既殉葬太祖，则其摄宫，必至洪武三十一年闰五月为止，至建文帝即位，自有皇后，何须郭宁妃摄宫，《彤史拾遗记》于郭宁妃，则言孝慈崩，在十五年八月。妃摄六宫事，称皇宁妃，于李淑妃，则言十七年九月，册淑妃，进为皇淑妃，摄六宫事，不言其所终者，依旧记，以殉葬，故外人不知也。《明史》既误以李淑妃摄宫在前，郭宁妃摄宫在后，则孝慈崩后二年，何人摄宫乎，此则《明史》之误，可断言也。

李淑妃于洪武十七年始册淑妃，《明史》与《彤史拾遗记》同。必为新进之妃，若为懿文太子、秦晋二王之母，则何待此时始册淑妃乎？因其才色出众，故又进皇淑妃，摄六宫，后来居上，成穆孙贵妃孙氏，已有先例。《明史·孙妃传》，年十八，太祖纳焉，及即位，册封贵妃，位众妃上。洪武七年九月薨，年三十二，以此推算，则太祖纳孙妃时，在至正二十一年，时郭宁妃等已先来矣。其后因无子而年少，又为太祖所最爱，故殉葬。或疑李淑妃进位皇淑妃，位亚于后，且摄六宫，何致殉葬。案《明史·景帝废皇后》，《汪氏传》，景帝崩，英宗以其后宫唐氏等殉，议及后，然则明代帝室殉葬，不拘贵贱也。若李淑妃为懿文太子、秦晋二王母，建文何忍以之殉葬乎？若然，天启《南京太常寺志》言李淑妃生懿文太子、秦晋二王，何足征信耶！

此文成后二日，余游南京雨花台，又名聚宝山，访得李皇淑妃之父杰墓，有石翁仲及石羊、虎、马各一对，丰碑矗立于墓道，曰《宣武将军佥广武卫指挥使司赠骠骑将军佥都督府事李公神道碑铭》，略云：

> 公讳杰，字茂实，世居寿州霍丘县之寿安乡。丙申之岁，渡江来属，上悦，使隶大将军麾下。洪武元年，诏大将军入中原，山东西河南北州郡相继而下，独所谓孔山寨者，贼恃险以抗我，公奋然先驱，与贼接战，而贼众大合，援不及继，公遂死焉，时冬十有二月乙亥也，享年三十有八。洪武二年八月庚午，葬于京城南聚宝山之阳。公娶茆氏，封太夫人。子，男二人，长即都督公也（上文子谅，官至骠骑将军，佥中军都督府事），次即指挥使也（上文子忠，官至昭勇将军，旗手卫亲军指挥使司指挥使）；女一人，今为皇淑妃。洪武三十一年夏五月二十日立。

案杰事略见《明史·李淑妃传》及《彤史拾遗记》，此云丙申岁渡江来属，则在元至正十六年，懿文太子生于至正十五年，时杰二十五岁，其女淑妃盖未生也。假定淑妃其时已生，则至早为杰十六岁时生，至懿文皇太子生时，必不过十岁，何能生育？至洪武十七年，始纳为妃，年已将四十岁矣，太祖何爱此老女乎？故知其时尚未生也。杰战死孔山寨，年三十八岁，时洪武元年十二月，其女初生，不过一二岁，以太祖纳孙妃年十八例之，洪武十七年纳李妃，其年亦不过十八，故李妃之生，当在至正二十七年。李妃以功臣之女入选，其初入宫，即册为淑妃，毫无疑义。洪武三十一年夏五月二十日立此碑时，尚称杰女今为皇淑妃，明其时尚未薨也。其年闰五月十日，太祖崩，十六日，葬孝陵，《天潢玉牒》言淑妃李氏殉葬，时李妃约三十二岁，盖因无子，而又为太祖所最爱，故殉葬亦可信也。然则《明史》言李淑妃摄六宫在前，郭宁妃摄六宫在后，确系有误，而《彤史拾遗记》果不误也。得此碑文，足证天启《南京太常寺志》李淑妃生懿文太子、秦晋二王之说，实属无稽。

吴君又谓：

> 燕、周不但同母，且俱为庶出。然于《太宗实录》，记其起兵时上书，则称"臣于懿文皇太子同父母"，告将士，则称"我为太祖高皇帝孝慈高皇后嫡子"。从此以后，燕王嫡子之说，便成铁案。登极后变本加厉，伪造玉牒，惟以己和周王为高后嫡子，明著懿文及秦晋二王俱为庶出，这一痕迹，一见于郎瑛所见之《鲁府玉牒》，二见于被删改后的明《太祖实录》，稍久觉得这说不妥，再来修改一次，三修《太祖实录》和《天潢玉牒》中，明著五人同母。

案删改后之明《太祖实录》，即指第二次解缙等所修之《实录》。顾炎武《答汤荆岘书》云，《太祖实录》，一修于建文之时，则其书已焚，再修于永乐之初，则昔时大梁宗正西亭曾有其书，而汴水滔天之后，遂不可问。见《亭林文集》。则初修本焚于火，再修本沉于水矣。吴君云："二见于被删改后之明《太祖实录》。"不知吴君用何妙术，能见及沉于水之再修本《太祖实录》，则何不更进一步，将焚于火之初修本《太祖实录》，详细一阅，则一切伪造问题，都可明白解决，何必哓哓再辩耶？嗟乎，吴君见闻如是广博，无怪菲薄余之见闻太隘也。

吴君云："一见于郎瑛所见之《鲁府玉牒》。"案鲁府玉牒四字，特加一曲线符号，成为一书名，且屡见不一见，骤观之，此等闻所未闻、见所未见之书，吴君能见及之，益使余自愧闻见之太隘。然细察之，则恐吴君误解郎瑛原文，而为之撰此书名也。郎瑛原文云：

> 太祖二十四子，生母五人，长懿文太子标；第二秦愍王樉，封西安；第三晋恭王棡，封太原；第四燕王棣原封北平，今入继大统；第五周王橚，封开封，高后所生也。〔下略〕右《天潢玉牒》之数人，予得于顾尚书者，今鲁府所刻《玉牒》，又云高后止生成祖与周王，因其不同，故录出之(《七修类稿》卷十)。

案所谓"今鲁府所刻《玉牒》"，谓鲁府所刻《天潢玉牒》也，故下文言"因其不同，故录出之"，谓同一《天潢玉牒》，两种刻本不同，故录出之也。今吴君称为《鲁府玉牒》，李晋华君文中，亦称《鲁府玉牒》，盖与吴君约定。若鲁府所藏之宗人府《玉牒》，或鲁府自修之《玉牒》，差以毫厘，谬以千里，此之谓也。不知郎氏承上《天潢玉牒》而言，故下文简称《玉牒》，详言之，当云，今鲁府所刻《天潢玉牒》，自不致误读矣。吴君不信，请观下文。案皇室《玉牒》，藩王何能擅刻。藩王谱牒，在明代称为宗支,《明史·艺文志》有《宗支》二卷。《楚王宗支》一卷,《周府宗支图谱》一卷,是也。

吴君云:“三修《太祖实录》和《天潢玉牒》中,明著五人同母。”观吴君文意,谓三修《太祖实录》与《天潢玉牒》,皆云五人同母高后,此玉牒即成祖第二次伪造之《玉牒》也。然观今世流传之《天潢玉牒》版本,以余见闻之隘,仅见四种,一为嘉靖间袁褧刻《金声玉振集》本,二为万历时邓士龙刻《国朝典故》本,皆不著撰人名氏,中言高后止生成祖与周王,与鲁府所刻《天潢玉牒》同。《四库总目》所载本亦与此同。而懿文皇太子及秦愍王晋恭王则云为诸母所生。《皇明世系》言高后止生成祖、周王,即本此《天潢玉牒》。三为万历刻《纪录汇编》本,四为道光刻《胜朝遗事》本,皆题解缙撰,则云懿文太子、秦王、晋王、今上、周王,皆高后所生,与郎瑛所得顾尚书本又同。由前数本言之,则非解缙撰,亦非成祖第一次所伪造之《玉牒》,据以修改再修之明《太祖实录》者。说详下。由后数本言之,则撰人解缙,乃后人所冒题,郎瑛所见两本,均不言解缙撰,郎氏撰《七修类稿》,在嘉靖末年丙寅,年已八十,犹日综群籍,参互考订,见《七修续稿·原序》。则其所得顾尚书本,必在嘉靖季年,始改五人同母高后,此为后人所改,其时成祖崩已久矣,岂得视为成祖第二次伪造之《玉牒》乎?

吴君又引夏燮《明通鉴义例》云:

> 《明史·黄子澄传》曰:“周王,燕王之母弟,削周,是剪燕手足也。”此初修本(《太祖实录》)之仅存者,解缙奉诏再修,尽焚原草,而独存此数语者,盖缙等欲取媚成祖,遂谓“懿文、秦晋二王皆诸妃出,惟燕、周二王同为高后出”(案此数语,见

无名氏《天潢玉牒》，不能诬为解缙），以证立嫡立长，礼之所宜。是则缙之所谓同母，乃母高后，与《子澄传》中同母之语，词同而意异矣。（案《子澄传》中同母，夏氏必解为碽妃。）

案《明史·黄子澄传》原文云："齐泰欲先图燕，子澄曰：'不然，周、齐、湘、代、岷诸王，在先帝时，尚多不法，削之有名。今欲问罪，宜先周。周王，燕之母弟，削周，是剪燕手足也。'"子澄语意，周王，燕之母弟，先削周，是剪燕手足，盖以别于齐、湘、代、岷诸王；非燕母弟，稍可缓图，盖非同母弟，则助燕不力也。其时秦晋二王，虽亦同母，然已薨逝，嗣王情隔，且无助燕形迹，故子澄不并提耳。试将传文上下细阅，而将"周王，燕之母弟"一句分析，是否有燕之母弟仅有周王之意，是否有燕、周同母碽妃之意，是否有燕、周同母高后而懿文太子、秦晋二王为庶出之意。吴君善以不合论理责人，试以论理方式推论子澄"周王，燕之母弟"一句，其内涵是否有上列各种意义，夏氏之言，是否合于论理。夏氏断章取义，强作别解，已属不顾文义，而又以无名氏所撰《天潢玉牒》燕、周同母高后一说，强诬解缙，又以附会子澄"周王，燕之母弟"之语，迂曲穿凿，不值一哂。后人不读子澄本传，专观他人断章引句，不辩然否，随声附和，未免有轻信之讥。

吴君又谓：

燕王、周王俱庶出，《太宗实录》："周王谓成祖曰，赖大兄救我。"又曰："天生大兄，戡定祸乱社稷，保全骨肉。"明成祖、周王，皆碽妃出，与懿文太子、秦晋二王异母。

案大兄与大王，皆普通尊称，非排行之称，中国族制，兄弟排行，皆从父，未闻有从母者，成祖行四，当称四兄，然当时懿文及秦晋二王，皆已薨逝，存者惟燕王最大，故亦可称大兄。此等称谓，今日吾国社会尚有如是者，但形之于笔墨，则有如是尊称，口头相谓，即周王当日，亦未必称大兄也。故以大兄证明成祖同母惟有周王，亦非确证。

三、答傅斯年君

傅斯年君《跋明成祖生母问题汇证并答朱先生》文中，有两大谬误：其一，误以《天潢玉牒》与《皇明玉牒》为一，其二，误以孝陵飨殿与南京奉先殿为一，此当纠正者也。

傅君误以《天潢玉牒》与《皇明玉牒》为一，观其所附之表及说明，即可知之，文长兹不具录。试问傅君，《皇明玉牒》，其书安在，何人所定名称，若指当时宗人府所掌《玉牒》，亦未闻有称《皇明玉牒》者。今观傅君所引《皇明玉牒》，完全抄录《天潢玉牒》，改《天潢玉牒》之名曰《皇明玉牒》，正与吴晗君改《天潢玉牒》之名曰《鲁府玉牒》，其误正同。

凡一代皇室玉牒，必将某帝、某王为某后、某妃生，详细记录，即夭殇皇子，亦须入牒，明代宗人府《玉牒》，当亦如此。观郑晓之《皇明同姓诸王表传》、王世贞之《同姓诸王表》，以及《明史・诸王传》，皆云某帝、某王为某后、某妃生，且一一相合，是真出于明之《玉牒》也。郑晓《今言》云："洪武三年，置大宗正院。二十二年，改为宗人府，以秦王为宗人令，晋王、燕王左、右宗正，周王、楚王左、右宗人，掌皇九族六亲之属籍，以时修其《玉牒》，书子女嫡庶、名封、生卒、婚嫁、谥葬。”《明史·职官志》“宗人府”条，即本其说。既书嫡庶，又书婚嫁，则某帝、某王为某后、某妃生，自当详书，而《天潢玉牒》，《金声玉振集》本、《国朝典故》本，惟书今上及周王为高后生，其余仅言为诸母所生，或言为皇妃、皇贵嫔、皇贵人、皇美人所生。《纪录汇编》本、《胜朝遗事》本，惟书懿文太子、秦王、晋王、今上、周王为高后所生，余与上同，则与宗人府所掌《玉牒》异撰。《玉牒》凡皇子皆全载，太祖二十六子，郑氏《表传》、《明史·诸王传》之本于《玉牒》者，皆无遗漏，而《天潢玉牒》，则仅载二十四子，赵王及皇子楠皆不载，天子玉牒与臣民家谱同，生子虽殇，亦须载于谱牒，则《天潢玉牒》与宗人府所掌《玉牒》又异撰，何可混而为一书耶。

撰《天潢玉牒》者，指无名氏撰本。为绝无常识之人，欲以媚成祖，而成祖未必见此书，故得不加禁绝，流传于后也。试问懿文太子为诸母所生，而成祖为高后所生，则高帝、高后在时，何以不立成祖而立懿文？稍有常识者，必不信此无根之语也。况《燕王令旨》载其传《檄》天下，有“余为孝慈高皇后亲生皇太子亲弟”之语，何可再令人私改《玉牒》，又令解缙私改《太祖实录》，皆称懿文太子及秦晋二王为庶出，今上及周王为高后嫡出，以自显其前《檄》之欺诈乎？此皆事理之所必无，而今人反信之，此真不可解矣。

撰《天潢玉牒》者，实未尝见过明之《玉牒》，故太祖二十六子，仅知二十四子，一也。不知诸王生母姓氏位号，而混称皇妃、皇贵嫔、皇贵人、皇美人所生，二也。懿文太子及秦晋二王，既非高后生，则必为妃嫔生，而又混称诸母生，岂又出妃嫔、贵人、美人下乎，三也。湘王为胡顺妃生，沈王为赵贵妃生，而云皇贵嫔生，四也。

明代妃嫔制度，惟皇贵妃称皇，说详下。太祖之妃，无称皇贵妃者，惟郭宁妃称皇宁妃，李淑妃称皇淑妃，盖即其时之皇贵妃也。余亦未闻称皇者，而此则妃嫔、贵人、美人，一概称皇，五也。解缙曾修《太祖实录》，曾见皇室《玉牒》，必不如是昧昧，故此书不特非成祖私改之《玉牒》，且亦非解缙所撰之《玉牒》，而傅君乃尊之曰《皇明玉牒》，岂非误乎？

傅君又谓谈迁所引《南京太常寺志》妃嫔等次，与《皇明玉牒》几全相合，特立一表，以相比较，证明《皇明玉牒》为成祖手改，《南京太常寺志》妃嫔位次，为成祖所手定。二百数十年来未尝有改者。惜乎傅君所谓《皇明玉牒》，非宗人府所掌之《玉牒》，而为《纪录汇编》本、《胜朝遗事》本《天潢玉牒》，已改成五人同母高后者。若据《金声玉振集》本、《国朝典故》本《天潢玉牒》，则懿文太子及秦晋二王为诸母所生，立为一表，与《南京太常寺志》所载，更多一层相合，岂不更妙！由此可见《天潢玉牒》，为私人所伪托，天启《南京太常寺志》妃嫔位次，几全由《天潢玉牒》抄袭而来，证据确凿，何可诬为成祖手定，此则傅君自己所证明，恐亦不容再事翻案也。

天启《南京太常寺志》大体虽本于未改本《天潢玉牒》，然颇觉《天潢玉牒》皇贵嫔一类所列诸王之误，故改为皇贵妃，傅君谓“皇贵妃，乃皇贵嫔之误”，实不然，盖《天潢玉牒》以湘、肃、韩、沈四王列入皇贵嫔所生，实则湘王之母胡顺妃，肃王之母郜妃，韩王之母周妃，沈王之母赵贵妃，明明是妃，何可称皇贵嫔，故奋笔一改，而不知顾此失彼，皇贵妃为明代妃嫔之最尊者，不可列于左三，次于皇妃之下也。明制，皇后之下，以皇贵妃为最尊，次贵妃，次为有位号之妃，次为有位号之嫔，再次为婕好、昭仪、贵人、美人、才人等。《彤史拾遗记》：“皇贵妃王氏，嘉靖十年，册为昭嫔，十五年，生皇子载壑，世宗第二子，《明史》称庄敬太子。进昭妃，明年，册为贵妃，十九年，进皇贵妃。”如此进位程序，见于《明史·后妃传》及《彤史拾遗记》，其例甚多，不胜枚举。《彤史拾遗记》：“熹宗六妃，又有定嫔、襄嫔、恪嫔、冯贵人、胡贵人，武宗有刘美人。”《明史》：“孝和王太后，熹宗生母也，万历二十二年，进才人。”《彤史拾遗记》“世宗方后”条：“嘉靖十年，奉章圣皇太后旨选九嫔。先是，祖制无九嫔名，自后妃下，杂制诸嫔宫，而间以婕妤、昭仪、贵人、美人诸位号。”原注：今史官言明代宫中无昭仪、昭华诸位号，非是。据此，则皇贵妃以下，无冠以皇字者，惟洪武初，皇贵妃虚位，以贵妃为最尊。《彤史拾遗记》“贵妃孙氏”条：“上即位，册贵妃，位冠诸妃上，佐高后相六宫事。”《明史·成穆贵妃孙氏传》略同。“郭宁妃”条：“洪武三年，封宁妃，孝慈崩，摄六宫事，称皇宁妃。”“皇淑妃李氏”条：“洪武十七年九月，册淑妃，以高皇后服阕，不立后，进为皇淑妃，摄六宫事。”案郭宁妃称皇宁妃，李淑妃称皇淑妃，即其时之皇贵妃矣。而《天潢玉牒》，分妃嫔为皇妃、皇贵嫔、皇贵人、皇美人，一概称皇，已觉荒陋可笑，而天启《南京太常寺志》，因袭其误，又改皇贵嫔为皇贵妃，以最尊之妃号，降居于普通妃号以下，其荒陋更可惊。以如此不谙明代妃嫔制度之位次，而谓为成祖手定，潘柽章《国史考异》且谓“是皆享于陵殿，掌于祠官，三百年来未之有改者”，是直受荒陋无识之人之所欺，而不自觉悟者也。

天启《南京太常寺志》重在祀典，此节所载，重在生子妃嫔之祀典，则生子诸妃嫔姓氏，其最重要条件也。乃亦袭《天潢玉牒》，除懿文太子、秦王、晋王、成祖书生母姓氏外，余亦以皇妃、皇贵妃、皇贵人、皇美人概括称之，而诸王则反一一列入，一若附祀之位，皆书某王之母者，其主宾易位，已属可笑。而又漏却周王、蜀王、庆王、岷王、赵王，傅君、李君皆谓“周王与成祖同母碽妃，蜀王与代谷二王同母郭惠妃，岷王与韩王同母周妃，载成祖及代、谷、韩三王，则周、蜀、岷三王之母，未尝遗也”。然则李淑妃三子，达定妃二子，何以全载，全则皆全，缺则皆缺，何以为例不纯如此耶。况《天潢玉牒》载韩王为皇贵嫔所生，岷王为皇美人所生，不同母也，既尊信《天潢玉牒》，不应遗漏岷王也。庆王之母余妃，仅生庆王，祔祀以生子之母为重，何以不列入庆王耶。李君谓：“《会典》云，诸妃俱陪葬，惟二妃别葬于陵之东西，然则庆王母余妃，当系别葬，故志不载。”案郑晓《今言》、张岱《陶庵梦忆》，均言孝陵妃嫔祔祀四十六席，本不限于生子及陪葬诸妃嫔，则庆王母余妃，当然亦在其列。赵王所以不载者，傅、李二君均言因殇未载。然赵王既已封王，母以子贵，自当列入生子诸妃嫔之位。或谓赵王母姓氏未详，则安王之母，姓氏亦未详也，何以又列入乎？然则此志粗疏漏略，更不如《天潢玉牒》矣。

天启《南京太常寺志》，今不可见，然引此《志》者以谈迁为最翔实，何乔远、李清、朱彝尊、潘柽章皆语焉不详，目睹孝陵享殿者，以张岱记载为最翔实，李清亦语焉不详，而傅君则反谓谈氏、张氏有误，此不可不辩也。谈迁书于《国榷》者，不详妃嫔祀位，惟书成祖为太祖四子，母碽妃而已，书于《枣林杂俎·彤管篇》者，全录《志》文，最为详确，而傅君乃云：

谈迁见此书时，随手记其诸王所生之叙，未详录诸妃、嫔、美人之姓氏名号。谈本寒士，无书自随，其读书在胶州高阁老家，后来自己遗忘，乃并不能举诸妃嫔之姓氏，且云“九王同母亦奇矣”，此谈孺木记录疏简之误，不关《南京太常寺志》之确实与否也。

案朱彝尊《跋南京太常寺志》云："曩海宁谈孺木馆于胶州高阁老弘图邸舍，阁老导之借故册府书纵观，因成《国榷》一部，掇其遗为《枣林杂俎》。"据此，谈虽寒士，无书自随，然能见故册府书，亦非荒陋；《国榷》虽一度遗失，重为编录，《枣林杂俎》则固依然存在也，录自当日，何致自己遗忘，所以不能举诸妃嫔姓氏者，乃天启《南京太常寺志》原文如是，《志》又本于《天潢玉牒》，踪迹显然，谈氏决非疏简，疏简之咎，当归之《天潢玉牒》。至于"九王同母"云者，因《志》云"皇□妃□氏生楚、鲁、代、郢、齐、谷、唐、伊、潭王"，故易读为九王同母，此则不但谈氏如此，郎瑛读《天潢玉牒》，谓"太祖二十四子，生母五人"，《七修类稿》卷十。朱彝尊《南京太常寺志跋》，谓"左列生子妃五人，右只硕妃一人"。盖《天潢玉牒》式记载，虽在通人，亦只能如是读也。由此观之，天启《南京太常寺志》，决非得诸目睹，说详下。乃抄袭《天潢玉牒》，其证愈明。至于张岱，则得于目睹，与天启《南京太常寺志》不相关，全为别一系统，当于下详言之。

傅君误以孝陵享殿与南京奉先殿为一，如云："弘光元年亲见孝陵奉先殿中位次之李清，以为《南京太常寺志》所载，验之果然。"案孝陵在南京城外，南京奉先殿，在宫城内，何得合而为一。考《明史·礼志六》，有奉先殿、奉慈殿，今举其制如下：

"奉先殿条"云：洪武三年，太祖以太庙时享，未足以展孝思。复建奉先殿于宫门内之东。以太庙象外朝，以奉先殿象内朝。正殿五间，南向，深二丈五尺。前轩五间，深半之。制四代帝后神位、衣冠(据《大明集礼》,四代帝后谓德祖、懿祖、熙祖、仁祖),定仪物、祝文,其品物皆太常奏闻。又录皇考妣忌日,岁时享祀以为常。成祖迁都北京,建如制(今故宫乾清宫东,尚有奉先殿,陈设一如太庙)。万历三年,帝欲以孝烈、孝恪二后神位,奉安于奉先殿,礼官谓世宗时,议祔陵祭,不议祔内殿。帝曰:"奉先殿见有孝肃、孝穆、孝惠三后神位,俱皇祖所定,宜遵行祔安。"盖当时三后既各祔陵庙,仍并祭于奉先殿,而外廷莫知也。命辅臣张居正等入视,居正等言:"奉先殿奉安列圣祖妣,几推尊为后者,俱得祔享内殿,比之太庙一帝一后者不同,今亦宜奉安祔享。"从之。

"奉慈殿条"云:孝宗即位,追上母妃孝穆太后纪氏谥,祔葬茂陵。以不得祔庙,遂于奉先殿右,别建奉慈殿以祀。

又案《彤史拾遗记》"孝纯皇太后刘氏"庄烈帝母。**条云:**

〔崇祯〕十五年,上以太后故,欲追宣宗以来生、继七后同建一庙,而祀太后于其末,召礼部尚书林欲楫侍郎蒋德璟议。上曰:"太庙制有九,皆一帝一后,祧庙亦然。今祧庙自德、懿、熙、仁四祖外,加以仁、宣、英、宪、孝五帝,凡九庙,而其庙已满,且其制一帝一后,其继后及生后七位,仍不得入,即宫中奉先殿,亦一帝一后,虽嘉靖后有以继后及生后入者,而前此七位,尚无祭也。"上意在太后,特未显言。德璟曰:"奉先之外,有奉慈殿,亦祀继后及生后者,今虽废,盍举行焉。"上曰:"奉先殿中,已现有继后及生后七位主矣。"德璟曰:"此万历初始

> 增入,非旧制焉。”上曰:“然,按故事,弘治初,别建奉慈,以奉孝穆纪太后,而孝肃、孝惠,亦并祀之。嘉靖中,迁三主祔陵庙(案世宗并以祔奉先殿),罢奉慈之祭。至隆庆初,奉安孝烈于景云殿,更其名弘孝,又奉孝恪于神霄殿。万历三年,即奉孝恪孝烈于奉先,而弘孝神霄之祭又罢,此奉先祔祀所由来也。以朕思之,奉先之祀,既有定礼,诸殿沿革,历世可验,不若别建一殿,以祀七后,为较便。”德璟曰:“善。”于是辟殿祀太后而七后共之。

据此,则明代奉先殿,初仅一帝一后,虽继后、生后,亦不得祔祭,何况妃嫔。虽嘉靖、万历两朝,稍有以继后、生后祔祀者,然其初出于帝私,不关礼官,至崇祯时,仍移入别殿。奉先殿中,仍恢复一帝一后制矣。南京奉先殿,尚系初制,故其后太庙焚毁,并入奉先殿,盖庙、殿制同,故可相并,其无妃嫔祔祀,可断言也。

自来言碽妃祔祀者,皆云在孝陵,皆本于天启《南京太常寺志》,如李清、谈迁、潘柽章等皆然,潘氏且言于奉先殿则阙之,于陵殿则祀之,见《国史考异》卷四。更皎然分明。惟朱彝尊始于孝陵享殿及南京奉先殿,有混淆不能分析之嫌,其《跋南京太常寺志》,则云:

> 今观天启三年《南京太常寺志》,大书孝陵殿宇,中设高皇帝后位,左列生子妃五人,右只碽妃一人。

又为《静志居诗话》则云:

> 奉先庙制，高后南向，诸妃尽东列，西序惟碽妃一人，具载《南京太常寺志》。

然则误以孝陵享殿为奉先殿，盖始于朱氏，惟未明言耳。明制，无以妃嫔祔祀奉先殿之例，故可断定其为误。然《静志居诗话》又云："南都太庙，嘉靖中为雷火所焚，尚书湛若水请重建，而夏言阿世宗意请罢，有旨并入奉先殿。"又引沈玄华《敬礼南都奉先殿纪事诗》云：

> 高皇肇太庙，松桷连穹霓。尊祖有孝孙，典礼遹升跻。一从迁都后，遗制终未睽。……岂意岁甲午，烈火堕榱题。……盈庭议移祀，中废成町畦。犹余奉先殿，荐新及菹醯。微臣承祀事，入庙歌凫鹥。高后配在天，御幄神所棲。众妃位东序，一妃独在西。成祖重所生，嫔德莫敢齐。一见异千闻，《实录》安可稽。作诗述典故，不以后人迷。

朱氏《静志居诗话》及《明诗综》皆云："沈玄华，嘉兴人，嘉靖壬戌进士，四十一年。除礼部主事，历官南京太常寺卿，转大理寺卿。大理性恬退，不乐朊仕，归遂洁白之养。殁后玄孙传弓，摭拾遗集。早夭，失传。是诗获于高工部寓公家。"案自嘉靖四十一年至天启三年沈若霖为《南京太常寺志》，中隔六十一年，玄华为南京太常寺卿，作《敬礼南都奉先殿纪事诗》，必在万历二十年左右，说见下。朱氏所以引此《诗》者，因明史馆初设，朱氏常以《枣林杂俎》所记碽妃、李淑妃事质诸总裁前辈，总裁谓宜仍《实录》之旧，朱氏颇愤，谓"今观《南京太常寺志》，事足征信，《实录》出于史臣曲笔，不足信”，见《南京太常寺志跋》。盖当时史馆总裁，必疑沈若霖虽撰《南京太常寺志》，其名位、学行不彰，所述之事不实，朱氏乃引曾为南京太常寺卿之沈玄华诗，以为此说出于沈若霖前，曾躬亲祀事者，以明若霖之说非孤证。故《静志居诗话》云：“世疑此事不实，诵沈大理《诗》，斯明征矣。”《诗》云：“一见异千闻，《实录》安可稽。作诗述典故，不以后人迷。”盖字字与彝尊心曲相应也。

余以为沈玄华《诗》，出于后人伪托。盖玄华为南京太常寺卿，及其《诗》之来历，皆疑不实。康熙《秀水县志》卷六：“沈元华，避讳玄作元，嘉兴、秀水两县同城，故籍贯易混。嘉靖壬戌进士。殿试传胪，授礼部主政。奉使朝鲜归，迁尚宝卿。张江陵当国，有夺情之命。元华侄思孝抗疏纠之，杖戍，并唧元华，坐是十三年不迁其官。江陵败，万历十年，居正卒，后夺官。始迁太常卿，随迁南大理，再迁北廷尉，大理。已推南中都宪。南京都察院都御史。方命下，而捐馆矣。”然则沈玄华所官太常卿，乃北太常，非南太常也。后转南大理，升北大理，终仕北京，未尝休官归养，此可疑一也。康熙中平湖沈季友，与朱彝尊同时。撰《槜李诗系》载，沈大理玄华诗五首，云采自玄华所著《竹叶轩诗藁》，未尝选及《敬礼南都奉先殿纪事诗》。朱氏云，玄华诗集失传，与沈季友说不合，此诗得于高工部寓公家，必系集外传写，不言高工部寓公为何名，此可疑二也。玄华于万历十年后始迁太常卿，随迁南大理，再迁北大理，其卒当在万历二十年左右，至天启三年《南京太常寺志》出，相去又三十年左右矣，玄华必未见天启《南京太常寺志》。而嘉善沈若霖编《南京太常寺志》，玄华《诗藁》尚未流传，其玄孙传弓始为摭拾成集，此诗又在集外，藏于高工部寓公家，则沈若霖亦必未见此诗也。故若霖编《南京太常寺志》，则载硕妃袝祀于孝陵，玄华作《奉先殿纪事诗》则载硕妃袝祀于奉先殿，然奉先殿必无祔祀妃嫔之礼，疑作此诗者必已见天启《南京太常寺志》，而又误孝陵享殿为奉先殿，而伪托之于玄华者，故玄华之诗，不足信也。

沈若霖撰《南京太常寺志》，据朱彝尊《跋》称沈为嘉善人，光绪《嘉善县志·艺文志》，则云："《南京太常寺志》，明沈若霖辑四十卷。"而《选举志》、《人物志》，均不载其人，《嘉兴府志》、《浙江通志》等《选举表》、《人物传》，亦不见其事迹，则其人非明代所最重之科举正途出身可知，其是否曾任南京太常寺官属，亦不可知。总之其人于学行、名位，皆不彰显，可断言也。其所撰《南京太常寺志》，盖在万历末天启初，成于天启三年，其时北京宫中别有殿藏瓮妃神主，又于南京孝陵诸妃嫔上特设碽妃神座，以为成祖生母，故特别尊崇，见张岱《陶庵梦忆》。若霖得之于传闻，不凭之于目验，故不暇辨其位之所在，乃考之《天潢玉牒》，未改本。见成祖、周王为高后出，懿文太子及秦晋二王为诸母出，乃不知更据何书，或凭推想，以李淑妃为懿文太子及秦晋二王母，置于左一；成祖为碽妃子，既已如传说，置于右一；周王是否为碽妃子，无明文，故不载，而左二、左三、左四、左五则依《天潢玉牒》，分皇妃、皇贵妃、皇贵人、皇美人四等，不载妃嫔之姓氏，惟取所生诸王为代表，填记各等之内。《天潢玉牒》载太祖二十四子，已误脱二子，此又脱去四子如周王等，盖不知其何等妃嫔之所生也。此沈氏《南京太常寺志》构成此节之所由来也。

傅君谓："必谓陵寝布置，则阉人擅之，则北都太庙，世宗亦可派阉人任意为之，不必兴明伦之大狱矣。"此说亦似是而非，观世宗不关礼官，任意将孝肃、孝穆、孝惠三后神位，祔安于奉先殿，而外廷莫有知者，此非派阉人任意迁移而何。后来诸帝，如神宗、光宗、熹宗辈，皆未尝学问，闻阉人传说，任意派司礼太监经营别殿，以祀瓮妃，亦或有其事。奉慈、景云、神霄等殿，非其先例耶，惟此事不关宗伯，且属疑案，故庄烈帝亦未尝言及。南京之硕妃，祔祭陵庙，不营别殿，尤易为之，且瓮妃、硕妃，本系一人，译音不同耳，在北京则专祭别殿，在南京则祔祭孝陵，此与孝宗以来别殿之祭，世宗以来祔陵之祭，先例亦合，于此更可见南都奉先殿必无硕妃祔祭之理也。

傅君又谓：

> 张岱云："再下东西列四十六席，或坐或否。"李清云："东侧列妃嫔二十余。"二人皆为目见，其实李清验视此异，本由见《南京太常寺志》而起，目睹之后，以为果然，是自撰《南京太常寺志》。至弘光间，未尝有异，沈玄华亦目见者，时在万历中，又与李清在弘光元年所见者同。万历、弘光时既同，则所谓崇祯十五年有异者，必张岱之误记也，四字当为二之误字，西字当衍。《梦忆》一书，原是小品文字，用词每不切实，未可尽据也。

余案张岱记此事于《陶庵梦忆》第一卷第一篇，记载最为详审精细，不特位置高下、席次多寡，详细罗列；即飨殿、寝殿之分，暖阁、龙幔、交椅、毡席以及祭器、祭品，莫不详细备载，兹再录其最要者如下：

> 孝陵飨殿一、寝殿一。壬午（崇祯十五年）七月，朱兆宣簿太常，中元祭期，岱观之，飨殿深穆，暖阁去殿三尺，黄龙幔幔之，列

二交椅,褥以黄锦孔雀翎,织正面龙,甚华重,近阁下一座稍前,为碽妃,是成祖生母,再下,东西列四十六席,或坐或否。

观张岱所记,全得之于目睹,未尝见《南京太常寺志》,且与《志》所载位之高下、席之多寡,完全不同,是别一系统。观明郑晓《今言》,足以证明张氏所记最为正确无误,《今言》云:

太祖陵不知祔葬几妃。今陵祭,旁列四十六案,或坐或否,大抵皆妃嫔也。

《郑端简公年谱》云,《年谱》八卷,晓子履洵撰,隆庆刊本。嘉靖癸丑三十二年。三月,升南太常卿,掌祭祀之事。南太常每岁九十三祭,孝陵、懿文陵,岁共二十余祭。卷三。案《四库总目》载"《南京太常寺志》十三卷,明汪宗元撰。宗元,嘉靖已丑进士,官至右副都御史,是书为宗元官南太常寺卿时所辑"。考已丑为嘉靖八年,郑晓官南太常卿在三十二年,其时汪《志》已出,亦未可知。故晓熟于南太常掌故如此,盖必有所本也。《明史·郑晓传》亦言为南太常卿。又《职官志》:太常寺卿,掌祭祀礼乐之事,天子亲祭,则赞相礼仪,大臣摄事,亦如之。则郑晓于孝陵祭祀,必常亲莅目睹,而云今陵祭旁列四十六案,或坐或否,大抵皆妃嫔,与张岱所见,完全相合。所不同者,张岱所见,多碽妃一座耳,其时四十六案之妃嫔,必仅有神位,而不注明某妃生某子,如李淑妃生懿文太子及秦晋二王,碽妃生成祖;而奉祀官册籍中,亦未必注明某妃生某王也。故郑晓撰《皇明同姓诸王表传》,《序》称嘉靖甲子,四十三年。在为南太常卿后,仅据《玉牒》太祖二十六子,而懿文、秦晋二王及成祖、周王,均言为高后所生,不言为李淑妃、碽妃生也。若郑晓所见,与天启《太常寺志》同，则安得不采此异闻，以笔之于书耶。盖郑晓撰《吾学编》、张岱撰《石匮书》、谈迁撰《国榷》，皆搜采明代掌故，不遗余力，嘉靖时无硕妃祔位，故郑氏《今言》不载，天启后已有硕妃祔位，故张岱载于《陶庵梦忆》也，谈迁则未尝目睹，仅凭《南京太常寺志》，故特载之于《枣林杂俎》，今将三家所载，列图比较如下：

（一）《今言》所载妃嫔位次图：

东☒☒☒☒☒　☒☒☒☒☒　☒☒☒☒☒　☒☒☒☒☒　☒☒☒

☒高帝

旁列四十六案

☒高后

西☒☒☒☒☒　☒☒☒☒☒　☒☒☒☒☒　☒☒☒☒☒　☒☒☒

（二）《陶庵梦忆》所载妃嫔位次图：

东☒☒☒☒☒　☒☒☒☒☒　☒☒☒☒☒　☒☒☒☒☒　☒☒☒

☒高帝

东西列四十六席

☒高后

☒硕妃

西☒☒☒☒☒　☒☒☒☒☒　☒☒☒☒☒　☒☒☒☒☒　☒☒☒

（三）《枣林杂俎》转录《南京太常寺志》所载妃嫔位次图：

〔左一〕⊠李淑妃〔左二〕⊠皇□妃□氏〔左三〕⊠皇贵妃□氏〔左四〕⊠皇贵人□氏〔左五〕⊠皇美人□氏

⊠高帝

⊠高后

〔右一〕⊠碽妃

案(一)(二)两图,郑晓、张岱,得于目睹,自嘉靖三十二年,至崇祯十五年,位置不变,所加者唯碽妃一座。天启《南京太常寺志》,碽妃盖得于传闻,其余皆本《天潢玉牒》记载。此两系统之记载,所以不同也。惟李清既睹《南京太常寺志》,又凭目验,然其记载,最为粗疏,今摘其《三垣笔记》如下:

予阅《南京太常寺志》,载懿文皇太子及秦晋二王均李妃生,成祖则碽妃生,讶之。时钱谦益有博物称,亦不能决。后于弘光元旦谒孝陵,予与谦益曰,此事与《玉牒》、《实录》左,何征,但本《志》所载东侧妃嫔二十余,而西侧止碽妃,然否?曷不启寝殿验之。及入视,果然,乃知李碽之言有以也。

案李清言《南京太常寺志》载东侧妃嫔二十余,此盖入殿因见东侧妃嫔二十余,而误记为《志》载。案《志》仅载妃嫔五位,附记所生之太子及王十九人,男女易位,数目差误,一不足据。诸家皆言飨殿,而李清独言寝殿,二不足据。随百官谒陵,心目中独欲急知碽妃之有无,入殿即见西上有碽妃之神位,曰果然,而飨殿与寝殿不辨也,位次之高下不辨也。东侧有妃嫔二十余实不误，而西侧已见硕妃，其他心目中本无之，亦不事再睹。旅进旅退，后乃笔之于书，粗疏错乱如此，何足据哉！然则李清所目睹，既不足据，沈玄华之诗，亦不足据，则惟有天启《南京太常寺志》一孤证而已。

反观张岱之所记，既与郑晓相合，而新祔之硕妃，所以独高出众妃嫔席次之上者，盖自有说。

硕妃既认为成祖生母，然以其为元顺帝后，尚须隐讳，故未曾追尊为生后。惟在北京已以生后之礼，援照奉慈、景云、神霄之例，特祀别殿，则在南京亦当以生后之礼，祔祀孝陵，此所以设其位于高后右下，而高出于众妃嫔等四十六席之上也。注意，硕妃本无其人，故虽加一硕妃，而原有妃嫔仍有四十六席。懿文太子、秦晋二王本为高后出，高后配帝，故硕妃次之。沈若霖撰《南京太常寺志》，惟闻硕妃为成祖生母，不确知其位置所在，乃依据《天潢玉牒》，而以懿文皇太子及秦晋二王，诬为李淑妃生，而以李淑妃位于左一，硕妃位于右一，左昭右穆，尊李抑硕，大失当时生后祔陵之义。不知成祖已将建文帝号革除，懿文未成君，其母若为李淑妃，建文时未闻尊为太皇太后，则成祖之后嗣，只能尊其等于生后之硕妃，何肯拔李淑妃以加于其上耶。此所以沈若霖之说不足信，而张岱之说乃足信也。

四、答李晋华君

李晋华君《明成祖生母问题汇证》谓："何乔远《名山藏》所引《南京太常寺志》，必为天启以前之本，硕妃生成祖说由来已久，沈若霖必有所本。"然观钱谦益《序》，谓天启中，王损仲询以称斯名之故，则其时书虽成而未刻也，崇祯二年，乔远尚为工部侍郎，至崇祯十一年，谦益为之《序》，始刊行，则天启三年本《南京太常寺志》出，乔远必见之，有如是奇闻，乔远安得不增入《名山藏》乎？钱《序》谓其编摩数十年，遂告成事，必时加修补可知也。必谓乔远所见为天启以前之本，亦未必然矣。

李君又以《太祖实录》所载洪武十九年祔葬于孝慈皇后左右之汪贵妃，为即碽妃之音转，且仍以为高丽人。案汪与碽音不相近，毛奇龄《彤史拾遗记》引作江氏，江从工声，碽从贡，贡亦从工声，音最近，如欲证成此说，与其谓"江为汪之误"，不如谓"汪为江之误"较是。假定如李君说，汪贵妃为成祖、周王母，则洪武七年九月贵妃孙氏薨，命吴王橚后改封周王。服慈母服斩衰三年，以主丧事，敕皇太子及诸王皆服期，汪贵妃之薨，当后于孙氏，何以不闻使成祖、周王成服，则汪贵妃无子，又不抚养其他诸王为子，其事甚明。若曰汪贵妃之薨，成祖、周王必定成服，载于初修《太祖实录》，至再修三修，已为成祖删去，则汪贵妃已尊为贵妃，与孙贵妃等，孙贵妃谥成穆，汪贵妃为成祖、周王母，何反无谥耶。且汪贵妃已尊为贵妃，音转为碽，何以但称碽妃，而不称为碽贵妃耶。况汪贵妃为高丽人，则高丽史、朝鲜史，何不与太祖之高丽妃韩氏，同载于史乎？盖彼国之史，成祖不能删之或改之也。《太祖实录》："洪武十三年五月丙辰，敕谕辽东都指挥使司云：'高丽周谊至辽东，谊有女入元宫，庚申君出奔，朕之内臣得此女以归，今高丽数以谊来使，不可不备。'"按周谊女但言为内臣所得以归，未闻言内臣献而为妃，则此女未纳为妃可知，故拒绝谊来使，且防备之，无恩义以相推及，而高丽、朝鲜之史，亦无周妃之记载也。李君以岷王、韩王母周氏，即周谊女，亦不合情理之言。

李君既以懿文太子为高后生，又以汪贵妃为成祖、周王生母，则天启《南京太常寺志》以李淑妃、碽妃为最主要之说，已不信之矣，然犹以汪贵妃为高丽人。案旧说碽妃为高丽人，高丽既无其姓，见余前辩。中国亦无之，留此特别姓氏，尚可使人踪迹其来源。若为汪氏或江氏，则为中国固有之姓，绝不能以同音之故，改为碽氏，此亦李君未之思也。南京之碽妃，北京之瓮妃，中国、高丽皆无其姓，非出自译音，何从来乎？故谓为蒙古人洪吉喇氏之简译，皆可豁然而解。案蒙古人所称之洪吉喇氏，其简译之变为瓮氏、碽氏。征之金、元史籍，尚有可以作佐证者。如弘吉喇部〔见《元史》一《太祖纪》〕，弘与洪，其音相转最近者也。瓮吉喇带丑汉〔见《元史》九〕、文宗皇后雍吉喇氏〔见《元史》三十二〕、翁吉喇〔见《元秘史》〕，瓮、雍、翁与瓮，其音相转最近者也。光吉喇氏〔见《金史·百官志》〕、广吉喇部〔见《金史》十〕，光、广与碽，其音相转最近者也。要之此三系之音，皆同出一源，故碽妃，即瓮妃，即洪吉喇氏，决非成祖之母。若高丽之姓，大都与中国同，又何劳译音耶，故谓汪妃音转为碽妃，等于翻译，决无此理。

五、辩过信官书

傅斯年君《跋》文云："朱先生深信《明史》，深信《明实录》，然私书不尽失之诬，官书不尽免于诬，果非官书不取，涑水无须采小说撰《考异》矣，官样文章其可尽信否？"吴晗君亦谓余"过信官书"，笙磬同音，余对之益愧。然余发表论著之文颇多，试覆按之，是否非官书不取乎？若反唇相讥，傅君非私书小说不取，傅君能承认之乎？且天启《南京太常寺志》，有人亦认为官书，其所记碽妃事，余不信，傅君何以反信之乎！《明实录》是官书，固不可尽信，然非字字不可信。《明史》是官书，对于清代忌讳之处不可信，对于明初皇室之事，已无忌讳，有鉴别真伪之自由，亦非全不可信也。且如余此文，不信官书《明史》，而信私书以补正《明史》者，若高后生懿文太子于太平之繁昌，则取《彤史拾遗记》，郭宁妃先李淑妃摄六宫事，亦取《彤史拾遗记》，李淑妃殉葬，且取《天潢玉牒》，其他征引私家著述尚多，即余前《辩》亦然，何尝非官书不取耶？天启《南京太常寺志》，其书今惜未见，其记载李淑妃、碽妃事，固不可信，然其记载他事，亦非全不可信者。总之判别是非真伪，全恃凭证，官书私书，无所偏倚也。

附：明成祖生母洪吉喇氏、碽妃、瓮妃三说发生之次叙考

洪吉喇氏之说，出于《蒙古源流》。考《蒙古源流》作者萨纳囊台吉，甲辰年生，即明万历三十二年。十一岁，得萨纳囊彻辰洪台吉之号。此书本为蒙古文，清乾隆四十二年，奉敕译成八卷。《四库总目》谓此书据作者自称，撰于乙丑年二月十九日，至六月初一日告成。案乙丑为明天启五年，时年二十二岁。书中言："大明朱洪武汗袭取大都城，其乌哈噶图汗元顺帝。之第三福晋洪吉喇氏，怀孕七月，洪武汗纳之。越三月，生一男，朱洪武养为己子，其后即位。"此即指明成祖。而沈若霖《南京太常寺志》，载"明成祖为碽妃生"，其书成于天启三年。刘献庭《广阳杂记》载："明成祖母瓮妃，蒙古人，元顺帝之妃，宫中别有庙藏神主，世世祀之，不关宗伯，有司礼太监为彭躬庵言之，余少每闻燕之故老为此说，今始信也。"考王昆绳撰《刘处士年表》谓"献庭生于戊子七月，年四十有八"，则是生于清顺治五年，卒于康熙三十四年。沈彤为《刘献庭传》亦言"卒年四十八"。独全祖望撰《刘献庭传》谓："献庭顺天大兴县人，

先世本吴人，以官太医，遂家顺天，年十九，复寓吴中。其后居吴江者三十年，晚更游楚。寻复至吴，垂老始北归，竟反吴卒焉。末谓沈彤所为《传》不甚详，谓继庄卒年四十八，亦恐非，盖卒于吴时，其年多矣。”窃谓献庭之生，至迟必在天启时，盖其先世官太医，其年十九，复寓吴中，盖其时北都亡于清也。《广阳杂记》谓“余少每闻燕之故老为此说”，可证其十余岁已在明之燕都，司礼太监为彭躬庵言之，亦必在明季也。然则此三书之成，《南京太常寺志》最早，在天启三年；《蒙古源流》次之，在天启五年；《广阳杂记》最后，在清初。而明成祖生母之传说，则蒙古最先，北京次之，南京又次之。何以明之，据《蒙古源流·自序》，此书非尽出自撰，实由七种史合订而成，中有《古蒙古汗源流大黄赤》一书，所谓古蒙古汗，即指明以前蒙古各汗及元代各汗而言，元顺帝事，盖即在其内，明成祖为洪吉喇福晋所生，盖亦本此。然则《蒙古源流》之前，早有此种记载矣，余故曰，此种传说先发生于蒙古也。由蒙古传之北京，北京故老，皆能言之，于是北京始有祀瓮妃之别殿。窃疑北京别殿所祀神主，必书碽妃，与南京孝陵祔祀者必相同，南京孝陵祔祀之碽妃，张岱记于《陶庵梦忆》者，由于目睹，必本于北京之公文书，而刘献庭未尝目睹，乃间接闻之燕之故老，及彭躬庵述司礼太监之言，乃以方音译之，而变为瓮妃也。总之洪吉喇氏简译为碽氏，又转译为瓮氏，其发生之次第如此，其为同出一源，可断言也。

（原载《东方杂志》第33卷第12号，1936年）

云南濮族考

吾国濮族，发迹云南，其后散布西南各省，蔓延甚广。《周书》王会伊尹为四方献令曰："正南瓯邓桂国损子产里百濮九菌，请令以珠玑毒瑁象齿文犀翠羽菌鹤短狗为献。"先师章先生《西南属夷小记》，言"明清职贡，永昌顺宁皆贡濮竹，而顺宁专贡矮犬，与王会百濮献短狗相契"，是濮族发迹于今云南之证也。《小记》又言："濮之得名，盖因于濮水，犹因晋水以名晋，因荆山以名荆也。《汉·地理志》，越巂郡，青蛉，仆水出徼外，东南至来唯，入劳，过郡二，行千八百八十里。益州郡，叶榆，贪水受青蛉，南至邪龙，入仆，行五百里。来唯，劳水出徼外，东至麊泠，入南海，过郡三，行三千五百六十里。依今水道，仆水即河底江，东源出云南梁王山，西源出赵州南山，合东南流至于元江，又东南至河口，出交趾，稍富良江，入于南海，是为云南中部之水，源远而流长，故其地以仆水得百濮名。"(《太炎文录续编》卷六下）案濮族以仆水得名，说甚精确，前哲所未能道也。惟以元江当仆水，说本阮元《云南通志稿》、王先谦《汉书补注》，阮王二氏之说实误也。案仆水即澜沧江，陈澧《汉书地理志水道图说》："仆水今云南维西厅澜沧江，源出西藏，东南流至车里土司西北境，其下则为劳水也。劳水之源未详，其下流则合今云南车里土司西北境之澜沧江，东流曰九龙江，过南掌国，至越南，曰洮江，曰富良江，至越南东境入海。"陈氏释仆水本流如此。

又云："贪水，今云南邓川州漾备江，首受澜沧江支水，南流至云州，入澜沧江。"又云："叶榆泽，今云南太和县洱海也，其水入漾备江。"陈氏释仆水支流如此。案《汉志》明言仆水出徼外，至越巂郡青蛉入境，青蛉今大姚县也，东南至来唯，入劳，来唯今车里西北境也。贪水首受青蛉，至益州郡叶榆入境，叶榆今大理县也，南至邪龙入仆，邪龙今保山县，旧永昌，仆水行于今大理永昌间，此为澜沧江，而非元江明矣。陈氏释仆水本流支流是矣，然其言澜沧发源西藏，其下流为富良江，由越南东境入海，则亦非也。考今地理书皆云："澜沧江有二源，出于青海西康，纵贯云南省，经安南缅甸暹罗间称湄公河，入于南海。"富良江源出云南，有二源，一曰元江，一曰李仙江，至安南合称富良江，入东京湾。又曰："湄公河自青海发源，经西康云南，入印度支那半岛，注南海，长约二千六百哩。"案《汉志》仆水行千八百八十里，入劳，又行三千五百六十里，入海，合行五千四百四十里，汉尺较今尺短，而湄公河长二千六百哩，合今中国七千八百里，盖汉时不计徼外里数，自青海至云南边界不数，故仅有五千四百四十里也。而黄河亦自青海发源，东注渤海，仅长二千四百哩。濮族之于仆水，犹汉族之于黄河，繁衍生息，于焉有关，非详考其源流，不能明其发展分布之踪迹焉。《周书・王会》，百濮以短狗为献，明清职贡，顺宁专贡矮犬，哀牢为濮族大宗，《后汉书・哀牢传》："显宗以其地置哀牢、博南二县，割益州郡西部都尉所领六县，合为永昌郡，始通博南山，度兰仓水。其竹节相去一丈，名曰濮竹。"明清职贡，永昌顺宁皆贡濮竹。汉哀牢县在今保山县东，与顺宁县皆在澜沧江西岸，汉博南县今永平县，在澜沧江东岸，然则濮族繁衍于仆水两岸，甚明。至东汉时，仆水已名兰仓水，仆加水旁而为濮，犹兰仓加水旁而为澜沧也。

余谓濮族因仆水而得名，不如谓仆水因濮族而得名，犹僰道因僰族而得名也。云南境内山川以夷族得名者甚多，邛笮山、哀牢山、滇池、邛河皆是，因仆族而名仆水，因仆水而变其文为濮，因而种族之名亦为濮，其名百濮者，《后汉书·哀牢传》云：“王九隆死，世世相继，注引汉杨终《哀牢传》云：“九隆代代相传，名号不可得而数，至于禁高，乃可记知，禁高子吸，吸子建非，建非子哀牢，哀牢子桑藕，桑藕子柳承，柳承子柳貌。”案柳貌在汉明帝永平中降汉，杨终所撰传，仅知其七世祖，其始祖九隆，已不知始于何时，盖亦百濮之共同始祖，远起商周，哀牢亦不过百濮之一，而为其大宗耳。乃分置小王，往往邑居，散在溪谷，绝域荒外，山川阻深，生人以来，未尝交通中国，永平十二年，哀牢王柳貌遣子率种人内属，其称邑王者七十七人。”案哀牢王柳貌所率邑王七十七人，不过濮族之一支，散在仆水两岸，而役属于哀牢者；其自九隆以来，分置小王，散在溪谷，绝域荒外，山川阻深，生人以来，未尝交通中国者，不知凡几，盖仆水上下流六七千里间，必皆有濮族踪迹，此百濮之名所由来也。即就交通中国而言，吾国古书所记，若《尚书》，若《周书》，若《左传》，若《国语》，若《尔雅》，或专称濮，或称百濮，其种族分布于今云南、四川、广西、贵州及湖北西部，为西南夷之大宗，与东南百越并驾齐驱，此亦濮族历史之至可惊者。

云南濮族，吾国古书皆称濮，而不称僰，自《元史·地理志》专称僰而不称濮，今人遂沿用之，而不问所由来。章先生《西南属夷小记》言：“僰之名始见于秦《吕氏春秋·恃君览》。”案其文乃言僰人为西方无君之人，《汉书·地理志》有僰道，属犍为郡，《说文》释僰曰犍为蛮夷，则僰夷在今四川，而不在今云南。《史记·司马相如传》“西僰”，《集解》徐广曰：“羌之别种也。”又《西南夷传》“汉兴开蜀故徼，巴蜀民或窃出商贾，取其笮马僰僮髦牛”，注引《括地志》云：“笮州本西蜀徼外，曰猫羌。”然则笮与僰皆羌也，今云南僰夷，前史皆属之南蛮，以《周书》王会正南百濮言之，则濮族乃在今云南耳，故晋常璩《华阳国志》凡称今云南所属皆曰濮，如建宁郡谈稿县有濮獠，永昌郡有闽濮、躶濮，兴古郡今贵州西部。有鸠獠濮，称今四川所属则曰僰，如僰道县本有僰人是也，常《志》又曰："堂琅县故濮人邑也，今有濮人众。"考汉堂琅为犍为郡属县，今云南会泽县，清东川府治，然则汉之犍为郡亦有濮人，而僰人则仅限于僰道一地，今宜宾南溪屏山诸县。《史记·西南夷传》"僰僮"，注引汉服虔说："旧京师有僰婢。"又《货殖传》"僮手指千"，注引《汉书音义》云："僮奴婢也。"《货殖传》又云：蜀卓氏"倾滇蜀之民，富至僮千人。"案僮千人，盖农奴也，汉制邑有蛮夷曰道，然则僰道者，虽有僰夷聚居，疑非僰夷本土，盖巴蜀之民，贩卖西蜀徼外之僰奴僰婢，集中此地，而转卖于蜀土及四方者，故蜀卓氏得富至僮千人，司马迁且谓僮手指千，其富与千户侯等，盖相率成风，而非卓氏一家已也，其僰婢且远贩至京师。《西南夷传》，取筰马、僰僮、髦牛，以僮与牛马并列，其视同商品，转辗贩卖，可知。迨至晋代，僰道县已无僰人，故《华阳国志》云："僰道县本有僰人，故秦纪言僰僮之富，汉民多斥徙之。"所谓斥徙，盖即斥卖至四方也。至晋时，盖旧日来源已断，在僰道者斥徙已尽，故曰本有僰人，言当时已无僰人也，则僰僮者殆犹后世之昆仑奴耳，其来自西方乎，抑南方乎，其族为羌种乎，抑蛮种乎，当详为一考也。

余谓濮族之濮，其本字当作仆，前已言之矣，仆与僰实同一种族：以种性言，僰族固为奴仆，濮族亦为奴仆，古代如此，今世亦然。据江应樑君《云南僰夷民族研究》，谓"详察今日僰夷社会制度及经济阶段，实为封建大地主之社会，其土司实俨然一封建诸侯（世袭）兼大地主也，既揽行政立法司法之全权，又为全境土地所有者，而全部人民皆土司一人之佃户，亦即土司一家一族之奴隶"。然则今日之土司，即古代之小王，率领农奴，占领溪谷，绝域荒外，山川阻深，皆能分支垦殖，遇敌则战，无敌则耕，故其蔓延区域，极为广大，然无大国规模，一遇强敌，则奴仆即为他人俘虏，有地则耕种，无地则斥卖，《吕览》称僰人无君，以其小王实为酋长，无国家规模，故曰无君，其在西方者，深入氐羌，尤易为强敌所虏略，僰道之僰夷，皆此类也。彼族自名必别有种名，吾国古人视彼民族皆为奴仆，故称之为仆为僰也。吾国古人，喜以贱名加之别族，如蛮蜑貊狄戎夷羌仆皆是，一以非人类加之别族，一以贱人类加之别族，本属不当，盖自尊而贱人，古之通病也。以字义言，《说文·菐部》："仆，给事者，《易》之童仆，《诗》之臣仆，《左传》人有十等，仆第九、台第十皆是。从人菐，菐亦声。"又云，"菐渎也，渎，烦渎也。从丵从収，丵，丛生草也。蹼古文从臣"。又《人部》："僰，犍为僰蛮也。犍为郡僰道，其人民曰僰，王制屏之远方，西方曰僰，东方曰寄，郑《注》僰当为棘，棘亟也。从人棘声。"案此二字，声义皆同，古有重唇音，无轻唇音，仆、僰二字，古音皆读若卜，此声同也。给事之人，其事烦渎，故从人菐，菐亦声，给事之人，其事棘亟，故从人棘，棘亦声，仆之字从丵，丛生草；僰之字从棘，丛生木，《说文》，棘，小枣丛生者。凡仆役之事，皆丛脞烦辱，此义同也。故二字实一字，惟仆为初文，僰为秦新造文，许叔重训僰为犍为郡蛮夷，失其本义矣。然则仆水亦可作僰水，僰道亦可作仆道，惟文字发生之历史，亦不可紊乱，秦以前古书凡称濮族，皆作濮，其本字当作仆，故云南仆族仍当作濮，约定俗成，不可妄易。僰道之僰，汉代始有，在僰字既造之后，亦不可妄改也。以地理言，《吕氏春秋·恃君览》，氐羌呼唐离水之西，僰人、野人篇笮之川，多无君。案呼唐篇笮，疑四地名，唐疑即巂唐，笮疑即筰都，皆属汉越巂郡，今云南北部；呼、篇，则不可考矣，离水疑即湘水支流之离水，今作漓水，《汉·地理志》“零陵郡，零陵，有离水，东南至广信，入郁林，行九百八十里”。离水之西有僰人、野人，则古代僰人，本已分布于今广西西南部、贵州西部、云南全部；而野人则又在僰人西，今云南西部与缅甸交界处，尚有野人山是也，氐羌以西尚有僰人者，仆水发源于青海，过西康，入云南，古代仆族，分置小王，散在溪谷，绝域荒外，山川阻深，生人以来，未尝交通中国，盖即此族也。然则僰人即仆人，亦即百濮，为西南夷之大宗，介于羌蛮之间，谓为来自西方可，来自南方亦可，呼为羌可，呼为蛮亦可，故季汉之时，称濮人为青羌，亦或称为南蛮也，此就仆水本流言之。其上流氐羌之境，下流越南、缅甸、暹罗之境，亦有僰人，则或称西羌，或称南蛮，随地异名，不拘一例，而仆之本名，则终不可没。且也，僰道之僰，既称西僰，而近于羌，《史记·主父偃传》，“今欲招南蛮，朝夜郎，降羌僰”，是亦言僰属西羌，不属南蛮也。在仆水上流。而仆以下流，经缅甸、暹罗、越南间，入于南海之处，汉曰麊泠，《汉书·地理志》“交趾郡，麊泠，都尉治”。在今柬浦寨南端，湄公河入海之区也。其地在魏晋之际为真腊扶南，据法人费瑯所著《昆仑及南海古代航行考》（冯承钧译），占波、真腊、缅甸、马来半岛（顿逊及盘盘），苏门答剌、爪哇等地，皆称昆仑，唐南诏附近，亦有昆仑国。樊绰《蛮书》卷十，昆仑国北去西洱河蛮地八十一日程，卷六凉水之西南，至龙河，复南行至青木香山，又南至昆仑国，卷七青木香山在永昌南，三日程，卷十南诏攻昆仑，昆仑人听其深入，决水淹之，几至淹没。又引法人伯希和言“濮夷境内之高黎贡山亦名昆仑冈”，《南诏野史》“狄青至邕州，度昆仑关，破侬智高”，在今广西西南部邕宁，然则散在缅甸、暹罗、越南之僰夷，与昆仑奴亦大有关系，此亦至堪寻味者也。费瑯结论，谓占波等昆仑，与非洲东岸之昆仑，皆出一脉。其言虽太觉广泛，然种性则确相近。仆水合上下游既长七千余里，为濮族发祥之地，则其最初族类，自上游高原而下乎，抑自下游海滨而上乎，余则主后说，有数证焉：一曰文身，《南史》“扶南，文身被发”，濮族大宗为哀牢，《后汉书·哀牢传》“种人皆刻画其身，象龙文。”二曰裸俗，《晋书》林邑“人皆倮露徒跣，以黑色为美”；扶南“人皆丑黑拳发，倮身跣行”。《华阳国志·南中志》，“永昌郡有鏢濮。”三曰儋耳，《北史》“真腊人形小而色黑，悉拳发垂耳”，《后汉书·南蛮传》，“珠崖、儋耳二郡，在海洲上，其渠帅贵长耳，皆穿而缒之，垂肩三寸”，《哀牢传》，“哀牢人皆穿鼻儋耳，其渠帅自谓王者，耳皆下肩三寸，庶人则至肩而已”。今云南僰人文身之风仍盛，裸露亦间有之，此皆足证濮族初为沿海民族，后乃溯仆水而上，繁衍广殖，遍布西南各省及深入于羌境也。

余谓百濮百越，实为南蛮两大支流，其初皆为沿海民族，蛮最先入中国，音变为苗，苗族非古之三苗，三苗为国名，故称有苗，其后分北为三苗，犹后世之三晋三秦，非种族之名也，余别有文载《北京大学月刊》。明以来始盛称之，分布贵州、湖南间，如五溪蛮，其大宗也，少数蔓延于两广、川、滇、闽、浙。而百濮则分布于今西南各省，百越则分布今东南各省。濮与越多文身，尚未脱沿海民族之风，而两族之分界线，则在越南、暹罗间；濮越两族同源经中国人视之即濮族，亦有称越者，如《汉书·张骞传》，称滇国为滇越，《华阳国志·南中志》称剽国为漂越，《志》又言永昌郡有闽濮，则越族亦有迁于濮地，而从濮之名者。蛮则猾夏较古，深入内地较久，故鲜有文身者。或谓蛮为马来之合音，疑南方蛮族皆为马来人种，壤土相接，无有大海以相阻隔，故其人种自南而北，先入于中部，后又分为东南、西南两部也。此说虽属无稽，然近世人种学者、语言学者皆言“藏缅暹越之民，并与马来同种”，法人费琊亦言“亚洲高原民族，古时迁徙恒河东方及马来群岛，并言中国人、越南半岛人及马来群岛人及马达伽斯伽岛人同出一脉”，则马来为蛮一说，亦非无因也。百越之说，亦始见于《吕氏春秋·恃君览》，其言曰：“扬汉之南，百越之际，敝凯诸夫风余靡之地，缚娄阳禺驩兜之国多无君。”《汉书·地理志》：“粤地，牵女婺女之分壄也。”《注》臣瓒曰：“自交趾至会稽七八千里，百粤杂处，各有种姓，不尽少康之后也。”其最著者，浙江以南曰于越，瓯江以南曰瓯越、福建地曰闽越，两广地曰南越，越南地曰骆越，瓯越称东瓯，骆越称西瓯，南越王尉佗上文帝书云，“其东闽越千人众号称王，其西瓯骆裸国亦称王”。《史记·赵世家》“瓯越之民”，《正义》引梁顾野王《舆地志》云，“交阯，周时为骆越，秦时曰西瓯，文身断发避龙”。则皆沿海之越也。其深入内地者，自丹阳以南至今皖南赣湘东，则曰山越，《史记·楚世家》：“熊渠伐扬越，至于鄂，立长子康为句亶王，中子红为鄂王，少子执疵为越章王。”《集解》：“句亶，今江陵；鄂，今武昌。”越章，宋翔凤《过庭录》谓“即汉丹阳，今当涂县”，是楚越章王即芈姓越之祖矣，吴泰伯仲雍断发文身，是吴亦旧越族地也，然则自江陵以东至于吴会，皆扬越矣。此百越之所由名也。《史记·秦始皇本纪》引贾谊《过秦论》云，“秦王威振四海，南取百越之地以为桂林象郡，百越之君，俛首系颈，委命下吏”，《集解》引韦昭云“越有百邑”，此所谓百越，是专指越南及广西南部言，此犹百濮起于云南，而迤及于西南各省也。百濮之说，始见于《周书·王会》，至于汉代，濮族大宗，建哀牢国于仆水两岸，分布小王七十余邑，其他若离水以西，今广西西南部、贵州西部以及云南全省、四川西南部，皆有濮族踪迹，已详见于上文。其他见于吾国古籍者，左思《蜀都赋》云，“于东则左绵巴中，百濮所充”，刘逵《注》，“濮，夷也，今巴中七姓有濮也”，常璩《巴志》，“其属有濮賨苴共奴獽夷蜑之蛮”，是百濮之突入于巴中者，《左·昭九年·传》，周詹桓公曰，“巴濮楚邓，吾南土也”，巴濮并称，是其证也。

《左·文十六年·传》，庸人帅群蛮以叛楚，麇人率百濮聚于选，将伐楚，案《左·文十一年·传》，楚潘崇伐麇，至于锡穴，《太平御览·州郡部》引《十道志》，郧乡本汉锡县，古麇国也，盖即锡穴，在今湖北郧乡县。则百濮已延及湖北西北部矣。《尚书·牧誓》，武王伐纣，率庸蜀羌髳微庐彭濮人，此濮盖亦在今四川湖北间，未必远征及于今云南也。《国语·郑语》："荆子熊严生子叔熊，逃难于濮而蛮。"又云："楚蚡冒于是乎启濮。"所逃之濮，所启之濮，盖亦在今湖北境。《左·昭元年·传》："吴濮有衅，楚之执事，岂其顾盟。"杜预《注》："吴在东，濮在南。"又《十九年·传》："楚子为舟师以伐濮，费无极言于楚子曰，若大城城父而寘太子焉，以通北方，王收南方，言伐濮。是得天下也。"是鲁昭公之时，仆已蔓延江南，入于今湖北、湖南、贵州交界之区，俨然与吴同为楚之大敌也。由此观之，百越、百濮，势力相敌，其初皆为沿海民族，封建小王，繁殖扩张，骎骎北上，吾国当商、周之际，亦为封建之世，诸侯之国，累百盈千，大国不过百里，小国不过数十里，势分力弱，四夷交侵，莫能相抗，此百越、百濮所以深入江汉之滨也。及至春秋战国，大国崛起，荆楚吴越，屏障南方，皆以华夏之胄，君临蛮族，使百越、百濮，不复肆行北上，此为第一期。及楚强大，东灭于越，西略夜郎，于是姒姓、芊姓之越，分王于闽疆及东西瓯，而庄蹻且王滇池，此为第二期。秦始皇虽统一中国，使尉屠睢将楼船之士，南攻百越，然败于骆越，东南仅设一尉，西南则使常頞略通五尺道，滇池夜郎诸国，亦颇置吏，然亦不过羁縻之而已。至汉武帝，始灭东越、南越，平西南夷，乃皆郡县其地，儋耳、珠崖、郁林、交阯、九真、日南诸郡，此百越之根据地也；犍为、越巂、益州、牂柯诸郡，此百濮之根据地也，此为第三期。此则华夏之族，由北南下，抑制越、濮之大略也。《尔雅·释地》，南至于濮铅，是为南极，此则汉人疆里南海，至于麊泠，故为是语也。

濮族文化，以织业为最著。《后汉书·哀牢传》云："土地沃美，宜五谷蚕桑，知染采文绣、罽毲、帛叠、兰干细布，织成文章如绫锦，有梧桐木华，绩以为布。"案蚕桑文绣，则为丝织，罽毲则为毛织，帛叠布、桐华布，日本藤田丰八考定"帛叠布为草本棉所成，即吉贝；桐华布为木本棉所成"，见《中国南海古代交通丛考》第四五六页。则为棉织，兰干，《华阳国志》曰，兰干，獠言紵。则为麻织，此等技术，为濮族所创造乎，抑传自他族乎，此宜深考者也。考中国古代有丝织麻织，而无棉织，氐羌有毛织，《后汉书·冉駹传》："武帝以为汶山郡，其人能作旄毡班罽青顿毞毲羊羧之属。"则丝织麻织盖传自西蜀，而毛织则传自氐羌，此自仆水上游传入者也。中国技术，则传入之道尚多，如巴中、黔中皆是。惟棉织则疑为濮族特创，吾国棉织品之传入，其最著者为孙吴，吴大帝孙权曾遣朱应康泰，出使扶南，归而撰《吴时外国传》及《扶南记》。《吴时外国传》云："诸簿国女子织作白叠花布。"《御览》八百二十引。案诸簿，即后阇婆，今爪哇也，晋张勃《吴录·地理志》云："交趾安定县有木棉树，高大，实如酒杯，口有绵，如蚕之绵也，又可作布，名曰白緤，一名毛布。"北魏贾思勰《齐民要术》卷十引。《后汉书·哀牢传》"桐华布"，《注》引晋郭义恭《广志》曰："梧桐有白者，剽国有桐木，其华有白毳，取其毳淹渍缉织以为布。"案剽国今缅甸东部，则棉织亦似仆水下游沿海诸国所传入；然考《后汉书·哀牢传》，本汉明帝时杨终所撰《哀牢传》而作。汉王充《论衡·佚文篇》云："杨子山为郡上计吏，见三辅为《哀牢传》，不能成，归郡作上，孝明奇之，征在兰台。"《后汉书·杨终传》，"终字子山"，则汉明帝时，哀牢已有帛垒布也。《后汉书·王符传》，载符《潜夫论·浮侈篇》云：“今京师贵戚，衣服饮食，车舆庐第，奢过王制，固亦甚矣，且其徒御仆妾，皆服文组彩牒，锦绣绮纨，葛子升越，筒中女布。”李贤《注》：“牒，今垒布。”案帛垒、白垒、白绁，绁或作牒。皆出自译音，盖或为濮夷语，如兰干之比。《汉书·货殖传》：“答布皮革千石，比千乘之家。”魏孟康《注》云：“答布，白叠也。”《史记·货殖传》作“榻布皮革千石”，《集解》骃案《汉书音义》曰：“榻布，白叠也。”《汉书音义》为晋晋灼撰，其说盖即本于孟康，榻答叠双声音通，其说甚是。颜师古以为“粗厚之布，其价贱，非白叠”，张守节以为“白叠，木棉所织，非中国有”，非也。榻答音转为都，《后汉书·马援传》：“援素与述（公孙述）同里闬，相善，以为既至，当握手欢如平生，而述盛陈陛卫，以延援入，交拜礼毕，使出就馆，更为援制都布单衣，交让冠，会百官于宗庙中，立旧交之位。”注引《东观记》曰：“都，作答。”据此，则都布即答布，用以作贵客单衣，非价贱之布可知！扬雄《蜀都赋》：“其布则细都弱折。”细都即细答，又非粗厚之布可知！晋左思《蜀都赋》“布有橦华”，晋刘逵注云：“橦华者，树名橦，其花柔毳，可绩为布也，出永昌。”案永昌之橦华，即哀牢之桐华，汉武帝平西南夷，设益州郡，置不韦县，即后汉之永昌郡治，则谓木棉非中国所有，帛叠不能列，《汉·货殖传》，亦非通论也。杨终于明帝时撰《哀牢传》，叙列哀牢七代王名，盖亦略当武帝时，惟未属汉耳，然其国与不韦县接壤。《汉书·张骞传》：“骞曰，臣在大夏时，见邛竹杖蜀布，问安得此，大夏国人曰，吾贾人往市之身毒国。”又曰：“昆明之属无君长，善寇盗，辄杀略汉使，终莫得通，然闻其西可千余里，有乘象国名滇越，而蜀贾间出物者，或至焉。”颜师古注：“间出物，谓私往市者。”案骞所见蜀布，盖即答布，亦即帛叠布，余别有《汉代蜀布考》，以证明蜀布即帛叠、桐华等棉织布。其时未平西南夷，棉织之布，中国尚无，而蜀贾市于濮族，贩卖至于身毒，转入大夏。而后人据《赵书》“石勒建平二年，大宛献珊瑚、琉璃、毹㲪、白叠”《御览》八百二十引。《梁书·西域传》：“高昌国多草木，草实如茧，茧中丝细如纑，名白叠子，国人多取织以为布，布甚软白，交市用焉。”以为白纑，由西域传入；又据《水经·河水篇注》引支僧载外国事云：“佛泥洹后，天人以新白绁里佛，以香花供养，满七日，盛以金棺。”支僧载，晋时月氏人。以为白叠由身毒传入。夫佛典多神话，好张皇之辞，鲜足征信。唐若那跋陀罗译《大般涅槃经·后分》云：“即持无数妙兜罗绵，从头至足缠里如来金刚色身，既缠身已，复以上妙无价白叠千张，于兜罗绵上，次第相重缠如来身。”夫白叠缠至千张，何能盛之金棺，此所谓张皇之辞也，上引天人云云，此所谓神话也，造伪经者，好以后代事物增饰佛事，亦其常也。使身毒早有白叠，何故市之于蜀贾！使西域早有白叠，则大夏何以市蜀布于身毒！晋白法祖译《佛般泥垣经》云：“用新亵锦，牢缠身体，新劫波育，复以缠上。”又云：“以亵锦缠身，劫波育千张，交缠其上。”夫锦为丝织，育蚕织锦，莫先于蜀，白叠为棉织，亦莫先于濮族，而自蜀传入于身毒，其后育蚕织绢之法，远传于大秦，植棉织布之法，亦远传于身毒西域越南，今云南僰人，凡为女子，皆善织布，成凹凸花纹，其遗风尚未泯也。

夫百濮既发明棉织之法，与吾华夏之胄发明丝织之法，实比肩而宜为兄弟，今百濮之地，既为吾族郡县，宜善为振拔提携，使吾两族丝织、棉织之业，发扬光大，甲于世界，衣被群生，蜀山仆水，终古生辉，毋使濮族永沦奴仆，致百濮发迹之云南，与百越发迹之越南，同沦胥于异族也。

中华民国二十八年五月十八日作于重庆黄桷垭袁家花园

（原载《青年中国季刊》第1卷第1期，1939年）

云南两爨氏族考

法国人伯希和著《交广印度两道考》(冯承钧译本),中有东爨及西爨一条,言中国人分爨为两种,曰西爨,亦名白蛮,曰东爨,亦名乌蛮,乌蛮之中,《新唐书》(卷二二二下)志有卢鹿种,是即《元史类编》(卷四二)考订之倮㑩,亦即今日四川、云南之倮㑩。又有僚种一条,言河内至云南北部,通道中之土人,中国载籍曾别之为两大类,曰僚、曰爨,后者纯为云南土著,是确定爨为昔日之乌蛮、白蛮,今日之倮㑩,而纯为云南土著之人矣。吾国学者震于其名,翕然从之,以为昔日之爨即今日之倮㑩矣。案《唐书·南蛮传》东爨乌蛮、其种分七部落,一曰阿芋路,居曲州、靖州故地,二曰阿猛,三曰夔山,四曰暴蛮,五曰卢、鹿蛮二部落,分保竹子岭,六曰磨弥敛,七曰邓勿邓,地方千里。其他乌蛮种类尚多,而西爨、白蛮种类亦多,皆不在其内。今以卢鹿一种概括两爨,岂昔日其他种类皆已绝灭,独卢鹿一种繁衍于两爨乎?且《唐书》所言卢鹿蛮两部落分保竹子岭,似卢蛮、鹿蛮二部落,分保竹子岭,岂可以今日之倮㑩,附会《唐书》之卢鹿二部蛮乎?此皆不可通者也。是皆不知中国历史,而言者漫然,从者盲然也。

唐樊绰《蛮书》,言在石城昆州、晋宁、曲轭、喻献、安宁、距龙、和城,谓之西爨白蛮,在曲靖州、弥鹿州、升麻州、南至步头,谓之东爨乌蛮。又曰其人称爨,从其古长之姓。案樊氏之说是矣,然所谓古长为汉族乎?为蛮族乎?尚不能明言也。

晋常璩《华阳国志·南中志》，言建宁郡同乐县，大姓爨氏（案大小爨碑皆出此县）。又言蜀建兴中，分建宁、牂柯置兴古郡，以马忠为牂柯太守，移南中劲卒青羌万余家于蜀，为五部，所当无前，军号飞，案陈寿《蜀志》作号飞军。分其羸弱，配大姓焦、雍、娄、爨、孟、量、毛、李为部曲，置五部都尉，以夷多很刚不宾，大姓富豪，乃劝令出金帛，聘策恶夷为家部曲，得多者奕世袭官，于是夷人贪货物，以渐服属于汉，成夷汉部曲。亮诸葛亮。收其俊杰，建宁爨习，朱提、孟琰及获为官属，习至领军将军，旧夺将军二字，依下辅汉将军例补。琰辅汉将军，获御史中丞。据此则爨氏为建宁大姓。大姓富豪既令出金帛，聘策恶夷为家部曲，得多者奕世袭官，于是夷人贪货物，以渐服属于汉，则是爨氏与焦、雍、娄、孟、量、毛、李诸大姓，皆为汉族，故得以金帛聘策恶夷为家部曲，而使夷人服属于汉也。爨习家有部曲，所得必多，故首为亮所器重，于是奕世袭官，为一方雄长，久而弥大，爨氏之兴盖自习始也。蜀时爨氏闻人已渐多，《南中志》又有建宁爨谷，为交趾大守，又有牙门将军建宁爨熊，为吴孙皓所杀。晋宋之际，爨氏尤盛，大小爨碑，及碑阴载爨氏为太守将军及其他达官显宦者甚多，文艺经术独冠南中，其为汉族无疑。

《南中志》又言晋永嘉末，建宁爨量，与益州太守李逷、梁水太守董慬，保兴古盘南以叛。是为爨氏割据地方之始。《唐书·南蛮传》，西爨自云七世祖晋南宁太守，中国乱，遂王蛮中。《爨龙颜碑》云，宋元嘉九年，州土扰乱，东西二境，凶竖狠暴，爨龙颜以五千精锐肃清之。则晋宋之际，已始分为东西爨矣。案《南中志》，晋宁郡本益州郡，太守李逷，与前太守董慬、建宁爨量共叛，宁州刺史，王逊表改益州为晋宁郡，领县七，滇池县，郡治，同劳县、同安县、连然县、建伶县、毋单县、秦藏县，建宁郡领县十三，味县，郡治，牧麻县、同乐县、谷昌县、同濑县、双柏县、存䣕县、昆泽县、漏江县、谈稾县、伶丘县、修云县、俞元县,元帝时割建宁郡之新定、兴迁二县属平乐郡,则此二县亦本属建宁郡也,兴古郡领县七,宛温县,郡治,律高县、镡封县、句町县、汉兴县、胜休县、都唐县,西平郡,刺史王逊时,爨量保盘南逊出军攻讨,不能克,逊薨,刺史尹奉,重募徼外夷刺杀量,而诱降李遏,盘南平,乃割兴古云南之盘江、来如、南零三县为郡。考滇池县古滇国为晋宁郡治,而西爨之首都焉,建宁郡,治味县,为东爨之首都,兴古、西平二郡,亦属东爨,此晋代两爨之疆域,《晋书·地理志》所不详,《蛮书》晋宁州汉滇池故地,在拓东城南八十里,幅员数百里,西爨王墓累累相望,盖建宁在东,晋宁在西,是为两爨之枢纽。《唐书》又云,梁元帝时,南宁州刺史徐文盛,召诣荆州,有爨瓒者,据其地,延袤二千余里。既死,子震、翫,分统其众。隋开皇初,遣使朝贡,命韦世冲以兵戍之,置恭州、协州、昆州,未几叛,史万岁击之,至西洱河、滇池而还,震、翫惧而入朝,文帝诛之,诸子没为奴。唐高祖即位,以其子弘远为昆州刺史。《蛮书》,六诏既并滇东,尚为两爨所据,爨宏达死,以爨归王为南宁州都督,居石城,袭杀东爨首领盖聘父子。有两爨大鬼主崇道者,与弟日进、日用,居安宁城左,闻章仇兼琼开步头,筑安宁城,赋役繁重,群蛮振骚,共杀筑城使者。玄宗命蒙归义讨之,师次波州,归王及崇道兄弟千余人泥首谢罪。会唐侍御史李宓,欲乘此灭东爨,檄崇道杀日进及归王,诸蛮惊恐,归义以闻,请于朝,以归王子守隅为南宁州都督,以女妻之,又以女妻崇道子辅朝。然二爨犹相攻不息,诸爨稍离弱,其后南诏益强,两爨皆入其版图矣。案南诏《德政碑》云,初节度章仇兼琼,遣越嶲都督竹灵倩,置府东爨,通路安南,赋重役繁,政苛人弊。彼南宁州都督爨守懿,螺山大鬼主爨彦昌,南宁州大鬼主爨崇道等,陷杀竹倩,兼破安宁。天恩委先诏招讨,诸蛮畏威怀德,再置安宁。李宓阻扇东爨,遂激崇道,令杀归王,王务遏乱萌,思绍先绩,乃命大将军段忠国等,与都督李宓,又赴安宁,再和诸爨。李宓尚行反间,更令崇道谋杀日进,东爨诸酋皆惊恐,曰归王,崇道叔也,日进弟也,信彼谗构,杀我至亲,乃各兴师召我回讨。案此与《蛮书》互有详略，此爨氏自相屠灭，不特东西相并，即骨肉亦互相仇杀，乃召南诏之外侮，爨氏遂致灭亡。

由是观之，东爨乌蛮，西爨白蛮，其人民虽多属蛮种，而统治者则为爨氏，自季汉以至有唐中叶，其踪迹皆可寻者也。《蛮书》谓其人称蛮，从其古长之姓，信矣。

上言爨氏为汉姓，尚无确证，案宋龙骧将军《爨龙颜碑》云，系出于芈，别氏为班，汉末采邑于爨，因氏族焉。考常璩《南中志》云，周之季世，楚顷襄王今本作楚威王，颜师古《汉书·地理志注》引作顷襄，今据改。《后汉书》言，顷襄王时庄豪王滇豪即蹻也。遣将军庄蹻伐夜郎，而秦夺楚黔中地，无路得反，遂留王滇池。蹻楚庄王苗裔也，以牂柯系船，因名且兰为牂柯国。分侯支党，传数百年。爨氏以与庄蹻同族，故云系出于芈，犹可言也。至云别氏为班，则与班固同氏。固《汉书·叙传》云，班氏之先，与楚同姓，令尹子文之后也。子文初生，弃于瞢中，而虎乳之，故名谷于菟，字子文。楚人谓虎班，其子以为号，案即令尹鬬班，秦之灭楚，迁于晋代之间，因氏焉。案班之命氏，当以王父之字，则班氏当起《春秋》之季。固之一族，于楚灭后，迁于晋、代之间，别有分支，随庄蹻南征，故云别氏为班，此亦犹可言也。至云汉末采邑于爨，因氏族焉，则不可通矣。盖汉末爨习，已为建宁大姓，岂有初食邑于爨，因以为氏，而即成为大族乎？其所说已数典忘祖矣，则其系出于芈，别氏为班，亦在可疑之列也。

《唐书·南蛮传》西爨自言本安邑人。考安邑为战国魏都，《战国策》云，魏公叔痤为魏将，而与韩赵战浍北，禽乐祚，魏王说，迎郊，以赏田百万禄之。公叔痤反走，再拜辞曰，夫使士卒不崩，直而不倚，栋挠而不辟者，此吴起余教也，前脉形地之险阻，决利害之备，使三军之士不迷惑者，巴宁、爨襄之力也，臣何力之有乎？王曰善，于是索吴起之后，赐之田二十万，巴宁、爨襄田各十万。《魏策》一。寻《史记·六国年表》，魏败韩赵于浍，在魏惠王九年，其时尚都安邑，则爨襄为安邑人，然则西爨自言本安邑人，而爨氏实为汉族，皆信而有征矣。

（原载《民族学集刊》第3期，1943年）

朱希祖先生学术年表*

1879 年（清光绪五年）

正月十一日，生于浙江省海盐县上水村。

1884 年（清光绪十年）

入家塾，父躬自课读。

1886 年（清光绪十二年）

读书颖异。叔祖父绘松柏于扇，题诗勉励："努力读书正少年，愿伊早着祖生鞭。勉为大器成松柏，期望深心画里传。"父因以赐名希祖，字逖先。

1892 年（清光绪十八年）

受读《左传》。七月，父病卒。

1896 年（清光绪二十二年）

举秀才。

1901 年（清光绪二十七年）

举廪生。

1902 年（清光绪二十八年）

到苏州沈洁斋家课徒。与本县邑绅张小廷之女张维结婚。

---

* 本年表由周文玖撰写。

1905 年(清光绪三十一年)

春拟出洋留学,在邑补习英文。夏应浙江省官费留日考试,名列前茅被录取。七月,赴东京,入早稻田大学研习历史。

1906 年(清光绪三十二年)

留学早稻田大学,其间听孙中山讲演三民主义,深为服膺,并剪辫以示信从。

1907 年(清光绪三十三年)

继续留学早稻田大学。

1908 年(清光绪三十四年)

继续留学早稻田大学。课余与黄侃、钱玄同、许寿裳、周树人、周作人、钱家治、朱宗莱、龚未生等受业于章太炎,至民报社及大成学校听章太炎讲《说文》、音韵、史学等,并时常请益。

1909 年(清宣统元年)

夏五月,毕业于早稻田大学,自日本归国。秋,受杭州两级师范学堂之聘,为该校教员。

1910 年(清宣统二年)

春,两级师范学堂发生风潮,乃改就嘉兴第二中学。沈雁冰(茅盾)是其学生。

1911 年(清宣统三年)

编《太史公年表》。10 月 10 日,武昌起义爆发,各省响应,浙江宣布独立。携眷回海盐,被推戴为海盐县知事。

1912 年

暮春,辞海盐县知事,至沈钧儒任司长的浙江省教育司任职。去职之日,乡人扶老携幼,遮道请留。

1913 年

1 月,与马裕藻一起代表浙江省赴北京出席国语读音统一会。所提注音方案,在马裕藻、周树人、许寿裳、钱稻孙等的具名下,获得通过。由此名噪京师。会后受聘为北京大学预科教授。

1914 年

1 月 1 日,与沈钧儒相约开始留须,“其后皆连鬓大胡,颇有美髯之目”。在北京书肆业内有“朱胡子”之绰号。

1 月 12 日,章太炎遭袁世凯软禁,先在龙泉寺,后迁东城钱粮胡同。朱希祖为之奔走营护;6 月底至 7 月,至上海迎太炎眷属。章太炎致书夫人汤国梨:“今属朱逖先前来迎致,愿弗淹滞。逖先乃学生中最老成者,前在日本招两女东来,亦有逖先携致,途中照料可以无忧尔。”(马勇编:《章太炎书信集》,河北人民出版社 2003 年版,第 547 页)

4 月,清史馆开设,任命赵尔巽做馆长。朱希祖被清史馆聘为协修。其间,他提出《拟清史宜先撰志表而后纪传议》,并撰有《清史稿·选举志·封荫》。

8 月,推荐黄侃到北京大学任教。

1915 年

2 月受聘为文本科教授,主讲中国文学史。

章太炎仍处于软禁状态。朱希祖与其他章门弟子,常拜谒失去自由的章太炎。太炎绝食,希祖竭诚劝慰。太炎病笃,呼希祖至榻前曰:余为国绝粒,虽以身殉,亦无遗憾。余殁后经史小学,传者有人,光昌之期,庶几可待;文章各有造诣,无待传薪,惟示之格律,免入歧途可矣。惟诸子哲理,恐将成广陵散耳。

1916 年

袁世凯行帝制，设博学鸿词科，网罗海内名士。朱希祖被征入选，但坚辞不就。清史馆馆长赵尔巽赞成帝制，希祖羞于为伍，愤而辞去清史馆聘职。

秋，兼北京高等师范学校教授，讲授中国文学史，编辑《中国文学史辑要》。

12 月 26 日，蔡元培被任命为北京大学校长。

1917 年

11 月 22 日，在《北京中华新报》发表《纵横家出于道家说》。11 月 29 日，《北京大学日刊》公布《文本科现行课程》，朱希祖在中国文学门担任一、二年级“中国古代文学史”课程（二年级与刘师培合开），在英国文学门一、二年级讲“中国文学史要略”课程。

1918 年

加入蔡元培在北京大学发起的进德会，为甲种会员。6 月，北大组织入学实验委员会，蔡元培任会长，陈独秀任副会长，朱希祖担任文本科国文科命题及阅卷委员。本年继续在北京大学文科讲授中国古代文学史、中国文学史大纲等课程，在国文研究所开讲文学史。自编讲义《中国文学史要略》由北京大学出版部印行。在《尚志》月刊发表文章 5 篇：《文章封域论》、《论文字起源与积字成文之理》、《论古人文言合一》、《论译异域书籍与本国文学之关系》、《论古人述作不同》。

1919 年

继续在北大文科开设“中国古代文学史”、“中国文学史要略”、“中国诗文名著选”。在史学系开设“史学史”一科。代沈尹默担任国文门教授会主任。

4月18日，《北京大学日刊》刊载大总统令，朱希祖、陈汉章等被授予四等嘉禾章。

10月25日，北京大学评议会选举评议员，朱希祖当选。

11月，与马裕藻、周作人、刘复、胡适等人联名上书教育部，提出《请颁行新式标点符号议案(修正案)》。教育部次年下文，决定全国正式启用新式标点。

12月，担任北京大学史学系主任。

本年发表文章《论文章中训诂音韵变迁》、《驳中国先有苗种后有汉种说》、《文学论》、《研究孔子之文艺思想及其影响》、《论Religion之译名》、《整理中国最古书籍之方法论》、《白话文的价值》、《非"折中派的文学"》。发表译文《文艺的进化》。

1920年

1月1日，在《时事新报》发表《文学上的感想》，提出文学最大的功用即在于"指挥政治家"、"指挥一切社会"，认为"文学家的天职，是打破旧文学的错误思想，建设新文学的真确思想"。

任北京大学史学系主任。聘请陈衡哲、何炳松、李大钊到史学系授课。李大钊讲授"唯物史观研究"。

北京大学本年评议会选举，朱希祖当选评议员。

在北京大学文科讲授"中国古代文学史"、"中国文学史要略"，在史学系讲授"中国史学概论"。

本年发表文章《文学上的感想》、《史学论绪》、《论卿云歌不宜为国歌》、《五四运动纪念周年感言》、《史记本纪始于黄帝说》。

1921年

任北京大学史学系主任。

1月4日，与周作人、郑振铎、沈雁冰、许地山、蒋百里、王统照等在北京发起成立文学研究会。

发表文章《中国古代文学上的社会心理》、《北京大学史学系编辑中国史条例》;为何炳松翻译鲁滨逊《新史学》作序。致函胡适,讨论曹寅事迹。与胡适就其《章实斋年谱》稿本交换意见。

讲授“中国文学史要略”、“中国古代文学史”、“中国史学概论”。

1922 年

1 月,北京大学研究所国学门成立,蔡元培任委员长,朱希祖与顾孟余、沈兼士、李大钊、马裕藻、胡适、钱玄同、周作人等人为委员。

5 月,教育部将历史博物馆所藏清内阁档案划归北京大学,朱希祖与沈兼士、马衡前往接洽。

11 月 2 日,北京大学评议会改选,朱希祖当选。

11 月 15 日,北京大学史学会召开成立大会,蔡元培、朱希祖、杨栋林、叶瀚、胡适、蒋梦麟等出席。

本年发表文章:《〈文史通义札记〉序》、《〈中国近世史要略〉序》、《改良中学校历史地理教法议案》、《苏甲荣〈新制中国地理沿革图〉序》、《收回澳门意见书》、《联省自治商榷书》、《中国史学之起源》。

1923 年

6 月底,应陕西督军刘镇华之邀,与陈大齐联袂入关讲学,凡二阅月始归。9 月,偕叶瀚游大同,访云冈石窟,搜集碑拓,购置史料。10 月,应同门北京女子师范大学校长许寿裳之请,兼任该校教授,讲授中国文学史。11 月,应武昌高等师范学校之请,与北京大学教授多人,南下讲学。适京汉铁路工人罢工,乃绕道上海,与李大钊代表北京大学教授谒孙中山，北方文化界与国民党的联系由此加强。

本年担任北京大学史学系主任，当选北京大学评议会评议员。主持制定《史学系课程指导书》(民国十二年至十三年度)，在史学系开设"本国史学名著研究"，继续讲授"本国史学概论"。请李大钊讲授"史学思想史"。

本年发表《萧梁旧史考》、《文字学上中国人种之观察》、《研究秦汉史条例》，为萧一山《清代通史》初版本作叙。

1924 年

任北京大学史学系主任。10 月，评议会改选，朱希祖继续当选为评议员。

5 月 10 日，在北大史学系研究室讲演"辽金元明京城图说"。

5 月 24 日，在北大史学系研究室讲演"先秦法家之历史观念及其设施"。

6 月 25 日，作《张鹏一司马迁年谱跋》。

10 月，制定《史学系课程指导书》，史学系新聘教授陈翰笙、刘崇鋐。聘请柯绍忞指导元史研究。

12 月，购得清宫升平署戏曲档案一千余册。

本年购得一部明抄郦道元《水经注》，经王国维鉴定系自宋本抄出。因现存宋本均已残缺不全，"不得不推此本为第一矣"。朱希祖以"郦亭"名其书房，并请章太炎书匾。

1925 年

任史学系主任。评议会改选，继续当选。参加北大同人发起的驼群社，该社组织聚餐和交游，增进学者友谊。

10 月上旬，公布史学系民国十四年度至十五年度课程指导书。

新聘李璜担任西洋史学教授，开设西洋史学史、欧洲上古史、欧洲文化史等课程。

发表《道家与法家对于交通机关相反之意见》。

1926 年

任史学系主任，北大评议会改选，朱希祖继续当选。

10 月，辑《宋中兴馆阁书目》、《宋国史·艺文志》，撰《宋代官私书目考》。

1927 年

4 月 27 日，史学系主任改选，朱希祖继续当选。

是年夏，治元史，考元上都地点。

8 月，张作霖命刘哲改组北京大学，改名“京师大学校”，所聘多庸俗之辈，朱希祖愤而辞职，改就清华大学教授。①

10 月，推荐傅振伦入研究所国学门，并亲加辅导。

本年撰写文章：《中国钱币史序》（该书作者赵烈）、《宋安州出土古器考》、《汉三大歌声调辨》、《桑弘羊之经济政策附年表》。

开始有计划搜求南明史籍，作南明史籍题跋多篇。

1928 年

任清华大学教授，并兼辅仁大学教授。

1 月 31 日，至平民大学讲演“两汉文艺概论”，听众百余人。

2 月 20 日，至清华大学史学会讲演“中国铁器时代之考证”。

3 月 5 日，讲义《中国史学概论》由辅仁大学印行。

6 月 8 日，国民革命军进入北京。朱希祖与北大老教员讨论北

① 此时该校称清华学校，1928 年改称“国立清华大学”。因 1925 年清华学校大学部及研究院既已招生，故本学术年表一律称清华大学。

大恢复校名问题。

6月27日，与陈大齐在北海公园公请罗家伦。时罗氏为战地委员会教育主任。

6月在《清华周刊》发表《中国古代铁制兵器先行于南方考》。该文引起学界争鸣。张荫麟于7月30日在《大公报·文学副刊》发表评介文章，对之提出质疑和批评。朱希祖进行辩驳。双方在《大公报·文学副刊》、《新晨报·副刊》、《益世报·学术周刊》反复辩论，长达九月之久。参加讨论的学者还有翁文灏、章鸿钊、绍来、陆懋德等学者。

7月10日，参加北京大学北伐胜利庆祝大会，赴会者有吴稚晖、李宗仁、罗家伦、白崇禧等。朱希祖代表北大教职员致庆祝辞。

秋，仍任清华大学教授，并兼辅仁大学教授。在清华担任奖学金委员会委员、《清华学报》编辑委员会委员等职，开设“历史研究法”、“中国近代史”、“文学史”等课程。

11月底，被选为故宫博物院审查《清史稿》主任。

12月3日，拟在北平组织一史学会，集合各校史学系师生共同研究历史。12月30日，在朱希祖宅开首次中国史学会筹备会，讨论组织大纲，罗家伦、张星烺及北大、燕大、清华、师大等校史学会代表9人与会。

本年发表《明季史籍五种跋文》、《粤东之风序》、《吊之起源》、《清史稿艺文志杂史类黄宗羲著作目匡谬》、《跋宁昌罗氏亚洲各国史讲义》、《南明史官及官修史籍考》。

本年被中央研究院历史语言研究所聘为特约研究员。

1929年

1月13日，中国史学会召开成立会，到会者有北京大学、清华大学、师范大学、燕京大学、辅仁大学、女子师范大学六校教师及学生94人。朱希祖被公推为主席，并以74票当选为首席委员。20日召开中国史学会第一次委员会，朱当选为主席及征审部主任。

2月26日，访北大学院院长陈大齐。陈大齐请朱希祖回北大任教授，并嘱代为规划史学系。

3月1日，访罗家伦，请改清华教授为讲师职，正式重返北大。15日，系主任改选，朱希祖当选。17日，北大学院评议会选举，朱希祖当选为评议员。18日，评议会通过本届常设委员会委员名单，朱希祖被选为组织委员会委员长、财政委员会委员。

6月15日，北大学院发出通告，宣布朱希祖担任《国学季刊》编辑委员会主任，其他委员是：马裕藻、刘复、沈兼士、钱玄同、马衡、陈垣。26日，评议会通过研究所国学门委员名单：沈兼士、朱希祖、马裕藻、刘复、马衡。

7月底，《河北民国日报》刊登《警告朱马二教授》一文，指责"朱马二教授把持校务，黑幕重重，请学校当局严重取缔"。此后，朱希祖请辞史学系主任，陈大齐、蔡元培多次慰留方收回辞呈。

本年刊发文章：《发起中国史学会的动机和希望》、《墨子备城门以下二十篇系汉人伪书说》、《宋史艺文志探源》、《胡适水浒传后考质疑》、《永历大狱十八先生史料评》、《清内阁所收明天启崇祯档案清折》、《北大史学系过去之略史与将来之希望》。为傅振伦主编之《新河县志》作叙。

1930年

继续担任北京大学史学系主任。10月13日，北大评议会改选，朱希祖当选。12月4日，国民政府教育部任命蒋梦麟为国立北京大学校长。代校长陈大齐调任考试院考选委员会副委员长。

12月6日，参加中研院史语所民国十九年度上届第一次所务会议。

12月7日，北大校内张贴“北京大学史学系全体学生驱逐朱希祖宣言”，对朱希祖进行人身攻击。8日，朱希祖致函代理校长陈大齐，提出辞呈。对宣言进行逐一辩驳。11日，再次致函陈大齐，坚请辞职。

本年撰《〈记明台湾郑氏亡事〉叙》、《汉十二世著纪考》、《汉唐宋起居注考》。

1931年

1月上旬，北大校长蒋梦麟允朱希祖辞去史学系主任。蒋梦麟暂代史学系主任。

2月10日，史学系全体学生致函朱希祖，对驱逐事件，深表歉意。12日，朱希祖复函。18日，北大发布公告，对这次驱逐史学系主任事件做出说明，认为“学生举动逾轨，违背校章”，但“念该系学生随即醒悟，自承尤悔，免于处分”。

本年发表《编纂南明史计划》，撰写了《〈延平王户官杨英从征实录〉序》、《后金汗国姓氏考》、《晚明史籍考序》。

1932年

章太炎入北平。与北平章门弟子参与接待章太炎。

广州中山大学校长邹鲁聘朱希祖为该校史学系主任。10月15日，朱希祖启程赴广州。因学校开课已久，史学系主任一职已另聘朱谦之，朱希祖专任教授，后兼任广东通志馆纂修、文史研究所主任。讲授“中国史学概论”、“元明史”、“《史通》研究”等。

本年撰写《自鸣钟表图说跋》、《周二年写本黄石公素书明解跋》、《鸭江行部志跋》、《整理升平署档案记》、《元明乐府套数略举序》、《乾隆内府铜版地图序》、《郑延平王受明封爵考》、《顺治元年内外官署奏书跋》、《吴三桂周王纪元释疑》、《劫灰录跋》。

1933 年

任广州中山大学史学系教授，文史研究所主任。担任课程："中国史学概论"、"元明史"、"《史通》研究"、"地方志研究"。

8 月，赴北平清理藏书，并为中山大学文史研究所招考研究生。

10 月，中山大学文史研究所录取研究生五人：陈国治、葛启扬、朱杰勤、潘莳、曾了若。朱杰勤归朱希祖指导。

11 月，次女朱倓受聘为中山大学图书馆编目员，专理馆藏善本书。

本年撰文《金开国前三世与高丽和战年表》、《广东通志略例》、《广东通志总目说明》、《容肇祖〈中国目录学大纲〉序》、《绍武广州殉国诸王考》、《恭谒南明绍武君臣冢记》、《翁山诗略跋》、《山海经内大荒海内二经古代帝王世系传说》、《宋刻尚书孔传附释文跋》、《再跋宋浙本尚书孔传附释文跋》、《屈大均传考证》、《朱谦之〈历史哲学大纲〉序》、《明成祖生母记疑辩》。

1934 年

2 月，离广州到南京，应中央大学聘，任中央大学史学系主任。3 月，向中山大学请假、辞职。3 月底 4 月初，与谢国桢游历沪、杭、禾，访古、购书。

6 月，受行政院聘书，兼职中央古物保管委员会委员。致蒋梦麟信，允任北京大学名誉教授。

本年撰文：《广东十三行考序》、《鲁之春秋跋》、《鲁之春秋校勘记》、《杨么事迹考证》、《伪齐录校证》、《太平天国丛书第一集序》、《英杰归真跋》、《太平天国禁城宫殿考》。

1935 年

1 月，偕中央古物保管委员会同人，调查六朝陵墓。

8 月，赴北平，整理藏书。任《制言》半月刊撰稿人。

10 月，应考选委员会聘任为是年高等考试典试委员。

11 月，黄侃逝世，赴黄宅吊唁，作挽黄季刚同学兄诗。率长子朱偰及女婿罗香林赴严州，觅地藏书，以作避难之计。

本年担任中央大学史学系教授、系主任。主编《六朝陵墓调查报告》并出版。编撰《伪楚录辑补》。撰文：《六朝陵墓调查报告书》、《六朝建康冢墓碑志考证》、《天禄辟邪考》、《神道碑碣考》、《驳晋温峤墓在幕府山西说》、《六朝建业建康考证》、《铁砚山房稿跋》、《清昇平署志略序》。

1936 年

2 月 12 日，接章太炎来信，约至苏州章氏国学讲习会讲学。此后，月往一次。

3 月，与陈寅恪就李唐氏族问题进行商榷，撰《驳李唐为胡姓说》。

4 月，撰写《再辩明成祖生母为碽妃说》。

6 月 14 日，章太炎在苏州逝世。赴苏州躬往吊唁，作挽联云："一代通儒尊绛帐，千秋大业比青田"。联名太炎弟子呈请政府国葬太炎。

8 月 19 日，赴北平。26 日，被考试院聘为是年高等考试典试委员。9 月 4 日，与北平同门在孔德学校开章太炎追悼会，朱希祖报告太炎先生事略。

12 月 2 日，召集中央大学史学系全体学生并国文系一部分学生组织史学研究会。

本年撰文:《汤球十六国春秋辑补跋》、《十六国春秋分卷考》、《汤球十六国春秋纂录校本跋》、《中国历代经营西域史序》、《梁代钱币考》、《金陵古迹图考序》、《太史公解》、《驳李唐为胡姓说》、《再辩明成祖生母为碽妃说》、《高宗六龙幸海记考证序》、《希山丛著序》、《太史公书十篇有录无书考》、《跋张鹏一修改本〈太史公年谱〉》、《甲乙丙丁辩》、《西魏赐姓源流考》、《章太炎先生之史学》、《海盐文献源流》。

1937 年

担任中央大学史学系教授、主任。兼任中央古物保管委员会委员。受党史编纂委员会聘请为名誉纂修员。继续到苏州章氏国学讲习会讲学,直至五月底。

1 月,作《余杭章先生行状》。

3 月,代张继拟《党史征集史料编纂史籍计划书》。撰《驳李唐祖先出于李初古拔及赵郡说》。

4 月 16 日,为金毓黻饯行,时金氏将赴安庆任安徽省政府秘书长。

6 月 8 日,将著述《中国文学史略》、《中国史学概论》、《六朝陵墓调查报告》、《杨幺事迹考证》、《伪齐录校证》、《伪楚录辑补》、《宋代官私书目考》、《宋代金石书录》、《郦亭文录》九种送中央大学十周年纪念会陈列。

7 月初,游黄山,悉卢沟桥事变,亟做归计。北平失守,忧心故都文献。

8 月至 10 月初,将藏书整理装箱,经多次艰辛迁移,最后安置于安徽隆阜戴东原后人戴伯瑚家。

11 月 6 日，抵重庆。11 月 18 日，参观沙坪坝中央大学新校舍。12 月 2 日，开始至中央大学授课。

本年撰文：《驳李唐祖先出于李初古拔及赵郡说》、《海宁卫志乘考》、《南明韩王本铉考》。

1938 年

担任中央大学史学系主任、教授。

1 月 22 日，致信孙世扬，劝其将章太炎全部手稿携至重庆付印。

4 月，开始搜集宋代铁钱史料，并在古玩铺搜购两宋铁钱。

9 月、10 月，研究黑格尔历史哲学，涉猎哲学、心理学书籍，颇有弃绝考据之学，重治科学有系统之知识之意。

本年撰文：《华阳国志秦伐楚取商於之地为黔中郡辩》、《国语姓氏录》、《左传姓氏录》、《两宋盛行铁钱之因果》、《古蜀国为蚕国说》。

1939 年

1 月，代张继拟“请建立总档案库筹建国史馆议案”。2 月，该议案在国民党五中全会通过。

2 月，思考自己历史研究的方向和重点。以古人言作史须具三长：曰才、曰学、曰识，而姚姬传言作文亦须具三长，曰词章、曰考据、曰义理。词章属于才，考据属于学，义理属于识，二者本可相通，故决定今后治史，第一宜致力于文章，以司马迁、班固、陈寿、范晔、韩愈、章太炎为则，而以蔡邕、司马光辅之。第二宜专治一代历史，而考据其全体，庶不流为烦碎之考证。第三宜治社会科学及哲学论理学，则义理不至于偏颇寡陋。因拟专治战国史，一因今日世界为一新战国颇可鉴古以治今；二因吾国学术思想亦以此代最为发达,整理战国史,其价值等于欧洲之希腊史,秦史则等于罗马史,此二史若成,则在中国史界可推最大之伟业,而文章亦可以周秦文出之,诚一举三得者。

4 月,中央大学史学系学生组织史学会,被推为会长。

8 月 5 日,接中央大学史学系主任聘书(注明本年请假)及教授聘书,拟辞去主任专为教授,后为同事及学生挽留作罢。关心时局,兼忧世乱,颇思致力于政治思想史之研究。

11 月,与沈尹默、王旭初、章行严等互相唱和赠诗。

12 月,误悉同门吴承仕殉难,撰“天都烈士歌”以吊之。

本年撰述有:《东西周年表》、《竹书纪年杂记》、《古本竹书纪年考异》、《汲冢书考》、《今本周书两大匡篇释疑》、《臣瓒姓氏考》、《云南两爨氏族考》、《云南濮族考》、《汉代蜀布考》。

1940 年

1 月,政府决定设立国史馆筹备委员会,委托朱希祖筹划其事。草拟国史馆筹备委员会组织大纲等。筹备委员会于该月 25 日成立,朱希祖被推为秘书长。

2 月 5 日,国史馆筹备委员会开第二次会议,改秘书长为总干事,仍由朱希祖担任。15 日,接中央研究院院长蔡元培来函,聘朱希祖为中央研究院历史语言研究所通讯研究员。23 日,允任考选委员会委员。

3 月 27 日,辞去中央大学史学系主任及教授职。此后主要供职于国史馆筹备委员会和考试院。

本年撰文:《滇南碑传集叙》、《杜少陵评传序》、《张天如先生年谱序》、《元魏著作局释疑》、《国史馆筹备大纲》、《鉴别史学人才条例》、《改国史馆为国史院议》、《史馆制度驳议》、《国史史体驳议》、《国史史例驳议》。

1941 年

2 月 5 日，赴歌乐山考选委员会阅卷。

6 月 5 日，日机夜袭重庆，发生大隧道惨案。

8 月 3 日，被简任为民国三十年度高等考试典试委员。

本年撰文：《梁代氏族略》、《梁皇弟皇子都督刺史考》、《陈代氏族略》、《梁初二十三州治所今地考》、《黄老传授源流考》、《老子之学出于黄帝证》。

1942 年

3 月 28 日，至考选委员会，讲演新五福论。

9 月 14 日，任考选委员已两年半之际，至国民政府补行宣誓就职典礼，国府委员王宠惠监誓。

12 月 15 日，以《永乐大典》本《水经注》校勘所藏明抄宋本《水经注》，始知两本同出一宋本，又以戴校聚珍本及王先谦合勘本对勘，始知戴东原与赵一清两派争论之真相。12 月 27 日，上国史馆筹备委员会书，请改顾问为名誉顾问。

本年撰文：《夷越夷濮考》、《韦曜吴书跋》、《吴冲吴历跋》、《蜀王本纪考》、《校本翁山诗外跋》、《广州征访南明史料记》、《屈大均著述考》、《西夏史籍考》、《中国史学通论序》。将《伪楚录辑补》、《伪齐录校补》、《中国史学通论》交独立出版社印行。

1943 年

3 月 24 日，中国史学会于重庆召开成立大会，朱希祖被选为理事、常务委员。

6 月，至中央党部讲演经学。

本年撰文：《中国最初经营台湾事略》、《朱氏源流考》、《瑶川朱氏家谱序》、《郏事杂考》、《恭读〈中国之命运〉后的感想和建议》。《中国史学通论》出版。

1944 年

1 月，患肺部疾病，呼吸困难，常气喘，入迁至重庆的上海医学院附属医院诊治。后多次住院。7 月 5 日逝世于上海医学院附属医院。8 月 8 日，亲朋好友假中央图书馆举行公祭，国民政府主席蒋中正特颁挽词，题曰“渊衷硕学”。国民政府颁布嘉奖令。考试院院长戴季陶亲临主祭，出席者三百余人，各界赠送挽联凡三百余幅。极一时之哀荣。

（本学术年表参考了朱偰先生的《先君逖先先生年谱》，并经朱元曙先生补正，特此致谢）

朱希祖和他的《中国史学通论》

周文玖

一、作者生平

20世纪三四十年代，中国史学界推出了诸多史学通论类的著作，朱希祖的《中国史学通论》即是其中之一。关于朱希祖，由于到目前为止，学术界还没有一部有关他的翔实的传记，加之其去世于上个世纪40年代，今天的一般读者对他不甚了解，因此，本导读有必要先对他的生平做一粗略的介绍。

朱希祖，字逖先，或作遏先，1879年出生于浙江省海盐县长木桥上水村。朱家系读书世家，从明朝到清末，共出了13位进士，其中有获状元者，有任职翰林者。但至希祖祖父一代，已家道式微。他的祖父、父亲均未获功名，只得庠生，在家乡以教书为业。然诗礼传家、笃学力行却是这个家族依然保持的传统。希祖兄弟六人，他行次第二。长兄、三弟、季弟早夭，故于兄弟中实居长。他6岁入家塾，父亲朱永檠亲自课读。希祖因聪慧好学而被家族寄予厚望，叔祖父曾以“努力读书正少年，愿伊早着祖生鞭”的诗句对他进行勉励。不幸的是，在他14岁时，父亲得病很快去世了。这不仅使他的家庭失去了经济支柱，还使他的学业受到很大的影响，因为父亲一直是他的老师，此时他正从父读《左传》。但为了振兴家业，朱希祖继续苦读，目的是在科场取得优异成绩。他于1896年举秀才，1901年举廪生。然而此时的清朝已日薄西山，气数将尽。1905年，清朝废除科举，实施新式教育。该年夏天，朱希祖考取了浙江省官费留学生，7月赴日本入早稻田大学师范科攻读历史。日本留学，不仅使他获得了系统的近代学术训练，而且接触了革命思想。他聆听过孙中山讲三民主义，对孙非常敬佩，并剪辫以示信从。1906年，出狱后的章太炎到日本为孙中山主持《民报》，在宣传革命思想的同时，还开设国学讲习会，传道授业。1908年，朱希祖与黄侃、钱玄同、周树人、周作人、许寿裳、钱家治、朱宗莱、龚未生等成为章太炎最早的一批弟子，听他讲《说文》、音韵和史学等。朱希祖一生奉章氏为师，职此之故。

1909年夏，朱希祖自早稻田大学卒业归国，先后任教于杭州浙江两级师范学堂、嘉兴第二中学。著名文学家沈雁冰（茅盾）是他在嘉兴教书时的学生。1911年10月，辛亥革命爆发，南方各省响应。朱希祖携眷回到故乡海盐，被推戴为海盐县民政长，后改民事长、知事。从政半年，颇有政绩。1912年3月，他辞去海盐知事而到沈钧儒任司长的浙江省教育司任职。1913年正月，他与马裕藻作为浙江省代表一起出席教育部在北京召开的国语读音统一会；并因提出的注音符号方案获得通过而名播京师。会后他被北京大学聘为预科教授。1915年2月又被聘为文本科教授，主讲中国文学史。

1919 年 12 月,朱希祖担任北京大学史学系主任。除 1927 年 8 月至 1929 年 2 月他因不满奉系军阀改造北京大学愤而辞职改就清华大学等校教授外,他在这个职位上一直干到 1931 年初。在教学体系上,他以欧美新史学思想为指导,规划史学系课程;在课程设置上,他重视史学理论课的建设;在教学方式上,他主张培养学生的自主学习和自主研究能力;在师资方面,他广揽人才,耆儒新进,皆所延聘。经过这个阶段,北京大学史学系成为具有近代学术体系的历史学系,对国内其他高校史学系的建设也产生重大影响,极大地促进了历史学的独立以及中国史学由传统向近代的转变。1929 年,他联合北京大学、清华大学、北京师范大学、燕京大学、辅仁大学、北京女子师范大学等六校相关师生组织了中国史学会,并被推为中国史学会主席。

1932 年 10 月,朱希祖应中山大学校长邹鲁之聘南下广州,任国立中山大学史学系教授、文史研究所主任,并兼任广东通志馆修纂。在广州,他进一步访求了南明史料,实地考察南明史迹,发现了一些此前未知的南明君臣墓葬,这对他多年从事的南明史研究是一个推进。他在这一时期对屈大均的研究卓有成绩,为新修广东通志做出了重要贡献。他为学生开设的课程"中国史学概论"、"元明史"、"《史通》研究"、"地方志研究"等,也深受学生欢迎。他在中山大学的时间大约是一年有半。

1934 年 3 月,朱希祖应中央大学校长罗家伦之请出任该校史学系主任,开始了他教学生涯的最后一个阶段。中央大学地处当时的政治中心、东南文化荟萃之地南京。这里有藏书丰富的图书馆、人文背景深厚的高等学校。由于北方各大学中不少一流学者因派系之争失意而南下新都,因此中央大学一时网罗了许多名师。

此时的中央大学文学院，章门弟子的地位举足轻重。黄侃、汪东均任教于此，后者还是文学院院长。朱希祖任史学系主任，所定课程体系，以他任北京大学史学系主任时制定的课程标准为基础，而略加变通。除了中央大学的教职，他在此后不久还被行政院聘为中央古物保管委员会委员，被考选委员会聘为高等考试典试委员。1936 年 2 月，他受章太炎之约，到苏州章氏国学讲习会讲学，每月一次。他还利用课余时间，与长子朱偰及滕固等人在南京及周边区域考察六朝陵墓，辨认文字，从事摄影、测量、考证工作。他作为主要执笔人，最终完成了《六朝陵墓调查报告》一书。1937 年 7 月，日本发动全面侵华战争。9 月中央大学决定将校址迁到重庆。国破家亡与流离失所，是当时所有中国人经历的苦难。家庭人口众多、拥有大量藏书的朱希祖，对此更有切肤之痛。他多年节衣缩食换来的丰富藏书，不仅寄托着他学术人生的希冀，而且包含民族文化之瑰宝，但在兵荒马乱的形势下，根本无法全部带到重庆。为把书籍存放于安全之地，他费尽心机，艰辛备尝，以致 10 月下旬南京一带战事危急方启程入蜀。中央大学迁到重庆后，虽然条件艰苦，但依然弦歌不辍，学生组织史学会，推他为会长。当时教育部拟颁大学课程标准，作为资深教授，他郑重地提出了自己的建议，对国内高校历史学科的规划和建设产生了深远影响。作为一个史学家，他深知保存历史对国家和民族兴亡的重要意义，他强烈建议政府设立国史馆，建立总档案库，以保存民族文化。1939 年，他代国民党元老张继起草了“建立总档案库筹建国史馆议案”，提交国民党五届五中全会，获得通过。1940 年，国民政府成立国史馆筹备委员会，聘他为秘书长（后改总干事），负责实际筹备工作；不久，又兼任考试院考选委员。他既谋修史，又忙于考选事务，往返跋涉，心力交瘁。于是他辞去中央大学史学系主任及教授职务。他的教授生涯至此结束。

此后,朱希祖虽然名义上属于政府公务人员,但主要精力还是集中在学术研究方面。他一生花费精力最多的南明史,在历经了资料搜罗和史实考证之后,本应进入撰写阶段,但因为资料迁藏于异地,不能着手进行,于是他转向了先秦史、民族史及西南史地研究,并取得诸多成就。1943 年 3 月,中国史学会在重庆成立,朱希祖当选为理事和常务委员。进入 1944 年,朱希祖的身体更加虚弱,时常生病,几度住院,7 月 5 日终因心肺衰竭逝世于迁至重庆的上海医学院附属医院,享年六十有六。

朱希祖是 20 世纪前期影响很大的历史学家。他经历了应对科举考试的早期教育,又是较早出国科班学习近代社会科学的留学生,其间还成为国学大师章太炎的入室弟子。这一学术背景决定了他在中国近代学术史上的作用。也就是说,他是中国学术由旧转新时期的过渡性学者,肩负着引领中国学术实现近代转型的重要职责。他在国内著名大学担任教授垂三十年,特别是担任北京大学史学系主任十年,对中国现代史学体系的建立贡献良多。他的研究领域宽广,一生著述繁富。除史学外,他在小学、音韵及文学、经学、考古诸领域,均有深厚造诣。曾经与他进行过学术论辩亦是他学生的傅斯年在其逝世后这样说道:“逖先先生在史学上之建树,当世无多,诚足以上追前贤,下示来许。”①从朱希祖一生行谊看,这个评价诚非虚语,确为实言。

---

① 见《罗香林论学书札》,广东人民出版社 2009 年版,第 379 页。

二、关于《中国史学通论》

《中国史学通论》是朱希祖的一部讲义，它是1943年在重庆由独立出版社出版时定的书名。朱希祖在北京大学、辅仁大学、北京师范大学、清华大学、中山大学、中央大学等校开设过“史学史”、“中国史学概论”、“本国史学概论”等课程，讲的大概都是这个讲义的内容。该讲义有辅仁大学铅印本，其第一部分“中国史学之起源”曾在《北京大学社会科学季刊》（第1卷第1期，1922年）发表过。该书出版后，《史学杂志》创刊号有一书评对之进行介绍，内云：“著者于民国八年夏，初在国立北京大学史学系为诸生讲授本国史学概论，编为讲义三篇：一、中国史学之起源；二、中国史学之派别；三、历史哲学。其后在北平师范大学、清华大学、辅仁大学、广州中山大学及南京中央大学历任讲席，皆以此讲义为教授之资，而删除其第三章。”书评后只是署了一个字“谔”，难以推断作者为何人，但从其对朱氏使用讲义情况的了解程度，可推知其与朱希祖非常熟悉。该讲义的第三部分“历史哲学”，现在各种版本的朱希祖著作都不见踪影，也未在朱氏手稿中发现，非常遗憾。

该著第一篇论中国史学的起源，包括七部分：一、史字之本谊；二、有文字而后有记载之史；三、再论书记官之史；四、未有文字以前之记载；五、再论追记伪托之史；六、论历史之萌芽上；七、论历史之萌芽下。关于史之本义，朱氏引许慎、江永、吴大澂、章太炎诸说，并做了进一步解释，称：史从又持中，又为右手，中为册字，而非“中正”之“中”。“史，记事者也”，所谓“记事者”，就是后世之书记官,而不是历史官,历史官是以后引申出来的。王国维作《释史》篇,认为“中”为盛算之器。朱氏认为这是周制,初造字时,并无盛算之器,所以,他不采用王国维之说。

朱希祖认为,历史之法,必为治历明时者所创。他引《汉书·百官志》,认为太史令的职掌是负责“天时星历”,制定和颁布历法。西周以前,没有编年之史,西周以后,才有《春秋》。《春秋》之作必起于太史。因为太史有时间观念,能发现事物之间的因果关系。但写作历史,不过是太史的私人事情,不一定是太史的专职。汉之太史,到后汉时还专掌星历,奏时节禁,记瑞历灾异。著作历史,反而在兰台东观。兰台东观,本是藏书之所,所以到东汉时,并没有历史官专职。至曹魏太和时,始置著作郎,隶中书省。晋元康初,改隶秘书省,专掌史任。南朝梁、陈时,又设置撰史学士,至此,才出现专职的历史官。因此,他断言:“西周以前,无成家之历史,魏晋以前,无历史之专官。”至于《史通·史官建置》篇所说的“史官之作,肇自黄帝,备于周室”,朱氏认为,这是把书记官误以为历史官了。《汉书·艺文志》云:“道家者流,出于史官,历纪成败存亡祸福之道,然后知秉要执本。”朱氏辨之云:“道家伊尹太公管仲皆非史官;惟老子为柱下史,或云为守藏室史。柱下为藏书之地,老子实犹今图书馆长,或图书馆书记耳,未尝作历史官也。”总之,他斤斤致辨于书记官与历史官之区别,破除了千余年来历史官起于黄帝之旧说,不失为一种独到见解。

在论及未有文字以前的记载时,他说,此等记载,不出追记,便出伪托,且伪托之书,多为神话,不足以当信史。

关于中国史学的起源，朱希祖以德人郎伯雷希脱[①]（今译为兰普勒希特）的理论为指导，结合中国历史典籍给予揭示。郎伯雷希脱说："历史之发端，有两元之倾向，皆由个人之记忆，而对于祖先尤为关切。两元者何？即所谓自然主义与理想主义是也。取自然主义形式者，最初为谱系，取理想主义形式者，最初为英雄诗。"朱氏赞同这一理论，认为中国史学的产生，也不外此例："小史所掌奠系世、辨昭穆之谱牒，及春秋以前颂美祖先之诗，皆吾国历史之萌芽也。"谈及史学的发展，他又引用了郎氏理论："谱系进而为年代记（吾国称为编年史），英雄诗进而为纪传。"朱氏认为，从原则上讲，这一理论是正确的，但具体到中国史学上，又不完全是这样。中国史学发展的实际情况是"诗最先，纪传次之，谱系又次之，年代纪最后"。对此，他进行了详细的考辨。关于这几种史体出现的时间及其相互关系，还可以进一步讨论，但朱氏这种试图发现中国史学产生之规律性的学术旨趣，还是值得肯定的。

朱氏还对史学和史料进行了自觉的区分，如他说："小史外史所掌，皆系谱牒政令之属，可称史材，未成历史，断非《鲁春秋》等所可比拟也。""春秋以前，年代不明。虽历人亦多争执异同，此谱系之所以未能称为历史也。"史学要有明确的时间、空间要素，没有这些要素，史学不足以成立。如《尚书·尧典》篇，所载史实前后延续一百五十年，"实为本纪之权舆"，但与司马迁的本纪相比较，《尧典》的不足在于年代不明。《尚书·皋陶谟》，纯为记叙之体，"实为列传之权舆"，但与《史记》中的列传相比，《皋陶谟》不书皋陶为

① Karl Lamprecht（1856—1915年），德国史学家，代表作是《德意志史》。1900年发表《文化史的方法论》，开启了欧、美新史学思潮。

何地人，这是史学上空间的观念尚未发达的缘故。《尧典》、《皋陶谟》继英雄诗而起，是史学还处于幼稚时期的作品，而司马迁的《史记》，则是在年代记（即编年体）发生之后，史学已达进步之时的作品。朱氏通过史学要素的有无显晦，说明史学的萌芽、产生，较为清晰地展示了史学进步的脉络。

《中国史学通论》的第二篇是"中国史学之派别"。朱氏认为，史学有两大派别，一是记述主义，一是推理主义。上文提到的史学的发端，有两元倾向，即自然主义和理想主义，它们都包含于记述主义史学当中，但随着理想主义的渐次进步，即产生推理主义，于是出现记述主义与推理主义两派史学的对立。孔子修《春秋》后，出现《春秋》三传。记述主义表现为《左氏春秋传》，推理主义则为《公羊春秋传》、《谷梁春秋传》。记述与推理两主义，其发展之难易，各不相同。中国记述主义，得以长足发展，而推理主义，自汉以后，渐次衰微。推理主义的发展，除凭借记述主义的发展外，还必须有哲学、社会学为基础，"于物心两界及宇宙全体，透澈憭悟"。而中国既无系统之哲学，又无求实证之社会学，所以推理主义不可能发达。

朱氏所论的记述主义和推理主义，类似于我们今天讲的历史编纂学和历史哲学。也就是说，中国史学，在历史编纂学方面发达，而在历史哲学方面发展不足。这正与黑格尔等对中国史学的评价相似。事实上，中国的史学思想、历史哲学也是相当丰富的，不过它在表述形式上有自己的特点，精湛深邃的史学思想往往被更为发达的历史编纂学所掩盖。朱氏只看到了表象，而没有深入探索，故他的论断，多少有些粗疏。由于他认为中国推理主义史学不发达，故他于推理主义史学，不够重视。以后讲义删去"历史哲学"部分,大概是由于这个缘故。他把中国史书分为六类:编年史、国别史、传记、政治史与文化史、正史、纪事本末等,并对各类史书的源流、得失等进行了较为详细的论述。中国史书类别繁多,各代目录学书分类标准不同,所分类别也有差异。如《隋书·经籍志》将史书分为13类,而《四库全书总目》分为15类,且所分各类不完全相同。朱氏的分类虽不很严谨,各类之间不少可以相容,但也毕竟对多数史书作了归类,并对它们的特点予以比较正确的论断。他还纠正了《史通》中的一些观点。如刘知几对司马迁立《秦本纪》、《项羽本纪》提出批评:"霸王者即当时诸侯,诸侯而称本纪,求名责实,再三乖谬。"朱氏评论说:"子玄成败论人,实非公论。"刘知几批评司马迁列传杂乱,说"寻子长之列传也,其所编者,唯人而已矣。至于龟策异物,不类肖形,而辄与黔首同科,俱谓之传,不其怪乎?"朱氏对之评论说:"子玄以为传以记人,志以记事,自是唐代俗见,昧于传记之原。不悟子长列传,原有以人为纲以事为统两类,以事为统,后世谓之丛传,又称汇传;盖书志之记事,重在政治,汇传之记事,重在社会,例如《平准书》与《货殖传》,皆记财货之事,而其注意实有不同者也。"对刘知几轻视史表、重正统偏霸之分等等,朱氏也提出了批评。朱希祖对《史通》的评论,表明他站在新的高度对中国各类史书的评论,超越了刘知几。罗香林说:"此书驳正《史通》数十条,均为精深之论。"这个评论得到朱氏的首肯,朱氏自感该书的得意之处亦在于此。

关于中国史书体裁的变化,朱氏这样论述道:"此六类之史,皆由简单而趋于复杂,又由混合而趋于分析,如先有《春秋》(以时代分)、《国语》(以地方分)、纪传(如《禹本纪》、《伯夷叔齐传》,皆先《史记》,以人分)、《书》(如《洪范》、《吕刑》亦开《史记》八书之体,以事分)，而后有《史记》、《汉书》，此由简单而趋于复杂者也。先有《史记》、《汉书》之书志汇传，而后有各种分析之政治史及文化史，此由混合而趋于分析者也。”这个认识符合中国史学发展的实际，也揭示了史学发展的一般规律。史学由简单而复杂，标志着史学的进步：“《史记》以前，史之各体，固已有之。司马迁特混合各体以为一书耳。此史学进步之征也。”由混合而趋于分析，这看似又回到了原来的状态，但却是更高层次的回归，是螺旋式的发展。此外，他还论述了现当代史的重要性，说：“史学要义，以最近者宜最详，良以当代各事，皆由最近历史递嬗而来，其关系尤为密切，吾国史家，颇明斯义。”他以《史记》、《汉书》及历代正史的修撰、私家修史的风尚为例，进一步说明重视现当代史是中国史学的优良传统。

朱希祖的《中国史学通论》就内容看，属于史学史学科的范畴，主要从史官、史书体裁两个方面阐述中国史学的起源、成立和发展。事实上，朱希祖确实是把它作为“史学史”课程来讲的。1919年度北京大学史学系的课程表所列的朱希祖担任的课程名称就是“史学史”①。这比梁启超在清华国学研究院讲《中国历史研究法补编》谈到“史学史的做法”时要早六七年。所以，杨翼骧先生说：“首先在大学课堂上讲授中国史学史的，应推北京大学史学系主任朱希祖先生。”②但以后朱希祖又把课程名称改为“中国史学概论”或“本国史学概论”，似乎又将史学史的学科意识淡化了，而不像梁启超那样明确提出撰述中国史学史的必要性以及具体的写法。这

① 参见《文本科史学系三二一学年课程时间表》，载《北京大学日刊》1919年10月24日。

② 宁泊：《史学史研究的今与昔——访杨翼骧先生》，《史学史研究》1994年第4期。

部讲义第一部分基本以历史的逻辑来说明中国史学之起源，而第二部分则主要从史书体裁、史书内容分类讲述中国史书的源流。中国史学在历代的发展状况，没有呈现出来，重要史学家的史学成就和传统的史学理论也没有得到挖掘和总结，也就是说，它的“史”的特点不突出。因此，称之为“中国史学概论”也不无道理。而这正是中国史学史学科草创时期特点的表现。

如果不用当今史学史学科的理论和编纂内容对其进行要求，就这部讲义本身而言，它有两个特点非常突出：一是作者试图以近代史学的范式来总结和归纳中国传统史学成绩。如在“中国史学之派别”部分，谈记述主义之史学，其分类中的“编年史”、“国别史”、“传记”、“正史”、“纪事本末”虽然是传统史书体裁的专用语，却作了现代意义的解释：“以时区别者，谓之时代史，吾国谓之编年史。”“以地区别者，谓之地方史，吾国谓之国别史。”“以人区别者，吾国谓之传记。”“混合各体者，吾国谓之正史。”同时他将政治史与文化史作为一类，指出政治史的内容包括法制、经济、法律、军事、社党、外交等；文化史的内容包括学术、宗教、文学、艺术、农业、工业、商业、风俗等。每项内容都列举大量书名及其卷帙、存佚、主要内容、优缺点等。这基本上是用现代学术标准对古代史学遗产重新进行布勒和评述。金毓黻曾对朱氏的这一学术分类表示称赞：“其史书分类法，……所列每类皆有综合、单一两目，分析至为精密，执此以绳史籍，罔有或外者矣。”①二是该讲义涉及史书之多，令人惊叹。在此后出版的史学史中，很难找到列举如此多书名的著作，反映了作者目录学功力的深厚以及阅读书籍的广博。其引书、

① 金毓黻：《静晤室日记》第二册，辽沈书社 1993 年版，第 998 页。

论书的熟练，有类于刘知几撰著《史通》。章太炎曾说："逖先博览，能知条理。"[①]此讲义正可证明这一点。

当然，讲义中的个别论述也有武断之处。如对《文献通考》的评价过低，说："若夫马端临之《文献通考》、秦蕙田之《五礼通考》，虽亦为政治之通史，然或近策案，或等类书，其条贯不及《通典》远矣。"按，马氏《文献通考》是一部充满理性精神的伟著[②]，不应贬之于"或等类书"。再如对《竹书纪年》的评述："《竹书纪年》盖晋人束皙等所伪造，本不足信；今本《竹书纪年》，又系宋以后人所伪造，伪中之伪，更不足信。"把《竹书纪年》断定为伪作，显然是错误的。以后，朱希祖专门考证西晋时发掘的墓葬书籍，著有《汲冢书考》，改变看法，承认失误。他在1939年4月14日的日记中写道："余以史学治经学，以论理学方法解决一切疑难，最鄙视今古文家门户之见。旧时以汲冢古文书为晋人伪造，今治晋史，知其不然。盖孔壁、汲冢、殷墟甲骨刻辞，实为吾国三大发见，信甲不得不信乙、丙。"[③]但在1943年出版《中国史学通论》时，作者对讲义的这一失误，却未作修正。

《中国史学通论》以文言写成，言简意赅。将之作为讲义，教师讲授时可展开的空间很大。朱氏以此篇幅不大的讲义，执南北著名大学之教席，想必在课堂上会有精彩的发挥。当年中山大学学生王兴瑞回忆说，他"对于刘知几的史学理论和所举的史实，每每

① 章太炎：《自定年谱》"宣统二年条"。

② 白寿彝先生的《元代马端临进步的史学思想》对此有深入的挖掘，参见《白寿彝史学论集》（下），北京师范大学出版社1994年版。

③ 《朱希祖日记》下册，中华书局2012年版，第1036页。

有所驳正,引证赡博,听之入神。”①说明他在讲课时绝非照本宣科。朱希祖的学生,在史学史方面有成就者不乏其人,著名者有金毓黻、姚从吾、傅振伦、王玉璋、朱杰勤等人。金毓黻1944年出版的《中国史学史》,数次引用了该讲义的观点,特别是其《结论》部分,亦藉西方史家之言,把史学分为两派——记述派、推理派,受到该讲义的影响更是明显。朱希祖是中国史学史学科的开拓者,而这部讲义则是其作为开拓者的重要体现。

三、关于本书的选编

1943年出版的《中国史学通论》,附录了两篇文章:《太史公解》、《汉十二世著纪考》。因为抗战时期纸张粗糙,所以该书印刷不够清晰,校对亦不精审,朱希祖本人很不满意,在日记中写道:“收到独立出版社所印《中国史学通论》十部,校勘不精,讹夺太多。”②1979年,台湾九思出版公司影印出版的《朱希祖先生文集》,收入《中国史学通论》,后附文章八篇,除原来的两篇,又增加《臣瓒姓氏考》、《汉唐宋起居注考》、《萧梁旧史考》、《十六国旧史考》、《蜀王本纪考》、《西夏史籍考》。这些文章,都带有史学史的性质。

此次选编的《中国史学通论》,正文以独立出版社的版本为底本,用辅仁大学铅印本和《北京大学社会科学季刊》发表的《中国史学之起源》进行校勘,庶几可将错误减少到最低。正文之后,设立

① 王兴瑞:《朱先生与中山大学》,《文史杂志》1945年第11、12期合刊。
② 《朱希祖日记》下册,第1364页。

附录和补编。《附录》是在《文集》版附录八篇文章的基础上，增加一篇《南明三朝史官及官修史籍考》，意在将作者连类相从之文章汇集得愈加完整，以更能收到与正文互相发明之效。《补编》选取作者有代表性、影响较大的论文16篇，涵盖了不同的研究方向，体现了作者学术研究的领域之广。其中的学术争鸣之作，如论李唐氏族的两篇，是与陈寅恪进行学术商榷的；论明成祖生母的两篇，则主要是与傅斯年争论的。近些年，陈寅恪、傅斯年学术声望很高，当年他们提出的带有争议性的观点，被当今震于其学术威望的学者视为定论，而与他们相左的观点几被淹没。须知当年这些争论未见胜负，有的观点还不能盲目接受。《补编》所选的争鸣文章，既能反映朱希祖的学术造诣和学术特色，同时，也为今天人们全面了解过去有关学术问题的争鸣，以及进一步深化相关论题的研究提供参考。

本书选编得到朱希祖先生的孙女朱元春教授、孙子朱元曙先生的帮助和支持。责任编辑朱绛先生高度负责，细致校阅。在此谨向他们表示深深的谢意。